Verena Naegele · Parsifals Mission

Verena Naegele

# Parsifals Mission

Der Einfluß Richard Wagners auf
Ludwig II. und seine Politik

Dittrich-Verlag
Köln

© Dittrich-Verlag, 1995
Titelgestaltung: Hans-Joachim Lenz
Satz: Greiner & Reichel, Köln
Druck und Bindung: Freiburger Graphische Betriebe

ISBN 3-920862-09-0

# Inhalt

## Die Chronologie der Ereignisse

## Anhang

# Vorwort

Die Beziehung von Richard Wagner und König Ludwig II. hat schon zahlreiche Autorinnen und Autoren beschäftigt: kein Biograph, ob von Wagner oder von Ludwig, kommt darum herum, die Beziehung dieser beiden Männer in irgendeiner Form in seine Ausführungen einzubeziehen. Daher schien spätestens seit der Öffnung der Archive, der Herausgabe des Briefwechsels zwischen Ludwig und Wagner, des Tagebuches des Königs und der Tagebücher Cosima Wagners, dieses Thema erschöpft zu sein, so daß selbst anläßlich des 100. Todestages von Wagner 1983 und von Ludwig 1986 wenig Neues oder Nennenswertes auf dem Büchermarkt zu verzeichnen war. Umso erstaunlicher ist daher, wie sehr die Aussagen in der Sekundärliteratur zu diesem Thema an der Oberfläche bleiben, und daß sich das Interesse der Autorinnen und Autoren im Beleuchten des Mäzenatentums Ludwigs erschöpft. Insbesondere wurde das Faszinierende des Zusammenwirkens von Kultur und Politik, wie es sich in der Beziehung Ludwigs und Wagners so exemplarisch zeigt, nicht erkannt und dementsprechend nie systematisch erforscht. Einzig Theodor Schieder hat in einem Aufsatz »Richard Wagner – Das Reich und die Deutschen« diesen interessanten Fragenkomplex angeschnitten, wenn er schreibt: »Von der Kulturpolitik war der Schritt zur Politik, das heißt der Staats- und Gesellschaftspolitik nicht weit. Vielleicht war Wagner der musikalische Künstler, der je den stärksten politischen Einfluß auf seine Umwelt, seine Zeit gehabt hat.« Allerdings folgert Schieder weiter, Wagner sei der Versuchung, als Künstler Politik um ihrer selbst willen zu treiben, nie erlegen. Diese Aussage erstaunt angesichts der Tatsache, daß Richard Wagner keineswegs ein apolitischer Künstler war, hatte er doch in der Revolution von 1848 eine politisch sehr aktive Rolle gespielt. Aber auch Schieder hat das brisante Thema nicht weiter verfolgt. Und so blieben bis heute wichtige Prämissen der Beziehung Ludwigs und Wagners unberücksichtigt, die eine neue Optik eröffnen. So hat Wagner noch unter dem Eindruck der 48er-Revolution mehrere theoretische Schriften verfaßt, die Ludwig bei der Thronbesteigung sehr gut kannte. Zudem war der König beim Regierungsantritt nicht nur sehr jung, sondern er trat sein Amt in der wohl bedeutendsten Phase der lange schwelenden und diskutierten »Deutschen Frage« an, in die auch Bayern involviert war. Diese bisher nicht berücksichtigten Tatsachen bildeten den Ausgangspunkt dieses Buches, das auf meiner Dissertation zu diesem Thema basiert, die im November 1993 an der Universität Zürich durch die Professoren Peter Stadler und Ernst Lichtenhahn abgenommen wurde.

»Parsifals Mission – Der Einfluß Richard Wagners auf Ludwig II. und seine Politik« zeigt, wie problematisch und faszinierend zugleich die Beziehung zwischen dem König und dem Komponisten war, wie stark diese das politische Geschehen in Bayern jener Jahre mitgeprägt hat und wie deutlich sich durch diese Beziehung das Denken und Handeln beider Männer veränderte. Richard Wagner wurde durch die Freundschaft mit Ludwig II., die ihm nach schweren Niederlagen und Rückschlägen neue Perspektiven eröffnete, wieder politisch aktiv: zuerst durch subtile Annäherung seiner in den theoretischen Schriften exponierten »Utopie« an die neue Realität und schließlich durch aktives Eingreifen in das tagespolitische Geschehen. Ludwig II. seinerseits fand in Richard Wagners »Utopie« den Halt für sein Leben und Wirken.

Der geistesgeschichtliche Aufbruch der 48er-Revolution wirkte dabei im kulturellen wie im politischen Bereich erheblich nach, was sich schon darin zeigt, daß die damaligen Sympathisanten Wagners 1864 in Bayern wieder aktiv wurden. Und mit Außenminister von der Pfordten trafen sie abermals auf einen konservativen Politiker, der schon bei den 48er-Ereignissen Wagners Gegenspieler war. Ähnlich

8

wie damals ging es im München der 1860er Jahre wiederum um das Ringen zwischen Liberal und Konservativ, diesmal allerdings ohne die Revolution als einziges Lösungsmittel. Dies macht auch den Hauptunterschied in Wagners Denken von 1848 und 1864/65 aus: Seine Ideen und Ziele blieben im Kern dieselben, den Weg dazu aber hatte er nun, durch seine Beziehung zu einem Machthaber – zu Ludwig II. – verändert: Nun konnte er im politischen wie im kulturellen Bereich »von oben« auf das Geschehen einwirken. Sollten es im Politischen die ehemaligen Revolutionskameraden sein, so im Kulturellen die Mitglieder der »Neudeutschen Schule«, die für Wagner die Garanten für seine Ziele waren. Neu in Wagners Denken war auch, daß seine Kunstwerke eine konkrete kulturpolitische Funktion als geistige Träger und Verkünder einer nationalen Ideologie erhielten.

Man darf dabei nicht vergessen, daß Wagner in München ein Machtvakuum vorfand, das durch den Tod von König Maximilian II. und die wenig gefestigte Persönlichkeit des neuen Königs Ludwig II. entstanden war und das außen- wie innenpolitisch für instabile Verhältnisse sorgte. War es außenpolitisch die immer brennendere »Deutsche Frage«, welche die Politik beherrschte, so innenpolitisch das Aufstreben der Anfang der 60er Jahre in Bayern aus ehemaligen Revolutionären gegründeten »Fortschrittspartei«, die dem Gedankengut Wagners nahe stand. Das Ausmaß von Wagners Wirken in München wäre aber ohne die Unterstützung Ludwigs II. nicht möglich gewesen. In ihm fand er einen König, der, durch seine Erziehung denkbar schlecht auf sein schweres Amt vorbereitet, nicht die Persönlichkeit und Kraft besaß, um einen eigenen, für Bayern gangbaren Weg zu gehen. Im Gegenteil, das wohl entscheidende Moment in der Beziehung Wagner – Ludwig und damit auch für die weitere Geschichte Bayerns war die geistige Abhängigkeit Ludwigs von Wagners Philosophie. Sie wurde für den König schon in den Jugendjahren zur bestimmenden Kraft, zu seiner persönlichen und politischen Ideologie, der er ein Leben lang nacheiferte. Sie war es auch, die den jungen Regenten kurz nach der Thronbesteigung dazu anregte, Wagner –

9

koste es was es wolle – nach München zu berufen. Von der durch Wagners Philosophie ausgehenden Unentschlossenheit und vom Rückzug Ludwigs von der Welt ging auch die eklatante politische Schwächung Bayerns aus, die den ausländischen Gesandten in München nicht verborgen blieb. So ließ der König dem politischen Ringen zwischen Liberal und Konservativ freien Lauf, und wollte, wie Wagner es in »Staat und Religion« vorgezeichnet hatte, über den Parteien stehen, was sich aber in der Realität als untaugliches Mittel herausstellte. Bayern hätte einen starken, parteiergreifenden, für seine Selbständigkeit kämpfenden Monarchen gebraucht und nicht einen, der sich in den Winkel des göttlichen »Utopiemenschen« zurückzog und die Welt verdammte. Besonders eindrücklich zu sehen ist, wie konsequent sich Ludwig an die von Wagner vorgegebene Leitphilosophie hielt: er zog sich folgerichtig als leidender »Parsifal« zurück, während Richard Wagner ganz im Gegenteil immer aktiver ins politische Geschehen eingriff. Die besondere Tragik von Ludwig II. bestand darin, daß er tatsächlich ein »national denkender Fürst« war – wie ihm selbst Bismarck bescheinigte –, daß sein Königreich Bayern aber zu klein war, um als stärkste Kraft die »Deutsche Frage« zu lösen. Wagner hatte Ludwig Ziele gesteckt, an denen dieser schließlich zerbrach. So mußte der König von Bayern – wie Wotan und Siegfried – »nach getanem Werk« sich selbst »aufgeben« und »untergehen«. Aus diesem Blickwinkel erscheint das Leben Ludwigs plötzlich klar verständlich und viele seiner bisher rätselhaften Entscheidungen werden plausibel.

Die zwei Jahre 1864 und 1865 wurden so in vielerlei Hinsicht zu entscheidenden Jahren: Ludwigs ganze Regierungstätigkeit wurde in dieser Zeitspanne vorgezeichnet, Bayerns Schicksal als das eines von Preußen mediatisierten Staates wurde vorgegeben, und auch Wagners Denken und kreatives Schaffen wurde in wegweisender und entscheidender Art neu geprägt. Ob ohne Richard Wagners Erscheinen in München die deutsche Geschichte einen anderen Verlauf genommen hätte, ist müßig zu fragen, aber nicht ganz von der Hand zu weisen.

Alles zusammengenommen ergibt sich so eine neue Perspektive auf die Lebens- und Wirkungsgeschichte von Ludwig II. und von Richard Wagner, die eine wichtige Ergänzung zum bereits Bestehenden bilden. Diese schwierige und in verschiedene Wissenschaftsgebiete einwirkende Materie, die mich mehrere Jahre lang beschäftigt hat, wäre nicht so umfassend zu bewältigen gewesen ohne die zahlreichen anregenden und hilfreichen Gespräche mit Professoren, Freundinnen und Freunden. An erster Stelle gilt mein Dank meiner Freundin lic. phil. I. Sibylle Ehrismann, die das Werden der Dissertation und der hier vorliegenden Buchfassung unermüdlich mit Rat und Tat begleitet hat und die bei der mir nicht so vertrauten Materie der Philosophie Arthur Schopenhauers ihr Wissen mit einbrachte. Professor Peter Stadler hat das Werden dieser Arbeit umsichtig betreut, Professor Ernst Lichtenhahn verdanke ich ebenso wertvolle Anregungen zum Thema »Richard Wagner« wie Dr. Irène Kummer wichtige Gespräche zu psychologischen Fragen. Auch dem Regisseur Dr. Hans Hartleb und dem langjährigen Direktor des Opernhauses Zürich, Dr. Claus Helmut Drese, verdanke ich interessante Diskussionen zu diesem Thema.

*Verena Naegele*
*Aarau, im Sommer 1995*

Zwei Persönlichkeiten mit
unterschiedlichstem Hintergrund

## Richard Wagners revolutionärer
## Lebensweg bis 1864

Mit Ludwig II. und Richard Wagner trafen zwei Persönlichkeiten von unterschiedlichster Herkunft und divergierendem Werdegang aufeinander. Zwischen beiden bestand nicht nur ein beträchtlicher Altersunterschied, sondern – bedingt durch Herkunft und Beruf –, auch ein ganz anderer Lebenshintergrund. Die wichtigsten Stationen in der Lebensentwicklung von König Ludwig und Wagner vermitteln einen Eindruck von der Faszination und Problematik, welche die Begegnung der beiden Persönlichkeiten auszeichnet. Zu diesen, für die enge Freundschaft mit einem führenden Politiker bedeutsamen Lebensstationen zählen bei Wagner seine Beteiligung an der Revolution von 1848, das geistige Umfeld mit der Affinität des Komponisten zur Philosophie Arthur Schopenhauers und der künstlerische Zusammenschluß einer Gruppe von Komponisten zur »Neudeutschen Schule«. Bei Ludwig II. ist vor allem die politische Situation von Wichtigkeit, in welcher sich Bayern bei seinem Amtsantritt befand. Diese ist sowohl im Hinblick aufdie Grundkonstellation des zweijährigen Aufenthaltes von Wagner in München als auch für den weiteren politischen Weg des Königs von einiger Brisanz.

Richard Wagner war bereits 51 Jahre alt, als er am 4. Mai 1864 von Ludwig II. nach München berufen wurde. Damit war er nur zwei Jahre jünger als der Vater Ludwigs, der am 10. März 1864 verstorbene König Maximilian II. – Wagner hätte also der Vater des erst 18jährigen neuen Königs sein können. Ein Vergleich der Lebensgeschichte des Monarchen Max II. und des bürgerlich erzogenen Wagner ist denn auch im Hinblick auf Ludwig von einiger Bedeutung, denn für Maximilian wie für Wagner brachte die Revolution von

1848 eine entscheidende Wende in ihrem Leben. Allerdings agierten sie – ihre Herkunft spiegelnd – an den zwei entgegengesetzten politischen Fronten.

Maximilian II. übernahm nach der Abdankung seines Vaters Ludwig I., die durch revolutionäre Erschütterungen und eine Liebesaffäre mit der Tänzerin Lola Montez erzwungen worden war, im März 1848 die Königskrone. Dieser Thronwechsel bedeutete das Ende der Epoche des vom Geist des späten Absolutismus geprägten Monarchentums, das den herrschenden Fürsten – in diesem Fall Ludwig I. – als unangefochtenen Autokraten sah, der in seinem Handeln ausschließlich sich selbst und keinem Parlament verantwortlich war.[1] Unter dem Druck der Revolution garantierte der neue König Max, der Vater Ludwigs, die Pressefreiheit und versprach eine gerechtere Wahlordnung, die nicht mehr an Stand und Einkommen gebunden war. Die Minister erzielten zudem die Eigenverantwortlichkeit, und auch der Justiz versprach Max mehr Unabhängigkeit. »Ich bin stolz, mich einen konstitutionellen König zu nennen!« Dies war das Bekenntnis, welches Max am 22. März 1848 bei der Eröffnung des Landtags in seiner Rede aussprach.[2] Im April 1849 holte er Ludwig Freiherr von der Pfordten, der zu diesem Zeitpunkt in sächsischen Diensten stand, als Außenminister und Ministerpräsidenten nach München und beauftragte ihn mit der Durchsetzung des neuen Regierungsprogrammes. Damit wurde der Grundstein für die konstitutionelle Monarchie gelegt, wie sie Ludwig II. 16 Jahre später von seinem Vater übernahm.

Wagner seinerseits stand in den 48er Auseinandersetzungen auf der anderen politischen Seite. Durch seine Mitarbeit an den radikalen »Volksblättern« von August Röckel in Dresden beteiligte er sich aktiv an der Revolution in Sachsen, und bei den Aufständen vom 3. bis 9. Mai war er in der Stadt überall gegenwärtig: er übernahm Botengänge, verteilte Flugblätter an die sächsischen Soldaten und beobachtete vom Turm der Kreuzkirche aus den Zuzug von Truppen. Als Revolutionär war er auch Gegner des damaligen sächsischen Ministers des Äußern und des Kultus, dem nachmaligen Außenminister von König Max von Bayern, Ludwig Freiherr von der Pfordten, dem Wagner mit seinen revolutionären kulturellen Plänen persönlich gegenübertrat. Im Zug der liberalen Strömungen hatte Wagner einen Plan ausgearbeitet, »demgemäß dieselbe Summe, welche auf der Königlichen Zivilliste für die Haltung eines Hoftheaters ausgesetzt war, für die Gründung und Unterhaltung eines Nationaltheaters für das Königreich Sachsen verwendet werden sollte«, wie er später in seinen Lebenserinnerungen ausführte.[3] Sein Ziel war die Wende vom feudalen, den Hof repräsentierenden Prunktheater zum Theater der ganzen Nation. Niedergelegt sind diese Gedanken in einer Schrift »Entwurf zur Organisation eines deutschen Nationaltheaters für das Königreich Sachsen«, in der er unter anderem die Wahl des Theaterdirektors durch das aktive Personal sowie durch sämtliche Mitglieder eines zu gründenden, vaterländischen Dichter- und Komponisten-Vereins forderte. Doch der von Wagner als »höchst bedenklich«[4] bezeichnete von der Pfordten lehnte ein solches Vorhaben ab. Von der Pfordten und Wagner wurden daraufhin erbitterte Feinde; eine brisante Konstellation, wurde doch von der Pfordten kurz nach der Ankunft Wagners in München im Sommer 1864 von Ludwig II. zum neuen Außenminister Bayerns bestellt! Wagner stand aber 1848 auch in enger Verbindung mit der wenig später unter der Führung des Anarchisten Bakunin ausgerufenen provisorischen Regierung in Sachsen und flüchtete nach dem Scheitern der Revolution mit dieser über Freiberg nach Chemnitz, wo er nur durch Zufall der Verhaftung entging.

Als politischer Flüchtling steckbrieflich gesucht, begab sich Wagner nach Zürich ins Exil, wo er während den rund zehn Jahren seines Aufenthaltes nicht nur künstlerisch sehr produktiv war, sondern auch den Schweizer Föderalismus eingehend kennen und schätzen lernte. Ungewöhnlich und im Hinblick auf Ludwig von Bedeutung ist, daß Wagner in Zürich zuerst mehrere theoretische Schriften verfaßte, in denen er sich auf über 600 Seiten sein Weltbild zurechtlegte und die er – für alle lesbar – veröffentlichte. Mit diesen

Zürcher Schriften – »Die Kunst und die Revolution«, »Das Kunstwerk der Zukunft«, »Oper und Drama« und »Eine Mittheilung an meine Freunde« – formulierte Wagner sein Credo, das nicht nur künstlerische, sondern auch konkrete gesellschaftspolitische Gedanken beinhaltet. Brisant ist, daß er seine revolutionäre Gesinnung darin keineswegs aufgibt, denn die Revolution wird als Voraussetzung jeder künstlerischen Erneuerung angesehen. Politik und Kultur bedingen sich gegenseitig in diesem Wagnerschen Gedankengebäude.

Betrachtet man die Schriften chronologisch, so kann man eine Kontinuität und eine inhaltliche Verwandtschaft in den Gedankengängen feststellen, die Wagners Ideen mit all ihren Facetten offenbaren. Ein erster Einblick in das Riesenwerk kann einen Eindruck über die Zusammenhänge in Wagners Denken geben. In der Ende Juli 1849 vollendeten Schrift »Die Kunst und die Revolution« postuliert Wagner, daß die echte Kunst revolutionär sei, weil sie nur im Gegensatz zur gegenwärtigen Allgemeinheit existiere. Das »Kunstwerk der Zukunft« wird von Wagner vom als vollendet taxierten Kunstwerk der Griechen abgeleitet, denn im antiken Griechenland ist nach Wagner das Kunstwerk Teil der Menschen gewesen, deren Leben in Freiheit verlief. Dieses vollendete Kunstwerk sei aber aus der Geschichte der Menschheit verschwunden, weil die Antike am Problem der Sklaverei untergegangen sei und die Menschheit ihre Freiheit verloren habe. Nur die große Menschheitsrevolution könne das Kunstwerk der Zukunft ermöglichen: »Ist dann die menschliche Gesellschaft dereinst so menschlich schön und edel entwickelt, wie wir es allerdings durch die Wirksamkeit unserer Kunst allein nicht erreichen werden, wie wir es aber im Verein mit der unausbleiblich bevorstehenden großen sozialen Revolution hoffen dürfen und erstreben müssen, so werden die theatralischen Vorstellungen auch die ersten gemeinsamen Unternehmungen sein.«[5]

Diese erste Zürcher Schrift bildet quasi die »Präambel«[6] zum darauf folgenden, am 14. November 1849 abgeschlossenen »Kunstwerk der Zukunft«, in welchem sich Wagner intensiv mit dem Begriff des Kunstwerks und der Gesellschaft der Zukunft auseinandersetzt. Dem Künstler der Zukunft komme es zu, die drei Schwesterkünste – Musik, Sprache und Tanz – zusammenzuführen und so zum »Gesamtkunstwerk der Zukunft« zu erheben. Dann postuliert er eine für sein Denken zentrale Parallele zwischen Kunstwerk und Gesellschaft: Wie der Mensch nach der Überwindung des die Gesellschaft spaltenden Egoismus durch sein Aufgehen in der gemeinschaftlichen Liebe zum Kommunisten werde, so würden die Künste aus ihrer Vereinzelung erlöst zum Kunstwerk der Zukunft. Auch in dieser Schrift leitet Wagner seine Ideen von den Griechen ab: »Von der Zertrümmerung des griechischen Naturstaates und seiner Auflösung in den politischen Staat, – von der Zersplitterung des gemeinsamen tragischen Kunstwerkes, – beginnt für die weltgeschichtliche Menschheit bestimmt und entschieden der neue, unermeßlich große Entwicklungsgang von der untergegangenen geschlechtlich-natürlichen Nationalgemeinsamkeit zur reinmenschlichen Allgemeinsamkeit.«[7] Für diese Schrift erntete Wagner allerdings nur Hohn und Spott. Schon bald wurde er als »Zukunftsmusiker«, seine Werke als »Zukunftsmusik« abqualifiziert.

Die dritte der in Zürich verfaßten Schriften »Oper und Drama« bringt die Konklusion der beiden vorausgegangenen Abhandlungen. Auch in dieser im Januar 1851 abgeschlossenen Schrift fehlt der politische Bezug nicht, denn Wagner hält auch hier fest, daß der Erneuerung der Kunst eine Erneuerung der Gesellschaft vorangehen müsse: »Aber eben die Revolution, nicht etwa die Restauration, kann uns jenes höchste Kunstwerk wiedergeben«, so Wagners Fazit. Trotzdem liegt das Schwergewicht der Abhandlung auf künstlerischen Aspekten. Das Gesamtkunstwerk wird darin als »stabgereimtes deutsches musikalisches Drama« definiert, womit eine national-deutsche Komponente einfließt. Wagner stellte in »Oper und Drama« ein Programm auf, das er später in seinem Opernzyklus »Der Ring des Nibelungen« tatsächlich verwirklichte.

In »Eine Mittheilung an meine Freunde«, die Mitte August 1851 beendet wurde, hält Wagner autobiographisch und programmatisch Rückschau auf seine eigene persönliche und künstlerische Entwicklung, bettet diese in die allgemeinen Aussagen der drei anderen Schriften ein und begründet so seine damals noch nicht begriffenen, oft ausgebuhten oder gar nicht aufgeführten musikdramatischen Werke: Künstlerisch habe er sich von den historischen Verhältnissen weg auf »das von aller Konvention losgelöste Reinmenschliche« im Mythos hingewendet und sein künstlerisches Vermögen habe er soweit gewandelt, daß er die überlieferte Opernform zwingend habe aufgeben müssen. Er bezeichnet sich damit ansatzweise als den wahren Künstler der Zukunft, der aber nur gemeinsam mit anderen das wirklich wahre Kunstwerk der Zukunft zu schaffen vermöge. Zum Schluß der Schrift kündigt er an, er gedenke, »an einem eigens dazu bestimmten Feste dereinst im Laufe dreier Tage mit einem Vorabende« seine »Ring«-Tetralogie aufzuführen und forderte seine »Freunde« auf, darüber nachzudenken, unter welchen Umständen dieser Plan durchgeführt werden könnte: »Nun denn, ich gebe Euch Zeit und Muße, darüber nachzudenken: – denn nur mit meinem Werke seht Ihr mich wieder!«[8] Es zeigt sich anhand dieses Schlusses der »Mittheilung«, daß Wagner sich mit seinen theoretischen Schriften immer weiter von der politischen Argumentation entfernte, ohne diese aber aufzugeben. Die gesellschaftliche Veränderung als gewichtiges Gegenüber jeder künstlerischen Fortentwicklung Richtung »Kunstwerk der Zukunft« bleibt erhalten. 13 Jahre nach Verfassung dieser Schriften wurde Wagner von Ludwig II. nach München berufen. In dieser Zeitspanne schrieb er keine gewichtigen philosophischen Gedanken mehr nieder, dafür hatte sich sein Leben nach einem reichen Wirken immer mehr zum Desaster entwickelt.

Wagner blieb bis im August 1858, bei wechselnden Domizilen, in Zürich – zuletzt war er auf dem Gabler im »Asyl« der Familie Wesendonck zu Gast – und erarbeitete in dieser fruchtbaren Schaffensphase nicht nur die genannten theoretischen Schriften, sondern schuf auch zahlreiche musikdramatische Werke: der Dramen-Entwurf zu »Wieland der Schmied«, die gesamte »Ring«-Dichtung sowie deren Vertonung bis zum II. Aufzug »Siegfried«, die Dichtung zu »Tristan und Isolde« und die Musik zum I. Aufzug, sowie die Wesendonck-Lieder. Daneben wurde Zürich für Wagner zu einer wichtigen Begegnungsstätte mit Gesinnungsgenossen, traf er sich hier doch regelmäßig mit Emigranten wie Gottfried Semper, Georg Herwegh und Friedrich Theodor Vischer, mit denen ein reger Gedankenaustausch stattfand. Aber auch wichtige einheimische Persönlichkeiten gehörten zu seinem Freundeskreis: Jakob Sulzer, Franz Hagenbuch, Bernhard Spyri, Willhelm Baumgartner, Gottfried Keller und Ignaz Heim.[9]

Nach einer Liebesaffäre mit der Frau seines Gastgebers, mit Mathilde Wesendonck, mußte Wagner 1858 Zürich wieder verlassen und verbrachte die Jahre bis zur Berufung nach München umhergetrieben und in verzweiflungsvoller finanzieller und persönlicher Lage. So nahm die Zahl der Reisen seit 1860, als er dank einer Teilamnestie auch wieder deutschen Boden betreten durfte, auf erschreckende, ja geradezu krankhafte Weise zu: Wagner reiste nach Paris, Weimar, Salzburg, Venedig, Mainz, Frankfurt, er besuchte die Wartburg, reiste weiter nach Leipzig, nach Wien, konzertierte in Petersburg und Moskau, kehrte über Berlin nach Wien zurück, fuhr dann weiter nach Budapest, Prag, Karlsruhe, Zürich, Berlin und schließlich wieder nach Wien.[10]

Auch künstlerisch erlebte Wagner in dieser Zeit manchen Tiefschlag. Konnte er am 6. August 1859 noch die »Tristan-Partitur« in Luzern vollenden, so wurde das Unterfangen, dieses musikalische Drama uraufzuführen, knapp vier Jahre später im April 1863 nach 77 Proben in Wien wegen angeblicher Unaufführbarkeit abgebrochen. Einen weiteren Tiefschlag erlebte er mit der Aufführung des »Tannhäuser« 1861 in Paris, die einen katastrophalen Verlauf nahm: Gegen das unerbittliche Jagdpfeifen der Mitglieder des Pariser Jockey-Klubs war jeder zaghafte Beifall machtlos – Paris wurde zum Debakel. In dieser Zeit versiegte nicht nur die künstlerische Poduktivität Wagners, sondern auch im privaten Bereich waren negative Veränderungen angesagt, trennte er sich doch nach Jahren der Querelen endgültig von seiner

Frau Minna. Zwar schaffte es Wagner im Mai 1863 endlich, sich in Penzing bei Wien eine Wohnung einzurichten, doch die vermeintlich gefundene Ruhe währte nicht lange. Der unbelehrbare Komponist richtete seine Wohnung derart prunkvoll und teuer ein, daß er die kostspielige Einrichtung gar nicht bezahlen konnte. Abermals mußte Wagner fliehen, um dem drohenden Schuldturm zu entgehen.

Am 10. März 1864, als Ludwig II. in München den Thron bestieg, war Wagners Leben damit an einem nie gekannten Tiefpunkt angelangt: Er hatte sich von seiner Frau getrennt, war auf der Flucht und mit enormen Schulden belastet, und seine künstlerische Produktivität lag seit Jahren praktisch brach. Die Aufführung des umgearbeiteten »Tannhäuser« war ein Desaster, der »Tristan« als unaufführbar erklärt worden, der »Ring« nach dem II. Aufzug »Siegfried« abgebrochen und die »Meistersinger« nichts anderes als ein Textfragment. An Peter Cornelius schrieb er denn auch voll Verzweiflung: »Ein gutes, wahrhaft hilfreiches Wunder muß mir jetzt begegnen; sonst ist's aus!«[11] Gleichzeitig aber waren diese vergangenen 20 Jahre derart erlebnisreich, daß Wagner dem erst 18jährigen König, der ihn in dieser hoffnungslosen Lebenslage nach München holte, weit überlegen war und – was am schwersten wiegt – er hatte sein Denken, seine Weltsicht und seine Ziele unter dem Eindruck der Revolution bereits formuliert. Dazu kommen zwei weitere wichtige Faktoren, welche Wagners Erfahrungshorizont unterstreichen und sein bahnbrechendes Künstlertum zeigen, auch wenn seine Ideen zu diesem Zeitpunkt von der großen Öffentlichkeit noch nicht anerkannt waren: zum einen ist dies die Begegnung Wagners mit Schopenhauers Philosophie, die Wagners weiteres Denken grundlegend beeinflußte. Zum anderen ist es die bedeutende Rolle, die er bei der Formierung einer neuen musikalischen Strömung, der Neudeutschen Schule, spielte, war er doch deren Ausgangs- und Orientierungspunkt.

Bereits 1819 hatte Arthur Schopenhauer, erst dreißig Jahre alt, sein Hauptwerk »Die Welt als Wille und Vorstellung« vollendet, in welchem er den Kern seiner Philosophie niederlegte. Die Wirkung seiner Gedanken aber setzte, nachdem seine Werke lange Zeit völlig unbeachtet geblieben waren, erst nach 1850 ein, denn erst die Enttäuschung, die in Deutschland und anderswo auf die mißglückte Revolution von 1848 folgte, machte die Zeit für Schopenhauers pessimistische Weltsicht reif.[12] Eine besonders tiefe Wirkung hatten Schopenhauers Gedanken auf Kunst und Künstler, denn in seiner pessimistischen Grundanschauung hat die Kunst einen hohen Stellenwert, vermag sie doch den Menschen aus seinem ewigen Leiden zu erlösen. Richard Wagner, der 1854 in Zürich durch seinen Revolutionärsfreund Georg Herwegh auf »Die Welt als Wille und Vorstellung« aufmerksam gemacht worden war, machte Schopenhauers Philosophie bald zur Grundlage seiner eigenen philosophischen Weltanschauung. Am 16. Dezember 1854 schrieb er an Franz Liszt: »Neben dem – langsamen – Vorrücken meiner Musik habe ich mich jetzt ausschließlich mit einem Menschen beschäftigt, der mir – wenn auch nur literarisch – wie ein Himmelsgeschenk in meine Einsamkeit gekommen ist. Es ist Arthur Schopenhauer, der größte Philosoph seit Kant, dessen Gedanken er – wie er sich ausdrückt – vollständig erst zu Ende gedacht hat ... Sein Hauptgedanke, die endliche Verneinung des Willens zum Leben, ist von furchtbarem Ernste, aber einzig erlösend.«[13]

Für Wagner kam Schopenhauers Philosophie einer Wahlverwandtschaft gleich. Er sah sich durch Schopenhauer in einigen seiner in den theoretischen Schriften geäußerten Gedanken bestätigt und richtete von diesem Zeitpunkt an seine künstlerische Auffassung darauf aus.[14] In der Literatur wird dies als Rückzug Wagners in die Kunst und damit als Aufgabe der politischen Aktivitäten gewertet. Den Kern von Schopenhauers Philosophie, wie sie dann auch auf Wagners Schaffen einwirkte, erhellt sein Gedankengebäude im geistesgeschichtlichen Zusammenhang. Da Wagner auch Ludwig II. schon früh mit Schopenhauers Schriften bekannt machte, ist es zudem bedeutungsvoll, die allfällige Rezeption der Philosophie Schopenhauers durch den König zu berücksichtigen.

»Die Welt ist meine Vorstellung« – mit diesem Satz beginnt Schopenhauers Buch. Dieser erste Teil der These Schopenhauers folgt noch ganz der Kantschen Lehre, wonach für uns alle Dinge nur als Erscheinungen, nicht aber als Dinge an sich erkennbar sind. Obwohl sich Schopenhauer hier eng an Kant anschließt, gibt es einen elementaren Hauptunterschied im Denken beider Philosophen, der zugleich zum zweiten Teil der Grundthese Schopenhauers hinüberleitet.[15] Dieser zweite Teil betrifft »das Ding an sich«, welches für Kant nicht erkennbar ist, da seiner Ansicht nach kein Weg über die Vorstellung hinaus zu einem »Ding an sich« führt. Das würde aber heißen, daß die Lösung des Rätsels der Welt aus ihr selbst heraus nicht gefunden werden kann. Für Schopenhauer aber ist diese Kantsche These nicht haltbar, er geht einen Schritt weiter. Für ihn muß die Lösung aus dem gründlichen Verständnis der Welt selbst hervorgehen, wobei die hauptsächliche Erkenntnisquelle die äußere und innere Erfahrung ist.

Von außen, durch unsere sinnliche Wahrnehmung, ist dem Wesen der Dinge zwar nicht beizukommen. Die einzige Stelle, die uns einen Zugang in das Innere der Welt ermöglicht, liegt in uns selbst, liegt im Individuum. Schopenhauer erklärt die uns gleichzeitig gegebene äußere und innere Erfahrung anhand unseres Körpers, der uns auf zwei ganz verschiedene Weisen gegeben ist: einmal als Vorstellung anschaulich, als Objekt unter Objekten; »sodann aber auch zugleich auf eine ganz andere Weise, nämlich als jenes jedem unmittelbar Bekannte, welches das Wort Wille bezeichnet«.[16] Hatte man bisher angenommen, daß die Entstehung unserer Urteile durch Verkettung deutlicher Gedanken nach logischen Gesetzen geschieht, so sieht Schopenhauer ihre Entstehung in der dunklen Tiefe: Zu unserer eigenen Verwunderung, so Schopenhauer, steigen uns Einfälle und Entschlüsse auf, von deren Entstehen wir uns keine Rechenschaft geben können. In diesem, unserem geheimnisvollen Inneren aber ist es der *Wille*, der seinen Diener, den Intellekt, antreibt, während unser Äußerliches, der Leib, der in Raum und Zeit objektivierte Wille ist.[17] Alle

Erscheinungen sind demnach getrieben von einem unbewußten Willen zum Leben, vom unbewußten Weltwillen. Auch in Wagners Schriften taucht dieser Begriff des Unbewußten immer wieder auf.

Bei Schopenhauer hat der Wille zum Leben aber kein endgültiges Ziel[18]: »In der Tat gehört Abwesenheit alles Zieles, aller Grenzen zum Wesen des Willens an sich, der ein endloses Streben ist.«[19] Diese Endlosigkeit des Strebens resultiert für Schopenhauer aus dem Umstand, daß der Wille zum Leben ein hungriger Wille ist[20], das heißt, daß alles Streben aus *Mangel* entspringt und sich als *Leiden* darstellt, solange es keine Befriedigung erfahren hat.[21] Da aber dem Willen zum Leben aufgrund seiner unersättlichen Daseinsgier eine dauernde Befriedigung versagt bleiben muß, kennt er wohl vorläufige Ziele; aber jedes erreichte ist ihm »stets mit der Anfangspunkt eines neuen Strebens«.[22] Die Zusammennahme der beiden Aspekte *Ziellosigkeit* und *Leiden* bedeutet, daß das Leiden ewig ist und macht das aus, was man als pessimistische Grundstimmung der Schopenhauerschen Philosophie bezeichnen kann. Und so ist bei Schopenhauer die *Noth* die beständige Geißel der meisten Menschen. Das unausweichliche Schicksal des Menschen ist zudem die *Einsamkeit.* Am Ende ist jeder mit sich allein. *Kampf,* Krieg und grausame Vernichtung, Fressen und Gefressenwerden – das ist das Leben.

Gibt es einen Ausweg aus diesem Jammertal? Erkenntnis ist kein Ausweg, im Gegenteil. Je höher die Erscheinungsform des Lebens, um so größer und offenbarer ist das Leiden. Von den Menschen leidet der umso mehr, der deutlich erkennt; das *Genie* leidet am meisten. Wagner, der bis zur Berufung durch Ludwig II. nach München in weiten Kreisen keine Anerkennung genoß, fand sich gerade in diesem Geniebegriff Schopenhauers bestätigt. Leiden, Not und Kampf gehörten für das Genie Wagner zum Alltag, wie er es auch in »Eine Mittheilung an meine Freunde« beschreibt.

Das Faszinierende an Schopenhauers Philosophie ist aber, daß er trotz dieser pessimistischen Grundhaltung verschiedene Möglichkeiten zur Erlösung aus dem Leiden aufzeigt. Ein Ausweg liegt in der Natur selbst: der »wohltätige Wahnsinn«, der eintritt, wenn das Leiden die Grenze des Ertragbaren überschreitet.[23] Es gibt aber nach Schopenhauer auch zwei bewußte Wege der Erlösung, einen *ästhetischen* und einen *ethischen*. Dies sind zugleich zwei verschiedene Erkenntnisarten, die uns ermöglichen, das Wesen der Dinge hinter ihrer Erscheinung zu erkennen. Voraussetzung dafür ist allerdings die Befreiung des Individuums vom Willen. Es ist dem Menschen möglich, ein reines, willenloses Subjekt der Erkenntnis zu werden. Eine Erkenntnisart, in der ihm dies zuteil wird, ist die Kunst, das Werk des Genius.[24] Hier stoßen wir bei Schopenhauer auf zwei Komponenten, die im Hinblick auf die Beziehung von Wagner und Ludwig II., von Künstler und Politiker, von besonderer Bedeutung sind: Es sind nämlich zwei verschiedene Arten von Menschen, die über die Kunst zu dieser reinen, willenlosen Erkenntnis kommen, der genial Schaffende und der ebenso genial Rezipierende.

Das Wesen des Genies – in unserem Fall Wagners – besteht in der Fähigkeit zur ästhetischen Kontemplation, das heißt, die Welt willenlos zu betrachten und hinter der Erscheinung der Dinge ihr echtes Wesen unabhängig von der Kausalität und vom Willen zu erkennen. Genialität ist also die Fähigkeit, »klares Weltauge« zu sein, und zwar so lange, um das Geschaute wiederholend zu gestalten: »Der Künstler läßt uns durch seine Augen in die Welt blicken. Daß er diese Augen hat, daß er das Wesentliche, außer allen Relationen liegende der Dinge erkennt, ist eben die Gabe des Genius, das Angeborene; daß er aber imstande ist, auch uns diese Gabe zu leihen, uns seine Augen aufzusetzen, dies ist das Erworbene, das Technische der Kunst.«[25] Die vom Genie geschaffene Kunst ist daher der wahre Spiegel der Welt.

Hat das Genie – also Wagner – allein die Fähigkeit, sich zur Anschauung der Ideen zu erheben, so muß doch in geringerem Grade diese Fähigkeit auch anderen Menschen – also auch Ludwig II. – zukommen, die das Werk rezipieren und begreifen. Und so ist es nach Schopenhauer auch dem genialen Betrachtenden möglich, sich vom Sklavendienst des Willens zu befreien und so den schmerzlosen Gemütszustand zu erreichen.

Was Wagner an dieser Philosophie besonders faszinieren mußte, ist die Tatsache, daß für Schopenhauer die höchste Form der Kunst die Musik darstellt, weil der Wille hier seinen höchsten Ausdruck findet. Da uns die Musik aber immer nur für Augenblicke von unserem Willen befreit, ist sie nicht die Erlösung aus dem Leben, sondern nur ein schöner Trost. Um endgültige Erlösung zu erlangen, müssen wir nach Schopenhauer vom Spiel, das die Kunst darstellt, zum Ernst übergehen, zur Ethik; einem Bereich, der den König und Politiker Ludwig II. besonders interessieren mußte.

Eine tiefere Befreiung als die ästhetische des Augenblicks leistet die Ethik, als deren Grundphänomen Schopenhauer das *Mitleid* auffaßt. Gewöhnlich gilt uns der Nächste als Objekt unserer Begierde, zum Beispiel als Objekt ökonomischer oder sexueller Ausbeutung. Über diese Begierde trägt aber das Mitleid hinweg. Es erzeugt die Einsicht, daß die Leiden des Nächsten identisch sind mit den eigenen Leiden, da der Nächste ebenso wie das eigene Ich nur individuierter Ausdruck des einen Weltwillens ist[26]: »Wenn einer ... an den Leiden der anderen Individuen soviel Anteil nimmt wie an seinen eigenen und dadurch nicht nur im höchsten Grade hülfreich ist, sondern sogar bereit, sein eigenes Individuum zu opfern ...; dann folgt von selbst, daß ein solcher Mensch, der in allen Wesen sich, sein innerstes und wahres Selbst erkennt, auch die endlosen Leiden alles Lebenden als die seinen betrachten und so den Schmerz der ganzen Welt sich zueignen muß. Ihm ist kein Leiden mehr fremd. Alle Qualen anderer ... wirken auf seinen Geist wie seine eigenen.«[27] Wagner hat das »Erlösen durch das Mitleiden« in seinem Musikdrama »Parsifal« thematisiert, das er interessanterweise in seinem zweiten Jahr in München konzipierte: Der edle Tor Parsifal erlöst den Gral durch das Mitleiden mit Amfortas Qualen.

Der vollkommenste Weg besteht nach Schopenhauer in einer asketischen Gleichgültigkeit der Welt gegenüber, im völligen Resignieren und Aufgeben allen Strebens. Hier ist das Subjekt vollständig aus seinem Verhältnis zum Objekt befreit.[28] Wenn durch die Askese jegliches Wollen verneint und aufgehoben wird, ist nach Schopenhauer die *Erlösung* der Welt und des leidvollen Daseins gegeben. Diese Verneinung des Willens zum Leben findet ihren Ausdruck darin, daß auf die Erkenntnis vom Leiden der Welt hin die erkannten Erscheinungen nicht mehr als Beweggründe zu weiterem Wollen wirken, sondern den so Erkennenden resignieren lassen.[29] Dementsprechend ist für Schopenhauer »die bedeutsamste Erscheinung, welche die Welt aufzeigen kann, nicht der ›*Welteroberer*‹, sondern der ›*Weltüberwinder*‹«, der den »Willen zum Leben aufgibt und verneint«.[30] Der Mensch gelangt dadurch zum »Zustande der freiwilligen Entsagung, der Resignation, der wahren Gelassenheit und gänzlichen Willenslosigkeit«.[31]

In der engen Beziehung von Richard Wagner und König Ludwig II. bekommt Schopenhauers Kulturtheorie mit ihrer engen Verflechtung von genialem Schöpfer und genialem Rezipienten einen realpolitischen Gehalt. Es stellt sich nämlich die Frage, ob sich Wagner, welcher Ludwig II. mit den Schriften Schopenhauers bekannt machte, im Sinne von Schopenhauers Genie-Begriff tatsächlich »aesthetisch-kontemplativ«, »willenlos« und nur künstlerisch-kreativ verhielt. Andererseits fragt sich, welche Folgen dieses pessimistische und resignative Gedankengut für die Regierungstätigkeit Ludwigs II. hatte: Resignation, Verneinung des Willens, damit Passivität und ästhetische Kontemplation stehen als schopenhauersche Ziele so gänzlich den von einem führenden Politiker verlangten »welteroberischen« Eigenschaften entgegen. Und schließlich steht die Frage nach dem politischen Gewicht der Kultur im Raum, welcher allein Schopenhauer eine positive, tröstende und die Welt verbessernde Funktion einräumt. Ob und in wie weit es das Ziel von Ludwig II. und Wagner war, selbst schopenhauersche Menschen zu sein und das Volk über die Kultur zu besseren Menschen zu erziehen, wird sich zeigen.

Richard Wagner jedenfalls bildete Ende der fünfziger Jahre im Bewußtsein des politischen Scheiterns und aus diesem neuen Glauben an die Wirksamkeit der Kunst heraus zusammen mit anderen Musikern eine musikalische »Fortschrittspartei«. Die Vertreter dieses musikalischen »Fortschritts«, die von ihren Gegnern polemisierend auch »Zukunftsmusiker« genannt wurden, nahmen an der 1. Tonkünstlerversammlung, die 1859 in Leipzig stattfand, offiziell den Beinamen »Neudeutsche Schule« an und konstituierten den 1861 definitiv gegründeten »Allgemeinen Deutschen Musikverein«. Initiator dieser musikalischen Richtung war Franz Liszt, der sich als Hofkapellmeister in Weimar nicht nur für die neue musikalische Strömung einsetzte, sondern auch eigene, formal unkonventionelle Werke komponierte. Kennzeichnend für diese neue musikalische Richtung der »Neudeutschen« war ein intensives Schaffen in den Bereichen der symphonischen Dichtung, die eine rein musikalische Bearbeitung einer meist literarischen Vorlage darstellt, der Programmmusik, bei der ein außermusikalisches »Programm« der Komposition vorangestellt ist, und des Wagnerschen Musikdramas, in dem die Gleichberechtigung von Wort und Musik betont wurde. Bemühte sich Liszt als Komponist vor allem um die neue Form der einsätzigen symphonischen Dichtung, so war es Liszts Freund Wagner, der mit seinen Musikdramen die Erneuerung der Oper anstrebte.

Franz Liszt und Richard Wagner verband seit den frühen 1840er Jahren eine Freundschaft, die für beide in ihrem künstlerischen Schaffen von entscheidender Bedeutung war. Liszt, der Wagner nach dem gescheiterten Mai-Aufstand selbstlos zur Flucht verholfen hatte, war in der Zeit von Wagners Exil in der Schweiz dessen wichtigster Briefpartner, dem er seine künstlerischen Pläne und den Fortgang seiner kompositorischen Arbeiten im Detail auseinandersetzte und mit welchem er auch seine Weltanschauung diskutierte. Außerdem erkor Wagner den Musiker und Dirigenten Liszt, vor allem während der Exilzeit, zum Sachwalter seiner künstlerischen Angelegenheiten in Deutschland.[32] So wurden in Weimar unter der Leitung von Franz Liszt nicht nur der »Tannhäuser« erneut aufgeführt, sondern 1850 auch

»Lohengrin« uraufgeführt, was ein großes Risiko bedeutete, wurde Wagner doch nach wie vor als politischer Flüchtling steckbrieflich gesucht.

Während seines Weimarer Aufenthaltes von 1849 bis 1861 bildete Franz Liszt als Lehrer und Dirigent aber auch einen Kreis von Schülern heran, die später bedeutende Mitglieder der »Neudeutschen Schule« wurden. Zu diesen Liszt-Schülern zählten unter anderen Hans von Bülow, Peter Cornelius, Karl Klindworth, Carl Tausig, Heinrich Porges, Wendelin Weissheimer und Joachim Raff.[33] Sie alle setzten sich vehement für die neudeutsche Richtung ein, sei dies als Verfasser von ästhetischen Schriften und Artikeln, als Interpreten dieser neuen Werke oder als Komponisten. In den »Culturhistorischen Bildern« von 1860 schildert August Wilhelm Ambros das radikale Vorgehen der »Zukunftsmusiker« sehr plastisch: »Die Schriften Wagners bilden das Programm der Musikrevolution. Erhitzte Vertheidiger, begeisterte Ausleger haben sich um sie geschart. Die Vergangenheit ist abgethan – kaum daß zur Noth Beethoven gelten darf – ein neues Reich der Herrlichkeit beginnt. Wer es nicht glaubt, wird als Verschwörer gegen die große Zukunft der Kunst moralisch guillotiniert. … Es ist zu beklagen, daß die Streitenden … oft Maß und Mäßigung vergaßen. … Eine wirklich gute Sache vertheidigt sich selbst und bedarf keiner Vorkämpfer, die mit Faust und Kolben den Gegnern die Nase blutig schlagen.«[34]

In dieser musikgeschichtlichen Übergangszeit, in der die große Form der Sinfonie nach Beethovens 9. Sinfonie am Ende zu sein schien, wandten sich die »Neudeutschen« vehement gegen die sich dem Geist und Stil der Wiener Klassik verpflichtet fühlenden, durch Felix Mendelssohn-Bartholdy, Robert Schumann und Johannes Brahms repräsentierten Konservativen und ihre Vorstellungen. Ihr wichtigstes publizistisches Forum war die »Neue Zeitschrift für Musik«, das Vereinsorgan des »Allgemeinen Deutschen Musikvereins«. Seit 1844 wurde diese ursprünglich von Robert Schumann gegründete Zeitschrift von Franz Brendel redaktionell geführt, der sich fortan zusammen mit dem Musikschriftsteller Richard Pohl und den Komponisten Joachim Raff und Felix Draeseke für die Sache der »Neudeutschen« einsetzte. Mit spitzer Feder und polemischer Argumentation wurde alles verurteilt, was nicht ganz den neudeutschen Vorstellungen entsprach, während die eigenen Werke als einzig zukunftsweisend und gültig taxiert wurden.

Seitens dieser unverhältnismäßig scharf angegriffenen Konservativen, deren Wortführer der Wiener Musikkritiker Eduard Hanslick war, fehlte es nicht an Gegenwehr. In seinem berühmtesten Aufsatz zu diesem Thema mit dem Titel »Vom Musikalisch-Schönen« vertritt Hanslick das Primat der Form vor dem musikalischen Ausdruck und setzt sich so für die durch die literarischen Vorlagen der »Neudeutschen« gefährdete absolute Musik ein: »Tönend bewegte Formen sind einzig und allein Inhalt und Gegenstand der Musik.«[35] Im Grunde verficht Hanslick in seiner Schrift eine einzige These: daß Musik als »tönend bewegte Form« nicht bloße »Erscheinung« eines außermusikalischen »Wesens« sei, wie das die Neudeutschen behaupteten, sondern selbst das »Wesen« darstelle.[36] Wagner hat seinen Gegner Hanslick übrigens in seiner Oper »Die Meistersinger von Nürnberg« in der Figur des Beckmesser verewigt, der als konservativer, pedantisch an der überkommenen Form festhaltender Meistersinger lächerlich gemacht wird. Hanslick seinerseits brachte seine konservative ästhetische Überzeugung auch in seinen zahlreichen Konzertkritiken zum Ausdruck.

Allerdings lag es nicht nur an diesen Rezensionen von Hanslick, daß die »Neudeutschen« sich nicht durchsetzen konnten. So wurden die von Hans von Bülow regelmäßig in verschiedenen deutschen Städten veranstalteten »Neudeutschen Konzerte« mit Werken von Wagner, Liszt, Weissheimer, Cornelius, Bülow und Draeseke meist nicht nur schlecht besucht, sondern auch heftig ausgezischt.[37] Auch Wendelin Weissheimer veranstaltete im November 1862 im Gewandhaus Leipzig ein »Neudeutsches Konzert«, das auch finanziell zum Fiasko wurde.[38] Durch diese Mißerfolge und großen finanziellen Defizite der »Neudeutschen Konzerte« verschlechterte sich die Situation für die »fortschrittlichen«

Komponisten in den 1860er Jahren zunehmends. Auch in Weimar, das bis dahin das Zentrum der »Neudeutschen« war, löste die Uraufführung von Peter Cornelius' erster Oper »Der Barbier von Bagdad« unter der Leitung von Franz Liszt 1858 einen Skandal aus, was Liszt zum Rücktritt von seinem Amt als Opernkapellmeister bewog. Als er 1861 endgültig Weimar verließ und nach Rom ging, verloren die »Neudeutschen« ihre künstlerische und ideelle Heimat vollständig. Für Richard Wagner, der sich zu dieser Zeit persönlich in desolatem Zustand befand, bedeutete dies zusammen mit seinen Anhängern ein empfindlicher Rückschlag in seinen musikideologischen Bestrebungen. Nach seinem politischen Scheitern in der 48er Revolution bahnte sich damit für Wagner auch das Scheitern seiner »Musikrevolution« an.

## Der Werdegang Ludwigs II.

Ludwig II. wurde am 25. August 1845 als erster Sohn von Kronprinz Maximilian und Kronprinzessin Marie, einer Tochter des damaligen preußischen Prinzen Wilhelm, in Schloß Nymphenburg geboren.[39] Es bestanden also enge familiäre Bande zwischen Bayern und Preußen. 1848, also nur zweieinhalb Jahre später, wurde der kleine Ludwig nach der Thronbesteigung seines Vaters, Maximilian II., bereits zum Kronprinzen Bayerns, und im selben Jahr erhielt er mit dem Prinzen Otto auch einen Bruder. Die beiden Prinzen waren von ganz unterschiedlichem Naturell: Wird Otto als liebenswürdig, gesellig und heiter beschrieben, so galt Ludwig als introvertiert, einsamkeitsliebend und fantasievoll.[40] Daher war für den sensiblen Kronprinzen der jährliche Sommeraufenthalt in Hohenschwangau, einem kleinen Schloß in den Allgäuer Bergen, von besonderer Bedeutung. Dieses hatte König Max 1832 in verfallenem Zustand erworben und in romantischer Neugotik restaurieren lassen. Die

Räume waren durch verschiedene Künstler mit den Gestalten der Gralssage, des Tannhäuser und Lohengrin, ausgemalt worden. So wurde Ludwig schon früh mit den Figuren der Wagner-Dramen bekannt, und tatsächlich keimte hier nach dem Vorbild von Vater Maximilian die Liebe zu den deutschen Sagen auf.

Das Vertiefen in die Sagenwelt wurde bald wichtiger Bestandteil der Kindheit dieses sensiblen Jünglings, welche ansonsten hart und freudlos verlief,[41] denn Max war besonders bei seinem fantasievollen Erstgeborenen auf eine äußerst strenge Erziehung bedacht. So tendierten die Erziehungsgrundsätze des Vaters darauf, allzu große Willenskraft und jeglichen Eigensinn rigoros zu bestrafen,[42] was aber die persönliche Entwicklung des Knaben gezwungenermaßen empfindlich beeinträchtigte. Bestandteile dieser aus heutiger Sicht als katastrophal zu beurteilenden Erziehung bildeten strenge Disziplinierung und karge Mahlzeiten, die oft derart knapp gehalten wurden, daß Ludwig froh war, von seiner Erzieherin oder von Lakaien heimlich einen Bissen zugesteckt zu bekommen. Auch eine knapp bemessene Freizeit und kaum eigenes Taschengeld sowie Züchtigungen durch den Vater gehörten zu einer Erziehung, die offensichtlich auf das Brechen und nicht auf das Fördern der Persönlichkeit des Kronprinzen angelegt war.

Und so verwundert es kaum, daß sich Vater und Sohn schon früh entfremdeten, denn Ludwig fürchtete Max und ging ihm aus dem Weg, wo er nur konnte. Interessant ist die spätere Beurteilung der Jugendjahre durch Ludwig II., der als 30jähriger Monarch an Kronprinz Rudolf von Österreich schrieb: »Du bist sehr zu beglückwünschen, eine so durch und durch ausgezeichnete, verständnisvolle Erziehung genossen zu haben, ein Glück ist es ferner auch, daß der Kaiser persönlich so lebhaft für Deine Ausbildung sich interessiert. Bei meinem Vater ist dies leider ganz anders gewesen, stets hat er mich de haut en bas behandelt, höchstens en passant einiger gnädiger kalter Worte gewürdigt. Diese eigentümliche Art und sonstige Erziehungsmethode wurde aus dem sonderbaren Grund beliebt, weil es bei seinem Vater ebenso gehalten wurde.«[43] Auch die Mutter vermochte da kein Gegengewicht zu geben, jedenfalls berichtet Kabinettsekretär Franz von Pfistermeister: »Auch die Königin verstand es sehr wenig, ihre Prinzchen an sich anzuziehen. Sie besuchte sie zwar häufiger in ihren Zimmern, wußte sich aber nicht mit ihnen abzugeben, wie Kinder es eben verlangen. Das zog die Söhnchen auch nicht an die Mutter.«[44] Und so hatte Ludwig offenbar schon in jungen Jahren keine Beziehung mehr zu ihr.

Auch das Erziehungspersonal war, insbesondere was die Persönlichkeit der Lehrer betrifft, wenig glücklich ausgewählt. Was von den Pädagogen Ludwigs überliefert ist, dem Volksschullehrer Klass etwa und dem Gymnasialprofessor Steininger, macht den Eindruck von gutwilliger, doch unzweifelhafter Mittelmäßigkeit. Namentlich Steininger konnte in seinem langjährigen Unterricht keine allzu großen Erfolge aufweisen: von den antiken Sprachen beherrschte Ludwig, als er König wurde, kaum die Anfangsgründe, und von den lebenden Sprachen hatte er nur Französisch gelernt. Auch in Mathematik, Geschichte und Geographie wurden keine besonderen Fortschritte erzielt.[45] Nicht viel besser stand es, nach den überlieferten Quellen zu schließen, um die militärischen Erzieher, den Generalmajor Basselet de la Rosée, den der spottlustige Hof in »Abendtau Bayerns« (»la rosée du soir de la Bavière«) umtaufte, oder um den Major Wulfen, der Epileptiker war und beim Edelweißpflücken vor den Augen der entsetzten Kinder von einer Felswand stürzte. Die einzige Persönlichkeit von Niveau in der Umgebung des jungen Prinzen war sein Religionslehrer Ignaz von Döllinger.

Die Grundschulung des jungen Kronprinzen scheint trotzdem nicht allzu schlecht gewesen zu sein, wie Rall-Petzet anhand der Stundenpläne erläutern. In allen Altersstufen war Religionsunterricht vorgesehen. Ein umfassender Wochenplan hielt Ludwig auch zum Zeichnen, Schwimmen, Reiten, seit 1859 zum Tanz- und Fechtunterricht an. Seit dem Winter 1859/60 bekam er Unterricht in Waffenkunde; im Winter 1861/62 hatte er eine Wochenstunde zu exerzieren, wie er es bereits als Zehn- und Elfjähriger tun mußte, und seit 1862 erhielt der Kronprinz, bereits einige Jahre zuvor zum Oberleutnant ernannt, Unterricht in Kriegswissenschaft. Als Achtzehnjähriger wurde er dann zum Oberst befördert. In derselben Zeit, ab Juni 1863, erhielt er Unterricht in Logik und in Geschichte der Philosophie durch Professor Johannes Huber, der auch nach der Thronbesteigung fortgesetzt wurde. Was offenbar fehlte, war die persönliche Beziehung der Lehrer zu dem immer verschlossener wirkenden Kronprinzen, denn später äußerte sich Ludwig in einer Audienz 1873 über Professor Steininger zu Felix Dahn: »Ich habe ihn gehaßt, ihn – wie alle meine Lehrer.«[46]

Neben den nicht allzu günstigen Voraussetzungen für eine gute und umfassende kronprinzliche Erziehung fehlte Ludwig auch der natürliche Wettstreit mit gleichaltrigen Knaben, denn Otto und Ludwig hatten nur gerade zwei Spielkameraden; nämlich den Prinzen Ludwig von Hessen, der einen Teil seiner Kindheit am Hof seiner Tante Königin Marie verlebte, und den kleinen Grafen Holnstein, der sie hin und wieder einmal besuchen durfte. So war der als hochbegabt und intelligent beschriebene Kronprinz schon früh allzu oft sich selbst überlassen und zog sich in seinen freien Stunden in die Einsamkeit zurück. Religionslehrer Ignaz von Döllinger beschrieb eine Begebenheit, die einen Eindruck von Ludwigs damaliger Welt vermittelt. Als Döllinger Ludwig wegen eines leichten Augenleidens allein in einem dunklen Zimmer traf, meinte er zu seinem Schüler: »Wie sich Eure königliche Hoheit doch langweilen müssen, wenn Sie keine Beschäftigung haben.« »Ich langweile mich nicht«, lautete die Antwort; »ich denke mir verschiedene Dinge aus, und auf diese Weise vergnüge ich mich recht gut.«[47]

Ludwigs Jugendjahre entpuppen sich als allzu kurzer Werdegang eines zum König bestimmten Menschen, der zudem belastet war durch die fehlende Beziehung zum Vater und durch eine mittelmäßige und nicht vollendete Ausbildung. Zwar hatte er 1863 begonnen, an der Münchner Ludwig-Maximilians-Universität Vorlesungen über die Geschichte der Philosophie, Englisch, Französisch und Physik zu hören. Er besuchte auch Justus von Liebigs chemisches Laboratorium, doch konnte Ludwig wegen der unvermittelten Thronbesteigung im März 1864 das Studium nicht abschließen. Er bedauerte dies später und fühlte sich zeitlebens durch seine begrenzten Kenntnisse benachteiligt.[48]

Einen Eindruck von Ludwigs Auftreten zu jener Zeit vermittelt ein prominenter Zeitzeuge. Otto von Bismarck weilte im August 1863 in München und schilderte seine Eindrücke von der Hoftafel: »Auf dem Wege von Gastein nach Baden-Baden berührten wir München ... Bei den regelmäßigen Mahlzeiten, welche wir (König Wilhelm und Bismarck) während des Aufenthalts in Nymphenburg, 16. und 17. August 1863, einnahmen, war der Kronprinz, später König Ludwig II., der seiner Mutter gegenübersaß, mein Nachbar. Ich hatte den Eindruck, daß er mit seinen Gedanken nicht bei der Tafel war und sich nur ab und zu seiner Absicht erinnerte, mit mir eine Unterhaltung zu führen, die aus dem Gebiet der üblichen Hofgespräche nicht herausging. Gleichwohl glaubte ich in dem, was er sagte, eine begabte Lebhaftigkeit und einen von seiner Zukunft erfüllten Sinn zu erkennen. In den Pausen des Gesprächs blickte er über seine Mutter hinweg an die Decke und leerte ab und zu hastig sein Champagnerglas, dessen Füllung, wie ich annahm, auf mütterlichen Befehl verlangsamt wurde, so daß der Prinz mehrmals sein leeres Glas rückwärts über seine Schulter hielt, wo es zögernd wieder gefüllt wurde. Er hat weder damals noch später die Mäßigkeit im Trinken überschritten, ich hatte jedoch das Gefühl, daß die Umgebung ihn langweilte und er den von ihr unabhängigen Richtungen seiner Phantasie durch den Champagner zur Hilfe kam. Der Eindruck, den er mir machte, war ein sympathischer, obschon ich mir mit einiger Verdrießlichkeit sagen mußte, daß mein Bestreben, ihn als Tischnachbar angenehm zu unterhalten, unfruchtbar blieb.«[49]

Bismarck vermittelt hier das Bild eines begabten und von »seiner Zukunft erfüllten«, aber introvertierten Kronprinzen, der von seiner Umgebung wenig Notiz nahm. Dieses Gebaren ist Ausdruck einer Erziehung, die einem zukünftigen König wenig Rüstzeug für seine zukünftige Aufgabe mitzugeben vermochte. Dies hing auch mit Maximilian zusammen, der Ludwig in der zweiten Phase seiner allzu kurzen Jugendzeit nie als wohlwollender Vater begegnete, der seinen Sohn mit Rat und Tat gefördert hätte. Bekannt ist jenes Wort Paul Heyses, daß es schien, als habe »König Maximilian über der Sorge für die Erziehung seines Volkes das Interesse an der seiner eigenen Kinder verloren.«[50] In der Umgebung des Königs war man sogar überzeugt davon, daß Kronprinz Ludwig nicht bloß mitunter unverholene Abneigung, sondern förmlichen Haß gegen seinen Vater hegte. Über das Verhältnis zwischen dem Vater und seinen Söhnen schreibt Kabinettsekretär von Pfistermeister: »Der König sah seine beiden Söhnchen, die Prinzen Ludwig und Otto, des Tages nur ein- oder zweimal, mittags beim 2. Frühstück und Abends bei der Hoftafel, gar selten in den Zimmern, wo sie aufwuchsen. Dabei reichte er ihnen meistens nur die Hand zum Gruße und empfahl sich schleunigst. Es kostete, als der Kronprinz schon seiner Volljährigkeit nahestand, viel und lange Mühe, den König zu bewegen, seinen ältesten Sohn auf den Morgenspaziergang im Englischen Garten (von 9–10 Uhr) mitzunehmen. Das wiederholte sich jedoch nur wenige Male. Der König äußerte: ›was soll ich mit dem jungen Herrn sprechen? Es interessiert ihn nichts, was ich anrege.‹«[51] Wie wenig Ludwig seinerseits emotional mit seinem Vater verbunden war, zeigt die Tatsache, daß nach Pfistermeisters Bericht beim Tod des 53jährigen Max beim Kronprinzen kein Zeichen der Trauer auszumachen war.[52]

Als König Maximilian am 10. März 1864 starb, befand sich Bayern politisch in einer sehr schwierigen Situation, die nun sein Sohn und Nachfolger, Ludwig II., als Erbe übernehmen mußte. Im Volk ging sogar das Gerücht um, der Tod des Königs sei nicht so sehr durch Krankheit, sondern, wie der österreichische Gesandte in München, Graf Blome, nach Wien meldete, »durch politische Discussionen« mit dem österreichischen Erzherzog Albrecht verursacht worden.[53] Der damals als bayerischer Gesandter am Frankfurter

Bundestag wirkende Ludwig Freiherr von der Pfordten nahm ebenfalls in seinem Tagebuch darauf Bezug: »Der König ist um 11 ¾ Uhr ... gestorben als Opfer der holsteinischen Sache. Um 2 Uhr nachmittags am 9. März hatte er beschlossen, dem Drängen Österreichs gegenüber fest am Rechte zu halten und mich zur Stellung des Antrags auf Anerkennung des Herzogs Friedrich anweisen zu lassen; um 4 Uhr erkrankte er. ... Er stirbt in Glorie seinem hohen Beruf.«[54] Von der Pfordten erwähnt hier die »holsteinische Sache«, ein politisches Problem von gesamteuropäischer Bedeutung. Die Elbeherzogtümer Schleswig und Holstein waren für Dänemark seit Jahren eine Herausforderung, hatten die dänischen Herrscher doch wiederholt versucht, ihren Einflußbereich in diese Gebiete auszudehnen, was zu häufigen Konflikten führte. Bei einer internationalen Konferenz 1852 in London wurde ein Schlußprotokoll ausgearbeitet, das festhielt, daß Holstein ein Vollmitglied des Deutschen Bundes und Schleswig territorial unabhängig sei. Allerdings existierte seit 1460 eine Vereinbarung beider Länder, daß sie »für ewig ungeteilt« bleiben wollten. Und so führten die ständigen Versuche Dänemarks, sich zumindest Schleswig einzuverleiben, zu dauernden Spannungen, die zu Beginn des Jahres 1863 erneut voll ausbrachen: Der dänische König Christian IX. aus dem Hause Glücksburg berief sich auf seine Auslegung der Erbfolge und meldete territoriale Ansprüche auf ganz Schleswig und Teile von Holstein an, was mit der Rechtsauffassung des Deutschen Bundes natürlich nicht vereinbar war. Und genau bei diesem Problem hakte die preußische Diplomatie ein, die den Deutschen Bund als ohnmächtige und unfähige Organisation betrachtete, in welcher zudem der große Rivale Österreich die Präsidialmacht über die 35 größeren und kleineren Mitgliedstaaten besaß. Preußen suchte, gestützt auf ein starkes Heer, die Hegemonie im Bund zu erreichen, und die Schleswig-Holstein-Frage bildete dabei den äußeren Anlaß und Vorwand, um die Rivalität mit Österreich auszutragen. Während sich die deutschen Mittelstaaten mit Bayern an der Spitze um ein gemeinsames Vorgehen des Gesamtbundes bemühten, tendierte Preußen zu einer Führungsstellung im Bund und steuerte damit auf eine Konfrontation mit Österreich zu. Bayern, das im Bund als drittgrößte Macht zwischen beiden Staaten stand, suchte zu vermitteln und verlangte aus existentiellen Gründen die Erhaltung des bestehenden Deutschen Bundes.

Ein wichtiges Datum in dieser negativen Entwicklung der »Deutschen Frage« war der Frankfurter Fürstentag vom August 1863. Auf Einladung Österreichs und mit Unterstützung Bayerns befaßte sich der Fürstentag mit dem österreichischen Projekt einer Reform des Deutschen Bundes, das unter Beibehaltung des föderativen Prinzips die Bundesorgane zu stärken versuchte. Maximilian, der persönlich an dem Treffen teilnahm, hielt eine vielbeachtete Rede, in der er leidenschaftlich für die Erhaltung des binnendeutschen Gleichgewichts plädierte. Die Bemühungen blieben jedoch wirkungslos, da der preußische König auf Bismarcks Drängen hin dem Fürstentag ferngeblieben war. Die Frage um Schleswig-Holstein blieb ungelöst.

Zu einem weiteren Schlag holte Preußen am 15. Dezember 1863 aus: In einer Zirkulardepesche an sämtliche Zollvereinsregierungen kündigte Bismarck den bestehenden Deutschen Zollverein. Nach dieser Kündigung suchte der österreichische Außenminister Graf Rechberg, in der Hoffnung, die »Deutsche Frage« ohne Krieg einigermaßen lösen zu können, sein »Heil« in einer Verständigung mit Preußen. Am 16. Januar 1864 schloß Österreich mit Preußen ein politisches Bündnis gegen Dänemark, was einer Kampfansage gegen Bayern gleichkam, das immer auf einen Konsens aller am Deutschen Bund beteiligten Staaten hingearbeitet hatte.

Bayern befand sich damit in einer sehr schwierigen Situation, denn in der Zollvereinsfrage zerfiel die mittelstaatliche Opposition gegen Preußen Anfang 1864 immer mehr.

Die Lage um Schleswig-Holstein und den Zollverein war derart brisant, daß sich der aus gesundheitlichen Gründen in Italien weilende König Max entschloß, vorzeitig nach München zurückzukehren, um in die weiteren Verhandlungen eingreifen zu können. Am 3. März 1864 schickte der österreichische Kaiser Franz Joseph Erzherzog Albrecht als Unterhändler nach München, um den bayerischen König in seinen Aktivitäten zugunsten Schleswig-Holsteins zu bremsen, forderte Max doch unter anderem die Verwaltung beider Herzogtümer durch den Fürsten von Augustenburg. Der gesundheitlich stark angeschlagene Maximilian gab in den zähen Verhandlungen zwar nicht nach, brach jedoch, offenbar infolge der zu großen Anstrengung, noch während der Verhandlungen zusammen und starb kurze Zeit später. Nur zwei Tage nach seinem Tod begann der erste Deutsch-Dänische Krieg um Schleswig-Holstein mit der Beschießung Düppels.

Maximilian hatte in seiner Regierung eine ganz klare politische Linie vertreten: Stärkung des bestehenden Deutschen Bundes, und da dieser in erster Linie durch Preußens Konfrontationskurs gefährdet war, unbedingte Unterstützung Österreichs. Nun aber war Max tot und die politisch Verantwortlichen der europäischen Staaten wußten nicht, was für eine Haltung Ludwig II. in den brennenden politischen Fragen einnehmen würde. So ist es kaum verwunderlich, daß sich sofort nach Max' Tod Unsicherheit und Spekulation um die Haltung König Ludwigs II. ausbreiteten, zumal der neue Herrscher keine 19 Jahre alt war. Der österreichische Gesandte in München, Graf Blome, schien denn auch, noch ehe der verstorbene König bestattet worden war, eine »vielköpfige Intrigue« gegen den Nachfolger zu erkennen; und zwar aus »höheren Regionen«, wie er sich vorsichtig ausdrückte.[55] Offenbar hing das Ganze mit einem Schreiben von König Maximilian aus dem Jahr 1859 zusammen, welches für den Fall, daß ihm selbst etwas zustoßen sollte, den Rat an den Kronprinzen Ludwig enthielt, er solle auf den »erfahrenen Rat des Prinzen Carl«, eines Bruders Ludwigs I., zählen. Die Frage war, ob dieser Ratschlag ausschließlich einem eventuell noch minderjährigen Nachfolger gelten sollte oder ob damit die Etablierung eines Regentschaftsrates für den zwar volljährigen, in Staatsgeschäften aber noch unerfahrenen Ludwig II. gemeint war. Nach Ansicht des Prinzen Carl, eines Mannes von streng konservativer Gesinnung, konnte der Thron nur durch energische Anstrengungen vor den Gefahren eines möglichen Umsturzes gerettet werden, wie Blome weiter ausführt. Angesichts der erkennbaren nationalen Einigungsbestrebungen galt es überdies, Bayerns Selbständigkeit im Rahmen des Deutschen Bundes zu wahren. Und da der bayerische Ministerrat in der Schleswig-Holstein-Frage uneinig war, kam es entscheidend auf die Weisungen des neuen Königs an.[56]

Hier äußert sich die Angst der bayerischen Politiker, daß der junge Ludwig seinen außenpolitischen Aufgaben nicht gewachsen sein könnte. Doch die Primogeniturordnung löste dieses Problem eindeutig, Ludwig II. war der König. Gleichzeitig schimmert hier aber auch die Ungewißheit darüber durch, ob Ludwig als ein liberaler oder ein konservativer Monarch regieren würde. Auch hier standen für den neuen König wichtige Probleme an, waren doch als Folge der Revolution von 1848 erste Arbeitervereine in Deutschland entstanden, die für einen sozialen Aufbruch gesorgt hatten. Der erste Ansatz einer Arbeiterbewegung ging in Bayern zu Beginn der 6oer Jahre vom bürgerlichen Liberalismus aus.[57] Zu dieser Zeit bildete sich in Bayern die »Fortschrittspartei«, die vor allem in Nürnberg hervortrat und die Massen der Kleinhandwerker und Arbeiter an sich zog. In ihren Reihen standen viele radikale Demokraten und Republikaner aus den Revolutionsjahren. 1863 erfolgte dann der Versuch durch den Sozialisten Ferdinand Lassalle, in Bayern eine Zweigpartei des »Allgemeinen Deutschen Arbeitervereins« zu gründen, der aber Anfang 1864 am Einspruch der Behörden scheiterte.

Noch war Bayern ein Bollwerk des Partikularismus[58], das nun aber durch die »Fortschrittspartei« ins Wanken geriet. Am 3. März 1863 durch Karl Brater und Joseph Völk gegründet, begann die noch junge Partei bereits im August 1863 in Frankfurt am Bundesreformplan aktiv mitzuwirken: außen- und innenpolitische Ziele überlagerten dabei das Programm der noch uneinigen Partei. Zwar wollte man eine Reform des maroden Bundes, doch über das Wie war man verschiedener Ansicht, denn einer bedingungslosen Unterstützung Preußens als die die deutsche Nation einigende Macht stand der innenpolitisch konservative Kurs Bismarcks entgegen, der viele »Fortschrittler« abschreckte. Zudem wollten viele auch die Unabhängigkeit Bayerns nicht preisgeben. Trotzdem entstand mit der »Fortschrittspartei« vehement eine neue Kraft, die klare liberale Ziele vertrat, welche der damalige bayerische König Maximilian II. fürchtete: Er weigerte sich, im Februar 1864 den Landtag einzuberufen, um die Probleme um Schleswig-Holstein zu beraten aus Furcht, in seiner konservativen Politik vom Fortschritt überstimmt zu werden. Spiegelbild des Kampfes zwischen Regierung und »Fortschrittspartei«, die sichsehr schnell entwickelte, bildete eine Versammlung der »Fortschrittspartei« vom 28. Februar 1864, in welcher die konservative Politik Maximilians durch Brater und Völk scharf kritisiert wurde.[59] Nur kurze Zeit später entstand durch den Wechsel auf dem Königsthron eine neue Konstellation.

Beim Amtsantritt Ludwigs II. stellte sich daher für in- und ausländische Politiker die bange Frage, wie der neue König mit den ihn erwartenden Problemen umgehen würde. Einerseits waren nach Jahren der Reaktion neue liberal-demokratische Strömungen aufgekeimt, die beim Amtsantritt Ludwigs noch in den Anfängen steckten. Andererseits wurde das Problem um Schleswig-Holstein immer akuter und niemand wußte, ob Ludwig, der preußisches Blut in sich hatte, sich auf die Seite Preußens oder Österreichs stellen würde. Die diesbezügliche Unsicherheit wird im Schreiben des österreichischen Kaisers Franz Joseph zum Amtsantritt Ludwigs deutlich: »Der Wunsch, mit Baiern und dessen Königshause fest verbunden zu bleiben, wird mich stets beseelen und ich verlasse mich darauf, bei Ew. Majestät hierin, wie einst bei Ihrem unvergeßlichen Vater, volle Gegenseitigkeit zu finden. Mit diesen Gefühlen begrüße ich zum ersten Male Ew. Majestät auf Baierns Thron als meinen deutschen Mitfürsten und Verbündeten und bleibe in aufrichtiger Freundschaft und Hochachtung Ew. Majestät treuer Bruder und Vetter Franz Joseph.«[60]

Die Unsicherheit in dieser brisanten politischen Situation mußte umso größer sein, als der neue, erst 19jährige König nur eine kurze Ausbildungszeit genossen hatte, die kaum über eine solide Grundausbildung hinausreichte – bis auf ein Spezialgebiet: Richard Wagner. Die frühe und intensive Begegnung mit dem Schaffen des zur Generation des wenig geliebten Vaters gehörenden Richard Wagner war für Ludwigs geistige Entwicklung von zentraler Bedeutung. Bereits als 13jähriger Kronprinz lernte er die ersten theoretischen Schriften Wagners kennen, und bis zu seinem Amtsantritt kannte er praktisch dessen gesamtes theoretisches Schaffen. 1861, im Jahr der Pariser Erstaufführung des »Tannhäuser«, sah Ludwig dann in München mit »Lohengrin« auch die erste Aufführung eines Wagner-Werkes, was ihm 1859 durch den Vater noch untersagt worden war. Doch dieses Verbot hielt den Kronprinzen nicht davon ab, sich schon damals mit dem Werk zu befassen, und die Schilderung der Erstaufführung durch seine erste Erzieherin, Baronin Sibylle von Meilhaus, die dieses Ereignis miterlebt hatte, erregte sein Interesse nur noch mehr. Im August 1859 machte Graf La Rosée dem Prinzen »Oper und Drama« zum Geschenk, und am 2. Februar 1861 durfte Ludwig die Wiederaufführung von »Lohengrin« in München besuchen. Der fünfzehnjährige Kronprinz, so sein erster Biograph Gottfried von Böhm, »vergoß darüber Tränen höchsten Entzückens, lernte in der Einsamkeit seines Zimmers und des Parkes das Textbuch und die übrigen Dramen Wagners auswendig und las mit brennender Begierde auch die Prosaschriften Wagners, besonders ›Das Kunstwerk der Zukunft‹, das er anläßlich eines Besuches bei Herzog Max in Bayern auf dem Klavier liegen sah und das besonders durch das Wort ›Zukunft‹ seine Aufmerksamkeit auf sich gezogen haben soll.«[61] 1863 entdeckte Ludwig dann die kurz vorher veröffentlichte Ring-Dichtung. Im Vorwort schildert Wagner – an seine theoretischen Schriften anknüpfend – die »hoffnungslosen Zustände« an den deutschen Opernhäusern und schlägt eine neuartige Aufführungspraxis vor, die er aber für den Moment nicht für möglich halte. Und so schließt er sein

Vorwort: »Wird der Fürst sich finden, der die Aufführung meines Bühnenfestspiels ermöglicht?«

Bemerkenswert an Ludwigs Umgang mit Wagners Schaffen ist zweierlei. Einerseits lernte Ludwig II. die theoretischen Schriften Wagners *vor* den Bühnenwerken kennen, was bisher in der Literatur nicht beachtet wurde. Andererseits ist erstaunlich, wie sehr der junge Monarch die stark revolutionär gefärbten Schriften Wagners bewunderte, so daß er fast unmittelbar nach der Thronbesteigung durch Kabinettsekretär von Pfistermeister nach deren Verfasser suchen ließ. Was mögen die Beweggründe gewesen sein, daß ihn, den König von Bayern und Sohn des konservativen Maximilian, die revolutionäre Meinung Wagners nicht vor einem solchen Schritt zurückschreckte? Daß Ludwig überzeugt war, mit seinem Entschluß, Wagner nach München zu berufen, auf dem richtigen Weg zu sein, davon zeugt ein Brief an Wagner vom 31. Dezember 1864, in welchem er auf sein erstes Jahr als König zurückblickt: »Für mich war das nun bald vergangene Jahr das schönste meines Lebens, für mich glücklich und wonnevoll in allen seinen Theilen: ›Keiner ging, doch Einer kam‹.«[62] Ein erschreckendes Fazit Ludwigs II., das nichts weniger besagt, als daß ihm der Tod seines Vaters nichts, die Berufung des gleichaltrigen Wagner aber alles bedeutete. Hatte Ludwig II., der Wagner geistig, vom Wissen und der Persönlichkeitsentwicklung her massiv unterlegen war, in diesem den geistigen Mentor gefunden, den er im Vater so sehr entbehren mußte?

Die Philosophie Richard Wagners

## Die utopische Zukunft

Ludwig lernte als jugendlicher Thronfolger die theoretischen Schriften Richard Wagners fast lückenlos kennen und wurde durch den Begriff »Zukunft« besonders angezogen; zwei Tatsachen, die der näheren Erforschung bedürfen. Die systematische Analyse der theoretischen Schriften ist für die Aufschlüsselung dieser kronprinzlichen und späteren königlichen Faszination von zentraler Bedeutung. Mit dieser Analyse gehen wir dem Prozeß nach, wie Ludwig in seinen Jugendjahren das Werk Wagners kennenlernte. Dabei werden zwei Hauptziele verfolgt: Einerseits werden die theoretischen Schriften auf das politisch-philosophische Gedankengut hin überprüft und andererseits der Sprachgebrauch Wagners untersucht, um ein Instrumentarium für die Analyse des Briefwechsels Ludwigs mit Wagner zu erhalten. Dies ist umso wichtiger, da die »schwülstige« Sprache der Schriften Wagners, die damals durchaus üblich war, heute nur noch schwierig nachvollzogen werden kann. Aus diesen Prämissen ergibt sich das konkrete Vorgehen.

Wir beginnen mit »Das Kunstwerk der Zukunft«, da Ludwig diese Schrift zuerst kennenlernte. Weitere wichtige Schriften, »Die Kunst und die Revolution«, »Oper und Drama« und »Eine Mittheilung an meine Freunde« werden dann schrittweise beigezogen. Die Form der Analyse folgt der Tatsache, daß Ludwig durch den Begriff »Zukunft« stark berührt war, weshalb die Schriften nach den Kriterien »Zukunft«, »Vergangenheit« und »Gegenwart« in dieser Reihenfolge aufgeschlüsselt werden.

Richard Wagner widmet einen großen Teil seiner Schrift »Das Kunstwerk der Zukunft« der Erklärung seines utopischen Ideals, wobei sein ganz spezifischer Sprachgebrauch auffällt. Die »utopische Zukunft« definiert er folgendermaßen: »Das Volk«, das heißt »alle Einzelnen, welche ein Gemeinsames« ausmachen,[63] welche »eine gemeinschaftliche Noth empfinden«[64], werden die Gesellschaft von morgen bilden. Nach Wagner ist »der Einsame unfrei, weil beschränkt und abhängig in der Unliebe, der Gemeinsame frei, weil unbeschränkt und unabhängig durch die Liebe«,[65] denn »Freiheit ist befriedigtes höchstes Bedürfniß, und damit wahres Bedürfniß, höchste Freiheit befriedigtes höchstes Bedürfniß: das höchste menschliche Bedürfniß aber ist die Liebe«.[66]

Interessant ist Wagners Definition dieser Liebe und wie sie erreicht wird: Die Befriedigung des Liebesbedürfnisses gewinnt »der Mensch durch das Geben, und zwar durch das Sichselbstgeben an andere Menschen, in höchster Steigerung an die Menschen überhaupt«.[67] »Jede einzelne Fähigkeit des Menschen ist eine beschränkte, seine vereinigten … gegenseitig sich helfenden, – also seine sich liebenden Fähigkeiten sind aber die sich genügende … allgemein menschliche Fähigkeit … Ihre Schranken heben sich daher in der Verständigung auf; nur was sich liebt, kann sich aber verständigen, und lieben heißt, den anderen anerkennen, zugleich also sich selbst erkennen; Erkenntniß durch die Liebe ist Freiheit, die Freiheit der menschlichen Fähigkeiten – Allfähigkeit.«[68]

Wagner postuliert hier die »schrankenaufhebende Allfähigkeit«, die aber auch Unterschiede beinhaltet: »Selbständig ist nichts in der Natur, als das, was die Bedingungen seines Selbststehens nicht nur in sich, sondern auch außer sich hat: die inneren Bedingungen sind eben erst vermöge der äußeren vorhanden«. Der Einzelne braucht daher, »um ganz das sein zu wollen, was er für sich ist«, »ganz und gar das nicht zu sein … was er nicht ist; ganz was er nicht ist, ist ja aber das von ihm Unterschiedene, und nur in der vollsten Gemeinsamkeit mit dem von ihm Unterschiedenen, im vollsten Aufgehen in der von ihm unterschiedenen Gemeinsamkeit kann er eben erst vollkommen das sein, was er ist, sein soll, und vernünftigerweise nur sein will«.[69] Dadurch wird die untergegangene »geschlechtlich-natürliche Nationalgemeinsamkeit zur reinmenschlichen Allgemeinsamkeit«.[70]

Diese Allgemeinsamkeit hat nach Wagners Auffassung auch Auswirkungen auf das Volk: Wir werden »gemeinsam den Bund der heiligen Nothwendigkeit schließen, denn die Noth allein hat die Kraft des wahren Bedürfnisses[71], und der Bruderkuß, der diesen Bund besiegelt, wird das gemeinsame Kunstwerk der Zukunft sein«. »In ihm wird auch unser großer Wohltäter und Erlöser, der Vertreter der Nothwendigkeit in Fleisch und Blut, – das Volk, kein Unterschiedenes, Besonderes mehr sein, denn im Kunstwerk werden wir Eins sein, Träger und Weiser der Nothwendigkeit, Wissende des Unbewußten, Wollende des Unwillkürlichen, Zeugen der Natur, – glückliche Menschen.«[72] Damit wird »das Band, das der, im nationalen Hellenen sich bewußt werdende, vollkommene Mensch, mit diesem Bewußtwerden als beengende Fessel zerriß, sich als Allgemeinsames um alle Menschen schlingen.«[73]

Durch die Verwendung des Präsens bei der Beschreibung der »Gesellschaft der Zukunft« suggeriert Wagner eine absolute Richtigkeit, eine »Naturformel«, die bereits in der Gegenwart latent vorhanden ist, man muß sie nur noch entdecken. Deshalb wird die Menschheit diesen Bund »reinmenschlicher Allgemeinsamkeit« nach Wagner früher oder später »nothwendigerweise« erreichen. In dieser Utopie-Zukunft wird das Kunstwerk, das als Bruderkuß diesen Bund besiegelt, nach Wagner natürlich eine wichtige Aufgabe zukommen: Die Kunst ist »die Zeugin edelsten Menschenthumes«, und gleich »der seligen Harmonie der Natur wird sie … dauernd und immer zeugend sich erhalten, als reinste, vollendetste Befriedigung des edelsten und wahrhaftesten Bedürfnisses des vollkommenen Menschen«.[74] »Dieser erlösende Weltmensch (wird) aus der Fülle des Weltherzens« ausrufen … »Freunde! Seid umschlungen Millionen! diesen Kuß der ganzen Welt! – Und dieses Wort wird die Sprache des Kunstwerkes der Zukunft sein.«[75]

Wagner zeichnet so das Bild eines »Weltmenschen«, der nicht mehr national gebunden ist, eine »Utopie« der Einheit aller Menschen, wo es weder Egoismus noch Unterschiede, sondern nur noch »Liebe« geben wird und wo die Kunst die Zeugin dieses idealen Menschentums sein wird.

Faszinierend zu sehen ist nun die parallele Entwicklung, die Wagner für die Kunst postuliert, denn das von ihm definierte, berühmte »Gesamtkunstwerk« existiert dank der »Selbstaufgabe« der Einzelkunst: Nach Wagner gibt es drei Kunstarten, die Tanz-, Ton- und Dichtkunst, »die ihrem Wesen nach untrennbar« sind.[76]

Deshalb fühlt sich jede Kunst »in der Berührung ihrer Schranken« unfrei.[77] »Erst die vollständige Umschlingung, das vollständige Aufgehen ihrer selbst jenseits der gestellten Schranken läßt aber die Schranken ebenfalls vollständig fallen. Dann ist nur die Kunst, die gemeinsame, unbeschränkte Kunst selbst« vorhanden.[78]

Wir sehen bereits hier, daß Wagner mit analogen Begriffen argumentiert wie bei der Beschreibung der »Utopie-Gesellschaft«. Dies gilt auch für sein weiteres Vorgehen, wenn er die Auswirkungen beschreibt, die das Gesamtkunstwerk für die einzelnen Kunstarten hat.

Es müssen – wie bei der Gesellschaft – innere und äußere Bedingungen erfüllt sein, um ein Ganzes zu bilden. Die Tanzkunst als »äußere Gestalt« etwa wird mit der Tonkunst als »innere Gestalt« durch den Rhythmus verbunden: »Durch den Rhythmus teilt sich die Tanzkunst der Tonkunst mit«,[79] denn der Rhythmus ist »das natürliche, unzerreißbare Band« der beiden.[80] Die Tonkunst ist demnach »die Kunstart, in welcher die Tanzkunst nothwendig sich selber erkennen, wiederfinden, aufgehen sich ersehnt«.[81] Es ist geradezu frappant zu sehen, wie identisch die Argumentation und der Wortgebrauch Wagners für die Definition von »Gesellschaft« und »Gesamtkunstwerk« ist und wie konsequent er diese durchzieht. Auch dem »Kunstwerk der Zukunft« wird durch die Verwendung des Präsens eine absolute Richtigkeit zugesprochen, und sie ist, wie die »Gesellschaft der Zukunft«, latent als »Naturmacht« in der Gegenwart vorhanden. Das Problem für den Menschen bzw. den Künstler besteht demnach laut Wagner darin, diese »Formel« für die »allgemeingültige« Kunst zu erkennen. Tatsächlich meint

Wagner im »Kunstwerk der Zukunft«, daß sowohl auf der gesellschaftlichen als auch auf der Kunst-Ebene der erste Schritt in Richtung »Utopie-Zukunft« geschehen ist: »Hat Columbus uns … gelehrt, den Ozean zu beschiffen, und so alle Kontinente der Erde zu verbinden; ist durch seine Entdeckung weltgeschichtlich der kurzsichtige nationale Mensch zum allsichtigen, universellen, – zum Menschen überhaupt geworden, so sind durch den Helden, der das weite, uferlose Meer der absoluten Musik bis an seine Gränzen durchschiffte, die neuen, ungeahnten Küsten gewonnen worden, die dieses Meer … für die neugeborene, glückliche künstlerische Menschheit der Zukunft verbindet; und dieser Held ist kein anderer als – Beethoven. –«[82] Columbus hat nach Wagner den ersten Schritt zur »Erlösung« für die Menschen, Beethoven für das Kunstwerk getan, weil er das »Land des Menschen der Zukunft aus sich selbst entdeckte«:[83] Nur »ein überreiches künstlerisches Individuum, das einsam den Geist der in der Öffentlichkeit nicht vorhandenen Gemeinsamkeit in sich aufnahm, ja aus der Fülle seines Wesens, vereint mit der Fülle musikalischer Möglichkeiten, diese Gemeinsamkeit als eine künstlerisch von ihm ersehnte, sogar erst in sich produzierte«.[84] »So drang der Meister (Beethoven) durch die unerhörtesten Möglichkeiten der absoluten Tonsprache, … indem er sie … bis zu ihrem letzten Laute, aus tiefster Herzensfülle aussprach … Rüstig warf er (dann) den Anker aus, und dieser Anker war das Wort.«[85]

Nach Wagner ist es »das nothwendige, allmächtige, allvereinende Wort, in das der ganze Strom der vollsten Herzensempfindung sich zu ergießen vermag: das Wort, das der erlösende Weltmensch aus der Fülle des Weltherzens ausruft, das Beethoven als Krone auf die Spitze seiner Tonschöpfung (der 9. Symphonie) setzte. Dieses Wort war: – ›Freund‹. Und mit diesem Wort ruft er den Menschen zu: ›Seid umschlungen, Millionen!‹ Diese letzte Symphonie Beethoven's ist die Erlösung der Musik aus ihrem eigensten Elemente heraus zur allgemeinsamen Kunst. Sie ist das menschliche Evangelium der Kunst der Zukunft, des allgemeinen Dramas.«[86]

Wagner faßt schließlich zusammen, was die Tonkunst dank Beethoven bereits vollbrachte, und auf welche Weise sie dies tat: »Die Musik hat aus sich vollbracht, was keine der anderen geschiedenen Künste vermochte. Jede half sich in ihrer öden Selbständigkeit nur durch Nehmen und egoistisches Entlehnen; und keine vermochte daher, sich selbst zu sein, und aus sich das vereinigende Band für Alle zu weben. Die Tonkunst, indem sie ganz sie selbst war, und aus ihrem ureigensten Elemente sich bewegte, gelangte zu der Kraft des großartigsten, liebevollsten Selbstopfers, sich selbst zu beherrschen, ja zu verleugnen, um den Schwestern die erlösende Hand zu reichen.«[87] »In tonbeseeltem Rhythmus und Melodie (den Armen der Tonkunst) gewinnen Tanzkunst und Dichtkunst ihr eigenes Wesen, sinnlich verständigt, und unendlich verschönert und befähigt, wieder zurück, erkennen und lieben sich selbst.«[88]

Mit dieser Aussage kehrt Wagner wieder zum »allgemeingültigen Naturgesetz« des »Kunstwerkes der Zukunft« zurück, nachdem sich nun auch die Tonkunst mit den übrigen Künsten verbinden muß.

»Durch die Tonkunst verstehen sich Tanz- und Dichtkunst: in ihr berühren sich mit liebevollem Durchdringen die Gesetze, nach denen beide ihrer Natur gemäß sich kundgeben; in ihr wird das Wollen beider zum Unwillkürlichen, das Maß der Dichtkunst (bewußt, willkürlich), wie der Takt der Tanzkunst (bewußt, willkürlich) zum nothwendigen Rhythmus des Herzschlages (unbewußt, unwillkürlich)«.[89]

Wiederum argumentiert Wagner hier mit Hilfe von Ausdrücken, die er auch bei der Beschreibung der »Utopiegesellschaft« verwendet und die im Übrigen sehr stark an die Philosophie Arthur Schopenhauers erinnern. Dies gilt auch für seine Schlußfolgerung: »Bei übersichtlicher Wahrnehmung des Gebarens jeder der drei rein menschlichen Kunstarten ... mußten wir deutlich erkennen, daß genau da, wo die eine Kunstart die andere berührte, wo die Fähigkeit der anderen für die der einen eintrat, sie auch ihre natürliche Gränze fand; über diese Gränze vermochte sie sich von dieser Kunstart wieder bis zu der dritten, und durch diese dritte

wieder bis zu sich selbst, bis zu ihrer besonderen Eigen-
thümlichkeit zurück, auszudehnen, – jedoch nur nach den
natürlichen Gesetzen der Liebe, der Hingebung an das Gemeinsame durch die Liebe.«[90] »Der Wille zum gemeinsamen
Kunstwerke entsteht aber in jeder Kunstart unwillkürlich,
unbewußt von selbst. Sobald (die einzelne Kunstart) auf
dem Wege wirklicher Liebe durch Versenkung in die verwandten Kunstarten, wieder zu sich zurückkommt, und den
Lohn ihrer Liebe in dem vollkommenen Kunstwerke findet
…, erreicht sie somit auch die höchste Fülle ihres eigenen
besonderen Wesens.«[91] Das Resultat ist »der in den Himmel
ragende Bau des Dramas«.[92]

Vergleichen wir die beiden Systeme »Kunstwerk der Zukunft« und »Gesellschaft der Zukunft«, fällt folgendes auf:
Es braucht bei beiden Systemen ein »allumschlingendes
Band« (die Liebe als Hingebung an das Gemeinsame), um
das System zusammenzuhalten, denn die inneren Bedingungen sind erst vermöge der äußeren vorhanden. Sowohl
der einzelne Mensch als auch die einzelne Kunstart muß –
das heißt: will unwillkürlich – im anderen aufgehen, um
ganz sich selbst zu sein. Beide brauchen ihre »gegenseitige
Durchdringung«, um zu ihrer »höchsten individuellen Fülle«
zu gelangen: »Denn wo es den unmittelbarsten und doch
sichersten Ausdruck des Höchsten, Wahrsten, dem Menschen überhaupt Ausdrückbaren gilt, da muß eben auch der
ganze, vollkommene Mensch beisammen sein.«[93] »Er kann
nur noch das Allgemeinsame, Wahre, Unbedingte wollen;
sein eigenes Aufgehen nicht in der Liebe zu diesem oder
jenem Gegenstande, sondern in der Liebe überhaupt: somit
wird der Egoist Kommunist, der Eine Alle, der Mensch
Gott, die Kunstart Kunst.«[94] Somit ist »die Kunst Zeugin
des edelsten Menschenthumes«.[95]

Damit erhält Wagner zwei geschlossene, absolute Systeme, die Kunst in Form des Gesamtkunstwerks und die Gesellschaft in Form der Utopie-Gesellschaft. Wie durchdacht
Wagners Gedankengebäude ist, zeigt, daß er auch das ver-
bindende Glied zwischen diesen beiden Systemen definiert:
»Die dramatische Handlung ist, als innerlichste Bedingung

des Dramas, zugleich dasjenige Moment im ganzen Kunstwerk, welches das allgemeine Verständnis desselben versichert. Unmittelbar dem (vergangenen oder gegenwärtigen) Leben entnommen, bildet sie gerade in dem Maße das verständnisgebende Band mit dem Leben, als sie der Wahrheit des Lebens am getreuesten entspricht, das Verlangen desselben nach einem Verständnisse am geeignetsten befriedigt. Die dramatische Handlung ist somit der Zweig vom Baume des Lebens, der unbewußt und unwillkürlich diesem entwachsen, nach den Gesetzen des Lebens geblüht hat und verblüht ist, nun aber, von ihm abgelöst, in den Boden der Kunst gepflanzt wird, um zu neuem, schönerem, unvergänglichem Leben aus ihm zu dem üppigen Baume zu erwachsen, der dem Baume des wirklichen Lebens seiner inneren, nothwendigen Kraft und Wahrheit nach vollkommen gleicht, dem Leben selber gegenständlich geworden, diesem sein eigenes Wesen aber zur Anschauung bringt, das Unbewußtsein in ihm zum Bewußtsein von sich selbst.«[96]

Diese, dem wirklichen Leben entnommene dramatische Handlung muß diesem Leben wieder vermittelt werden, und zwar folgendermaßen: Im unmittelbaren Darsteller vereinigen sich laut Wagner »die drei Schwesterkünste zu einer gemeinsamen Wirksamkeit, bei welcher die höchste Fähigkeit jeder einzelnen zu ihrer höchsten Entfaltung kommt ... Der Dichter aber wird wahrhaft erst Mensch durch sein Übergehen in das Fleisch und Blut des Darstellers.«[97]

So wie jeder Dichter auch Tonkünstler sein muß, um diese Maximen zu erfüllen, so ist jeder Darsteller auch Tänzer, Tonkünstler und Dichter,[98] das heißt, daß die Grenzen zwischen den einzelnen Kunstgenres aufgehoben werden. Die dramatische Handlung wiederum entnimmt als verbindendes Band von Gesellschaft und Kunstwerk ihren Inhalt dem Leben. Wie bereits angedeutet wurde, besteht diese »Idealgesellschaft« aber noch gar nicht. So konnte Beethoven als »überreiches künstlerisches, aber einsames Individuum« die ersehnte Gemeinsamkeit der Idealgesellschaft der Zukunft zwar in sich, aber nicht außer sich produzieren. Und so gilt für den Utopie-Menschen der Zukunft natürlich, wer denn das Kunstwerk der Zukunft überhaupt zu schaffen vermag. Die Antwort Wagners darauf ist so einfach wie folgerichtig: »Nicht kann der Einsame, nach seiner Erlösung in der Natur künstlerisch strebende Geist das Kunstwerk der Zukunft schaffen; nur der Gemeinsame, durch das Leben befriedigte vermag dies.«[99]

Wagner entwirft hier das Bild einer gigantischen »Utopie« der Egalität. Gleich wie die unendliche, zeitlich unbegrenzte, harmonische Musik verhält sich der einzelne Mensch in der Gesellschaft der Zukunft: so wie die Musik im Gesamtkunstwerk der Zukunft sich selbst »opfert«, um »erlöst« mit ihren Nachbarkünsten zu verschmelzen, so muß sich laut Wagner auch der einzelne Mensch opfern, um mit den anderen Menschen zu einer universalen Einheitsgesellschaft zu verschmelzen. Wegen der dadurch bewirkten Angleichung der einzelnen Menschen – jeder Mensch ist Künstler, Dramatiker, Darsteller, Rezipient in einem – entsteht eine »Allheit«, »Allfähigkeit«, »Allmacht«, die in jedem Menschen vorhanden ist. DIE Liebe, DIE Freiheit schafft DEN Menschen, der damit zu GOTT wird.

Wissenschaftlich betrachtet, handelt es sich hier um verabsolutierte »Utopiebegriffe«, die von Wagner nie genauer definiert werden. Vielmehr bildet er sehr geschickt eine »Begriffskette«, die, genauer besehen, eigentlich zu einem Zirkelschluß führt: Der »Gemeinsame« ist frei durch das höchste, »nothwendigste« Bedürfnis, der Liebe, d. h. des Sichselbstgebens an den anderen Menschen (unwillkürlich, unbewußt). Die »Erkenntnis« (bewußt) durch diese Liebe ist »Freiheit«, die die menschlichen Fähigkeiten zur »Allfähigkeit« macht. Durch diese »Allheit« sind die inneren und die »äußeren Bedingungen« (jedes Teils dieser Universalgesellschaft) eins, d. h. die »schrankenaufhebende Allgemeinsamkeit« ist gegeben. Damit haben wir den Kreis geschlossen. Der »Gemeinsame« wird eigentlich zur »Urzelle« dieser »Universalgesellschaft«.

Die »Göttlichkeit« dieser Gesellschaft findet in zweierlei Hinsicht in der Kunst ihren adäquaten Ausdruck: Einerseits durch das Verschmelzen der Einzelkünste zum »Gesamtkunstwerk der Zukunft«, das dem Verschmelzen der einzelnen Menschen zur »Universalgesellschaft der Zukunft« entspricht; andererseits durch die dramatische Handlung, die unmittelbar dem Leben der »Gesellschaft der Zukunft« entnommen ist. Damit verschmelzen Kunst und Gesellschaft zu einer Einheit; Ästhetik und Ethik werden eins, die Gesellschaft wird zur Kunstgesellschaft. Damit haben wir die Grundthematik der Beziehung von Richard Wagner und Ludwig II. angesprochen:

Ein Komponist entwickelt ein utopisches Gedankengebäude, das ein erst 13jähriger zukünftiger König kennenlernt, zu einem Zeitpunkt also, wo es Ludwig mit dem relativ geringen Bildungsstand eines jungen Menschen kaum möglich war, den nötigen biographischen und geisteswissenschaftlichen Hintergrund bereits erarbeitet zu haben, um ethische und ästhetische Ideale solchen Kalibers wirklich zu verstehen. Gerade die Art der Verwendung der eigentlich undefinierbaren »Begriffsketten-Begriffe« im Text läßt eine Großartigkeit, eine Absolutheit der Ideen entstehen, die, unreflektiert aufgenommen, weitreichende Konsequenzen haben muß; und dies umso mehr, als Wagner seine »Zukunftsutopie« zum Ausgangspunkt und zur Grundlage der Erklärung der Welt in Vergangenheit und Gegenwart macht.


Die griechische »Universalgesellschaft«
als ideale »Vergangenheit«


Liegt in Wagners Schrift »Das Kunstwerk der Zukunft« das Schwergewicht auf dem »Ideal« des Kunstwerkes und der Gesellschaft von morgen, so wird in »Die Kunst und die Revolution« das ideale Verhältnis von Kunst (Theater) und Öffentlichkeit aus der Vergangenheit entwickelt, die dadurch in den Mittelpunkt gestellt wird. Wagner beschreibt darin die griechische Gesellschaft als ideal, wobei die Argumentation klar auf der »Zukunftsutopie« beruht: »Der griechische Geist (innen) lebt nur in der Öffentlichkeit (außen), in der Volksgenossenschaft: die Bedürfnisse dieser Öffentlichkeit machten seine Sorgen aus.«[100] »Dem Griechen galt nur der schöne und starke Mensch frei, und dieser Mensch war eben nur er«, und nur er besaß »das Gewissen der absoluthen Menschenliebe«.[101] Die Griechen stellten diesen »schönen und starken freien Menschen auf die Spitze ihres religiösen Bewußtseins« und fanden seinen entsprechenden Ausdruck in Apollon. »Er war der Vollstrecker von Zeus' Willen auf der griechischen Erde, er war das griechische Volk.«[102] »Die Schönheit des menschlichen Leibes war die Grundlage aller hellenischer Kunst, ja sogar des Staatswesens. Dieser schöne nackte Mensch ist der Kern alles Spartanerthums (dem adeligsten der hellenischen Stämme): aus der wirklichen Freude an der Schönheit des vollkommensten menschlichen, des männlichen Leibes, stammte die, alles spartanische Staatswesen durchdringende und gestaltende Männerliebe her. ... Ist die Liebe des Mannes zum Weibe ... im Grunde eine egoistisch genußüchtige, in welcher er ... nach seinem vollsten Wesen nicht aufzugehen vermag, – so stellt sich die Männerliebe als eine bei weitem höhere Neigung dar, weil sie ... nicht nach einem bestimmten sinnlichen Genusse sich sehnt, sondern der Mann durch sie mit seinem ganzen Wesen in das Wesen des geliebten Gegenstandes sich zu versenken, in ihm aufzugehen vermag.«[103]

Dieselben »utopischen« Argumente gebraucht Wagner auch zur Beschreibung der Ideal-Kunst der Griechen: »Die Kunst war der Ausdruck einer vollkommen harmonisch gestimmten Einheit der Welt ... In der Tragödie fand er (dieser schöne, männliche Mensch) sich wieder, und zwar das edelste Teil seines Wesens vereinigt mit den edelsten Theilen des Gesamtwesens der ganzen Nation; aus sich selbst, aus seiner innersten, ihm bewußt werdenden Natur, sprach er sich durch das Kunstwerk das Orakel der Pythia, Gott und Priester zugleich, herrlicher göttlicher Mensch, er in der Allgemeinheit, die Allgemeinheit in ihm.«[104]

Wir sehen, daß Wagner die Thematik der Zukunft, die
»absoluthe (Menschen-)Liebe«, die »harmonische Einheit«
und »Allheit ohne Schranken«, die zum göttlichen Menschen führt, wieder aufnimmt bzw. an der »Idealgesellschaft
Griechenland« beweist. Daß eine solche Beweisführung
einer historischen Nachprüfung nicht standhält, braucht
wohl nicht betont zu werden. Wagner zwingt die Geschichte
einfach unter seine festen, immer gleichen Begriffe, nimmt
davon, was für seine Philosophie nützlich ist und läßt das
andere einfach weg.

Da nach Wagner die Kunst Ausdruck dieser Idealgesellschaft ist, definiert er folgerichtig auch Form und Inhalt dieser Kunst: »Zu jeder Zeit, wo Mythos und Religionen im
lebendigen Glauben eines Volksstammes lebten, hat das
besonders einigende Band gerade dieses Stammes immer
nur in eben diesem Mythos und eben dieser Religion
gelegen.«[105] »Die gemeinsame Feier der Erinnerung ihrer
gemeinschaftlichen Herkunft begingen die hellenischen
Stämme in ihren religiösen Festen, d.h. in der Verherrlichung und Verehrung des Gottes oder Helden (im gemeinsamen Mythos), in welchem sie sich als ein gemeinsames
Ganzes inbegriffen fühlten.«[106] »Ein Tragödientag war ein
Gottesfest, denn hier sprach der Gott sich deutlich und ver-
nehmlich aus: der Dichter war sein hoher Priester, der wirklich und leibhaftig in seinem Kunstwerk darinnen stand, die
Reigen der Tänzer führte, die Stimme zum Chor erhob, und
in tönenden Worten die Sprüche göttlichen Willens verkündete. Das war das griechische Kunstwerk, das war das griechische Volk in seiner höchsten Wahrheit und Schönheit.«[107]

Auch hier bleibt Wagner konsequent an sein Ideal gebunden, was auch für seine Erklärung für den Untergang der
griechischen »Idealgesellschaft« gilt: »Dem Griechen galt
nur der schöne und starke Mensch frei, und dieser Mensch
war eben nur er: was außerhalb dieses griechischen Menschen lag, war ihm Barbar ... Sehr richtig war der Nichtgrie-
che in Wirklichkeit Barbar und Sklave; aber er war Mensch;
sein Sklaventhum war sein Schicksal, die Sünde der Griechen an seiner Natur.«[108] »Das Nationalgemeinsame der

Griechen zersplitterte sich daher in tausend egoistische Besonderheiten.«[109]

Wagners Gedankengebäude wird immer klarer ersichtlich. Griechenland war für ihn der »Idealstaat«, jeder Mensch, »schön« und »stark«, lebte nur für die Öffentlichkeit. Die Schönheit des männlichen Leibes war die Grundlage dieser Kultur, ja des ganzen Staatswesens; deren Folge, die Männerliebe, »höhere Neigung«, da sich der Mann mit seinem ganzen Wesen in das des geliebten Anderen »versenken« kann (grenzaufhebend). Damit war auch die bereits für die Zukunft postulierte »Allheit«, »Vollkommenheit« aller (göttlichen) Menschen vorhanden. Folge davon ist wiederum, daß ein Wesen, sei dies Apollon (= Gott), sei es der »Held«, in der vollkommenen Menschheitstragödie als Repräsentant Aller erscheint. Da die Vollkommenheit allerdings nur innerhalb, nicht aber auch außerhalb bestimmter Grenzen vorhanden war, mußte diese griechische Nationalgesellschaft zwangsläufig untergehen.

Wir sehen, wie konsequent Wagner seine »Utopie« aus der Vergangenheit entwickelt, wie geschickt er sie anhand dieses historischen Beispiels »verifiziert«. Die gleichen, letztlich undefinierbaren Begriffe »Liebe«, »Freiheit«, »Allheit«, »Innen und Außen« und »Göttlichkeit« werden wiederum zu einer »Begriffskette« zusammengeschlossen, wobei die einzelnen Begriffe dieser Kette Wagner dazu dienen, die »utopische Idealität« Griechenlands zu beweisen. Wird eine Bedingung in der Begriffskette nicht erfüllt, werden die einzelnen Glieder in tausend »egoistische Einzelteile« zersplittert.

Um die »Idealität« Griechenlands besser beschreiben zu können, baut Wagner sein Wort-Repertoire sehr geschickt aus. Die einzelnen Begriffsketten-Begriffe erweitert er mit Hilfe von spezifischen Ausdrücken, die immer wieder auftauchen, und differenziert so sein »utopisches« Gedankengut. Dank dieser Ausdrücke kann der Leser und die Leserin indirekt immer wieder auf die »Utopie« zurückschließen: zum Beispiel ist das »Sichversenken in den Anderen« als Hauptkomponente der »griechischen Männerliebe« sowohl

Teil der »utopischen Liebe« als auch der »Selbstaufgabe« (beides »Begriffsketten-Begriffe«); die »Schönheit« und die »Stärke« dienen Wagner zur Umschreibung der »Göttlichkeit« auch dies ein »Begriffsketten-Begriff«. Die inhaltlich vom unantastbar »Utopischen« geprägten »Begriffsketten-Begriffe« und »Ausdrücke« lassen, wie bei der Beschreibung der »Zukunfts-Utopie« schon gezeigt, eine Absolutheit im Inhaltlichen entstehen, die gefährlich anmutet. Gerade die Art und Weise der Beweisführung Wagners, die eigentlich undefinierte Bestimmtheit des Sprachgebrauchs und die Verschlüsselung der »Utopie« in einem riesigen theoretischen Werk verunmöglichen – zumindest einem 13jährigen Jüngling wie Kronprinz Ludwig – ein Durchschauen der inhärenten, Absolutheit beanspruchenden Struktur. Dies gilt insbesondere auch für die Gegenwart, wie Wagner sie in den theoretischen Schriften »Das Kunstwerk der Zukunft« und »Die Kunst und die Revolution« beschreibt.

Die Gegenwart – »Egoismus« regiert die Welt

Die in »tausend egoistische Besonderheiten zersplitterte Gesellschaft der Gegenwart« bilden nach Wagner folgende Menschen: »Alle diejenigen, die keine Noth empfinden, deren Lebenstrieb also in einem Bedürfnisse besteht, das sich nicht bis zur Kraft der Noth steigert, somit eingebildet, unwahr, egoistisch und in einem gemeinsamen Bedürfnisse daher nicht nur nicht enthalten ist, sondern als bloßes Bedürfniß der Erhaltung des Überflusses ... diesem geradezu entgegensteht. Wo keine Noth ist, ist keine nothwendige Tätigkeit, wo aber keine nothwendige Tätigkeit ist, da ist aber auch Willkür; wo Willkür herrscht, da blüht aber jedes Laster, jedes Verbrechen gegen die Natur.«[110]

Wir sehen, daß nun die ganze »Begriffskette« gesprengt wird. Das »wahre Bedürfniß«, die »absoluthe Menschenliebe«, ist nicht mehr vorhanden, weshalb die bestehenden Bedürfnisse künstlich sind. Die Auswirkungen sind nach Wagner schrecklich: »Das unnöthige Bedürfniß ... martert, verzehrt, brennt und peinigt stets ungestillt, läßt Geist, Herz und Sinne vergebens schmachten, verschlingt alle Lust, Heiterkeit und Freude des Lebens.«[111] Damit ist alles »ausschließlich, einzeln, egoistisch« und »vermag nur zu nehmen, nicht aber zu geben«.[112] Der Mensch ist »schwach, stumpf, knechtisch und elend« geworden, ein Geschöpf, das »nicht lieben und nicht hassen« kann, das den »letzten Rest seines freien Willens« hingibt. Die »allereigensüchtigsten Leidenschaften« der Menschen werden »mit den schönen Hauptlügen von ›Patriotismus‹, ›Ehre‹, ›Gesetzlichkeitsinn‹ usw.« behängt.[113]

Diese wenigen Beispiele zeigen, wie trostlos und schlecht Wagner die »Welt« darstellt. Offensichtlich existiert nur »die gute Welt der Zukunft« und »die schlechte Welt der Gegenwart«; somit »der gute Mensch der Zukunft« und »der schlechte Mensch der Gegenwart«. Dies gilt analog zu seiner Utopie natürlich auch für die Theaterwelt: »Das Konzertpublikum lügt und heuchelt. Die blödsinnige Operntheaterwelt, die bornierten Zuhörer sollen durch die moderne Kunst befriedigt werden.«[114] »Wir brauchen nur ehrlich den Inhalt und das öffentliche Wirken unserer Kunst, und namentlich eben der theatralischen zu prüfen, um den herrschenden Geist der Öffentlichkeit in ihr wie in einem getreuen Spiegelbilde zu erkennen.«[115] Somit »bezeichnet sie dem Anscheine nach die Blüthe unserer Kultur; aber diese ist die Blüthe der Fäulniß einer hohlen, seelenlosen, naturwidrigen Ordnung der menschlichen Dinge und Verhältnisse«.[116]

Nach Wagner ist also die moderne Kunst das Spiegelbild der modernen Gesellschaft. Er versucht dies auch zu belegen, wobei er vom »Kunstwerk der Zukunft« als Vorbild ausgeht. Wiederum bildet der Sprachstil Wagners den wichtigsten Träger seiner Beweisführung, so bei der Definition von »Oper«: »Die Oper als scheinbare Vereinigung aller drei verwandten Kunstarten, ist der Sammelpunkt der eigensüchtigsten Bestrebungen dieser Schwestern Tanz-, Dicht- und Tonkunst geworden.«[117] Die Oper wird »zum gemeinsamen Vertrag des Egoismus der drei Künste«.[118]

Zum Schluß vergleicht Wagner die natürliche, vollkommene Nationalgesellschaft der Griechen mit der eben beschriebenen »Gegenwart«. »Die öffentliche Kunst der Griechen, wie sie in der Tragödie ihren Höhepunkt erreichte, war der Ausdruck des Tiefsten und Edelsten des Volksbewußtseins: das Tiefste und Edelste unseres menschlichen Bewußtseins ist der reine Gegensatz, die Verneinung unserer öffentlichen Kunst. Dem Griechen war die Aufführung einer Tragödie eine religiöse Feier, auf ihrer Bühne bewegten sich Götter und spendeten den Menschen ihre Weisheit: unser schlechtes Gewissen stellt unser Theater selbst so tief in der öffentlichen Achtung, daß es die Angelegenheit der Polizei sein darf, dem Theater alles Befassen mit religiösen Gegenständen zu verbieten. In den weiten Räumen des griechischen Amphitheaters wohnte das ganze Volk den Vorstellungen bei; in unseren vornehmen Theatern faulenzt nur der vermögende Theil desselben. Seine Kunstwerkzeuge zog der Grieche aus den Ergebnissen höchster gemeinschaftlicher Bildung; wir aus denen tiefster sozialer Barbarei. Die Erziehung des Griechen machte ihn von frühester Jugend an sich selbst zum Gegenstande künstlerischer Behandlung und künstlerischen Genusses, an Leib wie an Geist; unsere stumpfsinnige, meist nur auf zukünftigen industriellen Erwerb zugeschnittene Erziehung bringt uns ein albernes und doch hochmüthiges Behagen an unserer künstlerischen Ungeschicklichkeit bei, und läßt uns die Gegenstände irgend welcher künstlerischen Unterhaltung nur außer uns suchen, mit ungefähr demselben Verlangen, wie der Wüstling den flüchtigen Liebesgenuß einer Prostituierten aufsucht. So war der Grieche selbst Darsteller, Sänger und Tänzer, seine Mitwirkung bei der Aufführung einer Tragödie war ihm höchster Genuß an dem Kunstwerk selbst.«[119] Brisant zu sehen ist der Weg aus dieser »verzweifelten Gegenwart«, den Wagner sowohl in »Kunst und Revolution« als auch im »Kunstwerk der Zukunft« klar und unmißverständlich weist: »Die Revolution, nicht etwa die Restauration kann uns jenes höchste Kunstwerk wiedergeben.«[120]

Die »heutige« Zeit ist nach Richard Wagner gekennzeichnet von Ausbeutung: es existiert per se nur noch die »schlechte Welt« und der »schlechte Mensch«. Die griechische »Einheit« aller Menschen ist zerstört, alles ist »egoistisch« und »einzeln«, wobei die moderne Kunst Ausdruck dieser von »Willkür« geprägten Gesellschaft ist. In drastischen Worten stellt Wagner die Welt der »Gegenwart« künstlerisch und politisch als absolut unhaltbar dar, alles ist »willkürlich« geworden. Wir sehen an der spezifischen Wortwahl Wagners, wie konsequent er seine Sprachtechnik fortführt. Die »Schlechtigkeit« des »Jetzt« wird wiederum mit den »Begriffsketten-Begriffen« begründet und die »Gegenwart« zur »Utopie« in Verbindung gesetzt. Wagner kehrt die einzelnen Begriffe der Kette einfach ins Gegenteil um: Aus »Liebe« wird »Unliebe«, aus »Allheit« »Egoismus« und aus der »Unwillkür« der »Utopie« wird in der »Gegenwart« »willkürliche Entstellung«. Wie bei der Beschreibung Griechenlands erweitert Wagner sein Gedankengebäude durch weiterführende, immer wiederkehrende Ausdrücke: Beispielsweise wird aus dem »schönen und starken Menschen« der Griechenzeit der »schwache, stumpfe und elende Mensch« der Gegenwart. Zudem sind die »Noth« und die »wahrhafte Natur der Dinge« der Griechen verschwunden. Zur Erläuterung seiner Ideen verwendet Wagner also einen ganz spezifischen Wortschatz, mit dessen Hilfe er sein »utopisches Gedankengebäude« aufbaut: die Grundlage dabei bildet die »Begriffskette«, auf deren einzelnen Begriffen das »utopische Gebäude« wie auf Pfeilern steht. Mit Hilfe weiterführender, umschreibender Ausdrücke (z. B. »Noth«, »Natur«, »Erlösung«, »das alles umschlingende Band«, »Schranken«, »Wahnsinn«, »Egoismus« usw.), die den »Begriffsketten-Begriffen« untergeordnet sind und immer wieder auftauchen, erweitert Wagner seinen Wortschatz und damit das »utopische Gedankengebäude«. Man könnte dieses Erweitern mit der Entstehung einer Komposition vergleichen: Die »Begriffsketten-Begriffe« der theoretischen

Schriften bilden Kernmotive, die mit Hilfe der weiterführenden Ausdrücke abgewandelt und erweitert, also eigentlich moduliert werden und leitmotivisch, wie die »Begriffsketten-Begriffe«, immer wieder auftauchen.

Wagner wendet in seinen philosophischen Schriften neben diesen Besonderheiten aber noch einen anderen Kunstgriff an: er erlebt subjektiv, aus seiner Position als Künstler des 19. Jahrhunderts, die »Gegenwart« derart desolat. Seine Leistung in diesen Texten ist, daß er seine Sicht der Gegenwart zur allgemeingültigen macht und sie nicht als subjektive signalisiert. Deshalb muß der Autor, als Mitglied dieser konstruierten Gesellschaft, irgendwie die »utopische Zukunft« beiziehen, weil er in dieser Welt als Künstler keine Chance hat. Er muß sich auf die Zukunft ausrichten, muß diese gestalten, sonst kann er sich als Mensch und Künstler nicht verwirklichen. Dies macht Wagner sehr geschickt, indem er die Vergangenheit und die Gegenwart miteinander vergleicht und am Beispiel der Griechen seine »Zukunftsutopie« verifiziert. Dadurch gelingt es ihm, die »utopische« Zukunft zu vergegenwärtigen, das heißt die Illusion einer realen Zukunft zu erwecken: Wagners »Utopie« wird so zu einem Programm für die Gegenwart. Bemerkenswert ist, daß Wagner den »Idealstaat« Griechenland durchaus in der Realität als wieder errichtbar erachtet, den einzig möglichen Weg dahin aber nur in der Revolution sieht.

Was geschieht nun, wenn der politische Rezipient Kronprinz Ludwig die beschriebene Gegenwart nicht als Konstrukt erkennt und somit Wagners »Utopie« zu seinem Programm für die Gegenwart macht? Immerhin wissen wir bereits, daß der Kronprinz in seinen Kinderjahren die Umwelt als ebenso schlecht erlebte wie Wagner die Welt insgesamt in seinen Schriften beschreibt. Da Ludwig von den theoretischen Schriften Wagners derart begeistert war, wäre es durchaus möglich, daß er sich durch die »Utopie« in seinem kindlichen Weltbild bestätigt fühlte.

## Das Kunstwerk damals und heute

In »Das Kunstwerk der Zukunft« und in »Die Kunst und die Revolution« hat Richard Wagner sein utopisches Gedankengebäude entworfen und in den Grundzügen Vergangenheit, Gegenwart und Zukunft definiert. Interessant und faszinierend zu sehen ist nun, wie er in den beiden Schriften »Oper und Drama« und »Eine Mittheilung an meine Freunde« seine eigene Entwicklung in diesem Kontext beleuchtet.

»Das Kunstwerk der Zukunft« und »Die Kunst und die Revolution« sind sehr zupackend und kämpferisch formuliert. Wagner entwirft darin eine »Zukunfts-Utopie«, die sowohl die Gesellschaft als auch die Kultur umfaßt, wobei das Schwergewicht der philosophischen Betrachtungen auf dem gesellschaftlichen Aspekt der »Gesamt-Utopie« liegt. Laut diesen beiden Schriften soll die von Wagner erdachte »Zukunfts-Utopie« durch die »Menschheitsrevolution«, also durch eine Umstrukturierung der »äußeren Bedingungen« der »Gesamt-Utopie« erreicht werden. Auch in »Oper und Drama« bleibt diese Grundidee vorhanden, wie mit Hilfe der »Begriffsketten-Begriffe« unschwer festzustellen ist: Nach wie vor beschreibt Wagner die »reine Menschenliebe«, die in der »Selbstvernichtung des Einzelnen« gipfelt, und der »Untergang des Staates« wird als wichtigste Voraussetzung für die Zukunft bezeichnet. Das Motiv des »wahren Individuums«, das »unwillkürlich« und »unbewußt« handelt, wird ebenso wieder aufgenommen wie die Thematik der »inneren und äußeren Bedingungen«, die in der »Utopie« gleich sein müßten, es in der »Gegenwart« aber noch nicht sind. Auch die weiterführenden Ausdrücke wie »Erlösung«, »Wahnsinn der Menschheit« usw. tauchen wieder auf. Doch verlegt sich in »Oper und Drama« das Schwergewicht der philosophischen Betrachtungen Wagners auf die »äußeren Bedingungen« der »Gesamt-Utopie«, auf die Kunst: Wagner beschäftigt sich vor allem mit der nach der »Zerstörung« des griechischen »Einheitsstaates« getrennt verlaufenen Entwicklung der Musik und der Dichtkunst, bzw. des Komponisten und des Dichters. Er unterteilt die Künstler in die »maroden«, weil der »maroden« Gesellschaft der Gegenwart verfallenen, und die »genialen«, die versuchen, neue, »idealere« Wege der Kunst zu finden. Dies formuliert er auch für die Musik aus. Wagner beschreibt in drastischer Form die Zustände jener Zeit, wobei indirekt, durch die Form der Interpretation, sein von der »Utopie« geprägter Standpunkt deutlich wird.

»Das Volkslied« und »der Volkstanz« der Griechen-Zeit wurde laut Wagner im Laufe der Zeit in Form und Inhalt vom »Luxusmenschen« »willkürlich« entstellt und auseinandergerissen.[121] Folge davon war die »Oper«, ein »unnatürliches, künstliches Gewächs«, das den »Wahnsinn« der Menschheit der »maroden« Gegenwart widerspiegelt. Im Endeffekt heißt dies, daß »dies lose Drama« von »Außen« durch diese »marode« Gegenwart konstruiert war, und nur von außen her, durch Luxus und Pracht, konnte es auch am Leben erhalten werden.[122] Doch auch von »Innen her«, durch moderne Komponisten wie Meyerbeer und Rossini, die sich der »Fäulniß« der Gesellschaft anpaßten, fand eine Aushöhlung des »Opern-Genres« statt, wobei die Musik eindeutig die »egoistische« Führung übernahm. Folge davon sind »narkotisch berauschende Melodien«, deren »Nichtigkeit« leicht erklärbar ist im Hinblick auf das europäische Opernpublikum, das ein »unnatürlicher Auswuchs des Volkes« ist, und in seiner »Schädlichkeit« einem »Raupennest« gleicht.[123]

Mit dieser Aussage über die Geschichte der Musik knüpft Wagner an die Interpretation der »Einzelkünste« und der »Gesellschaft« in den beiden früheren Schriften an. Was er dort allgemein erarbeitet hat, wird nun hier an der historischen Entwicklung konkretisiert. Wagner benutzt wiederum, wie bei den »Griechen«, die Geschichte skrupellos als »Beweisführung« für seine Theorie. Die »Begriffsketten-Begriffe« verkehrt Wagner einfach ins Gegenteil: aus der »Liebe« wird »Unliebe«, aus der »Unwillkür« »willkürliche Entstellung« usw. Neu ist, daß er detaillierter die »Kunstzustände und Gesellschaftszustände« seiner Zeit beschreibt und dafür seine Ausdrucks-Palette erweitert. Er schreibt von der »Hohlheit und Nichtigkeit« der »Herzensempfindungen« des Menschen[124], vom »Luxusmenschen der Gegenwart« und von der »kältesten Einsamkeit« der einzelnen Menschen und Künste. In derselben detaillierten Art und Weise kommt Wagner auf die »genialen Künstler« in dieser »maroden Gegenwart« zu sprechen: In dieser »trüben« politischen und kulturellen Welt gab es laut Wagner trotzdem immer wieder Künstler, die versuchten, von der Musik her kommend, einen neuen Weg einzuschlagen. Zu diesen Künstlern zählte Wagner Gluck, der sich gegen die »Willkür« des »modernen Darstellers« empörte und diesem durch einen gesteigerten Ausdruck der Musik begegnete. Mozart macht in seiner »edlen Einfalt« mit dem »unwillkürlichen Innehaben« des Wesens seiner Kunst einen weiteren wichtigen Schritt in Richtung ideales »Kunstwerk der Zukunft«. Weber schließlich vermochte dem »Liebesdrange« nicht zu widerstehen, der »entnervten« Menschheit den »heilenden Anblick« der »idealen Volksweise«, diesen »belebenden Duft«, zur »Erlösung« von ihrem »Wahnsinne« zuzuführen.[125] Doch mußten sowohl Mozart als auch Weber auf ihrem Weg zum »Ideal« scheitern, weil sie die Opernform, die an sich »unnatürlich« ist, nicht »anzweifelten«.

Wir sehen, daß laut »Oper und Drama« die Einzelkunst »Musik« dank einigen darin als »genial« bezeichneten Komponisten nicht in den »barbarischen« Anfängen nach der »Zerstörung Griechenlands« stecken geblieben ist. Vielmehr haben es diese Komponisten laut Wagner verstanden, eine gewisse Annäherung an das »utopische Ideal« zu erreichen. Die »Genialität« dieser Künstler wird immer wieder mit gleichbleibenden Begriffen aus der »Begriffskette« der »Utopie« begründet: Mozart schafft »ohne Reflexion« und »unwillkürlich«, angehaucht von »göttlicher Liebe« seine Werke, und Webers Antriebsfeder für seine Kompositionen ist der »Liebesdrang«, den wir als wichtigstes »Bedürfniß« in der »Utopie-Gesellschaft« kennengelernt haben. Zudem arbeitet Wagner in »Oper und Drama« wiederum mit den immer wiederkehrenden Ausdrücken wie »Erlösung«, »Wahnsinn«, »Unnatur« usw. Diese Ausdrücke entpuppen sich immer mehr als Schlüsselwörter, die indirekt auf die »Utopie« verweisen. Wagner gelingt es dadurch, ein sehr komplexes Begriffsnetz zu konstruieren und so die »Utopie« indirekt immer wieder zum Gegenstand seiner Betrachtungen zu machen.

Trotz ihrer von der »Utopie« her gesehen »richtigen« Intentionen scheitern nach Wagner die Komponisten: »Das wahrhaft Volksthümliche (und damit Ideale) vermochte der Opernkomponist nicht zu erfassen; um dieß zu können, hätte er selbst aus dem Geiste und den Anschauungen des Volkes schaffen, das heißt, im Grunde selbst Volk sein müssen.«[126] Mit diesem Votum schließt Wagner den Kreis vom »Kunstwerk der Zukunft«, »Die Kunst und die Revolution« und »Oper und Drama«: Nur in der »utopischen Allheit« aller Menschen kann der Künstler Volk sein, und damit das »allgültige Drama der Zukunft« ermöglichen.

Auch in der Dichtkunst hat laut Wagner dank den »genialen« Dichtern seit der Griechenzeit eine Entwicklung stattgefunden. Wiederum argumentiert er mit demselben spezifischen Vokabular wie bisher; so bei Shakespeare, den er zu diesen »genialen Dichtern« zählt. Shakespeare entwarf laut Wagner in seiner »Noth« das Drama neu. »Seine Schöpfung war so aus der Natur unserer Dichtkunst bedingt, wie das Drama der Zukunft ganz naturgemäß aus der Befriedigung der Bedürfnisse geboren werden wird, die das Shakespear'sche Drama angeregt, noch nicht aber gestillt hat.«

Durch die spezifisch gleiche Wortwahl wie in der Beschreibung der »Utopie« versteht es Wagner, indirekt die Ideen der »Utopie« auch in diese Erläuterung einzubeziehen. Vergegenwärtigen wir uns die Begriffskette punktuell: »Die Erkenntniß durch das höchste Bedürfniß, der wahren Liebe (die Shakespeares Dichtkunst angeregt hat), ist Freiheit.« Shakespeare hat laut Wagner mit seiner Kunst einen wichtigen Schritt zum »Kunstwerk der Zukunft« beigetragen. Wagners Wortwahl in folgendem Zitat unterstreicht dies sehr deutlich: »Shakespeare hat den ersten Schritt zur

Erkenntniß« bereits getan, indem er das »moderne« Leben getreu wie ein Historiker im Drama abbildete.[127]

Damit erfüllte Shakespeare eine wichtige Maxime der »Utopie«. Doch besteht die Hauptmaxime der »idealen Kunst der Zukunft« darin, das »ideale Leben« der »Utopie« mit ihrem »reinmenschlichen Wesen«[128] im Drama zu spiegeln. Shakespeare aber konnte nur das »marode Leben« der »schlechten Gegenwart« in seiner Kunst abbilden. Shakespeare wählte demnach zwar die richtige Form, aber den falschen Inhalt. Das daraus entstehende Dilemma schien unauflösbar, bis Goethe und Schiller mit ihrer »Kunstsehnsucht« einen Schritt weiter kamen. Goethe versuchte es mit dem Inhalt des Kunstwerkes, der dramatischen Handlung. Er wählte den Mythos der Griechen.

Von den als »ideal« bezeichneten Griechen her wissen wir, daß der Mythos der allgültigste Handlungsrahmen für das Drama ist. Auch in »Oper und Drama« übernimmt Wagner diese Aussage. Den »allgültigsten Inhalt« des »idealen Dramas« hat Goethe mit dem Mythos zwar aufgespürt, doch muß er ihn als »Einsamer« in dieser »maroden« Gesellschaft nach »willkürlichen« Gesichtspunkten neu gestalten und scheitert. In derselben Art und Weise wie bei Shakespeare und hier bei Goethe, referiert Wagner auch über Schiller: Schiller versuchte, laut »Oper und Drama«, in seiner »Sehnsucht nach dem Ideal« eine Verbindung von formalen und inhaltlichen Gesichtspunkten in seinem Drama. Schiller war ein »genialer« Dichter, weil er die »ideale antike Kunstform« wiederentdeckte. Doch er machte im Inhaltlichen einen entscheidenden Fehler: »Unsere Lebenszustände (= marod) mit dem menschlichen Leben überhaupt (= ideal) verwechselnd, konnte er sich endlich die Kunst nur als ein vom Leben Getrenntes, die höchste Kunstfülle als ein Gedachtes, nur annäherungsweise aber Erreichbares vorstellen.«[129] Genauer besehen vergleicht Wagner in diesem Zitat eigentlich Schillers Intentionen mit dem »utopischen Ideal«. Wenn Schiller das »Ideal« erkennen würde, könnte er sich die »höchste Kunstfülle« als nicht nur annäherungsweise, sondern wirklich »Erreichbares« vorstellen. Diese Aussage

Wagners impliziert also, daß die »Zukunftsutopie« durchaus als Realität möglich ist.

Wagner macht damit seine »Utopie« zu einem Programm für die Gegenwart, zur Ideologie. Daß Wagner selbst im künstlerischen Bereich dieser Ideologie fröhnte, erhellt »Eine Mittheilung an meine Freunde«.

## Richard Wagner, das einsame Genie

In »Oper und Drama« befaßt sich Wagner eingehend mit bestimmten, von ihm als »genial« bezeichneten Künstlern der Vergangenheit. Ihre »Genialität« besteht darin, daß sie »intuitiv in ihrem Innern« gewisse Komponenten des »idealen« Kunstwerkes aufgespürt haben, und zwar nach dem Prinzip: »Richtige Erkenntniß ist Wiedererkennung ...« Auch in »Eine Mittheilung an meine Freunde« setzt sich Wagner mit dem Begriff des »Künstlers in der Gegenwart« auseinander. Über den »wahren Künstler« schreibt er: »Ich weise ... darauf hin, daß allerdings der Künstler der Gegenwart einen in jeder Hinsicht entscheidenden Einfluß auf das Kunstwerk der Zukunft haben muß ... Dieses Bewußtsein erwächst ihm, bei seinem edelsten Drange, aus dem Inne-werden seiner tiefsten Unbefriedigung dem Leben der Gegenwart gegenüber.«[130] Der »wahre Künstler« kann dies laut Wagner, weil er einen »vernünftigen Willen« hat, das heißt, der Künstler hat »das Wollen des erkannten Unwillkür-lichen, Natürlichen«.[131]

Mit dieser Definition schließt Wagner an seine früheren Schriften an, wie mit Hilfe der von ihm verwendeten Wörter unschwer festzustellen ist: in der »Utopie« sind die Men-schen laut Wagner »Wollende des Unwillkürlichen«. Durch die spezifisch gleiche Wortwahl wie bei der Beschreibung der »Utopie« versteht es Wagner, indirekt die Ideen der »Utopie« in all seine Erläuterungen einzubeziehen. Die

»Begriffsketten-Begriffe« und »Schlüsselwörter« werden dadurch zu Trägern eines ganz bestimmten Gedankengutes. Dies wird besonders deutlich in der in der »Mittheilung« nun folgenden Beschreibung des Werdeganges von Wagner selbst.

Wagner stellt seinen Werdegang als Kampf zwischen der »Äußerlichkeit der Luxuswelt der Moderne« und dem in seinem Innern bereits latent vorhandenen »Ideal« dar, womit er die Aussage von »Oper und Drama«, »Richtige Erkenntniß ist Wiedererkennung«, für seine Lebensentwicklung wiederaufnimmt. Diese Weiterführung von »Oper und Drama« wird auch indirekt spürbar: Durch die Verwendung der »Schlüsselwörter« und »Begriffsketten-Begriffe« werden gewisse Parallelen zwischen den »Genies der Vergangenheit« und Wagner evident.

Zu Beginn seiner künstlerischen Laufbahn gibt Wagner laut »Eine Mittheilung an meine Freunde« der »Luxuswelt« nach, indem er die Karriere als wichtigste Maxime seines Strebens bezeichnet. »Unter dem Drucke der sittlich-bigotten Gesellschaft« schreibt er die »publikumswirksamen« Opern »Das Liebesverbot« und »Rienzi«. Damit folgt er den Spuren Rossinis und Meyerbeers, wie sie in »Oper und Drama« beschrieben werden. Doch »unwillkürlich«, »ohne Reflexion«, genau wie bei Mozart, meldet sich auch bei Wagner immer wieder sein »inneres Ideal«, das schließlich, an seiner »Noth entzündet«, ihm den »Holländer gebiert« (vgl. die »Noth« Shakespeares). Damit hat Wagner den bereits als »idealen Handlungsrahmen« des »Dramas der Zukunft« beschrieben Mythos in seinem Inneren aufgespürt, und erreicht damit die für Goethe postulierte »Genialität«. Immer mehr gibt Wagner, wie bereits laut »Oper und Drama« Weber, seinem Streben, dem Drängen seiner »zehrenden Liebessehnsucht« nach, als dem »Verlangen … nach dem Ersterben in einem Elemente unendlicher, irdisch unvorhandener Liebe, wie es nur mit dem Tode erreichbar schien«.[132] Der »Tannhäuser«, der diese Thematik verarbeitet, war »das Todesurteil vor der modernen Kunstwelt«. Dadurch stellte sich Wagner in der Gesellschaft ins Abseits, in die absolute Einsamkeit, die bereits das »Genie« Beethoven erlebte.

In dieser Lebens-Erzählung Wagners wird deutlich, daß er über die anderen »Genies« der »Gegenwart« hinausgewachsen ist: er hat die Erkenntnisse jedes einzelnen dieser Künstler bereits alle auf sich allein vereinigt. Neu ist, daß Wagner seine Lebensweise »unwillkürlich« derjenigen der »Utopie« anzugleichen versteht, weshalb er, wie »Tannhäuser« zeigt, zum »Abbilde für die Kunst« werden kann und eine weitere Maxime der »Utopie« annähernd erfüllt: Der »Noth« des »einsamen Genies« Wagner entspricht diejenige seines Dramen-Helden »Lohengrin«. Dieser, sich seiner Göttlichkeit bewußt und von der »trivialen Welt unverstanden«, zieht sich in die Einsamkeit »auf die Spitze der hohen Alp« zurück. Noch ist diese Einsamkeit »unreflektiert«, intuitiv. Erst die Auseinandersetzung Wagners mit den Dramen-Stoffen Siegfried und Friedrich I. bringt die entscheidende Wende. Das historische Drama Friedrich I. gibt Wagner »bewußt« zu Gunsten des allgemeingültigen Mythos Siegfried auf. »Als ich den ›Friedrich‹ … mit vollstem Wissen und Willen aufgab um den ›Siegfried‹ vorzunehmen, hatte ich die Periode des bewußten künstlerischen Wollens auf einer … neuen, mit unbewußter Nothwendigkeit … eingeschlagenen Bahn erreicht«.[133]

Dank der »Begriffsketten-Begriffe« werden bei dieser Aussage Wagners Erinnerungen an die »Utopie« wach, wo es heißt: »Im Kunstwerk werden wir eins sein, Träger der … Nothwendigkeit, Wissende des Unbewußten, Wollende des Unwillkürlichen.« Wagner ist also der in der »Mittheilung« als »wahr« bezeichnete Künstler, der »unwillkürlich den entscheidenden Einfluß auf das Kunstwerk der Zukunft« ausübt. Damit schließt sich der Kreis der vier behandelten theoretischen Schriften: die »Utopie-Definition« in »Das Kunstwerk der Zukunft« und in »Die Kunst und die Revolution«, die Einleitung zur »Mittheilung« und die Hauptaussage von »Oper und Drama« kumulieren in Wagners Definition von seinem »Genie«, das alles Bisherige übertrifft. Zugleich wird aber auch klar, was der Preis für dieses »göttliche Heldenthum« Wagners ist. »Ideal sein« heißt auch »unverstanden und einsam« sein.

Interessant zu sehen ist hier die Parallele von Wagners Genie-Begriff zu demjenigen Schopenhauers, obwohl Wagner die Schriften des Philosophen erst nach der Niederschrift der »Mittheilung« kennenlernte: Laut Schopenhauer ist »Genialität« die Fähigkeit, »klares Weltauge« zu sein, um das Geschaute wiederholend zu gestalten. Die so vom in absoluter Einsamkeit lebenden Genie geschaffene Kunst ist laut Schopenhauer wahrer Spiegel der Welt. Es erstaunt deshalb nicht, daß Wagner von der Lektüre von »Die Welt als Wille und Vorstellung« begeistert war und sich in seinem eigenen Denken bestätigt fühlte. Doch wenn die ganze übrige Umwelt Wagners »Genie« nicht verstehen kann, an wen wendet er sich denn eigentlich mit seiner Schrift? Wagner schreibt wiederum frappant im Sinne Schopenhauers: »Ich kann nur von denen hoffen verstanden zu werden, welche Neigung und Bedürfniß fühlen, mich zu verstehen. Für solche kann ich aber nicht Die halten, welche vorgeben mich als Künstler zu lieben, als Mensch jedoch mir ihre Sympathie versagen zu müssen glauben. Ist die Absonderung des Künstlers vom Menschen eine gedankenlose, und steht fest, daß nie ein Künstler geliebt werden konnte, ohne daß er mindestens unbewußt und unwillkürlich auch als Mensch geliebt und mit seiner Kunst auch sein Leben verstanden wurde, so kann weniger als je ein Künstler meines Strebens geliebt und verstanden werden, wenn dieses Verständniß … nicht … auch in der Sympathie, d. h. dem Mitleiden und Mitfühlen mit seinem allermenschlichsten Leben begründet ist.«[134] In diesem Votum vereinigt Wagner nochmals wichtige Grundsätze der »Utopie« und Schopenhauers auf sich und suggeriert, daß auch die noch zu findenden Freunde das »Ideal« in sich tragen müssen, denn nur dann können sie sein Leben auf diese Weise mitleiden. Auch bei Schopenhauer ist das Leiden unabdingbarer Bestandteil des Genies, das die Wahrheit unwillkürlich erkennt.

Auf der gesellschaftlichen Ebene steht Richard Wagner daher als »Genie« genau wie bei Schopenhauer in absoluter

Einsamkeit in dieser Welt. Doch bei Wagner ist es nicht der »Einsame«, sondern nur der »Gemeinsame«, der das »Kunstwerk der Zukunft« zu schaffen vermag, das damit zum Spiegelbild des »Ideales« werden kann. Nun bleibt also die Frage offen, wie dieser »Gemeinsame« erreicht werden kann. In seinen Schriften postuliert Wagner, daß nur durch die »Menschheitsrevolution« diese »Ideal-Gesellschaft« erreicht wird. Doch in seinen politischen Bemühungen, durch revolutionäre Agitation in der 48er Revolution diesen »Gemeinsamen« zu erreichen, scheiterte Wagner. Daraufhin besann er sich, von Schopenhauers Philosophie bestärkt, immer mehr auf die Kunst. In der Literatur wird dies dahingehend interpretiert, Wagner habe sich ganz in die Kunstwelt zurückgezogen. Die revolutionären Ideen über die »Utopie-Gesellschaft« und wie sie zu erreichen wäre, hat Wagner jedoch pamphletartig in den theoretischen Schriften niedergelegt, die Ludwig, der Kronprinz Bayerns, in seinem 13. Lebensjahr kennenlernte. Wie hat der zukünftige Monarch Wagners »zukunftsutopische« Ideen, was Revolution, Gesellschaft und Kultur betrifft, aufgenommen?

Ludwigs II. Rezeption von
Wagners Philosophie

# Der Briefwechsel mit Richard Wagner

Ludwig II. hat im Gegensatz zu Richard Wagner nie irgendwelche politischen Abhandlungen verfaßt. Wichtigstes schriftliches Zeugnis aus der Hand des Königs bildet deshalb der mehr als 400 Briefe umfassende Briefwechsel mit Richard Wagner: der König schrieb an Wagner 183 Briefe, 2 Gedichte und 86 Depeschen; Wagner an Ludwig II. 258 Briefe, 14 Gedichte, 4 Schreiben und 86 Depeschen. Dieser umfangreiche, interessante Briefwechsel vermittelt uns auf faszinierende Weise das Weltbild des Königs sowie dessen eindeutiger Bezug auf die theoretischen Schriften des Komponisten.

In den Briefen Ludwigs II. und Richard Wagners sind ganz bestimmte Stilmerkmale zu beobachten, die klaren Aufschluß geben über die Personen, die dahinter stehen. Schon Otto Strobel, der Herausgeber des Briefwechsels, meinte zum Stil und zum Inhalt der Briefe Ludwigs II: »Was diese Briefe vor allem kennzeichnet, ist der oft verdächtige ... überschwengliche Ton, in dem sie geschrieben sind, und die Unwandelbarkeit der Gesinnung die durchwegs aus ihnen spricht. Die schwärmerische Ausdrucksweise des Königs, die zum Teil auch zeitbedingt war, erklärt sich aus seiner besonderen, zur Ekstase neigenden inneren Anlage und aus seiner grenzenlosen Begeisterung für Wagners Person und Kunst.«[135]

Tatsächlich fällt beim Lesen von Ludwigs Briefen deren exaltierter, überbordender Stil auf. Trotzdem stellt sich bei dieser Aussage Strobels die Frage, weshalb der König derart begeistert von Wagner war, zumal bereits der erste Brief Ludwigs II. vom 5. Mai 1864 in einem sehr schwärmerischen Ton gehalten ist: »Die niederen Sorgen des Alltagslebens will ich von Ihrem Haupte auf immer verscheuchen, die ersehnte Ruhe will ich Ihnen bereiten, damit Sie im reinen Äther Ihrer wonnevollen Kunst die mächtigen Schwingen Ihres Genius ungestört entfalten können! – Unbewußt waren Sie der einzige Quell meiner Freuden von meinem zarten Jünglingsalter an, mein Freund, der mir wie keiner zum Herzen sprach, mein bester Lehrer und Erzieher ... Ich wagte kaum die Hoffnung zu nähren, schon so bald im Stande sein zu können, Ihnen meine Liebe zu beweisen.«[136]

Interessant an diesem Brief des Königs ist, daß die darin verwendeten Begriffe wie »Genius«, »Liebe«, »unbewußt«, »reiner Äther« usw. und deren Gebrauch im Kontext stark an den Wortschatz der theoretischen Schriften Wagners erinnern. Weiter fällt auf, daß Ludwig II. Wagner als seinen »unbewußt besten Erzieher« bezeichnet, und dies, nachdem er Wagner erst zwei Tage vorher zum ersten Mal gesehen hatte. Trotz dieser sehr kurzen »Bekanntschaft« spricht der König von seiner »Liebe« zu einem Menschen, dessen Persönlichkeit – Umgang, Gebaren, Charakter – er noch gar nicht kennen konnte. Auch vom sozialen Status-Unterschied der beiden Männer ist nichts zu spüren, wie der nächste Brief vom 28. Mai 1864 veranschaulicht: »Mein ganzes Innere drängt mich, Ihnen ... zu schreiben, um die Gefühle kund zu geben, von denen ich erfüllt bin ... Gerührtesten Dank für Ihre Liebe und Hingebung ... Alles, was Sie schaffen, ist mir so nahe, so innig verwandt, geht mir so zu Herzen, daß es für mich ein wahrhaft paradiesischer Genuß ist ... Keine Bande sollen Sie fesseln: frei und unumschränkt Ihrer herrlichen Kunst nur sich hingeben ... Die schönsten Augenblicke meines Lebens habe ich von Ihnen empfangen, Alles, Alles von Ihnen, jede Freude ... O, auch ich rufe aus vollem Herzen mit Brünnhilde aus: ›Selig in Leiden und Lust läßet die Liebe nur sein!‹ – Diese Worte sind mir wie aus meinem tiefsten Innern geschrieben.«[137] Die typische »Utopie-Thematik« der »schrankenlosen Allheit« schimmert in diesem Briefauszug deutlich durch. Auffallend ist ferner die Tatsache, daß König Ludwig II. – und nicht Wagner – im Briefwechsel mit der Verwendung des »utopischen« Vokabulars der theoretischen Schriften beginnt.

Doch nicht nur bei Ludwig II. leuchten uns die »Begriffs-ketten-Begriffe« der »Zukunftsutopie« und die »Schlüssel-wörter« entgegen, auch Wagner antwortet in derselben »theatralischen« Sprache, wie sein Brief vom 30. Mai 1864 veranschaulicht: »Alles, was je in mein tiefstes Innere sym-pathisch gegriffen hatte, Jugend, Schönheit, hoher Sinn, edler Geist, ... und jener ewige Zug göttlich-menschlichen Mitgefühls stand in reinster Form verkörpert vor mir ... die königliche Macht des beglückenden Willens, der das Ge-meinste adelt, wenn er es zu sich erhebt, der, was er erhebt zum Gemeingut der Menschheit macht und so ihrer Ent-wicklung die Bahnen anweist. Nun fassen Sie wohl, geliebter König, was ich sagte, wenn mir war, als ob ich nun gestor-ben und selig geworden wäre? Nun wollen wir bewähren, was edelste Liebe ist: staunend soll die Welt inne werden, daß das Göttliche noch in ihr enthalten ist. Was aller Welt ein stilles, unerfaßbares Geheimniß bleibe, wovon sie kaum wissen und begreifen soll, daß, und wie es vorhanden ist, das soll in edelsten Thaten und Werken laut zu ihr sprechen, und für alle Zeiten Zeugniß seines göttlichen Ursprunges geben. Denn nun ist mein König mir die Welt.«[138]

Beim Durchlesen dieses Briefes stellen sich unweigerlich einige Fragen: Wie könnte der König nach Wagner der »Entwicklung der Menschheit die Bahnen anweisen« und welche »Thaten und Werke« meint er wohl in diesem Brief? Hier werden durch Wagner in einer Art Gedanken an den König geäußert, die folgerichtig die brisante Frage nach dem Zusammenhang mit den Ideen der theoretischen Schriften aufkommen läßt. Die Vermutung, daß eine Ideen-Verbindung von Briefen und theoretischen Schriften be-steht, liegt umso näher, als der Inhalt der Briefe Wagners insgesamt einen großen Gedankenreichtum offenbart und sowohl künstlerische als auch politische und kulturphiloso-phische Aspekte behandelt.

Zum Zusammenwirken König Ludwigs II. und Richard Wagners äußert Strobel interessante Vermutungen: »Was Wagner beim Zusammenwirken mit dem König zutiefst im Sinne trug, lief auf nichts Geringeres hinaus, als auf eine kulturelle und politische Erneuerung Deutschlands. An dieser Tatsache vermag auch der Umstand nichts zu ändern, daß Wagner die staatsmännischen Fähigkeiten Ludwigs II. zunächst überschätzte und diesem Hochziele vorsteckte, zu deren Erreichung es dem jungen Fürsten an der nöthigen Tatkraft fehlte.«[139] Bei der Stellungnahme Strobels fällt auf, wie hoch die intellektuellen Leistungen Wagners, wie gering aber diejenigen des Königs bewertet werden. Stimmt dieses Urteil? Ging der König gar nicht auf Wagners »Hochziele« ein, oder konnte er sie nicht erreichen, obwohl er wollte? Die ersten beiden Briefe zeigen jedenfalls, daß Ludwig II. Vokabular und Stil von Wagners theoretischen Schriften aufnahm und in seinen Briefen benützte. Die häufige Verwendung der »Begriffsketten-Begriffe« und »Schlüsselwörter« deutet dies an. Zudem wissen wir, daß Ludwig Wagners Schriften sehr gut gekannt hat, was offenbar dazu führte, daß er Wagner nun sogar als seinen »besten Lehrer und Erzieher« bezeichnet und damit den Vater Maximilian und dessen Erziehung massiv entwertet. Offensichtlich waren Wagners Ideen der theoretischen Schriften im Denken des Königs fest verankert und müßten ihn in seinem Weltbild und Handeln eigentlich stark beeinflußt haben. Damit ergibt sich nun plötzlich ein neuer Aspekt in der Freundschaft von Ludwig II. und Richard Wagner: In der »Mittheilung an meine Freunde« sucht Wagner den Freund, der das »Ideal« ebenfalls in sich trägt; vielleicht verstand sich Ludwig II. von Bayern als dieser »Ideal-Freund«, der als genialer Rezipient Wagners Wirken und Wollen vollenden wollte. Da Wagner immer dann, wenn er die »Idealität« anderer Menschen beweisen will, mit den Begriffen der »Begriffskette« argumentiert, müßte dies auch bei Ludwig zutreffen. Wird im Briefwechsel mit Hilfe dieser Begriffe Ludwigs »Idealität« bewiesen, dann müßte er als der »Ideal-Freund« bezeichnet werden, den Wagner in der »Mittheilung« suchte.

Der erste Begriff der »Begriffskette« der »Utopie« lautet: »Der Gemeinsame ist frei durch das höchste, nothwendigste Bedürfniß, der absoluthen Liebe.« Bereits bei diesem Begriff zeigt sich bei näherer Untersuchung der Briefe eine Unbedingtheit der Liebesbeziehung, die aufhorchen läßt. Ludwig II. jubiliert in den höchsten Tönen über seine in vielen Briefen als »höchste«, »einzige« und »letzte« Liebe benannte Beziehung zu Wagner: »Sie sind meine höchste Liebe und werden es immer bleiben«, heißt es da etwa, oder: »Sie sind mir der Theuerste auf Erden; kaum sind Sie von Anderen so geliebt, als von mir«. Und ein anderes mal schreibt er: »Ich liebe Sie nicht als Künstler allein, ich liebe Sie, wie Sie sind, den ganzen Menschen, als mein Höchstes verehre ich Sie!«

Das letzte Votum des Königs erinnert stark an die Aussage in der »Mittheilung«, wonach kein Künstler seines Strebens wegen geliebt und verstanden werden kann, wenn dieses Verständnis nicht auch in der Sympathie mit seinem Leben begründet ist. Wir haben bei der Interpretation dieser Aussage festgehalten, daß Wagner damit suggeriert, daß auch diese noch zu findenden Freunde das »Ideal« in sich tragen müssen. Durch Ludwigs Brief erhalten wir ein erstes Indiz dafür, daß sich der König als solcher »Ideal-Freund« verstanden hat. Damit würden die ekstatischen Liebesschwüre der beiden Männer in den Briefen einen neuen Sinn erhalten. Diese Liebesbeteuerungen sind nicht einfach, wie so oft schon in der Literatur spekuliert wurde, Ausdruck einer homophilen Liebes-Beziehung zwischen König und Komponist. Wagner selber gibt uns in folgendem Brief vom 12. März 1865 darüber näheren Aufschluß, wenn er schreibt: »... als daß ich Ihn mit anbetungsvoller Inbrunst liebe und verehre, Ihm einzig angehöre mit Herz und Geist, und in seiner Liebe mich geborgen weiß wie im Schoße des Himmels.« Die verwendeten »Schlüsselwörter« – »ihm gehören mit Herz und Geist« – wecken Erinnerungen an Wagners Definition der »Männerliebe« in »Das Kunstwerk der Zukunft«, worin es heißt, daß »der Mann durch die Männerliebe mit seinem ganzen Wesen in das Wesen des geliebten Gegenstandes sich versenken, in ihm aufzugehen vermag«. Wagner und Ludwig II. gebrauchen in ihren Briefen sehr oft das Motiv des »Ineinander-Versinkens« und »Ineinander-

Aufgehens«. So schreibt Wagner etwa: »Ich versenke mich in die Tiefe Ihres ahnungsvollen Herzens«[140], und Ludwig formuliert sehr ähnlich: »Ach mich ganz zu versenken in Ihren Geist!«[141]

Auch diese Briefauszüge sind Indizien dafür, daß hier einzig die »höhere«, »Herz und Geist« umfassende »utopische Einheitsliebe« gemeint ist. Das Motiv des »Ineinander-Versinkens« wirft zugleich ein erstes Licht auf den nächsten Begriff der »Begriffskette«, die »Selbstaufgabe«, die Wagner definiert: »Die absoluthe Liebe wird durch das Sichselbstgeben an den anderen Menschen erreicht, wodurch der Einzelne zu einem absoluten Ganzen verschmilzt.« Im Briefwechsel kann diese Thematik problemlos nachgewiesen werden. Die Verabsolutierung der Beziehung durch Ludwig und Wagner nimmt hier beinahe groteske Formen an. So wird der »Selbstaufgabe-Thematik« in verschiedenen Varianten Ausdruck gegeben. Wagner schreibt am 30. Mai 1864: »Was ich Ihnen danke? Nun fassen Sie wohl, geliebter König, was ich sagte, wenn mir war, als ob ich nun gestorben und selig geworden wäre.« Die Selbstvernichtung durch symbolisches Sterben des »Ichs« wird von Wagner, aber auch von Ludwig II., als das höchste Glück empfunden, wie folgende Briefauszüge des Königs belegen: »Leuchtende Liebe, lachender Tod! Ach für Sie zu sterben!«[142], und am 11. Dezember 1864 schreibt er bedeutungsvoll: »Einem Funken bin ich gleich, der sich sehnt, in Ihrer Strahlensonne aufzugehen, von ihr beschienen zu werden, und die Erde zu verlassen, wenn sie nicht mehr leuchtet.«

Dank den in diesem Briefauszug wieder auftauchenden »Schlüsselwörtern« kann der direkte Bezug zu den theoretischen Schriften mühelos hergestellt werden: Wie sich laut »Das Kunstwerk der Zukunft« der Einzelne (und als Parallele in der Kunst die Einzelkunst) danach »sehnt«, im anderen (bzw. in den Nachbarkünsten) »aufzugehen«, um die »utopische« Einheit herzustellen, so »sehnt« sich in diesem Brief der König danach, in Wagners Strahlensonne »aufzugehen«. In Ludwigs Brief taucht damit wiederum das Motiv des »Ineinander-Aufgehens« auf, das laut »Das Kunstwerk der

Zukunft« so charakteristisch für die »Männerliebe« ist. Vieles in den Briefen Ludwigs II. und Wagners ist beinahe wörtlich aus den theoretischen Schriften übernommen und zitiert, so Wagners Votum vom 13. September 1865: »Es gibt für mich nur einen glücklichen Zustand, ganz mir anzugehören, um ganz mich dem Geliebten geben zu können.« Genau so kann laut »Das Kunstwerk der Zukunft« der Einzelne, wenn er ganz sich selbst ist, sich ganz den anderen Menschen geben und durch dieses »großartige Selbstopfer« die übrigen Menschen erlösen. Ebenfalls ein Zitat aus Wagners theoretischen Schriften ist in einem Brief Ludwigs vom 7. Oktober 1865 nachzuweisen: »Ich fühle, wie wir Uns mit jedem Tag näher und inniger angehören, fühle, daß das Liebesband, welches Unsre Seelen umschlingt, fest und unzerreißbar ist.« Dieses Zitat des Königs gemahnt lebhaft an Wagners Postulat in »Das Kunstwerk der Zukunft«, wonach in der »utopischen« Gesellschaft der Zukunft ein »gemeinsames Band« alle Menschen und alle Künste »umschlingen« wird.

Auch der zweite »Begriffsketten-Begriff«, die »Selbstaufgabe«, ist also in der Gemeinschaft von Ludwig II. und Richard Wagner gegeben, und die zwingend daraus resultierende Verschmelzung der beiden zu einer Einheit ebenso. Ludwig II. schreibt am 28. September 1864: »Seien Sie überzeugt, daß ich meinen Geliebten verstehe, daß ich weiß und fühle, daß er nur mehr für mich leben und schaffen will; wie ja mein eigentliches, wahres Leben in Ihm und durch Ihn einzig und allein besteht ...; mein Alles hängt an Ihm!« Ludwig II. signalisiert in diesem Brief das totale »Aufgehen« im anderen, das, wie die »Utopie« postuliert, keine »Abgrenzung« mehr kennt. Die beiden Männer bezeugen sich gegenseitig, einander Alles zu sein. Ludwig ist für Wagner »Weib, Kind, Freund, Bruder«[143], »Athem, Blick, Hirn und Herz«[144]. Der eigene Geist, der eigene Blick existiert nicht mehr. Zwei Menschen, ein Künstler und ein Politiker, werden eins.

Wir erhalten weitere Beweise dafür, daß mit Ludwig II. der in der »Mittheilung« von Wagner gesuchte »Ideal-

Freund« gefunden ist. Zufall, daß Wagner diese Einheit so
explizit suggeriert, die Ludwig II. sehr pauschal übernimmt?
Wohl kaum, denn zu geschickt ist dieses »Theater« inszeniert. Man denke nur an das Gedicht Wagners vom 16. September 1864, das er für den König schrieb. Ein Auszug
davon lautet:

> »Was einsam schweigend ich im Innren hegte,
> das lebte noch in eines Andren Brust:
> was schmerzlich tief des Mannes Geist erregte,
> erfüllt' ein Jünglingsherz mit heil'ger Lust;
> zum gleichen Ziel bewußtvoll unbewußt,
> wie Frühlingswonne mußt' es sich ergießen,
> dem Doppelglauben frisches Grün ersprießen.«

Frappant zu sehen sind da die Themen der »Mittheilung«,
die Wagner in diesem Brief aufnimmt: »Was einsam ich hegte, lebte noch in eines Andren Brust«. Damit ist Wagner nun
plötzlich nicht mehr der Einsame der »Mittheilung«, sondern »gemeinsam« mit Ludwig! Und mit der Zeile »Zum
gleichen Ziel bewußtvoll unbewußt« unterstreicht Wagner
die »utopisch« richtige Zweisamkeit mit Ludwig II., denn in
der Zukunft sind die Menschen »Wollende des Unwillkürlichen«! Ebenfalls bemerkenswert ist die Parallele zur Philosophie Arthur Schopenhauers, die Wagner und Ludwig in
ihrem utopischen Denken klar zu bestätigen scheint. Nach
Schopenhauer handelt das Genie und der geniale Rezipient
unbewußt und unwillkürlich richtig nach den »Naturfor-
meln« der Welt. Wir müssen uns aber auch klar vor Augen
halten, was Wagner hier eigentlich wagt. Der kleinbürger-
liche Komponist aus armseligen Verhältnissen, eben erst an
den Hof berufen, setzt sich mit dem König von Bayern
gleich. Damit erreichte er nicht nur die »Verwirklichung«
der »utopischen Einheitsliebe«, sondern auch eine subtile
Einflußnahme an höchster Stelle!

Der nächste Punkt der Begriffskette der »Utopie« betrifft
den Willen des Einzelnen: Geschieht die absolute Liebe, das
heißt, das Sichselbstgeben an den anderen Menschen un-

willkürlich, muß dieser Vorgang nun bewußt gemacht werden. Laut »Das Kunstwerk der Zukunft« sind die »Utopiemenschen« nämlich »Wissende des Unbewußten« und »Wollende des Unwillkürlichen«. Von Wagner wissen wir bereits aus »Eine Mittheilung an meine Freunde«, daß er »unwillkürlich« und ohne Reflexion das »utopische Ideal« aus sich heraus produziert hat. Und Ludwig II.? Folgende zwei Briefauszüge Wagners geben uns den Schlüssel zum endgültigen Verständnis der Stellung des Königs zu Wagner. Am 28. Dezember 1864 beschreibt Wagner »den idealen Willen meines Kunstwerkvollenders (Ludwig)«, und am 11. März 1865 formuliert er noch konkreter: »Er ist mein Herr! Was ich nur ahne, in ihm, im Willen Seines Herzens ist es klar niedergelegt.« Was sich bisher andeutete, wird nun klar: Ludwig II. war der von Wagner in der »Mittheilung an meine Freunde« gesuchte »Ideal-Freund«, der das unwillkürlich bei Wagner vorhandene »Utopie-Ideal« zum Bewußtsein bringt. Wie klar die theoretischen Schriften und der Briefwechsel zusammengeführt werden können, zeigen folgende Briefe Wagners: »Das, was die Welt an Erkenntniswerthen Ihnen bieten kann, ist geringer als das, was Sie unbewußt schon besitzen. Klarheit der Erkenntnis dieser inneren Welt ist alles, was wir uns aneignen können.«[145] Bereits in »Oper und Drama« hatte Wagner formuliert, »richtige Erkenntniß ist Wiedererkennung«. Und am 16. Oktober 1865 schreibt Wagner an Ludwig II.: »Bin ich es nun, der aus mir spricht, wenn ich Ihnen rathe? Ist es nicht nur, was Sie sind, was Sie wollen, sage ich Ihnen, was ich aus Ihnen errathe? Ich bin nur Ihr Bewußtsein von sich selbst.« In »Das Kunstwerk der Zukunft« heißt es vom »idealen Handlungsrahmen«, daß darin das »Unbewußtsein« im Leben zum »Bewußtsein von sich selbst« geführt wird. Auch hier werden wieder, wie bei der Definition der »Männerliebe«, Motive und Begriffe aus den theoretischen Schriften explizit im Briefwechsel verwendet.

Wagner suggerierte in seinen Briefen, daß der König der eigentliche Vollender des »absoluthen« Kunstwerkes ist, er selbst aber eigentlich nur Werkzeug, Instrument des Willens

Ludwigs II., womit er die tatsächlichen Gegebenheiten ins Gegenteil wandte. Und der König nahm diese irreführende Aussage des Komponisten begeistert auf und nennt Wagners Werke in seinen Briefen tatsächlich »unsere Pflanzungen« und »unsere Schöpfungen«.[146] Damit wird immer deutlicher, wie geschickt und skrupellos Wagner es verstand, die Profillosigkeit des erst 18jährigen Königs für seine Zwecke zu nutzen: Er, der Autor der theoretischen Schriften bestimmte, und Ludwig II., der Rezipient der theoretischen Schriften, ließ sich immer mehr dieses Gedankengut aufoktroyieren. Dies bedeutete aber gleichzeitig auch, daß der König immer abhängiger von Wagners Ideen, Werken und Produktionen werden mußte.

Der letzte Punkt der Begriffskette der »Utopie« bringt die endgültige Bestätigung unserer These. Sie lautet: »Die Erkenntniß durch die absoluthe Liebe ist Freiheit, die die menschlichen Fähigkeiten zur Allfähigkeit macht, womit der Mensch zu Gott wird.« In vielen Briefen »vergöttlichen« sich Ludwig II. und Wagner tatsächlich gegenseitig. Wagner betitelt Ludwig etwa als »mein gottgesandter König«[147]; und Ludwig jubelt am 11. Dezember 1864: »In überirdische Sphären wurde ich entrückt ... Geliebter Heiliger.« Und ein anderes Mal fleht er Wagner an: »Heiliger, ruhen Sie sich aus; Ruhe! Ruhe Du Gott!«[148] Die Idealisierung und Überhöhung des anderen bis ins Göttliche nimmt hier Formen an, die jedes vernünftige Maß sprengen. Doch nicht nur die Göttlichkeit allein, sondern auch deren Attribute wie die »Allmacht« und die »Allfähigkeit« des anderen werden in den Briefen »besungen«. Auch dies entspricht ja den Anforderungen, welche die »Utopie« an den »Ideal-Menschen« stellt. Drei Beispiele aus Wagner-Briefen illustrieren dies: »Mein Sinnen und Trachten, Dichten und Schaffen (ist) nun von einem treuen, mächtigen Schutzengel bewacht.«[149] – »In meinem tiefsten Innern fühlte ich dennoch immer, ... daß er über jedes Gefühl der Schwäche erhaben ist. Er weiß Alles! Gott offenbare Ihm alles! ... Gesegnet sei der göttliche König meines Lebens!«[150] – »Wie beseligend ist dieser Aufblick nach oben (zu einem König)!«[151] Es zeigt sich hier, wie subtil es Wagner verstand, mit dem König umzugehen. Neben der »utopiegerechten« Idealisierung erreichte er auch eine göttliche Überhöhung Ludwigs II., die den König in die Nähe des absolutistischen Herrschertumes des 17. Jahrhunderts rückt. Daß dies einem Monarchen in einer Zeit schmeicheln mußte, in der dieses Herrschertum stark bedroht war, ist klar.

Mit diesem letzten »Begriffsketten-Begriff« wird der Kreis geschlossen; der »göttliche Gemeinsame« wird zur »Urzelle« der »Universalgemeinschaft« der »Utopie«. Der Briefwechsel offenbart, daß Ludwig II. und Richard Wagner in ihrer Gemeinschaft alle wichtigen Maximen der »Utopie« erfüllen. Durch den spezifischen Sprachgebrauch gelang es Ludwig in seinen Briefen offensichtlich schon zu Beginn der Korrespondenz, dem Komponisten zu signalisieren, daß er sich als der in der »Mittheilung« gesuchte »Ideal-Freund« verstand, der das »Utopie-Ideal« ebenfalls in sich trägt. Das erkennende »Genie« Wagner und der »geniale Rezipient« Ludwig II., der – genau wie von Schopenhauer postuliert – das »Ideal« durch Wagner wiedererkannte, bildeten zusammen die »Urzelle« der »utopischen Universalgesellschaft« in der »Gegenwart«.

Doch die Identifikation des Königs mit Wagners Utopie-Welt geht noch weiter: In den theoretischen Schriften gelang es Wagner, sich zu einem »Genie« zu stilisieren, indem er die übrige Welt mit Hilfe eines bestimmten Vokabulars als »schlecht« und nicht mit der »Utopie« im Einklang darstellte. Folgenschwer aber ist vor allem, daß auch Ludwig II. die Welt aus dieser Position des »Ideal-Menschen« betrachtete.

# Das Erlösersyndrom im Weltbild Ludwigs II.

Das Weltbild König Ludwigs II., das sich aus seinen Briefen ablesen läßt, gleicht in geradezu erstaunlicher Weise demjenigen Richard Wagners in den theoretischen Schriften. Die Gegenwart ist nichts anderes als ein Desaster. Am 14. Februar 1865 schreibt Ludwig etwa: »Elende, kurzsichtige Menschen, ... die von Unserer Liebe keine Ahnung haben, keine haben können! – ›Verzeihe Ihnen, sie wissen nicht, was sie thun!‹«. Am 19. Juli desselben Jahres berichtet er an Wagner: »Wenn ich denke, wie allein fühlte ich mich damals, umgeben von blöden Menschen, die trüber Wahn gefesselt hielt, die keine Ahnung hatten von dem Wesen meines Erglühens nach Ihnen und Ihren Werken.« Und einmal ruft er gar aus: »Oh die blinde Menge!«[152]

Noch verblüffender an diesen Briefen des Königs ist, daß darin die »Schlüsselwörter« der »Utopie« selbst vorkommen, die Wagner bei der Beschreibung der Welt verwendet, und zwar in einer auffallenden Häufigkeit. So nehmen die typischen »Schlüsselwörter« »Wahn«, »Egoismus« usw. auch im Vokabular des Königs einen festen Platz ein. In den folgenden Briefen Ludwigs zeigt sich zudem, daß er seine Beziehung zu Wagner von der übrigen Welt deutlich absetzte: »Sie können Uns nicht an, die nichts Begreifenden!«[153] – »Nur wenn ich an den Geliebten ... denke, bin ich wahrhaft glücklich ... Ach, wie nichtig ist die Welt. – Wie elend, wie gemein so viele Menschen. Ihr Leben dreht sich in engen Kreisen der flachen Alltäglichkeit! – Ach hätte ich die Welt hinter mir!«[154]

Dieser Brief Ludwigs veranschaulicht, wie die »Selbstvernichtung«, ein wichtiger Programmpunkt der »Utopie«, in diesem negativen Weltbild noch mehr legitimiert wird. Zudem zeigt sich hier auf erschreckende Weise, wie der König die reale Welt in zwei Kategorien spaltete: Entweder sind die Menschen absolut positiv und damit »utopiegerecht«, was im Moment offenbar nur für Ludwig II. und Wagner galt, oder die Menschen sind absolut negativ, was im Moment offenbar für die gesamte übrige Welt galt. Ludwig II. betrachtete also die reale Welt von der konstruierten »Utopie-Position« des »Ideal-Menschen« aus. Mit dem zwangsläufig daraus entstehenden »Schwarz-Weiß-Schema« folgte der König weiterhin den Vorgaben Wagners in den theoretischen Schriften, der sich in dieser schwarzen Welt auf die Zukunft ausrichten mußte, um als Mensch zu überleben. Wagner gelang es denn auch, in den Schriften die Illusion einer realen Zukunft zu erwecken und die »Utopie« dadurch zu einem Programm für die Gegenwart zu machen. Doch Ludwig II. war König, und auch er als Politiker müßte sich, analog zu Wagners Vorgehen in den theoretischen Schriften, in dieser konstruierten »Schwarz-Welt« nach der »utopischen Zukunft« ausrichten. Hatte Wagner aber mit der »Utopie« sein eigenes Programm geschaffen, so war Ludwig II. bei dieser Konstellation bereit, ein ihm fremdes System zu übernehmen. Er wurde total abhängig von Wagners Ideen. Dadurch erhielt der Komponist natürlich die Chance schlechthin, den König zu beeinflussen und ihm seine, mit der »Utopie« bereits formulierten Ziele, zu vermitteln. Und tatsächlich kann im Briefwechsel festgestellt werden, daß Wagner Ludwig II. bestimmte Hochziele zu vermitteln suchte.

Richard Wagner bediente sich in den Briefen in geradezu genialer Weise der Möglichkeiten, die ihm die »Utopie« bot, um Ludwig II. seine Ideen zu vermitteln. In den theoretischen Schriften heißt es, daß die Göttlichkeit der Universalgesellschaft der Zukunft in der Verschmelzung der Einzelkünste und in den Handlungsweisen der Bühnenfiguren ihren adäquaten Ausdruck finden. Aus der »Mittheilung« wissen wir zudem, daß die bisher geschaffenen Bühnenfiguren Wagners bereits Träger von »Utopie-Idealen« sind. Wagner versteht es nun im Briefwechsel mit Ludwig II., durch Analogien von realen Menschen mit eben diesen Theaterfiguren seiner Dramen – Tannhäuser, Elisabeth, Siegfried, Wotan und Brünnhilde – seine »Utopie-Ideale« dem König in den Briefen zu vermitteln. Den ersten Versuch in diese Richtung unternimmt er in einem Brief am

6. November 1864; der weitaus größte Teil dieser Versuche aber entfällt auf das Jahr 1865. Dies wird auch dadurch deutlich, daß die Korrespondenz der beiden Männer 1864 lediglich 32 Briefe, 1865 aber deren 153 umfaßt. Wagner versuchte in seinen Briefen, Ludwig II. zu suggerieren, daß er sich – wie die Theaterfigur Wotan in »Der Ring des Nibelungen« – zurückziehen wolle, um, wie Wotan seinem Sohn und Theaterhelden Siegfried, dem »Real-Helden« Ludwig II. das Feld zu überlassen. Am 30. Juli 1865 schwärmt er dem König gegenüber: »Siegfried! Mein Siegfried! Wie selig zu sterben, wenn ich Dich der Welt zum Walter weiß.« Doch nicht nur mit den Theaterfiguren Wotan und Siegfried drückte Wagner aus, was er beabsichtigte, wie folgender Brief vom 16. September 1865 zeigt: »Ich bin eifrig bemüht, die Welt selbst klar hinter mir zu ordnen, um Ihnen Alles in die Hand zu geben. Denn das ›Nachher‹ ist es, nach dem ich mich sehne, als ob ich erst dann mein eigentliches Leben antreten würde.«

Wagner setzt sich hier wiederum in anmaßender Weise mit dem König auf die gleiche Stufe: Bisher hat er, der Komponist Richard Wagner, die Welt regiert, und nun überläßt er das Feld König Ludwig II.. Nicht Maximilian, der Vater Ludwigs II. und Regent Bayerns, sondern Wagner ist der eigentliche Vorgänger des Königs, und damit auch erziehender Vater. Durch die Analogie zum Theater-Gott Wotan versteht es Wagner zudem sehr geschickt, sich vor dem König als allwissender, göttlicher Berater zu präsentieren. Und Ludwig II. wollte Siegfried sein, wollte, daß ein Komponist dieser göttliche Berater Wotan ist, wie sein Brief vom 8. November 1864 zeigt: »Oh, mein Geliebter, mein Wotan soll nicht sterben müssen, um in Siegfried fortzuleben; Er soll leben, um sich lange noch an Seinem Helden zu erfreuen.« Ludwig II. fühlte sich als Siegfried, den Helden und Sohn Wotans, und Wagner war für ihn der Göttervater. Wagner beherrschte dieses »Theater-Spiel« vorzüglich, denn er teilte seinem Helden in den Briefen ganz klare Aufgaben zu, für die er treffende Allegorien fand. So schrieb er am 16. Februar 1865 über den »Tannhäuser« an den König:

»Nur das innerste Seelenheil des Geliebten, nur die Erlösung, die Heiligung des Freundes konnte Elisabeth die ›Thränen tiefsten Mitgefühles‹ trocknen. Ist Er erlöst, so ist Sie selig! So lebt das Heil des Einen nur im Heile des Anderen; und während jedes der Liebenden nur um das Heil des Andern besorgt ist, ohne je daran zu denken, fördert es einzig doch sein eigenes Heil. Wie? Nur das eigene Heil? – Nein! Seht, – da nahen sie, die Boten des Priesters mit der Verkündigung des göttlichen Wunders: der dürre Stab ist neu gegrünt, allen Sündern der Welt ist Gottes Gnade gewonnen! – Das ist das Werk, dieß das Wunder, welches der Welt gewonnen wurde; da, als die Liebenden nur das Heil des Andern erstrebten, ward das Werk der Liebe selbst der Welt gewonnen! Und dieß Werk, – auch wir wollen es der Welt gewinnen! Aus dem Bunde der Herzen, von denen Jedes nur des andren Wunsch und Willen fördern will, soll das Werk entstehen, das kein Einsamer bereiten kann.«

Die Erklärung der Liebesbeziehung der Bühnenfiguren Tannhäuser und Elisabeth stellt Wagner in diesem Brief so geschickt und unmittelbar vor die Erläuterung seiner Beziehung zu König Ludwig II., daß eine Analogie unübersehbar ist. Wie Tannhäuser und Elisabeth im Drama, so können Ludwig II. und Wagner in der Realität »Gottes Gnade allen Sündern der Welt gewinnen«. Ludwig müßte dabei als aktiver Teil der Beziehung, analog zur Bühnen-Elisabeth, ein besonderes Sendungsbewußtsein entwickeln. Ein raffinierter Vergleich, den der König tatsächlich rezipiert, wie sein Brief vom 10. Mai 1865 zeigt: »Meine Liebe zu Ihnen und Ihrer Kunst wächst mehr und mehr in mir und diese Flamme der Liebe soll Heil und Erlösung bringend werden.« Der König postuliert in diesem Brief ganz klar, daß seine Liebe zu Wagner für die Welt »Heil und Erlösung« bringend ist. Hier zeigt sich, daß Wagners System für Ludwig zur Heilslehre wurde. Auch folgender Brief unterstreicht, wie Ludwig Wagners Lehre beurteilte: »Die Schranken der Gewohnheit müssen wir durchbrechen, die Gesetze der gemeinen, egoistischen Welt einstürzen, das Ideal wird und muß in das Leben treten!«[155] Damit bezog Ludwig II. die »Utopie« auf die konkrete geschichtliche Zukunft und machte sie damit zu seiner Ideologie: Ein König, der sich selber als »göttlich« empfand, wollte die Menschheit mit seiner Liebe erlösen! Wagner stilisierte damit in den Briefen Ludwig II. zu einem neuen Heiland, wie ein Gedicht Wagners zum 20. Geburtstag des Königs explizit bestätigt: »Geboren ist ein Heiland Deutschlands Söhnen: Er feiert heut' Sein zwanzigst Erdenjahr!«

Wie sehr es Wagner verstand, den König in seinen Bannkreis zu ziehen, zeigt ein emphatischer Ausruf des Königs vom 12. Oktober 1865: »Wir vollführen Unsere Sendung!« Der König war bereit, die ihm von Wagner gestellte Aufgabe als Erlöser mit seiner wichtigen Sendung anzunehmen. Die Heilsthematik ist in Wagners Konzept von zentraler Bedeutung; gleiches gilt auch für die »utopische« Liebe des Königs. Auch für die Frage, wen Ludwig II. »erlösen« sollte und womit, gibt Wagner in seinem Brief über »Tannhäuser« einen ersten Hinweis, wenn er schreibt, daß aus dem Bund mit Ludwig das »Werk entstehen soll, das kein Einsamer bereiten kann«. Im »Kunstwerk der Zukunft« schreibt Wagner: »Nicht kann der Einsame das Kunstwerk der Zukunft schaffen; nur der Gemeinsame vermag dies.« Mit einer Subtilität sondergleichen verstand es Wagner, den bei Ludwig gewonnenen Einflußbereich zu seinen Gunsten zu nutzen. Hatte er bisher die Theaterfiguren zu Analogien mit Menschen benutzt, so versuchte er mit Brünnhilde etwas anderes. Die Figuren im »Ring« erläutert er Ludwig folgendermaßen: »Wotan im Reich der Resignation: Schmerz der Trennung, tiefste Wehmut des unerläßlichen Verlustes; sein Liebstes läßt der Gott des Lebens und Wollens zurück; schlafend, von treuen Feuern bewacht, träumt Brünnhilde dem erlösenden herrlichsten Helden entgegen.«[156] Wer Wotan und wer Siegfried im realen Leben sind, hat Wagner bereits dargelegt. Nun bleibt noch die Definition und Entschlüsselung der Figur Brünnhilde, die dem erlösenden herrlichsten Helden Siegfried – also Ludwig II. – entgegenträumt.

Über Brünnhilde schreibt Wagner an den König am 6. November 1864: »Mit welcher Weihe werde ich nun

Brünnhilde erwecken aus ihrem langen Schlafe! Sie schlief, während Siegfried zum Jünglinge heranwuchs. Wie bedeutungsvoll muß mir dieß jetzt dünken! Meine letzte Musik war die Verkündigung des Waldvogels an Siegfried, daß er Brünnhilde erwecken könne ... er lief lachend dem Vogel nach, der davonflatternd ihm den Weg zu dem Zauberfelsen zeigte. – Dieser Weg ... mir ward er lang und beschwerlich. Ich glaubte nie an den Felsen zu gelangen. Doch bin ich Wotan, so gelingt es mir nun durch Siegfried: Er weckt die Jungfrau, das Theuerste der Welt. Mein Kunstwerk wird leben, – es lebt!« Die Theaterfigur Brünnhilde erscheint hier als Metapher für die Kunst. Laut Richard Wagner ist es dem König bereits gelungen, durch seine Liebe – gemeint ist natürlich die »utopische Einheitsliebe« – das »Theuerste der Welt«, das »utopische Gesamtkunstwerk« zum Leben zu erwecken. Ludwig II. ist Siegfried der Held, der das »Kunstwerk der Zukunft« im »Jetzt« ermöglicht.

Damit schließt Wagner ganz klar an die Idee der theoretischen Schriften an. Doch dort werden Kunsttheoretisches und »Gesellschafts-Utopie« miteinander verknüpft. Erst die Gleichsetzung beider Komponenten kennzeichnet ja den Heilscharakter von Wagners »Utopie«. Und tatsächlich fand Wagner in einem Brief an den König auch ein Bild auf die Frage, was die »Erweckung« des »Kunstwerkes der Zukunft« für die gesellschaftliche Realität bedeutet: »Es geht ihm (Ludwig) wie Siegfried mit dem Waldvogel. Zweimal lauscht er: das erste Mal vernimmt er aber nur die Melodie; da möchte er auch den Sinn der Melodie verstehen: wie fängt er das an? Er wirkt eine große That: er erschlägt Fafner ... Sieh da! Er versteht nun auch den Sinn des Vogelgesanges. Klar steht vor ihm die Bedeutung seiner That, seine Macht, die Verkündigung der hohen Braut. So verkünde ich dem theuren Siegfried meines Lebens den Sinn der That Seiner Liebe zu mir, seine Macht: Die Erweckung der hohen Braut durch Ihn: Deutschland – ist ihm Brünnhilde! – Ich singe das Lied der Erweckung dieser hohen Braut.«[157]

Vor dem Hintergrund des bisher Erarbeiteten entpuppen sich diese Briefe als sehr brisant. Brünnhilde, die Theaterfigur des »Ring des Nibelungen«, wird zur Metapher für zwei Dinge: Einerseits bedeutet sie die schlummernde »allgemeingültige« Kunst, die durch die Liebe eines Königs erweckt wird und ins Leben tritt. Andererseits bedeutet sie »Deutschland«, nicht nur das Königreich Bayern allein, sondern sämtliche Königreiche und Fürstentümer im deutschsprachigen Raum, die durch Ludwig II. »erlöst« werden. Wagner besingt mit seinem Kunstwerk die »Erweckung dieser Braut«. Das Kunstwerk Wagners erhält damit eine aktive Rolle als Transportmittel politischer Ideen: Es fungiert als Verkünderin des politischen »Heils«, der Auferstehung Deutschlands. Damit kommt erstmals auch ein konkretes politisches Element in das Denken innerhalb der Königsfreundschaft hinein; wie elementar, wird uns noch stark beschäftigen. Denn Ludwig, der die »Erweckung« möglich machen sollte, folgte in seiner Ideologie tatsächlich dieser Ansicht, wie seine Antwort auf Wagners Brief vom 23. September zeigt: »Deutschland, Du wirst befreit aus den Ketten der Schmach und Noth! – Wir wollen das Werk vollführen, mein geliebter Freund! ›Wir erwecken die schlummernde Braut, die Schlaf so lange verschloß, wir bringen ihr ewige Wonne!‹ – Deutschland vertraue Deiner Macht, Deinem kräftigen Geist!«

Die Ideologie Ludwigs II. von Bayern gewinnt an Gestalt. Er erträumte sich eine universale Einheitsgesellschaft von Wagnerscher Prägung, eine gigantische Gleichschaltung. Deutschland (bez. Bayern) sollte der Kern der zukünftigen Universalität aller Menschen, aller Künste, von Privatem und Öffentlichem werden. Die beiden Männer verstanden sich dabei als neue »Urzelle« des »Ideals«, als exemplarische Repräsentanten und Sprecher des »idealen« Menschen, wie dies einst Apollo in dem von Wagner beschriebenen »Griechenland« darstellte.[158] Sehr eindrücklich wird dies durch folgende Briefauszüge Wagners und Ludwigs bestätigt. So prophezeit Wagner am 21. Juli 1865: »Haben Sie Acht, mein holder Freund! Bald werden meine Werke keinen rechten Sinn mehr für uns Beide haben; nur noch der Welt, der sie Kunde geben können, was wir uns sind: ihren Inhalt erleben

wir aber jetzt an uns!« Und Ludwig meldet emphatisch am
24. November desselben Jahres: »Siegfried (= Ludwig) hält
Stand ... er will dem Wanderer (= Wotan = Wagner) stets
treu zur Seite stehen, die Früchte des Werkes, das Beide
schaffen, sollen den späteren Geschlechtern zum Heil und
Segen reifen.« Ludwig II. und Richard Wagner erleben in
der »Gegenwart« das »utopische Ideal«, das deshalb im
Kunstwerk endlich »ideal« vermittelt werden kann. Die
Kunst Wagners macht es in der »Gegenwart« möglich, den
»wahren Weg zum Ideal« anzubahnen.

Wagners Mythosbegriff erhält durch diese neue Konstel-
lation eine entscheidende Ergänzung. Dagmar Ingenschay-
Goch schreibt in ihrer Dissertation zum Mythosbegriff bei
Wagner: »Wenn der Mythos (laut Wagner) der Anschauung
des immer gegenwärtigen Lebens entsprechend neu er-
funden werden muß, so ist damit präzise die Aufgabe des
Mythosproduzenten umrissen, die jeweilige Fabel in einem
konkreten Text zu aktualisieren.[159] Dies läßt den Mythos im
Licht idealer Historie erscheinen.[160] Wie Zelinsky eine
Opposition von mythischer und gesellschafts-politischer
Dimension auf Wagners Werk anwendet, so stellt Reinhold
Brinkmann die These auf, Wagners Wendung vom Revolu-
tionär zum Traditionalisten sei in einem ›Rückzug in den
Mythos‹ konfiguriert ... Gerade im Bereich der politischen
Dimension des Mythos läßt sich aber das Modell vom
Mythos als Vehikel (für politische Ideen) exemplarisch vor-
führen.«[161]

Wir haben es bei Wagner und Ludwig II. also keineswegs
mit einem Rückzug aus dem politischen Leben zu tun, wie
dies in Analogie zu Schopenhauer immer angenommen
wurde, sondern mit einer ganz speziellen Form, Politik zu
betreiben. Die Kunst wird bei dieser Ideologie das Mittel
zum Zweck, zum politischen Zweck. Interpretiert man
Wagners theoretische Schriften in dieser Hinsicht, so wird
klar, worin dieser Zweck besteht: Das »Aufgehen«, »Inein-
anderverschlingen« der »Einzelkünste« im »Gesamtkunstwerk« entspricht demjenigen des einzelnen Menschen in der
»idealen« Gesellschaft der Zukunft. Mit dem Kunstwerk

kann das »Ideal« intuitiv vermittelt werden und suggestiv auf die Zuschauer einwirken. Doch war für Ludwig und Wagner nicht allein die Kunst mögliche aktive Kraft zur Erlangung einer neuen Gesellschaft, vielmehr sollte dieses »Ideal« auch von der realpolitischen Seite her aktiv angestrebt werden; in welcher Form, werden wir noch sehen. Klar aber ist, daß Wagner, im Unterschied zu seinen Ausführungen in den theoretischen Schriften, zur Verwirklichung dieser »Idealgesellschaft« nicht mehr die Revolution als Voraussetzung ansieht, denn nun hatte er ja Einfluß auf einen König gewonnen.

Trotzdem ist das »Gesamtkunstwerk« in diesem Modell von eminenter Wichtigkeit, denn dank dessen Suggestionskraft muß es laut den theoretischen Schriften zwangsläufig auf die Gesellschaft einwirken, weil das »Ideal« (das »Reinmenschliche«) als Naturgesetz in jedem Menschen vorhanden ist. Die Aufgabe Ludwigs II. in diesem Konzept wäre demnach, dieses »Ideal« zumindest mit Hilfe von Wagners Kunst zum Bewußtsein zu bringen, getreu dem Grundsatz, daß »richtige Erkenntniß Wiedererkennung« ist.

Daß der König tatsächlich so dachte und dies verwirklichen wollte, belegen die folgenden drei Briefauszüge. »Daß doch alles Große, Erhabene so selten auf Erden ist: daß doch die Menschen endlich zu klarer Erkenntniß gelangten!«[162], meldet er einmal an Wagner, und ein anderes Mal beruhigt er: »Geliebter ... warum traurig und verzagt sein, wenn es Menschen gibt, die Sie anfeinden, nicht begreifen? – Ihr Auge ist mit Nacht geschlagen, aber das Licht der Erkenntniß wird ihnen dereinst tagen; o verzagen wir nicht! Unsre Aufgabe sei, ihnen den Weg dahin zu zeigen! Denken Sie an den Spruch des Evangelisten: ›Das Licht leuchtete in der Finsterniß, aber die Finsterniß hat es nicht begriffen!‹ – Aber sie wird, sie muß erhellt werden, die Nacht muß weichen!«[163] Noch konkreter schreibt er schließlich: »Das Reinmenschliche, das ja in Uns Allen schlummert, woran wir Uns Alle als Brüder erkennen, muß, wie in Ihren unsterblichen Werken es sich offenbart, in der Brust eines Jeden zur ›läuternden‹ Flamme sich entzünden! – Ja, das ›Volk‹ läßt sich durch nichts in seiner Denk- und Gefühlsweise beirren; doch wohl denen, die es richtig leiten, glorreicher Sieg wird Ihnen zu Theil werden.«[164]

Durch die Kunstwerke Wagners, die alle das »Reinmenschliche« verkünden, wollte der König die Menschen zur »utopischen Einheitsgesellschaft« führen, wodurch, wie Wagner im »Kunstwerk der Zukunft« exponiert, die »reinmenschliche Allgemeinsamkeit« erreicht wird. Für Ludwig II. bedeutete Wagners System eine »Heilslehre«, der er in partieller Blindheit für die Realität huldigte, und er wollte offensichtlich in diesem Sinn der »Ideal-Mensch« der »Utopie« in der Realität sein. Was für Folgen diese Beeinflussung des Königs nicht nur für sein Denken, sondern auch für sein konkretes Handeln hatte, zeigt sich auf erschreckende Weise in seinem Lebensstil.

Realität und »Utopie« im Denken
und Handeln Ludwigs II.

Richard Wagner hat für die Vermittlung seiner Ideen an den König nicht nur bereits bestehende Dramen und Theaterfiguren benutzt, sondern auch eine neue kreiert: Parsifal.[165] König Ludwig II. hatte in einem Brief am 21. August 1865 an Wagner nach dem Hochkopf geschrieben, wohin sich der Komponist auf Einladung des Königs zurückgezogen hatte: »Lieber, Einziger, erfüllen Sie mir eine Bitte! – ... Theilen Sie mir einiges von Ihren Plänen über ... ›Parcival‹ mit! – Ich schmachte darnach!«[166] Wagner erhielt diesen Brief erst am 26. August, als er bereits nach München zurückgekehrt war. Schon am nächsten Tag begann er mit der Niederschrift des Prosaentwurfs zum Parsifal, den er in fünf Tagen vollendete. Am 13. September schrieb er an den König einen höchst aufschlußreichen Brief, in welchem er sich zu diesen Tagen äußerte: »Glauben Sie wohl, mein holder König, daß auch ich für eine andere Welt geboren war, ... aus der nur Ihre göttliche Liebe mich befreien konnte. ... es gibt für mich nur einen glücklichen Zustand, ganz mir anzugehören, um ganz mich dem Geliebten geben zu können. Ich empfand diesen Zustand endlich einmal ganz rein und licht, während der fünf Tage, in welchen ich für Sie den Entwurf des Parzival verfaßte.« Die in diesem brisanten Brief vorkommenden »Schlüsselwörter« sprechen eine deutliche Sprache: den »Idealzustand« der »Utopie«, das »Aufgehen im geliebten Anderen« empfand der Komponist bei der Niederschrift des »Parsifal-Dramas« absolut. Damit werden die Absichten, die Wagner mit dem Parsifal verfolgte, klar. Wagner kreierte eine neue fiktive Figur, die wiederum, wie die schon besprochenen Figuren, zu einem Ideologieträger wird, doch kann Parsifal nun neu genau auf Ludwig abgestimmt werden. Wagner schafft damit auf raffinierte Weise eine Zwischeninstanz zwischen sich und dem König, die als Identifikationsfigur mit Vorbildcharakter fungiert, nach welcher Ludwig leben und handeln kann.

Tatsächlich handelt die Theaterfigur Parsifal, wie der Prosaentwurf deutlich macht, nach »utopischen« Ideenmustern, die Ludwig II. dann zwingend auch in der Realität akzeptieren mußte, wie Aussagen und Begebenheiten im Leben des Königs zeigen. Befassen wir uns zuerst mit Monsalvat, dem Gralstempel. Darüber schreibt Wagner im Prosaentwurf: »Titurel ... schaarte um sich die heilige Ritterschaft im Dienste des Grales, baute die Burg Monsalvat, in wildem, unnahbar gelegenem Gebirgswald.« Ludwig II. übernahm tatsächlich, wie die Entstehungsgeschichte von Neuschwanstein zeigt, die Theaterkulissen des »Parsifal-Dramas« von Wagner in seine Realität: Der König fühlte sich in Hohenschwangau, dem vom Vater erbauten Königsschloß, durch die »Blödheit« seiner Umgebung beengt, wie er Wagner eingestand. Deshalb beschloß der König in den sechziger Jahren, sich in der gleichen Gegend ein neues Schloß zu bauen. Dieses Schloß, Neuschwanstein, befindet sich auf einer wilden, entlegenen Gebirgshöhe über der Pöllatschlucht, ist also genau so unnahbar gelegen wie

Monsalvat. Am 13. Mai 1868 schrieb Ludwig über die Lage dieses Schlosses an Wagner: »Der Punkt ist einer der schönsten, die zu finden sind, heilig und unnahbar, ein würdiger Tempel für den göttlichen Freund.« Doch die Analogie zwischen Neuschwanstein und Monsalvat geht noch weiter: Das Bühnenbild zum Musikdrama »Parsifal« beschäftigte den König schon Jahre vor der Aufführung, und 1876 ließ er sich von Eduard Ille eine aus der Hagia Sophia abgeleitete Gralshalle im byzantinischen Stil entwerfen. Aus eben dieser »Theater-Gralshalle« entwickelte Ludwig II. dann den Thronsaal für Neuschwanstein.[167] Damit wurden die Theaterkulissen und ein reales Bauwerk identisch, wie dies die »Utopie« verlangt.

Im Prosaentwurf definiert Wagner auch die Rolle der Bühnenfigur Parsifal. Über den Gral schreibt er: »Seine Wunderkraft bekundete er (der Gral) zunächst dadurch, daß er seine Hüter jeder irdischen Sorge überhob.« Nur in der Abgeschiedenheit und Ruhe der Burg Monsalvat ist es den Gralsrittern nach Wagner möglich, das »Ideal« zu bewahren. Dieser Rückzug in die Einsamkeit der Alpen nimmt einen Gedanken der »Mittheilung« wieder auf: Bereits dort hat Wagner bei der Beschreibung seines Lebensweges die »Einsamkeit« auf »der Spitze der hohen Alpe im reinen Ätherelemente« als »nothwendige Folge« des »idealen Genies« verherrlicht. Die Thematik des Rückzuges in Parsifal steht also klar in »utopischer Tradition« und – in Anlehnung daran – auch in enger Verbindung zur Philosophie Schopenhauers. Wie im Theaterstück die Gralsritter, so wollten sich Wagner und Ludwig im Leben zurückziehen. Der Komponist bittet: »Erhalten Sie mir unbedingte Ruhe, geben Sie mir Schutz gegen jede Störung der Welt! Lassen Sie mich in vollster Stille und Abgeschiedenheit, wie außerhalb aller Welt; so gedeihe ich und meine Werke.«[168] Den Rat, sich zurückzuziehen, erteilt der Komponist aber auch dem König: »Bleiben Sie in Ihrem schönen Wald: Ruhe, Schonung und Stärkung auch Ihren überaus starken Nerven!«[169]

Wie nicht anders zu erwarten, äußerte sich auch Ludwig selbst in mehreren Briefen zu diesen Rückzugsgedanken:

»Ich will Ihren Rat gewissenhaft befolgen, will mich schonen.«[170] – »Ruhe, Ruhe brauche auch ich so nothwendig; hier konnte ich sie gegenwärtig nicht finden, aber oben (gemeint in den Bergen) wird sie gewonnen werden.«[171] Es ist bekannt, daß sich Ludwig II. in seinen späteren Regierungsjahren immer mehr in die Abgeschiedenheit der bayerischen Alpen zurückzog. Und schon in seinen beiden ersten Amtsjahren hielt er sich kaum in der Residenzstadt München auf, sondern meistens in königlichen Jagdhütten, in der Vorderriß oder auf Schloß Hohenschwangau. Es zeigt sich, daß diese Lebensart des Königs, die seine Regierungstätigkeit hemmte und den ungestörten Verkehr mit den Ministern behinderte, stark mit den »zukunftsutopischen« Richtlinien Richard Wagners zusammenhing.

Tatsächlich versuchte Ludwig II., sich in seiner Verhaltensweise der Theaterfigur Parsifal anzunähern, wie auch aus anderen Charakterzügen hervorgeht. Laut dem Prosaentwurf zum Drama spielt Parsifal in der Gralsritterschaft eine ganz bestimmte Rolle: Kundry will Parsifal sinnlich verführen wie einst Amfortas, der nun an der Sünde, Kundry nicht widerstanden zu haben, leidet. Doch in dem Moment, in welchem sie Parsifal küssen will, ereignet sich laut Dramenkonzept Wagners Folgendes: »Mit diesem Kuß ist eine furchtbare Veränderung in ihm (gemeint Parsifal) vorgegangen ... Gänzlich in Amforta's Seele versetzt, fühlt er dessen ungeheure Leiden ... die unheiligen Schauer des sündigen Verlangens ... Er ruft den Gral an, das Blut des Erlöser's ... er vernimmt den Ruf des Heilands nach der Befreiung des Heiligthumes aus der Pflege befleckter Hände. Und dies ungeheure Leiden erlebte er, die Qualen des Schuldbeladenen bezeugte er; zu seinem tiefsten Innern rief es laut um Erlösung.« Parsifal vollführt im Theaterstück seine Sendung, das heißt, er erlöst den Gral. Den Grund für das Gelingen nennt die Bühnenfigur Parsifal gleich selbst: »Dank deinem (gemeint Amfortas) Leiden, es macht mich zum Mitleidenden.«[172]

Mit Hilfe der »Schlüsselwörter« aus der Zukunftsutopie – »Mitleiden«, »sich in den andern versenken« – wird in diesem Entwurf die »Idealität« der Bühnenfigur Parsifal begründet. Mit denselben »Schlüsselwörtern« begründet Wagner im Briefwechsel auch Ludwigs II. »Idealität« in der Realität! So schreibt er am 16. Februar 1865 sehr subtil an den König: »Ein Jahr ist es her, daß das, was ich bin, wirken ... kann, meine Kunst, mir zur Last geworden war: ich erlag unter dieser Last, und sehnte mich, sie von mir zu werfen. Da rief mich der Engel; Du, mein Herrlicher, tratest zu mir und riefst mich: nimm Deine Last auf und wirf sie in mein Herz: aus ihm soll sie als ein heiliges Göttergeschenk Dir wieder zugetragen werden, das Dich mit mir zu Paradieseswonnen führt.« Noch frappanter ist Wagners Ausruf vom 26. August 1865: »Seien Sie nicht krank! ... Sie dürfen nicht leiden, nicht selbst leiden: Sie sind nur zum Mit-Leiden da! Eigenes Leiden sei Ihnen stets fern!« Mit diesen beiden Voten beabsichtigte Wagner eindeutig, die Identität von der Bühnenfigur Parsifal und Ludwig II. aufzuzeigen. Gleichzeitig wird damit eine Thematik wiederaufgegriffen, die in den theoretischen Schriften erarbeitet und im Briefwechsel vertieft wurde: Wagners Suche nach dem »Ideal-Freund«, der sein »allermenschlichstes Leben mitzuleiden im Stande ist«. Durch die Thematik des »Mitleidens« schafft Wagner für Ludwig eine Brücke zur Figur des Parsifal. Hier ist zudem die Verbindung, die Wagner zur Philosophie Schopenhauers herstellt, besonders eng: Auch bei Schopenhauer ist das »Leiden« eine elementare Thematik seiner Philosophie – das »Genie« leidet am meisten –, und das »Mit-Leiden« bezeichnet Schopenhauer gar als »ethische« Befreiung aus dem »Jammertal« des Lebens. Offensichtlich versuchte Wagner in der Freundschaft mit Ludwig II., aus der Philosophie abgeleitete ästhetische und ethische Komponenten mit der Realität zu verbinden. Sicher ist, daß Ludwig tatsächlich der »Ideal-Freund« der »Mittheilung« sein wollte, was auch ein Brief des Königs vom November 1865 an Cosima von Bülow unterstreicht: »Geloben wir Uns, ... Alles zu thun, um Ihm die gewonnene Ruhe zu erhalten, jede Sorge von Ihm scheuchen, jeden Schmerz, wenn möglich, lieber auf Uns zu lenken ... Er ist göttlich, göttlich! – Mein Beruf ist, für Ihn zu leben, zu kämpfen, zu leiden, wenn Er es zu Seiner völligen Erlösung bedarf.«[173]

Neben dem »Mit-Leiden« tritt in diesem Brief auch das Thema der »Erlösung« auf, das im Drama »Parsifal« so wichtig ist. Der Erlösungsgedanke ist zwar in praktisch allen Wagner-Dramen präsent, doch auffallenderweise geht er allein in »Parsifal« nicht durch »das Weibliche«, sondern durch den Mann in Erfüllung. Auch darin bestätigt sich, daß Wagner die Figur des Parsifal genau auf Ludwig II. zugeschnitten hat, was auch dadurch unterstrichen wird, daß Wagner den König »Parsifal« nennt, wie aus mehreren Briefen an den König ersichtlich wird: »Parzival (so heißen Sie unter uns, theurer Freund!) als Weltenrichter.«[174] – »Da bin ich, in der Gralsburg, in Parzival's erhabenem Liebesschutze (Wagner war soeben auf Schloß Hohenschwangau eingetroffen).«[175] Richard Wagner erweiterte damit die Thematik tiefgreifend, die er mit dem »Tannhäuser« exponiert hatte: Ludwig II. sollte und wollte, analog zur Bühnenfigur Parsifal, als göttlicher Weltenrichter die Menschheit erlösen! Ludwig-Parsifal hatte seine Mission gefunden.

Für Ludwig II. war dies letztlich allerdings eine unlösbare Aufgabe: Nicht nur, daß der Bayern-König kein göttlicher Weltenrichter und Erlöser der Menschheit war und sein konnte, sondern er besaß auch die »Eigenschaften« Parsifals nicht. Zwar versuchte Ludwig mit einem Schloßbau Monsalvat nachzuahmen: Doch war es für den König eher einfach, den Gralstempel real mit Neuschwanstein zu erbauen, so war es schwieriger, den geforderten Eigenschaften der Identifikationsfigur Parsifal wirklich zu entsprechen. Dem Gral zu dienen heißt laut Prosaentwurf, nicht nur keusch zu sein, sondern es auch zu bleiben: »Nur aber, wer sich vor den Verlockungen der Sinneslust bewahrt, erhält sich die Kraft des Segens des Grales.«[176]

Mit diesem Keuschheits-Postulat des »Parsifal« schließt Wagner an die Definition der »Männerliebe« bei den Griechen an und wahrt auch in diesem Punkt die Tradition der »Utopie«. Damit ermöglichte Wagner dem König zwar einerseits, seine Homosexualität als Positivum zu definieren, allerdings nur so lange sie im Psychisch-Idealen verharrte. Für einen real existierenden Menschen ist dieses Gebot aber eigentlich ein Ding der Unmöglichkeit.

Mit den Tagebuchaufzeichnungen Ludwigs II. besitzen wir ein einmaliges Dokument, das uns Einblick in die persönlichsten Probleme des Königs gewährt. Es zeigt sich darin, daß er sein Leben lang mit seinen sinnlichen Trieben kämpfte, die er offensichtlich ablehnte. Bemerkenswert ist, daß ausgerechnet das Motto des Theaterentwurfes zu »Parsifal«: »Stark ist der Zauber des Begehrenden, doch stärker der des Entsagenden«[177], das Ludwig im Briefwechsel mit Wagner verherrlichend zitiert[178], auch im Tagebuch wieder erscheint, hier aber als mahnendes Gesetz.[179] Der Kampf Ludwigs, diesem absurden Gesetz nicht genügen zu können, prägt das ganze Tagebuch: »Verflucht sei ich und meine Ideale ... nur psychische Liebe allein ist gestattet, die sinnliche dagegen verflucht.«[180] Die »Vergeistigung« der Liebe, ein wichtiges Thema der »Utopie« und das wichtigste in »Parsifal«, tritt in vielen Variationen im Tagebuch des Königs auf: »Bald bin ich ein Geist geworden, rheiner Äther mich umwallt, 777 (Zahl der Vollendung)«,[181] heißt es da etwa. Es ist frappant und zugleich tragisch zu sehen, wie ernst Ludwig seine ihm von Wagner zugeteilte Rolle nahm, wie minutiös er sie auszufüllen suchte und wie er an diesen Geboten zerbrach. Die »Ideale« der »Utopie«, nach welchen die Theaterfigur Parsifal im Drama handelt, wurden auch für den König zu verbindlichen Richtlinien. Tatsächlich ging Ludwig II. soweit, sich selber in vielen Briefen an Wagner als Parsifal zu bezeichnen, was seine Identifizierung mit dieser Bühnenfigur noch unterstreicht.

Zu den Absichten, die Wagner mit der Bühnenfigur Parsifal bei Ludwig verfolgt haben könnte, äußert sich der Wagner-Biograph Robert Gutman sehr provokant: »Die Vision des jungen Königs als Parsifal, des edlen und keuschen Jünglings, der ein rassisch heruntergekommenes Reich erlöst, stand offensichtlich ... vor Wagners Augen. Parsifal sollte seine letztgültigen Gedanken über die Pflichten eines deutschen Herrschers darstellen. Es war seine letzte Ansprache an Ludwig, die für die Nachwelt gefährlicher als alle anderen vorher werden sollte.«[182] Tatsächlich wollte der König Parsifal in der Realität sein, um das »ideale« Kunstwerk der Zukunft in der Gegenwart zu ermöglichen und die Welt zu erlösen, und er fühlte sich im Musikdrama »Parsifal«, selbst als »Ideal-Mensch« verherrlicht. Der Preis, den er dafür zu bezahlen hatte, war allerdings hoch, lief diese »utopische« Vergöttlichung des Königs doch mit einer massiven Reduktion der eigenen Bedürfnisse einher. Dies zeigt sich auch in anderen Lebensbereichen Ludwigs II., in denen Spuren »utopischer« Lebenshaltung festzustellen sind.

Wagner äußerte sich einmal in einem Brief an seinen Freund Constantin Frantz zur Weltsicht Ludwigs II.: »Es gibt einen einzigen Weg, zur Erregung seiner (gemeint Ludwigs) sympathischen Seelenkräfte zu gelangen, und dies bin ich, meine Werke, meine Kunst, in denen er die eigentliche Welt ersieht, während alles übrige ihm wesenloser Unsinn dünkt.«[183] In Wagner und seiner Kunst »ersah« Ludwig die »wirkliche Welt«, und die »wirkliche Welt« wurde zur Bühne für den »jugendlichen Helden«, genau wie dies die »Utopie« – wörtlich genommen – verlangt. Für Ludwig II. war die Realität nicht mehr von der Bühnenwelt trennbar: Schloß Hohenschwangau wurde zu »Wallhall«, Schloß Neuschwanstein zu »Monsalvat« umfunktioniert. Hacker beschreibt diese »Umwandlung« der Natur: »Die Vorliebe des Königs für magische Beleuchtungen sowohl in der Natur, als auch in seinen Gemächern hängt damit zusammen, daß Ludwig überhaupt für die theatralische und szenische Wirkung ungemein empfänglich ist … Am Theater fasziniert ihn in erster Linie die Nachbildung der Wirklichkeit in Szenerie und Kostüm. Wenige Jahre nach seiner Thronbesteigung beginnt der König dann, sich die Kulissen für seine Tagträume auch außerhalb des Theaters (gemeint in der Natur) zu schaffen.«[184] Diese »Tagträume« werden nun durch den Einbezug der »Utopie« verständlich: im Theater ließ Ludwig die Natur nachahmen, und in der Natur das Theater. So achtete der König bei Bühnenbildentwürfen immer streng auf naturalistische Darstellung.[185] Andererseits ließ sich Ludwig in der

Natur auf dem »Schachen« die »Hundingshütte« aus dem »Ring« nachbauen, die zu Trinkgelagen mit Chevauxlegern benutzt wurde. Wie Eulenburg berichtet, hatten diese Gelage einen »theatralischen, phantastischen Charakter«.[186] Auch die Einsiedelei des Gurnemanz aus dem »Parsifal« ließ Ludwig beim Schloß Linderhof nachbauen. Die Welt um sich herum gestaltete Ludwig II. zur Bühne, und sich selbst identifizierte er mit Theaterfiguren.

So wundert es kaum, daß er die Menschen, denen er begegnete, ebenfalls zu Theaterfiguren stilisierte. Immer wieder fühlte sich der König in seinem Leben besonders von Schauspielern und Sängern angezogen, aber er sah in ihnen immer nur die Rolle, die sie verkörperten, nie den Menschen. Dies galt etwa für Lilla von Buliowsky, die er wegen ihrer Verkörperung der »Maria Stuart« besonders schätzte. Es besteht ein umfangreicher Briefwechsel zwischen dem König und der Künstlerin, der von Kunst und Rollen handelt: Ludwig schrieb an »Julia« und »Maria Stuart« und zeichnete mit »Romeo« und »Mortimer«. Besonders exaltierte Maße nahm dieses »Rollenspiel« in der nächsten Umgebung des Königs an. Kabinettkassier Hofmann und Kabinettsekretär Pfistermeister wurden im Briefwechsel mit Fafner und Mime bezeichnet, und Ludwigs spätere Verlobte Sophie benannte er sogar mit allen wichtigen Frauenfiguren der Wagner-Werke zusammen, wie ein erhalten gebliebener Brief Ludwigs an Sophie veranschaulicht: »So sei mir aus ganzer Seele gegrüßt, meine liebe Senta, Elisabeth, Elsa, Isolde, Eva, Brünnhilde, und nimm meinen wärmsten Dank aus der Tiefe des Herzens entgegen, das treu für Dich schlägt.«[187]

Die Stilisierung der realen Umwelt zu Theaterfiguren erlaubte es dem König natürlich, sich selbst noch stärker mit der Rolle zu identifizieren, die ihm von Wagner zugeteilt worden war. Viele Verhaltensweisen des Königs, die von seinen Biographen als seltsam und unnatürlich bezeichnet werden, können mit der »Utopie« in Verbindung gebracht werden. Dies gilt auch für die von Böhm beschriebenen späteren Versuche König Ludwigs, Freundschaften aufzubauen, »die immer nach demselben Muster verliefen«.[188] Als Beispiel sei ein Brief an Nachbaur (auch er ein Sänger!) aufgeführt, der kurze Zeit bei Ludwig in hoher Gunst stand: »Unsere Gesinnung und Charaktere haben eine Ähnlichkeit, was mich sehr freut. Wir beide sind Feinde alles Gemeinen und Schlechten und glühen in heiligen gottentflammten Feuern für alles Hohe und Reine und Ideale.«[189] Der König malt hier, wie schon im Verhältnis zu Wagner, sein jeweiliges Gegenüber in idealisierender Übersteigerung aus, während er sich selbst in die Rolle des aufopfernden und erlösenden Freundes gemäß Parsifal hineinträumt. Dies gilt auch für seine letzte Freundschaft mit dem Schauspieler (sic!) Kainz. Doch keiner dieser vom König Auserwählten wollte und konnte dieses offensichtlich von der »Utopie« geprägte irreale Rollenspiel, das Wagner so geschickt in Szene gesetzt hatte, aufnehmen und weiterspielen. Entweder zogen sie sich selbst zurück, um sich den übermenschlichen Ansprüchen des Königs zu entziehen, oder machten sich durch ihr Verhalten beim König unmöglich. Da natürlich in der Realität niemand Ludwigs II. »göttliche Utopie« zu teilen vermochte, verschloß sich der König immer mehr vor der Welt und vereinsamte. Doch auch dieser Rückzug ist »utopiegerecht«, gilt es doch, als leidender Parsifal sich zurückzuziehen, um das »Ideal« vor der »bösen« Welt mit ihrem »Unverstand« zu schützen.

Damit eröffnen sich neue, interessante, aber auch erschreckende Perspektiven und Fragen in der Beziehung Ludwigs II. und Richard Wagner. So bleibt die eingangs gemachte Feststellung, daß die Rigorosität und Absolutheit Ludwigs in der Handhabung von Wagners theoretischem Universalgebäude diesem ein ungeheures Machtpotential in die Hand gegeben hat, im luftleeren Raum. Hier stellt sich unweigerlich die Frage, wie bewußt sich Wagner dieser Macht war, wie sehr er die »Utopie-Liebeseinheit« wirklich lebte und wofür er seine ihm bewußte Macht nutzen wollte.

# Der außerordentliche Einfluß Wagners auf den König

Gepriesen sei die Stunde,
Gepriesen sei die Macht,
Die mir so holde Kunde,
Von Deiner Näh' gebracht! –
*(Tannhäuser II.2.)*

O könnt' für Dich ich sterben,
(Ersehnter, heilger Tod!)
Für Dich hin in's Verderben
Auf mich all Deine Noth! –

Für Dich glüh' ich in Liebe,
Du bist mein Herr, mein All!
Dir weih, ich alle Triebe,
Dir der Begeistrung Schall! –

Heiliger, Göttlicher, segne Deinen
Sohn! Dein in Ewigkeit! –[190]

Während Ludwig II., wie dieses undatierte Gedicht an Wagner noch verdeutlicht, alles auf die Karte Wagner setzte und sich ganz für die »Utopie« aufgab, bleibt nun die Frage zu klären, wie ernst Wagner seine Beziehung zu König Ludwig nahm und wie sehr er die Utopie-Einheit lebte. Man darf dabei nicht vergessen, daß Wagner, der zu Beginn des Jahres finanziell und psychisch ruiniert war, nun total von der Gunst des Bayernkönigs abhängig war, denn ohne die selbstlose Unterstützung Ludwigs wären Wagners Zukunftsperspektiven äußerst prekär. Wie aus zwei erhalten gebliebenen Briefen an Freunde hervorgeht, war sich Wagner dieser Gratwanderung, dieses Risikos sehr wohl bewußt. Am 5. Juli 1864 schreibt er an seinen Musikerfreund der »Neudeutschen Schule« Hans von Bülow: »Ich brauche mir nur den Fall mit dem jungen König wegzudenken, um mich plötzlich in einer Wüste von Elend zu befinden.«[191] Im gleichen Zeitraum vertraut Wagner auch seiner Zürcher Freundin Eliza Wille an: »Die Vorstellung, wie es jetzt um mich stehen würde, wenn dieses eine Unerwartete mir nicht begegnet wäre, macht mich noch immer staunen; denn alles, was ich erwarten zu dürfen glaubte, ist und wäre jämmerlich ausgeblieben!«[192] Machtpotential und Abhängigkeit sind zwei Hauptkomponenten, die Wagners Beziehung zu König Ludwig II. entscheidend mitbestimmten.

Um Wagners Verhältnis zum König und seine Absichten und Ziele in der Münchner Zeit richtig einzuschätzen, sind verschiedene Komponenten maßgebend. Zum einen sind aus jener Zeit keine direkten Aussagen Wagners bekannt, doch hat er sich in späteren Jahren mehrfach über sein Verhältnis zu Ludwig geäußert. Festgehalten sind diese Äußerungen in den Tagebüchern von Cosima Wagner-Bülow, der Geliebten und späteren Ehefrau Wagners, welche die Jahre 1869–1883 umfassen. Daraus lassen sich ganz klar eine Distanzierung Wagners von seinem Verhalten, teilweise gar eine klare Ablehnung von König Ludwig II. herauslesen. Besonders interessant ist der Tagebucheintrag vom 20. Juli 1871: »R. konnte am Morgen nicht arbeiten, er schrieb an Dr. Gille, seinen Nichtbeitritt dem Autoren-Verein erklärend, dann an Herrn Tappert in Berlin für Dr. Fuchs, dessen Broschüre ihm gut dünkt. Dr. Fuchs hatte um eine Unterstützung des Königs von Bayern gebeten, R. schreibt darauf daß der König nur seine Person, nicht seine Tendenz beschütze, und daß der Umstand, daß R. sein Nibelungenwerk auf eigene Hand aufführen müsse, die Leute wohl hätte belehren können, wie es stünde. Erschrocken, daß R. derlei an zwei völlig Unbekannte schreibt, bitte ich ihn, eine andere Form zu finden; das bringt ihn außer sich, er wolle keine Banalitäten einem Manne schreiben, dessen Buch ihm gut schien, er schriebe keine Phrasen, er sei wahrhaftig. Er zerreißt seinen Brief … R. bereut es dann, so heftig geworden zu sein, und bricht in Tränen über den König aus, der alles gewußt, alles mitempfunden und ihn so preisgegeben. Nach allen Seiten hin habe er Wahrhaftigkeit sich erobert, einfach stehe er da, und mit dieser einen Lüge würde er zu Grabe gehen; er weint heftig.« Wagner entlarvt hier sein Verhalten Ludwig gegenüber als »Lebenslüge«, als genau berechnetes Rollenverhalten. Dies geht auch aus einer anderen Stelle

hervor, die beschreibt, wie er an den König einen Dankes-
brief schicken sollte: »Währenddem schreibt R. an den König, und leider finde ich ihn in einer gewissen Irritation, als
ich heimkomme; ich möchte das Haus nicht verlassen. Beim
Kaffee erklärt er mir, daß diese Briefe immer eine Art
Krampf seien, er fühle sich nicht wahrhaftig, und wie viel
müsse man sich dann vormachen, um sich zu beweisen, daß
es dennoch Wahrheit sei. ›Noch habe ich mich in's Freie
nicht gekämpft, noch klebt Magie an meinen Schritten.‹«[193]
   Diese Aufzeichnungen Cosimas machen deutlich, daß
Wagner sich in seinem Brief dem König gegenüber verstellt,
sich nicht als »wahrhaftig« empfindet. Den Grund für dieses
»Heucheln« nennt Cosima an einer anderen Stelle des Tagebuches, wo Wagner sich bitter darüber beklagt, derart abhängig vom König zu sein, von einem Menschen, den er
gar als »Crétin« bezeichnet: »Dann nimmt er (Wagner)
Siegfried (seinen Sohn) auf den Arm und spielt eine lange
Zeit mit ihm; er sagt mir, ›wir werden Siegfried weggeben
müssen, zur Zeit, wo er zum Manne wird, muß er unter Menschen kommen, da muß er die Adversität kennenlernen, sich
herumbalgen, die Ungezogenheiten begehen, sonst wird er
zum Phantasten, vielleicht zum Crétin, wie wir so etwas
an dem König von Bayern sehen‹.«[194] Ein Zeitgenosse
Wagners und guter Freund des Komponisten definierte das
Wort »Crétin« einmal sehr despektierlich mit »Troddel-
Bagage«![195] Bemerkenswert an der Tagebuch-Eintragung
Cosimas ist auch, wie Wagner Ludwigs Jugendzeit beurteilt
und wie er ihn als Folge davon als »Phantasten« bezeichnet.
Trotz der Eindeutigkeit der Stellungnahme in den Tagebüchern sind diese Aussagen mit Vorsicht zu behandeln, hat
Wagner sie doch aus dem Wissen des Scheiterns und damit
aus einer gewissen Distanz geäußert. Doch das Verhalten
und der Lebensstil Wagners in dieser Zeit, sowie die Briefe,
die Wagner aus München an Freunde und Bekannte geschrieben hat, eröffnen uns ein erstaunliches und erschreckendes
Bild von Wagners Denken über den König in dieser Zeit.
   Bereits der Lebensstil von Wagner in München vermittelt
ein ganz anderes Bild, als er Ludwig II. in den Briefen sug-

gerierte. Wird dort die »Utopie-Liebe« und die »Einsamkeit auf Bergeshöhe« als höchstes Glück empfunden, so präsentiert sich in den Briefen und im Verhalten ein ganz anderer, ernüchternder Wagner. Zwar schreibt er auch an seine Freunde, daß ihn nach Ruhe und Muße verlangt, aber gleichzeitigt leidet er mehr und mehr an der Einsamkeit, wie er etwa bereits am 30. Juni 1864 Eliza Wille anvertraut: »Ich bin sehr müde und leide an dem Erlebten ... Meine Einsamkeit ist furchtbar. Nur wie auf höchster Bergspitze kann ich mit diesem jungen König mich erhalten.« Wagner, der sich dem König gegenüber so positiv über die »einsame Zweisamkeit« äußerte, beschwört seine Freunde geradezu – wie etwa Heinrich Porges am 28. Mai –, zu ihm nach München zu kommen: »Ich sehne mich in meiner schönen Einsamkeit ungemein nach Jemand Eures Schlages, und – wie ich nun einmal bin – leide ich unter dieser Entbehrung.«[196] Auch Peter Cornelius wird in zahlreichen Briefen von Wagner bestürmt, nach München zu kommen. So rapportiert Cornelius an seine Schwester: »Wagner bietet tyrannisch seine allein seligmachende Freundschaft an.«[197] Besonders brisant aber ist Wagners Werben um die Familie Bülow, die er inbrünstig bittet, nach München zu kommen, denn »mein Haus ist öde«.[198] Geradezu grotesk mutet an, mit wievielen Briefen und Telegrammen Wagner die bevorstehende und endliche Ankunft der Bülows in München begleitet. Verständlich wird dieses Gebaren allerdings vor dem Hintergrund, daß Wagner und Cosima von Bülow einander bereits am 28. November 1863 ihre Liebe eingestanden und gelobten, sich »einzig gegenseitig anzugehören«, wie der Komponist später in »Mein Leben« dezent erläuterte. Am 29. Juni 1864 traf Cosima dann tatsächlich mit den Töchtern Daniela und Blandine in München ein und bezog die obere Etage von Haus Pellet, das Ludwig II. für Wagner gemietet hatte. Hans von Bülow folgte erst eine Woche später nach. In der folgenden Woche wurde der Bund zwischen Wagner und Cosima besiegelt und die gemeinsame Tochter Isolde gezeugt, die am 10. April 1865 – mitten in den Proben zum »Tristan« – in München zur Welt kam. Daß dieses Verhältnis mit Cosima nicht mit der Ludwig II. gegenüber propagierten »Liebesausschließlichkeit« vereinbar war, ist offensichtlich. Noch brisanter wird diese Affäre allerdings, wenn man folgende Briefauszüge miteinander vergleicht. Am 26. Mai schreibt Wagner an Eliza Wille: »Ob ich dem ›Weiblichen‹ ganz entsagen werde können? Mit einem tiefen Seufzer sage ich mir, daß ich es fast wünschen müßte! – Ein Blick auf Sein liebes Bild hilft wieder! Ach, dieser Liebliche, Junge! Nun ist er mir doch wohl alles, Welt, Weib und Kind.« Nur einen Monat später traf Cosima in München ein und straft diesen »Wunsch« Wagners Lügen. Trotzdem heuchelt er dem König gegenüber an Weihnachten 1864: »So ist mein holder König mir denn Alles, und einsam kann ich nicht mehr sein, da Weib und Kind, Freund und Bruder, alles – mir in dem erhabenen, freundlichen Schutzgeist meines Lebens enthalten ist!« Unter diesen Umständen wird besonders evident, daß Wagner Ludwig II. ganz klar etwas vorspielte; und dies gilt nicht nur in Bezug auf sein »Weib« Cosima, sondern auch für den »Freund«. Denn am 11. November 1864 schreibt er an Hans von Bülow: »Ich habe jetzt Alles, so schön und freundlich ... – nur – Menschen, – ein paar liebe, ganz gehörige, tief innerlich verwandte, Menschen, fehlen mir.«[199] In bezug auf Ludwig II. von Bayern, der Wagner in der »Utopie-Einheit« doch eigentlich am nächsten stehen müßte, heißt diese Briefstelle nichts anderes, als daß Wagner sich Ludwig nicht »tief innerlich verwandt« fühlte.

Aus diesem hier offenbar werdenden Bestreben, Ludwig im Sinne der »Utopie« eine Liebeseinheit vorzutäuschen, die von ihm aus nicht bestand, ist auch Wagners Vertuschungsmanöver mit Cosima besser zu verstehen. Der Komponist versuchte jahrelang mit allen Mitteln, diese Liaison Ludwig gegenüber zu leugnen. Die Burleske von öffentlichen Beschuldigungen an die Adresse Wagners und Cosimas und Wagners gleichzeitiges Leugnen gipfelte in einer öffentlichen Erklärung Ludwigs, in welcher der König die Liaison Wagner-Cosima dementierte. Die Groteske wollte es, daß diese Erklärung – bezeichnend für Ludwigs II. Festhalten an der »Utopie« – 1866 gleichzeitig mit der Kriegserklärung an Preußen publiziert wurde!

Weiterer Aufschluß über Wagners janusköpfiges Gebaren in den Münchner Jahren gibt uns dessen Beurteilung des 18jährigen Königs, wie sie in den zahlreichen Freundesbriefen aufleuchtet. Bereits am 4. Mai 1864, unmittelbar nach der ersten Audienz beim König in München, protokolliert Wagner an Eliza Wille: »Ich wäre der undankbarste Mensch, wollte ich Ihnen nicht sofort mein grenzenloses Glück melden! ... Er ist leider so schön und geistvoll, seelenvoll und herrlich, daß ich fürchte, sein Leben müsse wie ein flüchtiger Göttertraum in dieser gemeinen Welt zerrinnen. Er liebt mich mit der Innigkeit und Glut der ersten Liebe: er kennt und weiß alles von mir, und versteht mich wie meine Seele.« Wagner zeigt sich hier überaus begeistert von dieser Begegnung und schwärmt auch in zahlreichen anderen Briefen von der Liebe des Königs zu ihm. Mehr noch überrascht aber Wagners Einschätzung Ludwigs, wonach dieser ihn »versteht wie meine Seele«. Schon sehr früh scheint sich Wagner ein ganz bestimmtes Bild vom König zu machen, denn nur einen Tag später schreibt er an Mathilde Maier voll Begeisterung: »Er ist vom tiefsten Verständnisse meines Wesens und meines Bedürfnisses. ... Er ist das vollendete Ideal meiner Wünsche.« Und wenig später schwärmt er aus Starnberg, wo er mittlerweile in der Nähe des Königsschlosses weilt, am 23. Mai: »Den hat Gott in allem und jedem Stücke ganz extra für mich geschaffen.«[200] In späteren Briefen tönt es gar noch selbstbewußter und absoluter. An Dr. Anton Pusinelli schreibt er: »Ludwig, jung, ideal, schwärmerisch innig, bis zur Leidenschaft mir ergeben!!«[201]; Hans von Bülow gegenüber äußert er: »Dies ist nun doch meine schönste Eroberung!«[202], und Mathilde Maier gegenüber prahlt Wagner gar: »Er gehört mir, er kann nicht anders!«[203] und: »Der gehört mir, und ich glaube, ein Wort von mir gilt ihm mehr, als aller Klatsch der Welt.«[204]

Es mutet überheblich an, wie absolut und mit welcher Selbstverständlichkeit Wagner den König für sich beansprucht, ihn mit »Haut und Haaren« zu besitzen glaubt.

Doch Wagner begründet seinen Besitzanspruch in seinen Briefen. So bezeichnet er Bülow gegenüber den König als seinen »treusten Jünger« und als seinen »vollkommensten Schüler«. Und auch diese, für einen König ungeheuerlichen Attribute werden an anderen Stellen näher erläutert, wie der Brief vom 26. Mai an Eliza Wille veranschaulicht: »Daß er seitdem (seit seiner Jugend) aus dem Studium meiner Werke und Schriften seine Selbsterziehung in der Weise bildete, daß er seiner Umgebung, wie er mir jetzt, offen eingesteht, ich sei sein eigentlicher Erzieher und Lehrer gewesen. Es ist ein hinreißender Umgang mit ihm. Dieser Drang nach Belehrung, dies Erfassen ... ist mir nie so rückhaltlos schön zuteil geworden.« An einen anderen Freund, an Wendelin Weissheimer, trumpft Wagner gar auf: »Er ist vollkommen nach meinen Werken und Schriften ausgebildet!«[205]

Es zeigt sich hier nicht nur, daß Wagner seine Stellung, sein Verhältnis zum König als der des »einzig wahren Erziehers« einschätzte, und dies auch auf Grund von persönlichen Äußerungen des Königs, sondern auch, wie verheerend sich die katastrophale Erziehung Ludwigs am Königshof auswirkte. So äußert Hans von Bülow an eine Freundin, Ludwig kenne sämtliche Schriften Wagners auswendig und »verdankt ihnen die Offenbarung der Welt«.[206] Auch die gesellschaftspolitischen Ansichten von Wagners Philosophie hatte Ludwig also vollumfänglich verstanden und internalisiert. Ein Brief Wagners an Ludwig Schnorr, in dem er in seiner Beurteilung der Situation noch einen Schritt weiter geht, macht deutlich, was für fatale Konsequenzen die fehlende Persönlichkeit des Königs hatte: »Glauben Sie mir, das Ideal ist erfüllt. Es ist nichts Schöneres, Vollkommeneres denkbar! Ein junger König, voll Geist, Tiefe und unglaublicher Innigkeit, der offen vor seiner Umgebung mich als seinen einzigen und wahren Erzieher nennt! Er kennt meine Werke und Schriften, wie vielleicht kein Andrer, ist mein Schüler – wie vielleicht kein Andrer, und fühlt sich berufen, Alles zu verwirklichen, was irgend von meinen Plänen durch Menschen verwirklicht werden kann. Und dazu ist er königlich; er hat keinen Vormund, steht unter keinem Einfluß.«[207] Hier wird über den »einzigen Erzieher« hinaus zusätzlich noch postuliert, daß Ludwig unter keinem Einfluß stehe. Was dies implizit heißt, wenn Wagner den König gleichzeitig als »unglaublich naiv« und »kaum mündig«[208] bezeichnet, liegt auf der Hand: Wagner schaffte sich hier als »erziehender Vater« eine enorme Einflußmöglichkeit. In einem Brief an Mathilde Maier bringt er dies auf den Punkt und schließt den Kreis zu seiner in den Briefen an Ludwig suggerierten Position in der Königsbeziehung: »Er ist göttlich! Bin ich Wotan, so ist er mein Siegfried.«[209]

Erstaunlich an dieser klaren Einschätzung der Situation um den König in München ist, wie schnell Wagner zu diesen Schlüssen kam, stammen doch die meisten diesbezüglichen Äußerungen aus dem ersten Monat nach seiner Ankunft. Er konnte sich sehr früh und schnell auf die vorgefundene Konstellation einstellen. In einigen Briefen an seine Freunde betont Wagner immer wieder, wie der König ohne Einfluß von seiten anderer Personen dastehe. Gleichzeitig bezeugt er unentwegt seinen Einfluß auf den König, den er als »ungeheuer« und »grenzenlos« bezeichnet, so etwa an Mathilde Maier: »Mein Einfluß auf ihn ist grenzenlos: der mindeste Mißbrauch zu etwas anderem, als was meinem Wesen nötig ist, würde ihn aber augenblicklich brechen.«[210] Interessant an diesem Briefzitat ist, wie sehr sich der Komponist der Gratwanderung bewußt war, auf welcher er sich befand: Bei der selbstlosen und absoluten Hingabe des Königs müßte der kleinste Mißbrauch, der kleinste Vertrauensbruch verheerende Folgen haben. Dieser Gratwanderung schien sich Wagner aber auch gegen Außen bewußt gewesen zu sein, wenn er an Bülow schreibt: »Jetzt ist mein Glück, und meine Macht so groß, daß ich nur besorgt bin, mir nicht den Vorwurf des Mißbrauches zuzuziehen.«[211] Wagner war sich absolut im Klaren, daß er auch auf einer anderen als nur der persönlichen Ebene Mißbrauch treiben und ins Kreuzfeuer der öffentlichen Kritik geraten könnte. Dies wird noch deutlicher in folgendem Brief: »Jetzt blickt das ganze Land auf mich, wie ich meinen ungeheuren Einfluß auf den jungen

König benutzen werde.«[212] Wenn ein ganzes Land, eine ganze Nation auf Wagner blickt, um zu ergründen, wie er seinen »ungeheuren Einfluß auf den jungen König nutzt«, spielt unweigerlich eine politische Komponente mit, zumal Ludwig die politischen Ansichten Wagners genau kannte. Tatsächlich schreibt Wagner kurze Zeit später an Eliza Wille: »Ich gelte nämlich als allvermögender Günstling.«

Damit können wir ein ebenso aufschlußreiches wie brisantes Fazit ziehen. Einerseits war sich Wagner des ungeheuren Einflusses, den er auf König Ludwig II. ausübte, sehr deutlich bewußt und trug dies, wie die Briefe zeigen, auch bedenkenlos nach Außen. Zusätzlich gab er verschiedenen Personen aus seinem Freundes- und auch Bekanntenkreis Briefe des Königs zum Lesen, obwohl er genau wußte, daß der König dies nicht wollte, wie aus einem Brief an Heinrich Porges hervorgeht: »Vor allem aber wünscht Ludwig II., daß unsere Beziehung intim bleibt, und nichts davon an die Öffentlichkeit dringt. Somit vermahne ich Sie zur größten Diskretion, selbst bei unseren Freunden.«[213] Dies schreibt er im Übrigen auch dem König: »Was aller Welt ein stilles, unfaßbares Geheimnis bleibe, wovon sie kaum wissen und begreifen soll, daß und wie es vorhanden ist, das soll in edelsten Taten und Werken laut zu ihr sprechen.«[214] Trotz dieser Versicherung dem König gegenüber schickte Wagner vielen Bekannten und Freunden ganze Briefe Ludwigs zur Ansicht. So prahlte er anderen gegenüber sowohl mit der hingebungsvollen Begeisterung des Königs, die in den Briefen aufscheint, als auch mit seinem Machtpotential, das er beim König besaß. Mit diesen Angebereien öffnete Wagner in München Gerüchten Tür und Tor, da kaum anzunehmen war, daß alle Angesprochenen die Diskretion wahren würden, was denn auch früher oder später zu politischen Unruhen in München führen mußte. Der König mag dabei das Seinige dazu beigetragen haben, wenn er »vor seiner Umgebung« Wagner »offen als seinen einzigen und wahren Erzieher« bezeichnete.

Richard Wagner versuchte diesen enormen Einfluß auf Ludwig II. natürlich zu nutzen. Daß er dabei auch das Erreichen seiner künstlerischen Ziele anstrebte, wird schon bald in den Briefen an seine Freunde deutlich, wobei drei Komponenten in den Vordergrund traten: Zum einen wollte Wagner die Vollendung und Aufführung seiner Werke erreichen, zum anderen wollte er dafür ein Theater nach Wagnerscher Prägung errichten lassen und zum dritten sollte eine Musikschule nach seinen Vorstellungen eingerichtet werden. Die Art und Weise, wie Wagner seine Pläne dem König mitteilte, wirft ein Licht auf die Raffinesse, mit welcher er in München zu Werke ging. Spricht er in seinen Freundesbriefen schon von Beginn an enthusiastisch von der Möglichkeit, endlich den »Ring« zu vollenden, der seit dem 9. August 1857 brachlag, so forderte er den König auf, er solle ihm den »Befehl« zur Vollendung, planmäßigen Vorbereitung und Uraufführung des »Ring des Nibelungen« erteilen. Damit suggerierte Wagner, daß der König der eigentliche »Kunstwerkvollender« sei. Auch mit der Musikschule hegte Wagner große Pläne und verfaßte eine theoretische Schrift über eine solche in München zu errichtende Schule. Und schließlich hegte Wagner auch mit dem Bau eines neuen Theaters große Ambitionen. So teilte er Ludwig Schnorr von Carolsfeld mit, daß Ludwig II. das von ihm, Wagner, »gewollte Theater« durch Gottfried Semper erbauen lassen wolle.[215] An Otto Wesendonk schrieb er im Januar 1865 im Hinblick auf die geplante Uraufführung des »Tristan« in München, jetzt müsse Semper ein herrliches Theater für ihn bauen, das ginge nun schon gar nicht mehr anders. Semper war ein langjähriger Freund und Weggefährte Wagners in der Revolutionszeit und wurde ausschließlich auf Wunsch Wagners als Architekt verpflichtet.

Ganz im Sinne seiner gesellschaftspolitischen Utopie wollte Wagner in München aber nicht nur seine kulturell ambitiösen Projekte verwirklichen, sondern auch seine gesellschaftspolitischen Ziele. In den Briefen an seine Freunde finden sich zahlreiche Hinweise, die darauf hinzielten. So schrieb er in Zusammenhang mit der bevorstehenden Uraufführung des »Tristan« in München: »Um zur Reinheit meines Styles und Ideales zu gelangen, bedarf ich jetzt vor Allem gänzliches Ausscheiden der Elemente der bestehenden Operntheatergemeinheit. Ist Alles einmal so weit, daß mein Kunstwerk selbst vollkommen rein und kenntlich da steht, so soll, in dem besonderen, nach meinen Ansichten gebauten neuen Theater, auch das eigentliche Publikum zugelassen werden, jedoch nur an besonderen Festtagen. – Außer dem ist keine Erziehung möglich.«[216] Hier äußert Wagner einerseits die Idee, mit dem »vollkommenen, die Utopie in sich tragenden Kunstwerk« die Menschen zu »erziehen«, womit Wagners Kunstwerk eine politische Bedeutung erhält. Andererseits taucht die in den theoretischen Schriften oft geäußerte Einschätzung des Publikums als »Operntheatergemeinheit« wieder auf, welche die gesellschaftliche Situation widerspiegelt. Seine Ansicht darüber hatte sich also in all den Jahren nicht geändert. Noch drastischer wird Wagner in einem anderen Brief an Mathilde Maier: »Mein Ekel und Stolz gegen den Verkehr mit dem eigentlichen Theaterpublikum ist grenzenlos … So etwas kann ich nicht mehr vertragen, und überhaupt kann ich diese ekelhafte Menschenmasse hinter mir nicht mehr vertragen: sie muß vor allen Dingen verschwinden. Dies ist glücklicherweise ganz im Sinne des Königs.«[217] Wenn Wagner wollte, daß »diese ekelhafte Menschenmasse« verschwinden mußte, konnte dies eigentlich nur zweierlei heißen: Entweder entsteht – wie dies in den theoretischen Schriften mehrfach postuliert wird – eine neue Gesellschaft, welche die »Idealität« des Kunstwerkes zu erkennen vermag, oder das Theater muß ohne Publikum auskommen. Daß Ludwig II. – offensichtlich unter dem Eindruck, dieses Ideal nicht zu erreichen – später den Weg zu den Separatvorstellungen ohne Publikum wählte, ist vor diesem Hintergrund nicht mehr verwunderlich, zumal ja Wagners geäußerte Pläne »ganz im Sinne des Königs sind«, wie er Mathilde Maier gegenüber versicherte.

Ein weiterer Beweis dafür, daß Wagner – wenn auch vorerst eher konfus und ohne Konzept – in irgendeiner Form gesellschaftspolitisch wirken wollte, liefert eine Äußerung, die er verschiedenen Freunden gegenüber machte: »Der ›Fürst‹ am Schluß meines Vorwortes zu dem Ringe des Nibelungen ist gefunden, schöner und ächter, als je zu träumen war«, so Wagner. 1862 hatte er im Vorwort zur Nibelungen-Dichtung Möglichkeiten angedeutet, wie die Vollendung und Aufführung des »Rings« ermöglicht werden könnte. Darin entwirft Wagner das Szenario eines jährlich wiederkehrenden Sommerfestes, an welchem das »Publikum aus von näher und ferner her öffentlich Eingeladenen bestehe, welche nach dem gastlichen Ort der Aufführung reisen und hier zusammenkommen« wird. Der Aufführungsort sollte aus einem »provisorischen Theater, so einfach wie möglich, vielleicht aus Holz« bestehen. Er schließt seine Ausführungen: »Sehr leicht fiele es dagegen einem deutschen Fürsten, der hierfür keinen neuen Satz aus seinem Budget zu beschaffen, sondern einfach nur denjenigen zu verwenden hätte, welchen er bisher zur Unterhaltung des schlechtesten öffentlichen Kunstinstitutes, seines, den Musiksinn der Deutschen so tief bloßstellenden und verderbenden Operntheaters bestimmt. ... (dieser Fürst) würde eine Stiftung gründen, die ihm einen unberechenbaren Einfluß auf den deutschen Kunstgeschmack, auf die Entwickelung des deutschen Kunstgenie's, auf die Bildung eines wahrhaften, nicht dünkelhaften nationalen Geistes, seinem Namen aber unvergänglichen Ruhm gewinnen müssen. Wird dieser Fürst sich finden? ›Im Anfang war die That.‹« Interessant an diesem Aufruf Wagners ist, daß er den »Musiksinn der Deutschen« – des ganzen Volkes also – läutern will. Und er läßt seine Erklärungen in seinem Vorwort in der Äußerung gipfeln, daß, wenn seine Ring- und Festspiel-Pläne realisiert würden, der »Deutsche dadurch anfinge ›national‹ zu sein«! Mit Ludwig II. hatte Wagner den »deutschen Fürsten« gefunden, der den »Ring des Nibelungen«, das Werk Wagners, das – wie er im Briefwechsel mit Ludwig II. erarbeitet – als Verkünderin des politischen »Heils«, der Erweckung Deutschlands, fungiert und damit politisch wirksam ist, nun tatsächlich ermöglicht wird. Und damit beginnt der Deutsche endlich »national« zu sein!

Der »Ring« war für Wagner schon seit der ersten Konzeption von großer politischer Tragweite. Welche Bedeutung Wagner seinem Werk beimaß, geht aus einem Brief hervor, den er unter dem Eindruck der fehlgeschlagenen Revolution am 12. November 1851 aus Albisbrunn an seinen Weggefährten Theodor Uhlig schrieb: »An eine Aufführung (des ›Jungen Siegfried‹) kann ich erst nach der Revolution denken, erst die Revolution kann mir die Künstler und die Zuhörer zuführen; die nächste Revolution muß notwendig unserer ganzen Theaterwirtschaft das Ende bringen; sie müssen und werden alle zusammenbrechen, dies ist unausbleiblich. Aus den Trümmern rufe ich mir dann zusammen, was ich brauche, ich werde, was ich bedarf, dann finden. Am Rheine schlage ich dann ein Theater auf und lade zu einem großen dramatischen Feste ein; nach einem Jahre Vorbereitung führe ich dann im Laufe von vier Tagen mein ganzes Werk auf. Mit ihm gebe ich den Menschen der Revolution dann die Bedeutung dieser Revolution, nach ihrem edelsten Sinne, zu erkennen. Dieses Publikum wird mich verstehen, das jetzige kann es nicht.« Die Substanz dieses Briefes aus dem Jahr 1851 weist nur kleine Differenzen zu Wagners Denken von 1864/65 auf, wie es sich in seinen Briefen an den König und an seine Freunde präsentiert: Wagner wollte ein Fest mit einem eigenen Theater, in dem die Tetralogie als politische Vermittlerin einer bestimmten nationalen Botschaft einem neuen Publikum vorgespielt wird. Was 1864 fehlte, das war die Bedeutung, die Wagner in seinen früheren theoretischen Schriften und im Brief an Uhlig der Revolution beimaß, die er zu jenem Zeitpunkt als unumgänglich für die Verwirklichung der neuen Gesellschaft der Zukunft betrachtet hatte. Was sich änderte, war offensichtlich der Weg, wie man zu dieser neuen Gesellschaft gelangen konnte.

Daß sich Wagner 1864 auch im gesellschaftspolitischen Bereich durch die Beziehung zu Ludwig und durch den Einfluß, den er daraus gewann, etwas in Bewegung setzte, wird durch eine Aussage deutlich, die er in einem Brief an Hans von Bülow macht: »Ich blicke auf die letzten Zeiten meines Lebens wie auf eine wahre tellurische Revolution zurück.«[218] Dies schrieb Wagner nur sechs Tage später, nachdem er Bülow gegenüber von seinem enormen Einfluß auf den König und die dadurch gewonnene große Macht gesprochen hatte. Wenn Wagner von seiner neuen Situation in München als von einer »wahren tellurischen Revolution« sprach, dann führte er offensichtlich mehr im Schilde, als »nur« die Vollendung und Aufführung seiner künstlerischen Ambitionen. Ein weiterer Beweis dafür liefert uns die von Wagner verschiedenen Personen aber auch dem König gegenüber geäußerte Meinung, daß er »Die Nibelungen der Deutschen Nation als Festgeschenk vorführen möchte«.[219] Eine »Deutsche Nation« im eigentlichen Sinn aber existierte zu jenem Zeitpunkt (noch) gar nicht.

Was Wagner in seiner Münchner Zeit in politischer Hinsicht vorschwebte, spricht er in einem Brief vom 30. März 1865 an Mathilde Maier an: »Mir ist es, wenn alles glückte, als ob es möglich sein sollte, aus dem den wahren Messias der Deutschen zu machen. – Aber welche Noth für mich!« Wagner wollte aus Ludwig II. den »Messias der Deutschen« machen, und was er darunter verstand, deutet er in einem brisanten Brief an Eliza Wille vom 31. März – also nur einen Tag nach dem obengenannten Schreiben an Mathilde Maier – an: »Gott–, wenn der gedeiht und gerät! Dann endlich hat die deutsche Nation einmal das Vorbild, dessen sie bedarf, ein anderes als Friedrich II.« Über Friedrich den Großen hat sich Wagner mehrfach geäußert, so sind unter anderem auch in den Tagebüchern Cosimas mehrere Aussagen verzeichnet: »Es gibt einzelne Menschen, die über dem Schicksal stehen und es förmlich machen, das sind die grenzenlos seltenen Genies wie Friedrich der Große.«[220] – »Nur keine Geschichte – ruft R(ichard Wagner) aus –, nur mit den einzelnen großen Geistern verkehren und den einzelnen großen Menschen in der Geschichte, welche diese gezwungen haben, einen andren Lauf zu nehmen durch ihre Persönlichkeit, wie Friedrich der Große, die großen deutschen Kaiser.«[221] Wagner wollte, daß Ludwig II. von Bayern ein Genie wie Friedrich II. werden sollte, der die Geschichte zwingen würde, »einen anderen Lauf zu nehmen«. In welche

Richtung dies führen sollte, geht aus einer anderen Stelle der Cosima-Tagebücher hervor, wo Wagner am 7. Juni 1872, also nach der von Bismarck gesteuerten deutschen Einigung unter preußischer Herrschaft, eine deutsche »Ahnenreihe« aufstellte, die für ihn seit dem 16ten Jahrhundert die deutsche Geschichte bestimmte: »Luther, Gustav Adolf, Friedrich der Große, Bismarck.« Ludwig II. war zu diesem Zeitpunkt kein Thema mehr für Wagner.

Damit werden Wagners damalige Münchner Ideen konkreter: Er wollte, daß durch seinen »grenzenlosen Einfluß« Ludwig II. zum »Messias der Deutschen«, zum Einiger der deutschen Nation werde, wie es später Bismarck tatsächlich wurde. Mit diesen neuen Gedanken schließt Wagner unmittelbar an die Ideen der älteren theoretischen Schriften an: Dort bildete die »geschlechtlich-natürliche Nationalgemeinsamkeit« der Griechen das gelebte reale Ideal, das dann zerstört wurde. Die Revolution sollte dieses »Ideal« wieder ermöglichen. In der Zwischenzeit hatte Wagner nun mit Ludwig II. das – wie er sich ausdrückt – »Ideal seiner Wünsche« gefunden; einen König, der unter seinem »grenzenlosen Einfluß« stand. Es drängt sich damit auf, daß nach Wagners Plan die »Deutsche Nation« zur Ideal-Nachfolgerin der untergegangenen »idealen Griechischen Nation« werden sollte. Nun sollte also die notwendige Erneuerung von Innen her und nicht durch eine Revolution von Außen stattfinden. Doch Wagner war kein Realpolitiker wie Bismarck, der nach genauem Plan durch diplomatische Mittel und mit Hilfe der Armee dieses Ziel erreichte. Für Wagner stellte sich das Problem in München insofern, als sein Programm kein realpolitisches Konzept enthielt, sondern ein theoretisches, utopisches Gebäude war. So wurde der Komponist in der Begegnung mit Ludwig II., der ihm plötzlich so viel Einflußmöglichkeit und Machtpotential lieferte, vor eine ganz neue Situation gestellt. Zwar blieb sein Programm dasselbe, doch galt es nun, dieses zu konkretisieren.

## Das neue nationalistisch ausgerichtete
## Regierungsprogramm

»Ich weiß genug von der Welt, um mich einzig nach Ruhe
vor ihr zu sehnen.« Dies schrieb Wagner noch im September 1865 an Mathilde Maier, um sogleich anzufügen: »Nur
den jungen König suche ich direct zu belehren.« Es ist interessant zu sehen, wie und auf welchen Gebieten Wagner den
König »direct zu belehren« suchte und wie diese Infiltrie-
rung immer konkretere Formen annahm, je länger Wagner
in München weilte. Zuerst legte Wagner mehr Gewicht auf
den »Status Quo«, auf das Darlegen seiner ideologischen
Position. Was er dabei beim König als von seiner »Utopie«
bekannt voraussetzen konnte, erläuterte Wagner in einer
aufschlußreichen Schilderung an den Komponisten Wendelin Weissheimer, der diese unmittelbar nach der über-
raschenden Berufung nach München durch Ludwig II. in
seinen Lebenserinnerungen festgehalten hat: »Der König
hatte Wagner sagen lassen, er sei sein glühendster Bewunde-
rer und ließ ihn fragen, ob er auch noch ganz seinen Ansichten getreu wäre, die er in seinen Schriften niedergelegt habe
und die der König auswendig wisse, er möge in diesem Falle
nach München kommen.«[222] Eine sehr brisante Aussage,
impliziert sie doch nichts anderes, als daß der König Wagner
nicht nur trotz seiner revolutionären Philosophie der Schriften, sondern sogar deswegen nach München holen wollte.
Und Wagner reiste sofort nach München... Bereits am
18. Mai 1864 übermittelte er an Mathilde Maier, er lese Ludwig jetzt seine Dichtungen vor, wobei dieser über Alles ihm
unklar gebliebene »mit Innigkeit und herrlicher Fassungs-
kraft eifrig Belehrung« suche. Kurze Zeit später machte er
Ludwig auch mit den Schriften Schopenhauers bekannt, die
den König prompt begeisterten.

Nachdem Wagner seine Dichtungen und die in Ludwigs
Besitz befindlichen früheren theoretischen Schriften mit
dem König besprochen hatte, verlangte dieser, alles von
Wagner je zu Papier gebrachte zu lesen. Daraufhin forderte

Wagner am 20. Januar 1865 von Mathilde Wesendonk in Zürich alle Schriften zurück, die sie von ihm in einer Mappe verwahrte, weil »Ludwig alles zusammenstellen lassen wird, um es in Verwahrung zu nehmen und zu wissen, daß er mich recht vollständig besitze«, wie er ihr mitteilte. Im selben Monat schickte Wagner dem König das Programm zur »Herausgabe meiner zu sammelnden Schriften«, wie er es vor Jahren konzipiert hatte.

Wie sehr der König Wagner »besitzen« wollte und auf dessen »Belehrungen« angewiesen war, zeigt auch folgende Briefstelle an Mathilde Maier: »Ich werde nun in regelmäßigen häufigen Verkehr mit Ludwig treten: er will meine ganze Bildung zu der seinigen machen und will von Nichts anderem wissen. Ich muß mir einen völligen Plan dafür machen: vielleicht nehme ich die ganze Weltgeschichte noch einmal mit ihm durch ... Er will alles wissen und Keiner hat sein Vertrauen, außer ich!«[223] Wie Wagner die Weltgeschichte seit jeher für seine Zwecke umgedeutet hat, haben wir bereits gesehen. Natürlich war dies auch bei Ludwig II. nicht anders. Dies läßt sich bei einer neuen theoretischen Schrift nachweisen, die er für den König im Herbst 1865 verfaßte und die später unter dem Titel »Was ist deutsch?« gedruckt wurde. Diese ursprünglich als »Tagebuchblätter« verfaßte Schrift gehört, ebenso wie die Abhandlung »Über Staat und Religion«, die im Herbst 1864 entstand und die bereits erwähnte Schrift »Über eine in München zu errichtende deutsche Musikschule« vom März 1865, zu den theoretischen Äußerungen, die erst nach Wagners Ankunft in München entstanden. Es ist klar, daß die für Wagner neue Situation in München, sein enormer Einfluß auf den »naiven«, »kaum mündigen« König, sich entscheidend auf die Schriften auswirkte, ja deren Gedankengut grundlegend bestimmte. Ludwig II. bat Richard Wagner bereits Mitte 1864 – also relativ kurze Zeit nach dessen Eintreffen in München – seine gegenwärtigen politischen Vorstellungen zu präzisieren. Wagner rapportierte in diesem Zusammenhang am 7. August 1864 an Mathilde Maier, Ludwig II. »wünschte meine Gedanken über Staat und Religion nach meinen neuesten Ansichten kennen zu lernen. Die Arbeit war groß und ernst: er meinte, es sei wieder der ganze Richard Wagner darin gewesen.«

Schon die Tatsache, daß Ludwig von Wagner als erstes eine theoretische Schrift und nicht ein dramatisches Werk wünschte, zeigt, daß ihn Wagner weit über die Musik und die soviel beschworene Traumwelt hinaus interessierte. Er wollte von ihm nichts weniger als seine aktuellen gesellschaftspolitischen Ansichten kennenlernen. Das Ergebnis ist der Aufsatz »Über Staat und Religion« vom Juli 1864, die erste theoretische Schrift, mit der Wagner den König direkt beeinflussen konnte. Man könnte diese Schrift denn auch als moderne Variante des Fürstenspiegels bezeichnen, die bestimmte Regeln über das Verhalten eines Fürsten gibt. Eine brisante Tatsache, zeigt dies doch einerseits die Abhängigkeit des Königs von den Gedanken des Komponisten, andererseits aber auch die Bereitwilligkeit Wagners, dem König solche Regeln aufzustellen. Ludwig II. holte sich explizit sein Programm bei Wagner, einem ehemaligen Revolutionär!

Bei »Über Staat und Religion« fällt vorerst auf, wie allgemein Wagners Formulierungen sind, obwohl er doch einen Fürstenspiegel für einen ganz bestimmten König schrieb. Wie vorsichtig Wagner zu Werke ging, um sich nicht den Vorwurf des Machtmißbrauchs einzuhandeln – wie er in einem Brief an Bülow präzisierte – zeigt schon die Einleitung: »Gewiß wird nun selbst mein junger Freund nicht erwarten, daß ich eine eigentliche Darstellung meiner ... Ansichten über Politik und Staat gebe: unter allen Umständen würden diese keine praktische Bedeutung haben können.« Wagner bemühte sich in »Über Staat und Religion«, dem König allgemeingültige Regeln und Grundsätze zu vermitteln und sich den Anstrich eines nicht realpolitischen Denkers zu geben. In diese Richtung zielt auch der Vorspann zu »Über Staat und Religion«, in dem er sich vom Vorwurf des politischen Revolutionärs in der 48er Revolution reinzuwaschen sucht; ein logisches Vorgehen dem König gegenüber. Eine eingehendere Betrachtung zeigt jedoch deutlich, daß die

Grundideen der früheren Schriften auch hier erhalten bleiben und integriert werden. Neu im Vergleich zu den kämpferischen Revolutionsschriften ist, daß er die revolutionären Bestrebungen natürlich aufgibt, dafür das Gedankengut aus Schopenhauers Pessimismus-Theorie einfließen läßt, was aber interessanterweise durchaus in die »utopiegesteuerte« Selbstvernichtungseuphorie des Briefwechsels hineinpaßt.[224] Man kann also davon ausgehen, daß sowohl hier wie dort Schopenhauer die Regelgebung Wagners beeinflußt hat. Interessant ist denn auch, wie pessimistisch Wagner – genau wie in den Briefen – die Welt beurteilt, wie sehr er den Menschen keine Fähigkeiten zur Erkenntnis einräumt, wenn er ausführt: »Eine richtige Erkenntnis der Welt hätte uns von Anfang her belehrt, daß das Wesen der Welt eben Blindheit ist, und nicht die Erkenntnis ihre Bewegung veranlaßt, sondern eben ein völlig dunkler Drang, ein blinder Trieb von einzigster Macht und Gewalt, der sich gerade nur so weit Licht und Erkenntnis verschafft, als es zur Stillung des augenblicklich gefühlten drängenden Bedürfnisses Not thut.«

Es zeigt sich, wie eng die älteren theoretischen Schriften, die Briefe Wagners aus den Jahren 1864 und 1865 und »Über Staat und Religion« miteinander verknüpft sind. Neu gegenüber den älteren Schriften ist nun allerdings das Verherrlichen der Führerpersönlichkeit des Königs, der alles »Ideale« der »Zukunftsutopie« auf sich vereinigt, und sich von der mit Blindheit geschlagenen Welt abhebt, was wiederum deutlich das im Briefwechsel antizipierte Denkschema aufgreift und präzisiert. Damit wird klar, daß Wagner mit dem »König« in dieser theoretischen Schrift eigentlich die Person Ludwigs II. meint, was durch folgende Passage bestätigt wird: »Schon daß das für den Thron bestimmte Individuum keine Wahl hat, seinen rein menschlichen Neigungen keine Berechtigung zuerkennen darf (vgl. Parsifals Selbstopferung!), und eine große Stellung ausfüllen muß, zu der nur große Naturanlage befähigen kann, theilt ihm von vornherein ein übermenschliches Geschick zu.« Damit begründet Wagner – genau wie in seinen Briefen an Ludwig –

die übermenschliche, göttliche »Utopie-Position« des Königs in der Gegenwart. Es ist Ludwig II., der Wagner in seiner Philosophie die Revolution aufgeben und nun die Erneuerung von innen heraus, durch einen Herrscher, anstreben läßt.

Die Aufgabe, welche die »Gottes-Position« des Königs mit sich bringt, bezeichnet Wagner in »Über Staat und Religion« mit einer brisanten Analogie. Der »Egoismus« regiert laut Wagner nach wie vor die Welt. Doch »durch freiwilliges Entsagen und Leiden ist dagegen praktisch der Egoismus bereits aufgehoben. Der Heilige, der Märtyrer, ist daher der wahre Vermittler der Welt Heiles und nur der König ist durch seine hohe, fast übermenschliche Stellung dazu gedrängt, das Leben nach seinem tiefsten Ernste zu erfassen.« Wagner stellt die Definition des »Märtyrers« und diejenige des »Königs« so geschickt nebeneinander, daß klar ist, was die Aufgabe des Königs in der »egoistischen« Welt von heute ist: Durch Leiden und Entsagen die Menschheit von ihrem Egoismus zu erlösen. Mit Hilfe der vorkommenden »Schlüsselwörter« können wir die Parallele zu Parsifal und zu Schopenhauers Philosophie mühelos herstellen. Damit zeigt sich endgültig, wie genau und geschickt Wagner seine Schrift »Über Staat und Religion« auf Ludwig II. hin konzipiert hat, obwohl die Formulierungen immer sehr allgemein gehalten sind. Ludwig-Parsifals Mission wird damit verdeutlicht.

Durch dieses raffinierte Verfahren konnte Wagner zwei Ziele verfolgen: einerseits konnte er dem König gewisse verbindliche Richtlinien vermitteln, ohne konkreter werden zu müssen, andererseits konnte er sein »utopisches Gedankengebäude« ganz behutsam an der veränderten Realität schärfen und sich dieser programmatisch annähern. Tatsächlich ist es erstaunlich geschickt, wie Wagner in dieser theoretischen Schrift das »Göttliche« der »Zukunftsutopie« mit der im Briefwechsel exponierten »Göttlichkeit« von König Ludwig II. zusammenführt und damit die laut Wagner realiter bestehende Wirklichkeit von Ludwig II. als »Messias« im »Jetzt« unterstreicht. Zugleich wird aber der König göttlich überhöht, was ihn in die Nähe des absoluten Herrschertumes des 17. Jahrhunderts rückt.

Wie ernst Ludwig II. diese von Wagner für ihn aufgestellte Regel nahm, zeigt die Tatsache, daß sich der bayerische König im Laufe der Jahre ja tatsächlich immer mehr als unumschränkter Herrscher gebärdete, der sich an keinerlei Verpflichtungen gebunden fühlte.[225] Doch diese göttliche Überhöhung des Monarchen durch Wagner war dem Konstitutionalismus des 19. Jahrhunderts nicht mehr adäquat, denn das Königreich Bayern war eine konstitutionelle Monarchie, in welcher dem Monarchen verfassungsmäßige Schranken gesetzt waren. Diese Beschränkung aufzugeben oder auch nur abzubauen war im fortgeschrittenen 19. Jahrhundert ausgeschlossen – auch und gerade in Bayern, das sich bereits im zweiten Jahrzehnt des Jahrhunderts an die Spitze der Verfassungsbewegung in Deutschland gesetzt hatte. Allein schon das Spielen Ludwigs II. mit dem Gedanken einer Rückentwicklung der Verfassung zeugte daher von einem beträchtlichen Mangel an Wirklichkeitssinn.[226]

Hier zeigt sich erstmals, daß Wagner – ob gewollt oder nicht – durch seine scheinbar so allgemein und unverbindlich gehaltene theoretische Schrift »Über Staat und Religion« in erheblicher Weise in politische Bereiche eingriff. Dies wird noch deutlicher, wenn wir Wagners Äußerungen zum Staat, den er als notwendig anerkennt, und zur Staatenbildung näher unter die Lupe nehmen. Den Staat definiert Wagner als Konstrukt, in welchem sich »das Bedürfnis als Nothwendigkeit des Übereinkommens des in unzählige, blind begehrende Individuen geteilten, menschlichen Willens zu erträglichem Auskommen mit sich selber« ausdrückt. Er sei ein Vertrag, »durch welchen die einzelnen, vermöge einiger gegenseitiger Beschränkung, sich vor gegenseitiger Gewalt zu schützen suchen«. Wagner bezeichnet das Gebilde »Staat« zwar nicht als ideal, aber im Moment als einzige Möglichkeit, die Menschen mit ihrer Kurzsichtigkeit und fehlenden Erkenntnisfähigkeit zu »zähmen«. Nach Wagner gilt es nun, diesen Staat im »Jetzt« nach innen und außen zu stabilisieren, wobei das Individuum trotz fehlender

Erkenntnis auf eine bestimmte Weise dazu gebracht werden muß. Wie dies geschieht, erläutert er anhand einer Analogie mit dem Instinkt des Tieres, den Schopenhauer als »Wahn« beschreibt: »Ein Wahn, der dem so äußerst dürftigen individuellen Erkenntnisvermögen des Tieres hierbei einen Zweck vorspiegelt, welchen es für die Befriedigung seines eigenen Bedürfnisses hält, während es in Wahrheit nicht dem Individuum, sondern der Gattung angehört.« Instinkt ist also in der von Wagner zitierten Definition ein gattungserhaltender »Wahn« und damit positiv determiniert, wobei die zu erhaltende »Gattung« nicht näher umschrieben wird.

Diesen positiv determinierten »Wahn« bei den Tieren vergleicht nun Wagner mit dem »Patriotismus« im politischen Leben der Menschen: »Im politischen Leben äußert dieser Wahn sich nämlich als Patriotismus. Als solcher bestimmt er den Bürger, das eigene Wohlergehen, auf dessen möglichst reichliche Sicherung ihm sonst bei allen persönlichen, wie parteilichen Bestrebungen es einzig ankam, ja das Leben selbst zu opfern, um das Bestehen des Staates zu sichern.« Den aus diesem also ebenfalls positiv determinierten »Wahn« des »Patriotismus« hervorgehenden Patrioten definiert Wagner wiederum: »Der Patriot ordnet sich seinem Staate unter, um diesen über alle andern Staaten zu erheben, und so gleichsam durch die Größe und Macht seines Vaterlandes mit reichen Zinsen sein ihm gebrachtes persönliches Opfer vergütet zu wissen. Ungerechtigkeit und Gewaltsamkeit gegen andere Staaten und Völker ist daher von je die wahre Kraftäußerung des Patrioten gewesen.« Der »Patriotismus« zeigt sich in Wagners Definition als »Wahn mit zwei Gesichtern«: Wirkt der Patriotismus einerseits als staatserhaltend und ist damit positiv determiniert, so kann oder muß er sogar gegenüber anderen Staaten gewaltsame Formen annehmen.

Setzt man nun – wie vorher »König« mit »Ludwig« – die Begriffe »Staat« und »Patriotismus« mit dem Königreich Bayern gleich, so ergibt sich hier eine interessante, ja brisante Konstellation: Wenn mit »Staat« das Königreich Bayern gemeint ist, dann würde Bayern durch den »Patrioten« über alle anderen Staaten erhoben, und zwar auch über alle anderen deutschen Staaten. »Patriotismus« zieht aber nach Wagner »Gewaltsamkeit gegen andere Staaten und Völker« nach sich, was er sicher nicht auf die anderen deutschen Staaten bezogen haben wollte. Dies heißt also, daß sich der »positive Wahn« des »Patriotismus« nicht auf den Staat Bayern beschränken darf, sondern sich möglichst auf die in Briefen von Wagner immer wieder erwähnte ganze »Deutsche Nation« beziehen muß. Interessant ist, daß Wagner in »Über Staat und Religion« den Begriff »Nation« nie gebraucht, obwohl er in Briefen immer wieder davon spricht. Wagner schafft damit einen Widerspruch, den er im Raum stehen läßt, denn »Patriotismus« ist per definitionem ganz klar die Vaterlands- und Heimatliebe, die Verehrung und gefühlsmäßige Bindung an Werte, Traditionen und kulturhistorische Leistungen des eigenen Volkes bzw. der eigenen Nation. Wagner konnte daher mit »Staat« eigentlich nur den »Nationalstaat« meinen. Die »Nation« wird ja definiert als Gruppe von Menschen, die durch Sprache – hier durch die deutsche Sprache – und durch die Kultur – hier die deutsche Kultur – verbunden sind.

Richard Wagner schlug sich demnach in seiner theoretischen Schrift – wenn auch noch versteckt – auf die Seite einer nationalstaatlichen Strömung, wie es sich schon in den Briefen an seine Freunde abzeichnete. Dem König weist er dabei eine wichtige Funktion zu, denn »der patriotische Wahn« bedarf laut Wagner »eines dauernden Symboles, an welches er sich selbst bei vorherrschender Alltagsstimmung heftet, um an ihm, im wiedereintretenden Notfalle, sofort wieder seine erregende Kraft zu gewinnen. Dieses Symbol ist der König; in ihm verehrt daher der Bürger unbewußt den sichtbaren Repräsentanten, ja die leibhaftige Verkörperung des Wahnes selbst.«

Wagner attestiert dem König eine wichtige, integrative und staatserhaltende Funktion, wobei er präzisierend anfügt, daß der König nicht mehr in verschiedenen Parteiinteressen befangen sein darf, da die Parteien mit ihren verschiedenen Vorstellungen zentrifugale Kräfte entwickeln, die den Staat zersetzen. Haben wir bereits festgestellt, daß Wagner mit dem »König« eindeutig König Ludwig II. meint, so können wir nun präzisierend anfügen, daß Ludwig nicht nur als König Bayerns gemeint ist, sondern als integrierend wirkender König eines noch zu bildenden deutschen Nationalstaates. Die postulierte Stärkung des Innern dieses »Staates« zeigt deutlich, daß Wagner die Revolution aufgibt, um eine Erneuerung durch den König anzustreben und so den »idealen Nachfolge-Nationalstaat« der Griechen zu erreichen. Interessant bei Wagners Definition des »Patriotismus« ist weiter, daß er ihn zwar als »staatserhaltenden Wahn« bezeichnet, gleichzeitig aber nicht als »echt«, und daß die erzeugte Ruhe somit nur »durch Gewalt und Ungerechtigkeit gegen auswärts versichert werden kann«. Somit zeitigt dieser »unechte« Wahn auch gegen Innen gefährliche Tendenzen, denn der Patriotismus kann auch irregeleitet werden, so daß »derselbe Wahn durch Irreleitung ebenso zu den heillosesten Verwirrungen und der Ruhe schädlichen Handlungen führen« kann.

Diese Passage gipfelt in der Aussage, daß im Patriotismus somit selbst die Handhabe zur Verführung liege, »und die Möglichkeit, die Mittel zu dieser Verführung sich stets offen zu erhalten, liegt in der künstlich gepflegten großen Bedeutung, welche man der ›öffentlichen Meinung‹ zuzuerkennen vorgibt«. Das Organ der »öffentlichen Meinung« ist laut Wagner die Presse, der er eine große Wirksamkeit attestiert: Die Presse hat die »wunderliche Macht« zur öffentlichen Meinungsbildung. Und hier gibt Wagner, wenn auch nur verkappt, erstmals einen Hinweis darauf, wie diesem Übel, das den ganzen Staat und den König als Kettenreaktion zu untergraben und zersetzen droht, beizukommen ist: »Und es ist dieser wunderlichen Macht somit nicht anders beizukommen, als – indem man sie macht.« Wenn der König die Presse selbst macht, kann er auch selber die öffentliche Meinung steuern und somit den Patriotismus im positiven Sinn beeinflussen. Damit kristallisiert sich in »Über Staat und Religion« eine erste aktive Möglichkeit heraus, wie in das Staatsgeschehen eingegriffen werden kann.

Richard Wagners »Utopie« ist ein ganzheitliches Modell, das Staat und Kultur gleichermaßen umfaßt. Daher kommt er in dieser Abhandlung folgerichtig auch auf die Kultur zu sprechen, wenn auch erstaunlicherweise erst ganz zum Schluß. Es ist eine Art Fazit zu seinen Erläuterungen über die »mit Blindheit geschlagenen Menschen« und ihren, mit übermenschlicher Hellsichtigkeit ausgestatteten Herrscher. Bemerkenswert an diesem Schopenhauers Philosophie spiegelnden Fazit sind die zwei Funktionen, die Wagner der Kunst zuerkennt: Die Kunst erscheint hier, genau wie der »Patriotismus«, als »Wahn«, aber als vollkommen »wahrer Wahn«, der dem »wahren Menschen« – also auch Ludwig II. – die »Wirklichkeit wohltätig in den positiven, erlösenden Wahn auflöst« und aus dem Leben hinausführt. Damit wird – wie schon im Briefwechsel exponiert – noch einmal klar, weshalb der König von Bayern sein Leben immer mehr theatralisierte und so die »böse«, mit Blindheit geschlagene Welt in den erlösenden »Kunst-Wahn« auflöste, ja auflösen mußte.

Wagner impliziert aber in seinem Fazit noch eine zweite Funktion der Kunst, wie sie ebenfalls im Briefwechsel mit dem König schon auftaucht, eine versteckte Analogie zwischen »Patriotismus« und »Kunst«: Die »Kunst« ist nach Wagner, genau wie der »Patriotismus«, ein integrierender Wahn, aber im Gegensatz zu diesem ein »vollkommen wahrer, der überall da seine Wunder verrichtet, wo die normale Anschauungsweise des Individuums sich nicht weiter zu helfen weiß«. Der »Kunst« kommt daher eine ähnliche staatserhaltende Funktion zu wie dem »Patriotismus«, sofern sie, wie dieser, auf den Nationalstaat gerichtet ist. Die deutsche Kunst würde so zur Vermittlerin des politischen Heils, wie Wagner dies ja schon in einem Brief an Ludwig II. exponierte. Damit erhält Wagners Kunst eine neue Qualität und wird zu einem zentralen Bestandteil von seinem politischen Programm, das er immer deutlicher entwickelt. Es ist daher kaum verwunderlich, daß sich Wagner in seiner nächsten, ebenfalls für Ludwig II. konzipierten Schrift vorwiegend auf die Kunst beschränkt.

Die nächste Schrift ist der »Bericht an Seine Majestät den König Ludwig II. von Bayern über eine in München zu errichtende deutsche Musikschule«, der laut Manuskript am 23. März 1865 beendet wurde. Auch diese Schrift ist im Auftrag des Königs entstanden, war aber im Gegensatz zu »Über Staat und Religion« für die Öffentlichkeit bestimmt und erschien Anfang Mai bei Christian Kaiser in Wien im Druck.

Auffällig an diesem »Bericht« ist, wie sehr sich Wagner in seinen Ausführungen auf den kulturellen Bereich beschränkt, implizit aber bereits darüber hinausführt, denn tatsächlich zielten auch diese Erläuterungen auf die praktische Verwirklichung von Wagners kulturpolitischen Ideen. An Mathilde Maier schrieb er in diesem Zusammenhang am 17. März 1865 kurz vor der Vollendung der Schrift: »Jetzt sitze ich da und arbeite einen sehr bedeutenden und umfassenden Bericht über eine große Musikschule aus. Ich trete damit in eine neue Lebensphase: finde ich einigermaßen Menschen, wie ich sie brauche, so habe ich – und diesem König – den Punkt des Archimedes gefunden, auf dem ich die musikalische Welt aus ihren trägen Angeln hebe.« Und anläßlich der Übergabe der Schrift an Ludwig II. bemerkt Wagner in seinem Begleitbrief: »Hier überreiche ich Ihnen eine sorgsam und reiflich erwogene Arbeit. Über ihren Inhalt habe ich nichts weiter zu sagen: er ist dem lieben Herrlichen bekannt. Der Erfolg meiner Vorschläge, wenn sie glücklich ausgeführt werden, muß unermeßlich sein.«

Wagner maß seinem »Bericht« also eine ungeheure Bedeutung bei: Er war eine die Kunst revolutionierende Schrift, in der Wagner nach eigener Aussage »den Punkt des Archimedes« gefunden hatte. Der hier angetönte Ausspruch des Archimedes lautet: »Gebt mir einen Platz zum Stehen, und ich werde die Erde (nach Archimedes ruhendes Weltzentrum) bewegen.« Zwar meinte Wagner die musikalische Welt, doch wenn man bedenkt, daß er die Kunst in »Über Staat und Religion« als ähnlichen Wahn wie den »Patriotismus« bezeichnet, nur im Gegensatz zu diesem als »echten«, so birgt die Einschätzung des »Berichtes« erheblichen politischen Zündstoff.

Auffällig ist in der Tat schon der Titel dieser Schrift, heißt er doch nicht »Über eine in München zu errichtende, bayerische Musikschule«, sondern »Über eine in München zu errichtende deutsche Musikschule«. Damit impliziert Wagner ganz klar eine grenz-, bzw. staatsüberschreitende Institution. Schon in seinen früheren theoretischen Schriften basiert ja sein Utopiegebäude auf der grenzüberschreitenden, grenzenlosen Allheit aller Künste, aller Menschen, ja der Welt. Das in Wagners Denken die Kunst eine integrierende Funktion ausüben sollte, wird im »Bericht« schnell klar. Hier ist ausschließlich von der zu entwickelnden und fördernden deutschen Kunst und deutschen Kunstinstituten die Rede, wobei, wie die Beschreibung des »Ist-Zustandes« zeigt, die Abgrenzung zu den welschen, das heißt französischen und italienischen Verhältnissen, im Vordergrund steht: »Um es in Kürze zu fassen; in unseren Operntheatern ahmen wir auf schlechte und entstellende Weise das Ausland nach. Während Italiener und Franzosen im Verfall ihres Styles begriffen sind, führen wir uns das, was sie so, immer noch in Übereinstimmung mit ihren Eigenthümlichkeiten, und immerhin mit stylistischer Korrektheit leisten, verstümmelt und inkorrekt als tägliche Unterhaltung vor.« Wagners Beschreibung des »Ist-Zustandes« in den deutschen Konservatorien und Theatern ist insgesamt vernichtend. Dies gilt auch für die bayerischen Verhältnisse, auf die er speziell eingeht. Interessant und aufschlußreich an Wagners Abhandlung ist nun aber, welche Folgen nach seiner Einschätzung diese verheerenden Zustände »ohne deutschen Styl« auf das Publikum haben: »Den verwirrenden Einflüssen der fremden Stylarten, welche in jeder Form den Geschmack des deutschen Publikums bestimmten und (weil inkorrekt reproduziert) irreleiten und verdarben, stellte sich nirgends der Sammelpunkt deutscher Bildung entgegen, auf welchem, wie dieß von Paris aus für Frankreich geschah, der Original-Geschmack der Nation sich der fremden Einwirkungen zu seiner eigenen Bereicherung, jedoch für seine eigenen wahren Bedürfnisse neugestaltend, bemächtigen konnte.«

Zwei Begriffe in diesem Zitat verdienen besondere Beachtung: Einerseits taucht wieder der Begriff »Nation« auf, und zwar ganz im Sinne der deutschen Nation als Gegensatz zur »französischen Nation«. Daß Frankreich als Nation existiert, Deutschland aber noch nicht, scheint hier irrelevant. Andererseits taucht der Begriff des »wahren Bedürfnisses« auf, den wir aus den frühen theoretischen Schriften bestens kennen. Dort wird der Begriff verwendet als für alle Menschen gleich, beim »Bericht« wird er nun aber als von Nation zu Nation spezifisch differenziert. Wagner wollte nun seiner »Utopie« offensichtlich eine realistischere Wendung geben und sie an den Münchner Verhältnissen konkretisieren. Dafür spricht auch die weitere Beurteilung des Publikums im »Bericht«: »Die Willigkeit, mit welcher dieses Publikum sich führen und für seinen Geschmack bestimmen ließ, die oft als Enthusiasmus sich äußernde Gefügigkeit der Zuhörer gegen das als klassisch und vorzüglich Bezeichnete, die Bereitwilligkeit in der Anerkennung der Autorität der leitenden Häupter, – alles dieses konnte so weit täuschen, daß man in den Konzert-Instituten den Höhepunkt des deutschen Musiklebens erreicht zu haben wähnte.« Das Publikum ist im Moment offenbar einem »falschen Wahn« verfallen, denn es »wähnt« nach Wagner fälschlicherweise, »in den Konzert-Instituten den Höhepunkt des deutschen Musiklebens gefunden zu haben«, obwohl es eigentlich noch keinen gültigen »deutschen Styl« gibt. Gehen wir in diesen Überlegungen einen Schritt weiter, indem wir auf »Über Staat und Religion« zurückgreifen, so muß man sagen, daß das Publikum durch schlechte Kunstinstitute in seinem an sich »positiven Kunstwahn« ebenso irregeleitet wird, wie der Patriot durch die schlechte öffentliche Meinung in seinem Patriotismus. Um den Kunstgeschmack der Menschen zur »wahrhaften Kunst« zu lenken, muß man nach Wagner nur die Kunstinstitute in die richtige Richtung reformieren.

Und tatsächlich stellt Wagner in seiner Schrift ein ganzes Maßnahmenpaket auf, um die Kunstinstitute und die Kunstproduktion in München in eine bestimmte Richtung zu leiten. Dieses war außerordentlich umfassend, rigoros, diktatorisch und mit den bestehenden Verhältnissen radikal aufräumend: Das bestehende Konservatorium bezeichnete Wagner als unbrauchbar, die Konzertprogramme sollten vollkommen neu gestaltet werden, das Schauspiel sollte ebenso reformiert werden wie eine Musikschule initiiert werden sollte als »Centrum deutschen Lebens und deutscher Bildung eine für die Aufführungsweise von Werken deutschen Styles mustergiltige Institution«. Doch diese Musikschule kann laut Wagner »nur dann ihrer wiederholt bezeichneten Tendenz entsprechen, wenn sie durch ihren belebenden und bildenden Einfluß die ganze Geschmacksrichtung mindestens der Stadt, in welcher sie wirkt, beherrscht«. Ein strenger kultureller Zentralismus sollte nach Wagner in München eingeführt werden, indem die Schule »zum dirigierenden Haupte der bisher zerstreuten Glieder« gemacht wird. Das zentrale »Herrschertum« der Musikschule sollte sich auch auf die Privatlehrer ausdehnen, bei denen »das Mittel der Überwachung ihres Unterrichtes, sowie der Geltendmachung des höheren Einflusses der Schule auf denselben, immer das gleiche bliebe« wie für eine ebenfalls geplante »Orchesterschule«. Weiter sollte eine »von der Musikschule zu gründende, und durch die Hauptlehrer derselben zu verfassende Zeitschrift als Organ der Münchner Schule« initiiert werden, und schließlich wünschte Wagner ein »Musiktheater« als »ein Monument des deutschen Kunstgeistes«, in welchem »mit alljährlicher Wiederkehr zu einer bestimmten Zeit der deutschen Nation die besten und edelsten Werke ihrer Meister in mustergiltiger Weise vorgeführt werden«.

Es fällt insgesamt auf, wie oft Wagner den Begriff »Nation« verwendet, wie er vom »nationalen Sinn« spricht, ohne zu definieren, was er genau darunter versteht, welche Staaten diesen »Deutschen Nationalstaat« in der Realität bilden sollten. Trotzdem wird klar, was er anstrebte, wenn wir alle Aussagen zusammenführen: Richard Wagner wollte mit Hilfe Ludwigs II. einen »Deutschen National-Styl« begründen, und zwar als integrativen positiven »Wahn«, um eine in

Einzelstaaten zersplitterte, noch nicht vorhandene Nation über diese Grenzen hinweg zu vereinheitlichen, wobei Bayern Ausgangspunkt und Zentrum sein sollte. Bedenkt man, wie rigoros Wagner bei diesen Projekten das Bestehende herabwürdigte und mit dieser Tradition brechen wollte, scheint massive Opposition in München unausweichlich für den Fall, daß diese Maßnahmen publik werden sollten.

Den künstlerischen Aspekt hatte Wagner in seinem »Bericht« festgelegt, nun mußte er den gesellschaftspolitischen näher erläutern, was er ein halbes Jahr später im Herbst 1865 auch tat. Die dritte und letzte Schrift, die Wagner während seiner Münchner Zeit verfaßte, waren die zwischen dem 14. und 27. September 1865 geschriebenen »Tagebuchblätter«, die später unter dem Titel »Was ist deutsch?« publiziert wurden. Der Komponist begründete diese Aufzeichnungen dem König gegenüber: »So oft und so lange bin ich vom theuersten Freunde entfernt, daß ich auf einen möglichen Ersatz für die persönliche Mittheilung sinne.«[227] Die »Tagebuchblätter« sind demnach den »persönlichen Mittheilungen« an den König verwandt, werden aber in schriftlicher Form festgehalten, weshalb – wie Wagner weiter ausführt – »nichts ganz verloren gehen« kann, was er »dem Freunde mitgetheilt zu haben wünsche«.

Für Wagner und München besonders brisant ist die Tatsache, daß der König diese Tagebuchblätter Wagners abschreiben ließ und seinen Ministern zur »Ausführung der darin niedergelegten Ideen« übersandte. Dies geht aus einem Brief Wagners an Constantin Frantz vom März 1866 hervor – Wagner wußte also davon.[228] Damit wurden gegen Außen zwei Dinge manifest: Einerseits zeigte sich hier schwarz auf weiß, daß Wagner König Ludwig II. politisch beeinflußte, andererseits aber wurde dadurch auch klar, daß der König Wagners Leitgedanken zu seinem politischen Programm machte. Wie sehr diese beiden Komponenten ineinander griffen, zeigt ein brisanter Brief Wagners an seinen ehemaligen Revolutionärsgefährten August Röckel: »Der König kennt jetzt mein ganzes politisches Programm genau: wie heilig und ernst glüht er für seine Verwirklichung. Glaub' mir, er ist der Heiland des deutschen Volkes!«[229] Wagner verstand seine »Tagebuchblätter« ganz klar als »politisches Programm« und sandte sie auch mehrfach politischen Freunden zur Durchsicht.[230] Er griff aktiv ins Geschehen ein und gab damit seinen Schopenhauerschen Rückzug in die Kunst endgültig auf.

Tatsächlich entpuppen sich die »Tagebuchblätter« bei näherer Untersuchung auch als diejenige Schrift, in der Wagner mit einer Konsequenz sondergleichen alle Fäden zusammenführt, die er in den Briefen und Schriften nach seiner Ankunft in München gesponnen hatte. Zudem ist auch die »Zukunftsutopie« deutlich spürbar. Wagner weist in »Was ist deutsch?« mit Hilfe der »Begriffsketten-Begriffe« und »Schlüsselwörter« nach, daß die Deutschen das »auserwählte« Volk sind, welches die »utopische« Gesellschaft von morgen ermöglichen werde. Wie in den anderen theoretischen Schriften wird die Geschichte für die Wagnerschen Zwecke zurechtgebogen und für die »Utopie« benutzt. So schreibt Wagner zum Beispiel über den 30jährigen Krieg: »Der Ausgang des dreyßigjährigen Krieges vernichtete das deutsche Volk; daß ein deutsches Volk erstehen konnte, verdankt es aber doch einzig eben diesem Ausgange. Das Volk war vernichtet; aber der deutsche Geist hatte bestanden.« Der laut Wagner real-historisch geschehene »Untergang des deutschen Volkes«, den die »Utopie« durch die »Selbstvernichtung« ja vorschreibt, führt die Deutschen letztlich zum »Utopie-Heil«. Und so »gebar« laut »Was ist deutsch?« der deutsche Geist »aus seinem eigensten, innerlichen Schatze sich neu«; auch dies ist ja eine Maxime der »Zukunftsutopie«. Und so schließt Wagner in seiner Schrift: »Und der sich erkennende Deutsche verstand es nun auch, sich und der Welt zu zeigen, was Shakespeare sei, den sein eigenes Volk nicht verstand; er entdeckte der Welt, was die Antike sei ... was die Natur und die Welt sei. ... und deshalb ist der Deutsche groß; und nur was in diesem Sinne gewirkt wird, kann zur Größe Deutschlands führen.«

Wagner hat bereits in »Oper und Drama« die »Genialität« Shakespeares und in »Das Kunstwerk der Zukunft« die

»utopische Idealität« Griechenlands beschrieben. Dadurch, daß die Deutschen der Welt zu zeigen vermögen, was Shakespeare, was die Antike ist, versteht es Wagner, implizit auch die »Genialität« der Deutschen zu verherrlichen, die diese Entdeckung erst möglich gemacht haben. Nach dieser »Beweisführung« sucht Wagner dann zu zeigen, daß sich der »deutsche Geist« in sich selbst durch einzelne »Genies« wie Bach, Goethe, Schiller und Mozart neu geboren habe. Auch dies ist ein Gedanke, den er aus »Oper und Drama« übernommen hat. Dann fährt er fort in seinen Überlegungen: »War um die Mitte des vorigen Jahrhunderts die Wiedergeburt des deutschen Geistes vor sich gegangen, so hat das zweite Jahrzehnt dieses Jahrhunderts die Wiedergeburt des deutschen Volkes gesehen. Der König von Preußen rief sein Volk gegen die französische Fremdherrschaft in Waffen: das deutsche Volk antwortete dem Rufe, bis zum 16jährigen Jünglinge stürzte die Nation auf die Schlachtfelder, die sie mit ihrem Blute tränkten. Dieß war Begeisterung: und Begeisterung konnte nur durch ein Ideal entzündet werden. Dieses Ideal war die Verwirklichung eines politisch-sozialen Zustandes des deutschen Volkes, welcher dem durch die voranleuchtenden großen deutschen Geister erweckten Seelenleben der Nation entsprechen sollte.«

Es ist frappant, wie Wagners Denken hier manifest wird: Die großen deutschen Genies haben den deutschen Geist wiedererweckt, der dazu half, die Wiedergeburt des deutschen Volkes einzuleiten. Es war aber schließlich »der König von Preußen«, Friedrich II., der die »Wiedergeburt des deutschen Volkes« vollendete, da er sie zur begeisterten Verteidigung und Selbstaufopferung für die Nation führte. Damit manifestierte sich der Patriotismus an einem König als Symbolträger, wie Wagner dies als für die Nation unabdingbar in »Über Staat und Religion« ausgeführt hatte. Wiederum taucht hier überdies Friedrich II. als bahnbrechend wichtig für Deutschland auf. Wagner hatte ja über Ludwig II. gesagt: »Wenn der gedeiht! Dann endlich hat die deutsche Nation einmal das Vorbild, dessen sie bedarf – ein anderes als Friedrich II.« Demnach war Friedrich II. also nicht das von Wagner erwünschte »wahre Vorbild« der Deutschen und in den Tagebuchblättern begründet er nun auch, warum: »Friedrich II. von Preußen hatte einen gut angesparten Schatz und ein wohlgedrilltes Heer zu seiner Verfügung, mit welchen er auf die Vergrößerung seines Grundbesitzes ausgehen konnte: ihm die Mittel hierzu zu geben, dazu war ihm sein Land und sein Volk vorhanden ... Außerdem verachtete er sein Volk und alle deutsche Bildung ... Dafür eignete er sich ausschließlich die französische Bildung an, sprach nur französisch, las und dachte nur französisch.« Friedrichs französische Denkweise hing nach Wagner mit der Berufung des Franzosen Voltaire an den preußischen Hof zusammen, auf die er häufig Bezug nimmt.[231] Geht man den Gedankengängen Wagners zu diesem Thema in Briefen und den Tagebüchern nach, so erhält man ein erstaunliches Bild vom Zusammenhang der Dualität Friedrich II. – Voltaire bzw. Ludwig II. – Wagner.

Bereits im April 1864 teilte Wagner Mathilde Maier einen aufschlußreichen Traum mit: »Die Nacht träumte ich (im Fieber), Friedrich der Große hätte mich zu Voltaire an seinen Hof berufen. So geht es mir mit meinem heimlichen Ehrgeize.«[232] Nur einen Monat später wurde Wagner an den Hof Ludwigs II. berufen ... Auch in einem Brief an Ludwig nimmt Wagner Bezug auf diese Dualität: »Anders als jener preußische Friedrich II. mit seinem Voltaire, soll Ludwig der Deutsche (gemeint Ludwig II.) seinem Volke vorleuchten!«[233] Und in den Tagebüchern erläutert Wagner, daß es Friedrich II. zwar durchaus verstand, allein durch seine Persönlichkeit einen Patriotismus für die deutsche Nation zu begründen, aber vom »wahren deutschen Geist« hatte er keine Ahnung. Und so wurde Wagners Ansicht nach bis ins Jahr 1865 »die Neugeburt des deutschen Geistes unter solchen Vorbildern und Nachahmungen von den deutschen Fürsten nicht beachtet«.

Wie ein roter Faden ziehen sich diese beiden Gedanken durch die »Tagebuchblätter« Wagners: Einerseits wird immer wieder die »utopiegerechte Genialität« des deutschen Volkes und des deutschen Geistes beschworen, andererseits betont Wagner, daß dies bis heute durch die deutschen Fürsten nicht erkannt worden sei. Seine Überlegungen gipfeln in der Aussage: »Denn was dem Volke fehlte, hätte es nun gefunden: den deutschen Fürsten, der es führt! Daß das deutsche Volk keinen Demagogen will, hat es bewiesen: was es wirkt, wenn sein Fürst ruft[234], hat es auch gezeigt. Ich glaube, es ist unüberwindlich, wenn ein wahrhaft deutscher Fürst es führt.« Und als diesen »das ganze deutsche Volk erlösenden« Fürsten sah Wagner nun Ludwig II. an, der den »deutschen Geist« und das »deutsche Volk« als Symbolfigur in sich einigen konnte. Gleichzeitig gibt er auch erste Anweisungen dazu: »Nun gilt es, das Volk zu hüten ...; dazu müssen wir ihnen hell und deutlich, mit goldenen Flammenbuchstaben hinstellen, was das wirklich Deutsche, was der ächte deutsche Geist ist.« Die Anrede mit »wir« macht Wagners Gedankengang nun auch für den König vollends klar: Ist Ludwig II. der deutsche Fürst – analog zu Friedrich II. –, der die Deutschen zu einigen vermag, so gelingt ihm dies im Gegensatz zum großen Preußenkönig nun vollkommen, weil nun der »neudeutsche« Wagner – analog zum »negativen« Franzosen Voltaire – am Hof des Fürsten ist und den »ächten deutschen Geist« endlich heraufzubeschwören vermag.[235]

Bemerkenswert an dieser penetranten Verherrlichung des Deutschtumes, bei der Wagner auch nicht vor schlimmsten Schimpftiraden gegen die Juden zurückschreckt, aber ist, daß er dem Deutschen Volk jegliche Aggression gegen Außen, gegen andere Nationen, abspricht, was aber wiederum den Maximen der »Utopie« entspricht: »Der Deutsche begehrt nichts von Außen; aber er will im Innern unbehindert sein. Er erobert nicht, aber er läßt sich auch nicht angreifen.« Interessant zu sehen ist hier, wie Wagner seine »Utopie« in die Realität hinüberzuretten versucht und der deutschen Realität annähert, gleichzeitig aber mit eben dieser politisch verzwickten Wirklichkeit kollidiert: Mit der antiaggressiven, »utopie-bedingten« richtigen Haltung, die er dem Deutschen attestiert, gerät er immer mehr auf Kollisionskurs mit den anderen deutschen Staaten, insbesondere mit Preußen und Österreich, wie er im Folgenden ausführt: »Somit ist der Deutsche nicht eroberungssüchtig, und die Begierde, über fremde Völker zu herrschen, ist undeutsch. Der Grund der politischen Ohnmacht der Deutschen liegt in der Herrschaft zweier deutscher Fürsten über undeutsche Völkergebiete. Um diese zu vertheidigen bedarf es einer Politik von nutzlos vergeudeter Aggressivkraft: um gegen den Verlust Posens und Venetien's auf der Hut zu sein, müssen Preußen und Österreich gegen ganz Europa fortwährend in Waffen stehen.«

Wagner nimmt hier klar Stellung gegen die österreichische und preußische Politik und plädiert indirekt für einen »deutschen Staat« ohne außerdeutschen Bevölkerungsanteil. Dies mußte sich natürlich verheerend auswirken, wenn man bedenkt, daß die »Tagebuchblätter« von König Ludwig II. an seine Minister zur »Ausführung der darin niedergelegten Ideen« übersandt wurden. Dies wird noch klarer, wenn man Wagners Gedankengang um die »friedliebende Haltung« der Deutschen bis zum brisanten Ende verfolgt: »Ich stehe nicht an, das Fortbestehen der ungeheuren stehenden Heere, da man sie noch zum Hauptinteresse der herrschenden Dynastien gemacht hat, als den denkbaren und möglichen Grund des dereinstigen Unterganges der Monarchien anzusehen. Denken wir uns dagegen die Nöthigung zu dieser furchtbar-nutzlosen Volkskraft dadurch entfernt, daß der deutsche Name nach keiner Seite hin mehr als gleichbedeutend mit Unterdrückung und Fremdherrschaft erscheint, so hätten wir in einer zweckmäßigen Vereinigung der verschiedenen und verschiedenartigen deutschen Staaten eine conservative Völkerverbindung vor uns, welche, ohne nach außen im mindesten angreifend sich zu bewegen, durch ihre innere Kraft und Unangreifbarkeit die Geschicke der Welt im Gleichgewicht zu erhalten berufen wäre. Eine kräftig organisierte Volkswehr, welche keinen Theil des Volkes bedrückt und alle Glieder desselben in sich vereinigt, würde Deutschland unangreifbar machen, indem sie ihm für seine Vertheidigung so viel Millionen waffengeübter Männer stets bereit stellte, als es unmöglich jetzt Hunderttausende erhalten kann. ... Ein bewaffneter Friede ist nur so denkbar. ... Ich kann der Ansicht nicht wehren, daß eine, einfach nach dem hie u. da zu verbessernden Vorbild der jetzigen Wehrverfassung der Schweizer, bei allen deutschen Völkern eingeführte Volkswehr die wirksamste Grundlage einer außerordentlich glücklichen Gestaltung aller übrigen politischen Verhältnisse bei uns sein müßte.«

Wagner plädiert für eine »zweckmäßige Vereinigung der verschiedenen und verschiedenartigen deutschen Staaten« zu einer »conservativen Völkerverbindung« und für eine Volkswehr, eine Wehrverfassung nach schweizerischem Vorbild. Interessant zu sehen ist der Weg, den er für sein politisches Credo wählt, der, ausgehend von »utopischen« Vorgaben, sich immer mehr auf den realitätsbezogenen Kern zubewegt: Die Analogie zur Schweiz wird von der »Nichtangriffs-Volkswehr« bis zum Aufbau des Staates weiterentwickelt: »Über die eigentliche staatliche Gestaltung, d. h. über die Gestalt der Zusammensetzung der Staaten Deutschlands, kann man schwerlich selbst nur zu einer idealen Vorstellung gelangen. ... Wichtig ist es dagegen, sich darüber klar zu werden, daß nicht die äußere Gestalt dieser Staaten, sondern der innere Geist des Volkes und seiner Regierungen in Betracht zu ziehen ist, wenn ein bleibender Zustand Deutschlands als möglich gedacht werden soll. Es hat die Schweiz am Zustandekommen einer höchst förderlichen und allen Interessen des Volkes gedeihlichen Verfassung nicht verhindert, daß sie bis auf den heutigen Tag aus den verschiedenartigsten Cantonen von allerungleichster Größe zusammengesetzt ist. ... Es ist unmöglich, für die beglückendste Gestaltung des deutschen Staatenbundes unübersteigliche Schwierigkeiten vorauszusehen, sobald man einerseits den heute bestehenden Gestaltungen des geschichtlichen Zufalls ohne Pedanterie, ... ruhig und ohne Ärger, wie die Schweizer dieß thaten, ihr Bestehen läßt und dagegen nur das Eine sich vollkommen geändert denkt, nämlich: das Verhalten der Regierungen gegen das Volk, welches durchaus von der bisherigen Politik des Mißtrauens in die des vollsten Vertrauens übergehen muß. Dieses Eine ist aber nur denklich, wenn die Regierenden das deutsche Volk u. seinen Geist wahrhaft verstehen lernen.«

Hier wird nun endgültig evident, was Wagner mit Hilfe von Ludwig erreichen wollte: Deutschland sollte zu einem nicht näher definierten »Deutschen Staatenbund« mit föderalistischer Grundhaltung analog der Schweiz umgewandelt werden und die stehenden Heere sollten zu Gunsten einer »Volkswehr nach Schweizerischem Vorbild« abgeschafft werden. Diese Volkswehr würde nach Wagner nicht mehr zur Aggression taugen, die ja dem Deutschen – »utopiegerecht« – fremd ist, sondern nur noch zur defensiven Verteidigung der eigenen Grenzen. Damit würde sich der »Patriotismus«, der nach »Über Staat und Religion« bei Fehlleitung sich gegen andere Nationen aggressiv auswirken kann, nur noch stabilisierend nach innen richten. Bayern sollte in dieser Entwicklung natürlich eine Vorreiter- und Vorbildrolle auch über das Vorbild Ludwig II. hinaus übernehmen. So sollte Bayern mit der Umgestaltung seines Heeres den Anfang machen, wie Wagner weiter ausführt. Bis ins Detail beschreibt er den militärischen Aufbau, den Wehrgemeinde-Vorstand, die Wehrgemeinden, die Wehrbezirke und als deren Spitze den Wehrrath, welcher zu Zeiten die Wehrprovinz versammelt, wobei alljährlich die Wehrprovinzen zur Musterung berufen werden. Die Beschreibung der bayerischen Wehrerziehung gleicht dabei in verblüffender Weise derjenigen der »Spartaner«, wie er sie in seinen theoretischen Schriften als »ideal« bezeichnet und beschrieben hatte. Dem König gab er damit realpolitische Anordnungen von größter Brisanz. Mit den »Tagebüchern« griff Wagner aktiv in realpolitische Belange ein und bot eine Menge politischen Zündstoff, zumal viele seiner Gedanken unausgegoren diffus sind. Doch damit noch nicht genug, denn Wagner benutzte die »Tagebuchblätter« gleichzeitig dafür, zu »beweisen«, daß das »träge« und »bequeme« deutsche Volk es nötig hat, durch einen Fürsten – gemeint ist natürlich Ludwig II. – »aufgestachelt« zu werden. Allerdings versteht Wagner darunter keineswegs kämpferische, kriegerische Agitation, aber er schlägt ganz gezielt weitere Maßnahmen zur Begründung der »Deutschen Nation« vor.

Interessant und verblüffend an Wagners Maßnahmenpaket ist, wie konsequent er seine in den Briefen und den früheren theoretischen Schriften geäußerten, zum Teil noch sehr vagen Ansichten aufgreift und hier konkretisiert. Wie schon in »Über Staat und Religion« meint Wagner: »Natürlich ist, daß die Maße der Menschen das Neue und Tiefe nicht faßt, und desshalb der aufklärenden Belehrung bedarf.« Und daher »bedürfen wir einer aufklärenden und beruhigenden Mitwirkung der Presse zu Unseren Zwecken«. Wir haben ebenfalls bereits in »Über Staat und Religion« gesehen, daß die Presse nach Wagner die öffentliche Meinung macht und daher den staatserhaltenden Patriotismus im positiven Sinn zu steuern vermag. In seinen »Tagebuchblättern« führt Wagner diesen Gedanken nun weiter aus und schlägt für Bayern konkrete Maßnahmen vor: »Wir haben die ganze Presse gegen uns, was sehr natürlich ist. Alle Gewalthaber dieser Welt, von den höchsten bis zu den niedrigsten Mächten, haben ihre Vertreter, ihre Organe in der Presse.« Zum einen will Wagner nun, wie er bereits im »Bericht« zur Musikschule erläuterte, ein musikalisches Journal herausgeben: »Wir müssen uns ein Organ in der Tagespresse begründen ... Dieß muß jetzt unverzüglich in das Werk gesetzt werden und zwar ohne irgend welchen Zeitverlust. Ich wünschte, daß dieses Blatt vom 1. Januar des nächsten Jahres an erscheint. Bereits habe ich mich darüber berathen. Die Kosten eines solchen wöchentlich erscheinenden Journales sind nicht bedeutend: ich habe mir von Sachverständigen eine Berechnung machen lassen, nach welcher mit 3000 fl. diese Zeitschrift zu begründen und bis dahin zu unterhalten wäre. In der billigen Voraussetzung, daß mir die Creierung der Musikschule anvertraut werden würde, hatte ich auch bereits die Bestellung der Redaction dieses Journales bedacht. Ein sehr intelligenter, mir ergebener Bayer, Dr. Grandauer ... sollte die Hauptredaction bekommen: als Nebenredacteur hatte ich ihm einen jungen Österreicher, Heinr. Porges bestimmt ... Es würde große Aufmerksamkeit, und, durch seinen Geist, bedeutenden Einfluß gewinnen.«

Wagner ging mit einer Rigorosität sondergleichen auf seine Ziele los. Ohne Wissen des Königs hatte er bereits finanzielle Berechnungen und Kalkulationen in Auftrag gegeben, und auch das gesamte Redaktionsteam bestimmt. Ebenso brisant ist, daß er diesem Organ »bedeutenden Einfluß« attestiert. Doch Wagners »Utopie« ist – wie mehrfach gesagt – eine Gesamtheitsutopie, eine Utopie, in der Kunst und Politik ineinander übergehen, etwas, was Wagner nun in seinen »Tagebuchblättern« explizit bestätigt: »Unsere großen Kunstzwecke haben auch eine politische Bedeutung: diese klar zu machen und im richtigen Lichte zu zeigen, kann Unser Unternehmen einzig wahrhaft, und im guten Sinne, populär machen. Wir bedürfen daher einer großen politischen Zeitung, deren Tendenz Unser Kunstinteresse mit den höchsten politischen Interessen der Nation als im Einklang stehend zu begründen weiß.« Wagner wollte eine politische Tageszeitung, in der »Kunstinteresse« und politische Interessen der deutschen Nation – und nicht des Staates Bayern – identisch sein sollten. So konnte natürlich, – um wiederum auf »Über Staat und Religion« zurückzugreifen –, der an sich positive Wahn des Patriotismus und der absolut positive Wahn der deutschen Kunst zusammengeführt werden und zum Aufbau und der Konservierung der Deutschen Nation unter dem Symbolträger Ludwig II. führen. Von diesem Presseorgan, das »aus einem Guß die ganze Idee vertritt«, hatte Wagner ebenfalls schon ganz genaue Vorstellungen: »Ich würde daher dafür sein, ein selbständiges Organ hierfür zu gründen, und schlage deßhalb vor, die bestehende Bayerische Zeitung als offizielles Organ der Königlichen Regierung, zu diesem Zwecke und in diesem Sinne zu reformieren.« Und genau wie beim musikalischen Journal hatte Wagner auch schon den Chefredakteur bei der Hand: »Es ist Julius Froebel, bisher der eigentliche Hauptredacteur des in Wien erschienenen [236] ›Botschafter‹. Er ist der einzige bekannte wirklich überzeugte, ernste und vollständig ehrenhafte Mann, der sich gegenwärtig bei politischer Zeitungsredaction betheiligt. ... Er ist allgemein als ein Ehrenmann geachtet, was seine hiesige Anstellung erleichtert, ist, daß er mit mehreren Ministern, namentlich mit Herrn v. d. Pfordten wohlbefreundet ist, obwohl ich ihn für ernster, begabter, und namentlich idealer als diese Herren halten muß. Sein Ruf ist in jeder Hinsicht bedeutend. Die bedeutende Tendenz, welche Wir verfolgen, ist ihm sympathisch und natürlich selbst eigen: er würde sie auf dem Gebiete der Politik in geistvoller Weise vertreten, und die ›Bayerische Zeitung‹ schnell zu einem weitverbreiteten, bedeutenden und stimmberechtigten Organe erheben.«

Wagner stellt Froebel als einen Mann vor, der ganz im Sinne des Bayerischen Außenministers von der Pfordten denkt und dem gleichzeitig die »bedeutende Tendenz«, welche Wagner und Ludwig verfolgen, »eigen ist«. Froebel wäre demnach die Persönlichkeit, in welcher sich die bayerischen Minister und damit die offizielle Politik, Ludwig II. und Richard Wagner wieder finden würden. Eine kühne Behauptung, wie sich bei näherem Betrachten dieser illustren und schillernden Persönlichkeit zeigt. Julius Froebel und Richard Wagner kannten sich schon seit vielen Jahren. Kennengelernt hatten sich die beiden 1848 im Vorfeld der 48er Revolution, in der Froebel eine entscheidende Rolle spielte, denn er war einer der maßgeblichen Männer der demokratischen Bewegung im Vormärz und in der Revolution und ihr wohl einflußreichster und bedeutendster politischer Theoretiker.[237] Über sein politisches Wirken hat Froebel 1890 in zwei Bänden unter dem Titel »Ein Lebenslauf: Aufzeichnungen, Erinnerungen und Bekenntnisse« seine Lebenserinerungen aufgeschrieben, in welchen auch Wagner und die politische Situation jener Jahre in Bayern breiten Raum einnehmen.[238] Froebel hat in seinen »Lebenserinnerungen« auch seine Begegnung mit Wagner 1848 aufgezeichnet und dazu eine für uns brisante Aussage gemacht: »Ein politisches Interesse an der dramatischen Kunst, welches sich hinter der ästhetischen vebarg, brachte mich Eduard Devrient näher, ohne jedoch durch den Umgang eine Ideenverwandtschaft zu Tage zu fördern. In hohem Grade dagegen fand sich diese bei mir und Richard Wagner in Bezug auf die Stellung und Bestimmung des Theaters in einem freien Volksleben. Mit ihm traf ich in der Ansicht zusammen, daß das Theater wieder die Stellung einnehmen solle, welche es bei den Griechen gehabt. War er vom Standpunkte des hochgebildeten Künstlers auf diesen Gedanken gekommen, so war ich von der Politik her zu den gleichen Überzeugungen gelangt.« Nach Froebel war also die gesellschaftspolitische Grundidee einer an Griechenland orientierten neuen Ordnung bei beiden Männern identisch, nur vertrat Wagner die kulturelle, Froebel die politische Seite. Damit erhalten wir die entscheidende Antwort dafür, welche Bedeutung Froebel für Wagner im Herbst 1865 gehabt haben muß: Der »Utopist« Wagner bedurfte eines politisch gleichdenkenden »Realisten« zur Durchsetzung seiner Ziele. Diesen glaubte er in Froebel gefunden zu haben.

Tatsächlich muß die Beziehung der beiden Männer in der Revolutionszeit sehr intensiv gewesen sein, denn Froebel begann unter dem Einfluß Wagners Theaterstücke zu schreiben, wobei nicht zuletzt die Diskussionen mit Richard Wagner über die Stellung des Theaters in einem freien Volksleben Froebel vorübergehend zu einem anderen Medium der Verbreitung seiner politischen Gedanken geführt hatte! Interessant ist, daß Wagner über diesen intensiven Gedankenaustausch mit Froebel, welcher beide wechselseitig stark beeinflußt haben dürfte, in der für Ludwig II. geschriebenen Autobiographie »Mein Leben« nichts verzeichnete. Was für Gründe mochte Wagner haben, seine intensive Beziehung zu Froebel dem König gegenüber zu verheimlichen? Der Name »Froebel« taucht in »Mein Leben« nach einer kurzen Erwähnung in Zusammenhang mit der Entlassung einiger politischer Gefangener 1849 erst in der Beschreibung der Ereignisse um 1863 wieder auf: »Mit dem aus älterer Zeit her mir bekannten Friedrich Uhl, welcher jetzt mit Julius Froebel unter Schmerlings Auspizien ein politisches Journal ›Der Botschafter‹ herausgab, traf ich jetzt ebenfalls wieder zusammen. Er stellte mir sein Journal zur Verfügung und veranlaßte mich, in seinem Feuilleton den ersten Akt der Dichtung der ›Meistersinger‹ mitzuteilen.« Froebel war schon seit längerer Zeit von seinen Revolutionsaktivitäten rehabilitiert und gehörte der Redaktion des »Botschafters« an, dem offiziösen Presseorgan der Wiener Regierung, und er war mit dem Auftrag betraut, einen österreichischen Bundesreformplan auszuarbeiten. Mit seiner publizistischen Wirksamkeit für die Sache Österreichs hatte er sich seit 1859 den Weg als einer der einflußreichsten politischen Journalisten seiner Zeit geebnet. Zugleich blieb er aber auch der politischen Theorie treu.

Nun wird klar, was Wagner bewogen haben muß, Froebel nach München zu holen: Froebel war 1863 einer der schillerndsten politischen Persönlichkeiten und gemäß Anstellungsvertrag mit der österreichischen Regierung Redaktor eines offiziösen Regierungsorganes, würde also als zukünftiger Redaktor eines solchen Regierungsorganes in München große Erfahrung mitbringen. Als Diplomat bereitete Froebel 1863 im Auftrag der österreichischen Regierung den Frankfurter Fürstentag vor, wobei Froebel eine Art graue Eminenz auf dem glatten Wiener Diplomaten-Parkett gewesen ist, ein nationalpolitischer Souffleur der österreichischen Minister. [239]

Hans Lülfing hat in seiner Dissertation das Gedankengut Froebels herausgeschält, was weitere interessante Aufschlüsse auf die Beziehung Froebel-Wagner ergibt. Lülfing schildert Froebel als vehementen Anhänger einer großdeutschen Trias-Politik »Preußen – Österreich – Mittelstaaten«, wobei eine an Amerika und der Schweiz orientierte föderalistische Lösung angestrebt wird. Für eine föderalistische Lösung nach Schweizer Vorbild sprach sich ja auch Wagner in seinen »Tagebuchaufzeichnungen« für Ludwig II. aus. Gleichzeitig wandte sich Froebel mit seiner Trias gegen die preußische Politik – auch hier trifft er sich mit Wagner – und plädierte für die Kontinuität des Deutschen Bundes, der erneuert und reformiert werden sollte. Aus diesem Grund war Froebel auch Mitglied des Großdeutschen Reformvereins. Doch Froebel drang mit seinen Ideen 1863 in Frankfurt nicht durch, der Frankfurter Fürstentag endete im Fiasko.

Damit scheiterte letztlich Froebels Groß-Trias-Idee, die in einigen Punkten an Wagners »Programm« erinnert. Und die Auswirkungen von Froebels politischem Scheitern wurden genau im Herbst 1865 in voller Konsequenz deutlich, zu jenem Zeitpunkt, als Wagner Froebel nach München berufen wollte. Froebel hielt nämlich in seinen »Botschafter«-Artikeln und in seiner eben veröffentlichten Abhandlung »Theorie der Politik« an seiner Groß-Trias-Idee fest und stellte sich dadurch immer eindeutiger gegen die nunmehr auf Dualismus und Konfrontation ausgerichtete Politik Österreichs und Preußens. Dies führte dann schließlich auch zum Bruch mit der eine Neuorientierung suchenden österreichischen Politik: Im Juli 1865 mußte der österreichische Staatsminister Anton von Schmerling zurücktreten. Schmerling, der in der 48er Revolution Führer der Großdeutschen war, stand am Frankfurter Fürstentag auf der Verliererseite und mit ihm natürlich auch Froebel.

Der Ministerwechsel hatte für Froebel zunächst zur Folge, daß er seine Hauptwirkungsstätte, den »Botschafter« verlor: Der Verleger Friedrich Uhl, auch er ein Freund Wagners, der sich ganz als Gehilfe Schmerlings betrachtete, entschloß sich, das Blatt auf Ende Juli 1865 einzustellen. Von diesem Zeitpunkt an begann Froebel zunehmend in der »Augsburger Allgemeinen Zeitung«, einer bayerischen Zeitung also, zu publizieren, wobei er sich gegen die Politik von Österreich und Preußen in der Schleswig-Holstein-Frage stellte. Eine Bundesreform nach dem Triasplan sei jetzt durchaus möglich. An den Trägern des deutschen Dualismus übt er dabei scharfe Kritik und die »Machtgebiets«-Politik Bismarcks wird als selbst für Europa gefährlich gebrandmarkt.[240] Froebel bezog also – genau wie Wagner – gegen Österreich und Preußen Stellung und wollte eine Stärkung der Mittelstaaten. Diese zunehmend vehemente Stellungnahme gegen die österreichische Politik mag mit ein Grund gewesen sein, daß Froebel in der zweiten Jahreshälfte 1865, unmittelbar vor der von Wagner angestrebten Berufung nach München, kaltgestellt wurde. Zwar vermied Froebel vorerst noch eine Kündigung seiner Anstellung in

Österreich, diese ließ sich aber im Dezember 1865 nicht mehr abwenden.[241]

Vor diesem Hintergrund entpuppt sich Wagners Wunsch, Julius Froebel als Redaktor nach München zu holen, als eine brisante Konstellation. Froebels föderalistisch-großdeutsche Trias-Idee entspricht in manchen Punkten Wagners Programm, und er hätte diese als Praktiker von der Politik her verfeinern können, wie dies schon 1848 der Fall war. Andererseits stand Froebel mit eben dieser Politik im Herbst 1865 auf dem internationalen Parkett im Abseits. Wenn Froebel nun den Posten in München tatsächlich bekommen sollte, wäre anzunehmen, daß er seine Politik kaum modifiziert fortsetzen und sich damit gegen Preußen und Österreich stellen würde. Mit dem Vorschlag, Froebel nach München zu holen, trug Wagner eine ungeheure Sprengkraft in das politische Gefüge nicht nur in Bayern, sondern unter Umständen auch in Europa, denn als Redaktor der offiziösen Regierungszeitung Bayerns würde Froebel automatisch die Regierungspolitik in seine Bahnen lenken. Wagner griff mit seinem Vorschlag also einmal mehr stark in politische Belange ein. Noch brisanter wird diese Angelegenheit, wenn man berücksichtigt, daß Julius Froebel kurze Zeit vorher eine kleine politische Schrift darüber verfaßt hatte, wie seiner Meinung nach ein offiziöses Regierungsorgan funktionieren müßte. In seinem »Memoire über die Benutzung und Leitung öfficiöser Blätter« fordert Froebel dezidiert, daß der »Schriftleiter eines solchen offiziösen Blattes immer von den Absichten der Regierung unterrichtet wird«.[242] Würde Froebel als Redaktor des zu gründenden offiziösen Regierungsorganes nach München berufen, würde das für Wagner bedeuten, daß er zur politischen Schaltstelle in München avancierte, die einerseits »unbegrenzten Einfluß« auf den König besaß, andererseits durch den langjährigen Freund und Gesinnungsgenossen Julius Froebel über die Regierungstätigkeit genauestens unterrichtet würde.

# Die Regierungstätigkeit Ludwigs II. im Spiegel der neuen Erkenntnisse

# Die schwierige politische Situation Bayerns

In den ersten beiden Regierungsjahren von Ludwig II. können auffallende Eigenarten der Regierungstätigkeit des Königs festgestellt werden: Ludwig II. hatte zu Beginn seiner Amtszeit die besten Vorsätze und widmete sich mit großem Eifer den Regierungsgeschäften. Im April 1864 schilderte er seiner ehemaligen Erzieherin, Frau von Leonrod, seinen Tagesablauf: »Morgens kommen die Sekretäre um ½ 9 bis ½ 10 oder 10 Uhr. Zweimal in der Woche kommt Hofmann, der Hofsekretär, dieser um 10–11; um 11 Uhr jeden Tag ein Minister, dann nehme ich ein zweites Frühstück ein und erteile gewöhnlich um 12 Uhr Audienz, fahre und gehe; um 4 Uhr ist die Tafel, um 6 Uhr kommt abwechselnd je einer von den Sekretären, Leinfelder (Beamter des Kabinettsekretariats) liest dann die Zeitung vor, was bis gegen 9 Uhr dauert; dann ist Tee.«[243] Im jugendlichen Eifer, alles rasch zu erledigen, so berichtete Louise von Kobell, die Ehefrau des nachmaligen Kabinettsekretärs von Eisenhart, ließ der König anfänglich sogar öfters im Kabinett nachfragen, ob von den Ministern keine Anträge zur Unterschrift gekommen seien. Im Juni 1864 fuhr Ludwig nach Bad Kissingen, um die dort zur Kur weilenden Fürstlichkeiten zu begrüßen: Kaiser Franz Joseph und Kaiserin Elisabeth von Österreich sowie das russische Zarenpaar Alexander II. und Maria Alexandrowna. Er blieb vier Wochen.

Doch bereits im Herbst 1864 wurde in diplomatischen Kreisen erste Kritik an Ludwig laut. So nahm der österreichische Gesandte in München, Graf Blome, vor allem an Ludwigs »romantischen Schwärmereien« Anstoß. Im Jahr 1865 wurden diese Kritiken immer lauter, denn es häuften sich lange Abwesenheiten des Königs von München, die mit Wochen dauernden Landaufenthalten verbunden waren.

Dies rief ein Jahr nach der Regierungsübernahme Ludwigs II. herbe Kritik von Seiten des Gesamtministeriums und der in München akkreditierten Diplomaten hervor. Der Außenminister Bayerns, Freiherr von der Pfordten, klagte bereits im Mai 1865 dem österreichischen Gesandten Graf Blome, daß er manchmal wochenlang keinen persönlichen Vortrag bei seinem Souverän halten dürfe und meinte weiter:»Geht es so fort, so bildet sich der König ja nie zum Regenten aus, er spricht niemand, sieht niemand…«[244] Da es den Ministern unmöglich war, Ludwig überallhin auf seine Landschlösser nachzureisen, bürgerte sich nach und nach ein durch das Kabinettsekretariat vermittelter schriftlicher Verkehr zwischen dem König und seinen Ministern ein, was einerseits die Staatsgeschäfte erheblich behinderte, andererseits den Einfluß des Kabinettsekretariats stark erhöhte und für politischen Zündstoff sorgte.

Bereits in der Regierungszeit Maximilians war das Kabinettsekretariat zu großem Ansehen und Einfluß gelangt. Zwar setzte Max im November 1848 unter dem Druck revolutionärer Strömungen per Verordnung das Kabinettsekretariat für alle Angelegenheiten, die nicht unmittelbar zu seiner privaten Disposition gehörten, außer Wirksamkeit. Tatsächlich aber bestand das Kabinettsekretariat nicht bloß fort, sondern übte bald auch in Regierungsangelegenheiten einen großen Einfluß aus: Franz Seraph von Pfistermeister, der unter Ludwig II. weiter im Amt verblieb, hatte im Widerspruch zu der Verfassung und zur königlichen Verordnung vom November 1848 sein Sekretariat zu einer Art »Kabinettsministerium« ausgebaut, das für die einzelnen Sparten der Verwaltung eine Mehrzahl von Mitarbeitern und Referenten umfaßte. Der Kabinettsekretär wurde damit die vermittelnde Persönlichkeit zwischen Krone und Ministerium. Durch die zurückgezogene Lebensweise des neuen Königs Ludwig II. blieb Kabinettsekretär von Pfistermeister die einflußreiche und machtvolle Vermittlerposition nicht nur erhalten, sondern wurde gar ausgebaut, die viele durch den Wechsel auf dem Königsthron zu vermindern hofften.

Mit dem Rückzug von der Hauptstadt steigerte sich gleichzeitig die Theaterleidenschaft Ludwigs II. Immer wieder brachte ihn sein Extrazug am Abend von seinen Landschlössern nach München, wo er nicht dringende Staatsgeschäfte erledigte, sondern die Oper besuchte. Die Minister mußten zuweilen im Zwischenakt, in der Logentür, Vortrag halten und waren froh, daß sie wenigstens hier mit dem König konferieren konnten. Interessant erscheinen dazu die Beobachtungen des österreichischen Gesandten Blome im April 1865: »Von politischen Dingen, besonders von den Fragen der Gegenwart weiß Ludwig noch weniger, als bei seinem jugendlichen Alter zu erwarten ist … Mir scheint nun, das der König im Grunde der Politik nur sehr geringe Aufmerksamkeit schenkt und durch allgemeine Redensarten seinen Mangel an Interesse zu verdecken sucht. Musik und Literatur sind die Hauptneigungen Seiner Majestät … Neben der Oper pflegt der König mit jugendlichem Feuereifer das deutsche Drama. Literaten und Künstler werden mehr als andere Klassen der Bevölkerung zur Audienz zugelassen.«[245]

Die Art der Amtsführung des Königs 1864 und 1865 kann deutlich in zwei Phasen eingeteilt werden: Bemühte sich Ludwig II. 1864 noch, sich ernsthaft seiner Regierungstätigkeit zu widmen und sich in der Öffentlichkeit zu zeigen, so war das Jahr 1865 durch einen allmählichen Rückzug von der Öffentlichkeit und der Regierungstätigkeit gekennzeichnet, sowie von der zunehmenden Beschäftigung mit Theaterfragen. Im Briefwechsel konnte festgestellt werden, daß Wagners Bemühungen, den König mit seiner »Utopie« gezielt zu beeinflussen, im November 1864 einsetzten und sich im Jahr 1865 intensivierten. Es ist also eine zeitliche Parallele zwischen Wagners Bemühungen und Ludwigs Rückzug zu konstatieren, die kaum Zufall ist. Einerseits wuchs der Einfluß Wagners auf den König mit zunehmender Dauer seines Aufenthaltes, andererseits wurden die »Utopie-Bestrebungen« Ludwigs ständig intensiver und dominanter. Bemerkenswert ist aber auch, daß bei Diplomatie, Ministern und Öffentlichkeit herbe Kritik an diesem Regierungsstil Ludwigs II. aufkam. Dies hing auch mit der schwierigen außenpolitischen Situation zusammen, in der sich Bayern 1864 und 1865 befand, und mit der daraus resultierenden Besorgnis, welche politische Richtung der neue bayerische König einschlagen werde.

Ludwig II. trat sein Amt in einer außenpolitisch sehr schwierigen und delikaten Zeit an. Die nationalen Einheitsbestrebungen im deutschsprachigen Raum bestimmten die Außenpolitik der europäischen Länder in entscheidendem Maß mit: Bayern stand als drittgrößte Macht zwischen Preußen und Österreich, welche um die Vorherrschaft im Deutschen Bund kämpften. Die seit Jahren schwelende »Deutsche Frage« befand sich 1864 und 1865 in der entscheidenden Phase: der zweite Deutsch-Dänische Krieg um die Elbeherzogtümer Schleswig und Holstein endete 1864 mit der Niederlage der Dänen. In der Folge erhoffte sich Preußen durch den Gewinn dieser Ländereien eine Machtausdehnung im norddeutschen Raum, während Österreich dies natürlich zu verhindern suchte. Bayern stand im deutschsprachigen Raum mitten drin in diesem Machtkampf und mußte deshalb versuchen, zwischen den zwei Großmächten zu vermitteln. Doch trotz dem aus dieser Lage resultierenden Antrag Bayerns auf Anerkennung des Augustenburgers Friedrich VIII. als legitimen Herzog von Schleswig und Holstein und damit für die Unabhängigkeit dieser Länder von den beiden Großmächten, beschlossen Österreich und Preußen im Präliminarfrieden am 1. August und im endgültigen Friedensvertrag am 30. Oktober 1864, daß Schleswig, Holstein und Lauenburg, ohne Bestimmung über ihre Zukunft, an die Monarchen von Österreich und Preußen abgetreten werden mußten. Damit war zwar noch keine endgültige Entscheidung in Betreff dieser Länder gefallen, doch offenbarte sich hier eine Schwächung Österreichs, das sich gegen Preußen nicht mehr voll durchzusetzen vermochte.

Parallel zum Deutsch-Dänischen Krieg entschied sich auch das Ringen um die Zukunft des Zollvereins. Preußen hatte diesen Vertrag ja am 15. Dezember 1863 auf Ende

1864 gekündigt, um ohne Österreich einen neuen auszuhandeln. Bei diesen Verhandlungen im Jahr 1864 zeigte sich immer mehr, daß die süddeutschen Kleinstaaten Bayern, Württemberg, Hessen-Darmstadt und Nassau, die aus Angst vor der neu aufstrebenden Großmacht im Norden des deutschsprachigen Raumes seit langem Gegner Preußens waren, große Bedenken trugen, aus Solidarität zu Österreich die Vorteile des Zollvereins aufzugeben. Dies wurde noch durch den Umstand genährt, daß Österreich seinen süddeutschen Verbündeten in der Tariffrage nicht weit genug entgegenkam, so daß diese Kleinstaaten auf einer Konferenz in München im Juni 1864 einen Zollbund mit Österreich ablehnten. Ludwig II. selbst neigte, im Gegensatz zu seinem damaligen Außenminister Freiherr von Schrenck, zur Fortsetzung des Zollvereins ohne Österreich, und so fiel es Bismarck nicht mehr schwer, mit Hilfe einer erfolgreichen Pressekampagne den Widerstand der Süddeutschen zu zermürben. Der Zollverein wurde schließlich am 12. Oktober 1864 mit Preußen, aber unter Ausschluß von Österreich, erneuert, das damit eine weitere empfindliche Niederlage einstecken mußte.

Diese beiden zentralen politischen Entscheidungen vom Oktober 1864 waren, wenn man sie im Hinblick auf die nationalstaatliche Einigung im deutschsprachigen Raum betrachtet, eminent wichtig. So war Preußen mit dem Zollvereins-Abschluß im wirtschaftlichen Bereich ein wichtiger Durchbruch gelungen, der ihm mehr Machtanteil brachte. Der unterlegene und daher abtretende bayerische Außenminister Freiherr von Schrenk sprach gar vom ersten Schritt zur Mediatisierung Bayerns. Im Fall Schleswig-Holsteins war insofern ebenfalls eine Vorentscheidung gefallen, als die Eigenständigkeit dieser Länder akut gefährdet war, womit die Gefahr einer Machtzunahme Preußens im norddeutschen Raum nicht gebannt war. Die »Deutsche Frage« war durch die Ereignisse im Jahr 1864 stark in Bewegung gekommen. Doch was die nationalstaatlich Gesinnten als Schritt in Richtung Nationalstaat unter Preußens Führung begrüßten, mußten die anderen, großdeutsch oder föderalistisch gesinnt, als gefährliche Entwicklung und Stärkung Preußens vehement ablehnen. Schwierig war bei dieser Konstellation auch die Position des »Fortschritts«. So befürwortete im August 1864 der bayerische Fortschritts-Vertreter Karl Brater zwar die Stärkung Preußens, monierte aber gleichzeitig die politische Haltung Bismarcks. Für Brater bot »nur ein liberales Preußen an der Spitze Deutschlands, bereit, sich und seinen staatlichen Egoismus einem geeinten deutschen Staate zum Opfer zu bringen, die Gewähr für eine erfolgreiche kleindeutsche Politik«.[246] Damit überlagerten sich klar innen- und außenpolitische Ziele der »Fortschrittspartei«.

Bis Ende Oktober 1864 war Ludwig II. durch dieses politische Geschehen stark in Anspruch genommen und konnte sich kaum um Wagner und dessen Anliegen kümmern. Frappanterweise setzte Wagners gezielte Beeinflussung des Königs ausgerechnet im November 1864 ein, zu einem Zeitpunkt also, da die politische Diskussion um Großdeutsch mit Österreich (und damit nichtdeutschen Gebieten), Preußisch-Kleindeutsch, um Staatenbund oder einheitlichen Bundesstaat voll im Gang war. Der neudeutsche Komponist Richard Wagner mit seinen Vorstellungen des Deutschtumes, wie er sie in seinen Briefen an den König und in seinen für Ludwig geschriebenen theoretischen Schriften – »Über Staat und Religion«, »Eine in München zu errichtende deutsche Musikschule« und die »Tagebücher« – darlegte, war eine wichtige Stimme in dieser Meinungsvielfalt. Mit Sicherheit war Wagner gegen eine »Großdeutsche Lösung« mit Berücksichtigung Österreichs, da dies den Einschluß von nichtdeutschen Gebieten mit sich gebracht hätte – für Wagner eine Unmöglichkeit.

Die nun folgende Zeit war geprägt vom vergeblichen Ringen Bayerns um die Lösung des schwelenden Konfliktes um die Elbeherzogtümer Schleswig und Holstein und um deren Unabhängigkeit von Preußen mit der Einsetzung des Herzogs von Augustenburg. Mit der Ersetzung des Außenministers Schrenck wurde in dieser Hinsicht in Bayern ein wichtiges Zeichen gesetzt: Anstelle Schrencks, der Anfang

Oktober wegen seiner Haltung in der Zollvereinsfrage von Ludwig II. entlassen worden war, wurde am 4. Dezember Ludwig von der Pfordten zum neuen Minister des Auswärtigen berufen; der gleiche von der Pfordten, der in der 48er Revolution – wie gesehen – der Gegner Wagners in Sachsen war. Mit von der Pfordtens Berufung wurde einem klar großdeutschen Bewußtsein zum Durchbruch verholfen, denn von der Pfordten forderte in seinen Bedingungen zur Regierungsübernahme, in Deutschland sei die Aufgabe Bayerns, weder eine österreichische noch eine preußische Politik zu betreiben, sondern eine bayerische und deutsche, und zwar großdeutsche.[247] Dabei sollte nach von der Pfordtens Auffassung Bayern nicht auf eine Entzweiung Österreichs und Preußens hinwirken, sondern auf eine Einigung auf der Grundlage des Bundesrechts. Die natürlichen Bundesgenossen Bayerns seien die Mittelstaaten, sie müßten nach von der Pfordtens Programm zusammengefaßt werden zu gemeinschaftlichem Handeln und zur endlichen Verwirklichung der Trias. Den beredtesten Ausdruck dieses großdeutschen Credos hatte von der Pfordten schon 1849 in einer Denkschrift gegeben: »Die Trennung Österreichs von Deutschland ist der Markstein der germanischen Geschichte. Sie beraubt Österreich seines germanischen Charakters und gibt dem Germanentum zwischen den Slaven und den Romanen eine für die Dauer unhaltbare Stellung, deren Ende eine Teilung sein wird. Halten aber Deutschland und Österreich fest zusammen, so kann die Macht, welche das Kaisertum des Mittelalters ideell in sich trug, zur politischen Tatsache werden.«[248] Das Regierungsprogramm von der Pfordtens nähert sich mit seiner Stärkungsabsicht der Mittelstaaten unter Bayerns Führung, Wagners in den »Tagebüchern« vertretenen Ideen. Gleichzeitig scheiden sich dann aber die Geister der beiden bei der Definition eben dieses Germanentums.

Im Jahre 1865 versuchte der bayerische Außenminister denn auch mehrmals, sich in diesem Sinn in die weiteren Verhandlungen um Schleswig-Holstein einzuschalten. Angesichts der eine Schwäche signalisierenden Nachgiebigkeit

Österreichs in den Verhandlungen gegenüber Preußen auf Kosten des Bundesrechts, freundete sich von der Pfordten zwar mit dem Gedanken an, Preußen weitgehende Sonderrechte in den Herzogtümern, ja sogar die Führung Nord- und Mitteldeutschlands einzuräumen, wenn durch einen Bund der süddeutschen Staaten deren Unabhängigkeit von beiden Großmächten gesichert würde. Einzig am Thronrecht des Augustenburgers und damit an der Eigenstaatlichkeit der Herzogtümer Schleswig und Holstein hielt Bayern unbedingt fest, um einen Machtzuwachs Preußens in Grenzen zu halten. Doch in der Gasteiner Konvention vom 20. August 1865 einigten sich Österreich und Preußen und behielten sich die alleinige Verwaltung der Herzogtümer – Österreich in Holstein, Preußen in Schleswig – vor, von den Rechten des Erbprinzen von Augustenburg war mit keinem Wort die Rede. Diese Vereinbarung war daher für alle großdeutsch Gesinnten eine klare Niederlage, und wiederum stand die bayerische Regierung und mit ihr Ludwig II. vor großen Problemen, denn eine Neuorientierung der Außenpolitik hätte eigentlich Not getan.

In dieser Umbruchzeit sind Wagners Aktivitäten besonders auffällig. Einen brisanten Brief schrieb er am 7. September 1865 an Ludwig, also nur kurze Zeit nach Bekanntwerden der Gasteiner Konvention: »Er (Ludwig) muß ein ungeheures Schicksal tragen, er muß ein ganzes Volk beglücken, Millionen gerecht und gnädig sein ... Nun fühle ich, daß mich die Sorge um den königlichen Freund beschleicht: Ich empfinde die Lasten, die Ihn niederdrücken, die Sorgen, die Ihm obliegen, diese Pflichten, – diese Pflichten! Oft kommt es mich an, Ihm über Dieses oder Jenes aus der so fernen, um Seinetwillen mir aber doch naheliegenden Welt, eine Mittheilung zu machen: Ihn fragen, ob Dieß oder Jenes Ihm nicht entginge; einen Wink, einen stillen Freundesrath geben? ... Wer wollte sich unterfangen, in die unsäglichen Wirren der politischen Verfassung des großen deutschen Vaterlandes mit Sicherheit einzugreifen? Hier folgt alles dem trägen Gesetz der Schwere; das Wort des Schicksals werden wir erst erkennen, wenn es fertig ist. Alles ist, dem edlen Theil der hülflosen Nation ein *Vorbild* geben, an dem er sich erquicken, stärken ... auf das er hoffen kann. ... Um Seinen weltgeschichtlichen Beruf zu erfüllen, hat mein königlicher Freund nur Eines jetzt zu thun: Sein Land, Sein *schönes Bayern zum beneidetsten deutschen Lande* zu machen. Das wird Er. ... Mein Trauter wollte schon öfter etwas von meinen politischen Ansichten wissen. Da habe ich etwas davon bekannt. Will der Geliebte mehr wissen?«[249] Und Ludwig wollte, denn eine Woche später begann Wagner seine von ihm als politisches Programm bezeichneten Tagebucheintragungen zu schreiben, die er dem König übersandte. Wie hilflos und abhängig Ludwig II. in der damaligen politischen Situation war, zeigt, daß er die Blätter abschreiben ließ und seinen Ministern zur »Ausführung der darin niedergelegten Ideen« übersandte!

Es besteht zweifellos ein elementarer Zusammenhang zwischen dem politischen Geschehen und den Aktivitäten Wagners in Bezug auf den König, denn es ist erstaunlich, wie politisch bedeutende Entscheidungen und politische Ratschläge Wagners miteinander korrespondieren. Andererseits zeigt sich auch, in welcher staatspolitisch folgenschweren Epoche Ludwig II. auf den Thron kam und Wagner nach München berief, gewannen doch in dieser Zeit nationale Strömungen immer mehr die Oberhand. Am 24. September 1865 beantragte Gustav von Lerchenfeld die Auflösung des Deutschen Reformvereins, der, dezidiert doch vergebens, für eine großdeutsche Lösung gekämpft hatte und dem auch Julius Froebel angehörte. Auch die liberale Fortschrittspartei war durch den harten Kurs Bismarcks in Turbulenzen geraten und spaltete sich in eine gemäßigtere und eine radikalere, demokratische Ideen anstrebende Gruppe auf. Um die Jahreswende 1865/66 gewannen dann die Absichten Preußens immer mehr Gestalt: Bismarck wollte die Annexion der Herzogtümer und die Auflösung des Bundes, um so Voraussetzungen für eine Lösung der »deutschen Frage« zu schaffen, und suchte schließlich die militärische Auseinandersetzung mit Österreich. Dafür wollte er Italien als Bundesgenossen gewinnen, das den Vielvölkerstaat Österreich aus seinen letzten italienischen Besitzungen, aus Venetien, zu verdrängen begehrte. Bayern stand in dieser Situation wiederum vor einer schwierigen Entscheidung. Sollte es sich Preußen und somit der rein national-deutschen Lösung (die ja letztlich auch Wagner wollte) anschließen oder bei Österreich bleiben, um dem Germanentum nach von der Pfordtens Definition Genüge zu tun und damit eine sichere großdeutsch-föderalistische Trias weiter anzustreben und die Gefahr einer Mediatisierung durch Preußen zu bannen. Bayern entschied sich unter Außenminister von der Pfordten für Letzteres. Doch die unvermeidlich gewordene Eskalation der Querelen von 1866, die den deutsch-deutschen Krieg auslöste, brachte eine Entscheidung gegen Bayern: Österreich und das an seiner Seite kämpfende Bayern verloren.

In diesen politischen Ereignissen kam auch der Presse eine wichtige Komponente zu. Bismarck hatte sich ihrer bereits bei den Zollvereinsverhandlungen erfolgreich bedient. Auch bei den Geschehnissen um Wagner bildete sie einen entscheidenden Faktor, der schließlich zu Wagners Entfernung aus München beitrug. Wer hinter dieser Presse stand, ob gewisse Fronten auszumachen sind und was für eine Rolle sie in den politischen und kulturellen Geschehnissen in München spielte, wird uns im folgenden noch stark beschäftigen. Auch Wagner wollte die Presse ja im Kampf für seine Ziele einsetzen, wie er in seinen theoretischen Schriften dem König gegenüber ausführte.

Im 19. Jahrhundert war der Glaube an die organisierende Kraft der Presse sehr groß, da diese damals in der Meinungsbildung das Monopol besaß. Doch auch in einem anderen Punkt war die Presselandschaft noch ganz anders als heute, denn das 19. Jahrhundert stand im Zeichen der politischen Parteipresse. Nie zuvor war der Journalist mehr bestrebt, sich politisch zu engagieren, und nie zuvor war Verlegern mehr daran gelegen, einer politischen Idee zu dienen. Nie zuvor waren aber auch politische Gruppen so sehr daran interessiert, sich eines Mittels zu bedienen, das ihnen ermöglichte, ihre Gedanken schnell zu verbreiten und dadurch neue Anhänger zu gewinnen, und die Zeitung war damals das einzige publizistische Medium, mit dem schnell und intensiv Politik betrieben werden konnte.[250] Wagner lag also mit seinem Plan, zur Verbreitung seiner politischen und künstlerischen Ideen ein eigenes Presseorgan zu lancieren, durchaus in einem allgemeinen Trend. Interessant ist, diese spezifisch auf politische Parteien ausgerichtete Presselandschaft jener Jahre auch im Hinblick darauf zu prüfen, ob sich Tendenzen zwischen politischer Parteizugehörigkeit einer Zeitung und ihrer Stellungnahme für oder gegen Wagner ablesen lassen, was wiederum Wagners politische Tätigkeit in München spiegelt. Der Begriff »Parteipresse« ist allerdings vielschichtiger, als man heute annehmen könnte, denn damals gab es nicht Parteien im heutigen Sinn. Dementsprechend konnte »Parteipresse« sowohl eine Presse bedeuten, die Partei ergriff und damit parteiisch war, als auch eine Presse, die einer Partei organisatorisch verbunden war. Die zweite Definition schließt die erste ein, aber die erste ist ohne die zweite denkbar.[251] Auf Wagner bezogen heißt dies, daß wenn die fortschrittliche Parteipresse für Wagner und seine Ideen einsteht, man auf ein national-fortschrittlich anerkanntes Ideengut zurückschließen muß.

Die Presselandschaft in Bayern war recht vielfältig, doch besaßen 1864 nur wenige Zeitungen wirkliches Gewicht. Sie sind klar politischen Gruppen zugeordnet, denn die Beziehungen zwischen den großen Blättern und den politischen Parteien waren sehr eng. Seit Beginn der 60er Jahre, in denen sich die eigentliche Parteienbildung in Bayern vollzog, sind sie als Parteiblätter zu bezeichnen. Trotzdem deckte sich keine Zeitung völlig mit einer Partei, denn sie wußten sich eine gewisse Unabhängigkeit zu bewahren. Die »Münchner Neuesten Nachrichten« waren in Bayern und Süddeutschland unter den liberal-fortschrittlichen Zeitungen das führende Organ. Der leitende Redakteur August Vecchioni und sein Freund Julius Knorr, der seit 1862 Verleger des Blattes war, hatten in der studentischen Bewegung von 1848 mitgemacht und sich in den folgenden Jahren einer gemäßigt liberalen Haltung verschrieben, die in der Zeitung stark zum

Tragen kam. Verleger Knorr, der die »Münchner Neuesten Nachrichten« »zu einer Waffe für die Freiheit und Nationale Einheit« machte[252], stand dem Nationalverein und der Anfang der 60er Jahre in Bayern aktiv werdenden »Fortschrittspartei« nahe, ohne ihr beizutreten, vertrat aber deren Ideen. Knorr war sowohl bei der Gründungsversammlung der »Fortschrittspartei« Bayerns am 15. März 1863 in Nürnberg als auch bei der Generalversammlung des Nationalvereins am 13. Oktober 1863 dabei. So waren die »Neuesten Nachrichten« das wichtigste Mitteilungsblatt der »Fortschrittspartei«. Der Nationalverein war keine Partei im modernen Sinn, sondern eine recht heterogene Gesinnungsgemeinschaft, die sich die nationale Einheit unter Preußens Führung auf ihr Banner geschrieben hatte. Aus diesem Verein erwuchs die »Fortschrittspartei«, die sich auch ein eigenes Programm gab. Den »Fortschrittlern« und damit auch den »Münchner Neuesten Nachrichten« wurde vorgeworfen, die Zerstörung des Habsburger Reiches zu bezwecken und innenpolitisch den konstitutionellen Kurs zu intensivieren, um die Monarchie in die Fesseln einer parlamentarischen Regierung zu legen.

Die Gegener des National-Vereins und des Fortschritts waren vor allem im konservativ-katholischen Lager zu finden, was immer mehr zu einer Polarisierung der Parteien führte. Den Linksliberalen (Nationalverein, Fortschrittspartei) stand die starke politische Kraft des Ultramontanismus entgegen, was sich auch in der Presselandschaft spiegelt. Die Hauptzeitung der Katholisch-Konservativen in München war »Der Volksbote für den Bürger und Landmann« mit dem Redakteur Ernst Zander, der in seinem Blatt klar für die Werte der Konservativen kämpfte: Stützen der Kirche im Konflikt zwischen Krone und Staat, Stärkung der Krone, gegen die Überfremdung Bayerns, für das »Bayerntum«.[253] Im Zusammenhang mit der Berichterstattung zur Zollvereinsfrage lassen sich auch außenpolitisch deutliche Tendenzen der beiden Zeitungen erkennen. Stellten sich die »Münchner Neuesten Nachrichten« klar auf die Seite Preußens, so der »Volksbote« ebenso klar auf die Seite Österreichs.

Um diese beiden Hauptpresseorgane scharten sich einige kleinere, die tendentiell die gleiche politische Richtung vertraten. Katholische und konservative Meinungen vertraten die »Augsburger Postzeitung«, die satirische Zeitschrift »Punsch« unter dem Journalisten und Volkstheater-Dichter Martin Schleich – er ging in seinen Artikeln etwa mit dem führenden Kopf der »Fortschrittspartei«, Karl Brater, hart ins Gericht –, »Der bayerische Landbote« und der »Bayerische Kurier«. Liberale Tendenzen sind nicht nur in den »Neuesten Nachrichten« festzustellen, sondern auch beim »Nürnberger Kurier« – Nürnberg war auch der Ausgangspunkt für die Propaganda der »Fortschrittspartei« in Bayern. Als das bedeutendste, in ganz Europa beachtete Blatt in Bayern galt die »Augsburger Allgemeine Zeitung«, für die unter anderem auch Julius Froebel ab 1865 regelmäßig schrieb. Sie vertrat die österreichischen Interessen und war für Österreichs auswärtige Pressepolitik von großer Wichtigkeit; sie war der wohl mächtigste moralische Rückhalt Österreichs in der öffentlichen Meinung Süddeutschlands. Ohne große finanzielle Unterstützung aus Wien trat die Redaktion des süddeutschen Weltblattes wirkungsvoll für das österreichische Element in Deutschland und für das deutsche in Österreich ein. Sie stand im Politischen zwischen den beiden anderen großen Blättern, denn sie war einerseits zwar preußenfeindlich, andererseits aber liberal eingestellt – ein weiterer Hinweis auf Froebels politische Haltung. Neben diesen »Parteien-Zeitungen« existierte noch die »Bayerische Zeitung« als offiziöses Organ der Regierung, das allerdings wenig Gewicht hatte. Wagner wollte es daher neu beleben. Alle diese Zeitungen berichten mehr oder weniger ausführlich von Wagners Münchner Zeit und der damit zusammenhängenden Regierungstätigkeit Ludwigs. Durch ihre Parteinahme sowohl im Sinne der reinen Parteilichkeit wie auch im Sinne einer organisatorischen Verbundenheit mit einer politischen Partei bilden sie einen vielschichtigen und interessanten Spiegel der damaligen Ereignisse. Dies wird schon bei der Förderung von Wagners Kunst durch Ludwig deutlich, die schon bald in München durch oppositionelle Strömungen bekämpft wurde.

## Ludwigs II. Förderung von Wagners
## musikdramatischem Werk

Als Ludwig II. 1864 den Thron bestieg, war das Musikleben
in München keineswegs schwach, sondern von bedeutenden
Musikerpersönlichkeiten geprägt, die am Münchner Hoftheater und Konservatorium wirkten. Allerdings waren diese Musiker, allen voran Joseph Gabriel Rheinberger und
Franz Lachner, Exponenten einer ganz anderen musikalischen Richtung als Wagner. Einen bedeutenden Anteil am
Münchner Musikleben machte damals die Kirchenmusik
aus: Caspar Ett und andere Münchner Kirchenkomponisten
– Johann Baptist Schmid, Joseph Hartmann Struntz, Kaspar
Aiblinger und Anton Schröfl – hatten ab 1816 eine kirchen-
musikalische Reformbewegung initiiert und pflegten neben
der Wiederbelebung von Werken der altklassischen Vokal-
polyphonie auch die herkömmliche instrumentalbegleitete
Kirchenmusik. Franz Lachner und Josef Rheinberger setzten diese Tradition fort, die auch von Franz Hauser, dem
ersten Leiter des 1846 gegründeten Konservatoriums, mit-
getragen wurde.

Die wesentlichen Impulse im Münchner Musikleben
gingen jedoch vom Münchner Hoftheater aus. Hier war das
Niveau der Opernproduktionen und der Konzerte zu Beginn der dreißiger Jahre zwar auf einem Tiefpunkt, was sich
1836 aber mit der Berufung Franz Lachners zum musikalischen Leiter der Hofoper schlagartig änderte. Lachner, der
schon den Unterricht des Kirchenkomponisten Caspar Ett
in München besucht hatte, brachte reiche Kapellmeisterer-
fahrung aus Wien und Mannheim mit. Er war ein Dirigent,
der seine Musiker zu großen Leistungen anzufeuern und die
Zuhörer zu begeistern wußte, sich aber auch als hervorragender Orchestererzieher und als ein mit allen Problemen

des musikalischen Handwerks vertrauter Kenner und Könner bewährte. Das Niveau von Orchester und Programmen steigerte sich in der Ära Lachner enorm. So war es den musikerzieherischen Fähigkeiten Lachners zu verdanken, daß sich das Münchner Opernorchester 1865 den hohen Ansprüchen der Partitur des »Tristan« gewachsen zeigte und dieses bis dahin als unaufführbar geltende Werk erfolgreich uraufzuführen vermochte. Selbst Wagner anerkannte das »herrliche kgl. Hoforchester« als die »meisterhafte Schöpfung Franz Lachners«.

Auch die Programme der Musikalischen Akademie hat Lachner erfolgreich reformiert und hat sie von den bei einem Teil des Publikums so beliebten Variationen und Potpourris gereinigt. Ab 1839 baute er kontinuierlich ein anspruchsvolles Repertoire auf: Beethovens Symphonien gehörten ebenso dazu wie Bachs Matthäus-Passion, die »Missa Solemnis« von Beethoven und »Historische Konzerte« mit Werken aller früheren bayerischen Kapellmeister seit Senfl und Orlando di Lasso. Auch die Veranstaltung großer »Münchner Musikfeste« ging auf Lachners Initiative zurück. Wie die Musikalische Akademie, so erholte sich in der Ära Lachner auch die Oper. Ihr kam nicht nur die von Lachner erarbeitete neue, gesteigerte Leistungsfähigkeit des Orchesters zugute, sondern auch die von Lachner maßgeblich geförderte Bildung eines bedeutenden Sängerensembles. Sie ermöglichte die kontinuierliche Entwicklung zu einer Spielplangestaltung von hohem Gesamtniveau der Vorstellungen. So erschienen neben den Opern Mozarts Werke von Spohr, Marschner, Lortzing, Meyerbeer, Donizetti, Auber, Halévy, Gounod, Flotow und anderen, dazu aber auch die ersten ins Ausland dringenden Erfolgsopern von Giuseppe Verdi: »Ernani«, »Rigoletto« und »Troubadour«. Und schließlich führte Lachner auch zwei Opern des von ihm wenig geschätzten Wagner auf: »Tannhäuser« (1855) und »Lohengrin« (1858 und 1861). Eine besondere Vorliebe hatte Lachner dagegen für die damals modische Form der grossen historischen Opern von der Art der Hauptwerke Meyerbeers, die ja von Wagner vehement abgelehnt wurden.

Ein Stück dieses Genres komponierte Lachner sogar selbst mit seiner Oper »Caterina Corsaro«, die ihm einen weithin ausstrahlenden Erfolg brachte und vielen als Muster einer deutschen Oper und als künstlerisches Wahrzeichen Münchens galt. Franz Lachner war in München eine prägende und anerkannte Persönlichkeit, der sich als Komponist, Operndirigent, Leiter der Konzerte der musikalischen Akademie und im Dienste der Kirchenmusik als Dirigent der königlichen Vokalkapelle große Verdienste um ein blühendes Musikleben erworben hatte. Die Hofoper präsentierte sich beim Amtsantritt Ludwigs II. entsprechend auf einem bemerkenswert hohen künstlerischen Niveau.

Der erst 25jährige Joseph Gabriel Rheinberger stand 1864 noch am Beginn seiner Karriere, hatte allerdings schon Beachtliches erreicht. Als ehemaliger Schüler Franz Lachners wurde er am Münchner Konservatorium 1859 zuerst Lehrer für Klavierspiel und Komposition (Harmonielehre und Kontrapunkt) sowie Organist an der Kirche St. Michael in München. Am Konservatorium war Rheinberger schon bald wegen seines erzieherischen Wirkens sehr angesehen und begründete die »ältere Münchner Schule«. Allerdings bildeten die Schüler dieses strengen, vom Geist der damaligen »Wagnerschen Moderne« unangefochtenen Lehrers klassischer Satzkunst keine fortschrittlich gesinnte Gemeinschaft, und Rheinberger empfand zeit seines Lebens jede Wagner-Begeisterung als Verirrung. Im Herbst 1864 übernahm Rheinberger schließlich als Nachfolger des zum kgl. Hofmusik-Intendanten ernannten Freiherrn Carl von Perfall die musikalische Leitung des Oratorien-Vereins. Nur einen Tag nach der Münchner Erstaufführung des »Fliegenden Holländer« am 4. Dezember 1864, dessen Musterinszenierung und musikalische Leitung Wagner selbst übernommen hatte, um sich bei König und Publikum mit großem Erfolg einzuführen, debütierte Rheinberger als Dirigent des angesehenen Oratorien-Vereins im Museumssaal. Das anspruchsvolle Konzert mit Rheinbergers eigenem Stabat mater sowie dem Oratorium »Die Israeliten in der Wüste« und der Hymne »Laß, o Herr« der damals als Klassiker geltenden

Christoph Philipp Emanuel Bach und Felix Mendelssohn wurde von der Presse zu den besten Leistungen des Oratorien-Vereins gezählt und Rheinberger stürmisch gefeiert.[254]

Der Gegensatz zwischen Wagner und den in München ansässigen Musikern könnte also größer nicht sein, denn Rheinberger galt wie Lachner als Klassizist, sein Name steht für Akademismus und klassische Tradition. Ludwig II. berief mit Wagner einen Musiker in ein blühendes Musikleben nach München, der ein absoluter Antipode zum bereits Bestehenden darstellte. Der König begann denn auch zusammen mit Wagner schon kurze Zeit später eine neue Musikschule und ein Wagner-Theater zu konzipieren, zwei Institutionen, welche diese neue Richtung in München zum Tragen bringen sollten. Dazu gehörte auch, daß die bereits bestehenden und die neu unter Ludwigs Mäzenatentum entstehenden musikdramatischen Werke Wagners dank diesen beiden Institutionen »mustergültig« aufgeführt werden sollten. Einen gewichtigen Teil von Ludwigs Programm betraf die Förderung von Wagners musikdramatischem Werk, was auch in den Zeitungen rezipiert wurde. Laut den »utopischen« Leitideen war Wagners Kunst für Ludwig II. die ideale Möglichkeit, den Weg zur »Utopie-Gesellschaft« anzubahnen. Mit diesem Postulat gelang es Wagner, sich einen Mäzen zu »schaffen«, der seine dramatische Werkproduktion bedingungslos unterstütze. Ludwig II. war weit weniger der selbstlose Mäzen und Entdecker von Wagners musikalischem Genie, als gemeinhin angenommen. Vielmehr förderte und ermöglichte er aus einer marionettenhaften Abhängigkeit von Wagners Produktivität und im egoistischen Glauben eines krankhaft anmutenden Heilwahnes das Riesenwerk Wagners, und zwar mit einer Unbedingtheit sondergleichen. Die gesamten Werke, die der Komponist bis zu seinem Tod innerhalb von 20 Jahren noch geschrieben hat, wurden durch den König in seinen ersten beiden Regierungsjahren entscheidend gefördert und viele davon durch den König erst möglich.

Unermüdlich trieb Ludwig den Komponisten in seinen Briefen an, die dramatischen Werke zu schreiben oder zu vollenden. So beschloß Wagner laut einem Brief vom 26. September 1864, »jede andere Arbeit für jetzt zur Seite zu legen, um dagegen einzig und sofort die Vollendung der Composition des ›Ring des Nibelungen‹ an die Hand zu nehmen«. Ludwig II. antwortete auf das Ansinnen Wagners mit einem aufschlußreichen Brief: »Die Erfüllung unsres Wunsches soll nun nahen, das Werk, welches je in das Leben treten zu sehen Sie kaum zu hoffen sich getrauten, soll ausgeführt werden und zwar ganz nach Ihrem Willen. – Was ich meinerseits zu thun vermag, will ich thun und keine Mühen scheuen, dieß wundervolle Werk wollen wir der deutschen Nation zum Geschenk machen und ihr sowie den andern Nationen zeigen, was ›*deutsche Kunst*‹ vermag! Sie, mein threuer Freund, sollen bald sehen, daß Ihr Streben nach Wahrheit das ächte war, die gräßlichen Mühen und Leiden, die Sie durchzukämpfen hatten, sollen auf kaum geahnte Weise reichlich vergolten werden. Das Ideal, welches wir Beide uns ersehnen, soll nicht mehr in der Einbildungskraft schweben; es soll Unseren Boden berühren!« Dieser Brief, der mit »Schlüsselwörtern« gespickt ist, vermittelt einen guten Eindruck, welche Hoffnungen der König in die Wagner-Werke setzte. Bemerkenswert an diesem Brief ist, wie auch er, der König von Bayern, die »deutsche Nation« beschwört.

Auch für Richard Wagner wurde mit dem Entschluß zur Vollendung des »Rings« ein wichtiges Zeichen gesetzt. Zum einen hatte er die Arbeit an diesem Riesen-Werk nach dem Beginn der Orchestrierung des II. Aktes »Siegfried« am 9. August 1857 unvermittelt abgebrochen und nicht wieder aufgenommen. Nun erst setzte er durch den Ansporn des Königs nach einer Unterbrechung von mehr als sieben Jahren die Arbeit fort: Vom 22. Dezember 1864 bis zum 2. Dezember 1865 arbeitete Wagner die Partitur des II. Aktes »Siegfried« aus. Wie bedeutend die kulturpolitischen Anliegen für Ludwig und Wagner waren, zeigt auch das Tempo, das sie bei der Verwirklichung ihrer Pläne anzuschlagen begannen. So beabsichtigte Wagner in einem Ludwig geschickten »Programm« von Anfang Januar 1865, die

Uraufführung bereits 1867 durchzuführen! Gerade der »Ring« war ja für Wagner und Ludwig im Inhaltlichen in Bezug auf die »deutsche Nation« von eminenter Wichtigkeit, denn dieses Kunstwerk fungierte als Verkünderin des politischen »Heils«, der Auferstehung Deutschlands. Bei der Werkförderung, die König Ludwig II. von diesem Zeitpunkt an mit Konsequenz und Akribie betrieb, schimmert denn auch in seinen Briefen an den Komponisten immer wieder durch, daß der König die Wagner-Dramen für seine Ideologie brauchte. Ludwig II. machte sich an die Durchführung des von Wagner exponierten »utopischen« Programmes, das für den König von Bayern zum politischen wurde.

Der nächste Schritt der Kunstförderung bildete die Aufführung des »Fliegenden Holländer«, der am 4. Dezember 1864 in München erstmals gespielt wurde. Das wichtigste Ziel dieser Inszenierung war, wie aus einem Brief hervorgeht, die »beabsichtigte endliche Vorführung des wirklichen Kunstwerkes« vorzubereiten.[255] Den Abschluß der ersten »Wagner-Kunstfeier« in München bildete schließlich ein Konzert am 11. Dezember 1864 mit Ausschnitten aus verschiedenen Werken Wagners. Ludwig II. schrieb über dieses Konzert an Wagner: »Ich freue mich ... sehr auf das Conzert, in welchem der Sänger Ludwig Schnorr von Carolsfeld beitragen wird, dem Zuhörer die Wonnen Ihrer Werke deutlich den Sinnen zu erschließen.«[256] Auch hier zeigt sich wiederum, was dem König Wagners Kunst bedeutete, aber auch, wie realitätsfern sein Denken bereits zu diesem Zeitpunkt war. Seine Zeit widmete er immer weniger den eigentlichen Staatsgeschäften, seine Politik richtete er dafür immer mehr auf die Werkförderung Wagners aus. So wurde 1865 der »Tannhäuser« neu herausgebracht, eine Veranstaltung übrigens, die mit zur ersten ernsthaften Krise in Wagners Münchner-Zeit im Februar 1865 beitrug. Der König war zur ersten Aufführung des Werkes nicht im Hoftheater erschienen, was zu heftigen Ungnade-Spekulationen in Münchens wichtigsten Zeitungen Anlaß gab.

Den gewichtigsten Schritt in den ersten zwei Regierungsjahren des Königs bildete jedoch die Uraufführung von

»Tristan und Isolde« am 10. Juni 1865. In Wien war einst das Aufführungsprojekt des Werkes nach 77 Proben gescheitert. Für den König bedeutete es ein nicht zu unterschätzendes Wagnis, die Uraufführung nochmals an die Hand zu nehmen, denn ganz Europa schaute gebannt auf dieses Projekt. Doch trotz dieser Schwierigkeiten schilderte Ludwig in unzähligen Briefen an Wagner seine Freude, Sehnsucht und Hoffnung hinsichtlich dieses großen Ereignisses. Für Wagner selbst war diese Uraufführung ebenfalls von großer Bedeutung, war es doch seit 15 Jahren die erste Uraufführung eines seiner Werke! Auffallend im Zusammenhang mit dem »Tristan«-Projekt ist, daß auch dieser Wagner-Großanlaß zu Auseinandersetzungen insbesondere in der konservativen Presse geführt hat, die sich später beim endgültigen Scheitern Wagners in München auswirken sollten. Auf beide Premieren – »Tannhäuser« und »Tristan und Isolde« – wird daher noch eingehender zurückzukommen sein.

Die Neugierde der Münchner auf dieses »Zukunfts-Spektakel« war groß und Gerüchte, die in der Presse genüßlich ausgeschlachtet wurden, machten die Runde. So berichtete die Augenzeugin Josephine Kaulbach: »Ich sage Ihnen, es ist toll, wie das hier getrieben wird, für und gegen Wagner. Die Fama wächst zu einem hundertköpfigen Ungeheuer, der Wagner-Kultus wird einem zum Ekel; der junge König an der Spitze tauft jetzt alles, was ihn umgibt, in Tristan und Isolde um, täglich erhält Wagner Liebesgrüße in Versen und Prosa von dem schwärmerischen jungen König.«[257] Das von Ludwig II. so ekstatisch verherrlichte Werk wurde auch öffentlich verulkt, denn am 29. Mai 1865 wurde in München die Posse »Tristandel und Süßholde« uraufgeführt. Die Besetzung der Uraufführung gab ebenfalls zu reden, wurden doch mehrheitlich auswärtige Künstlerinnen und Künstler verpflichtet: Die Titelpartien sangen Ludwig und Malwine Schnorr von Carolsfeld aus Dresden, den Kurwenal interpretierte der Wagner-Freund Anton Mitterwurzer, während als Dirigent nicht der Chef des Hoftheater-Orchesters, Franz Lachner, bestimmt wurde, sondern der Wagner-Freund Hans von Bülow! Brisant ist auch, daß im Münchner Hoftheater 1865 nur Werke Wagners aufgeführt wurden.

Ludwig II. hat in den ersten beiden Regierungsjahren auch weitere Projekte Wagners tatkräftig vorangetrieben. So wurde das Fragment »Die Meistersinger von Nürnberg« auf Drängen König Ludwigs von Wagner weiter bearbeitet, sodaß im »Bayerischen Landboten« am 9. Juli 1865 diese neue Oper Wagners, die unter Ludwigs Mäzenatentum im Entstehen war, angekündigt werden konnte. Im selben Monat fand zudem zum Geburtstag des Königs am 12. Juli noch ein Privatkonzert für Ludwig statt, in welchem Bruchstücke aus Wagner-Werken zu hören waren. Zu reden gab der Anlaß, weil er nicht öffentlich zugänglich war, sondern nur für den König und einige engste Freunde abgehalten wurde.

Nur einen Monat später, im August 1865, schrieb Wagner schließlich auch die Urschrift des »Parsifal« in nur vier Tagen nieder, und das ebenfalls auf Betreiben des Königs. Der elementare Zusammenhang von Parsifal-Konzeption und Ludwig II. wird in einem Brief Wagners an Ludwig aus dieser Zeit explizit ausgesprochen: »Heut' ist Char-Freitag! O, heiliger Tag! Tief bedeutsamster der Welt! Tag der Erlösung! ... Ein warmer, sonniger Charfreitag gab mir durch seine heilige Stimmung einst den ›Parzival‹ ein: er lebt seitdem in mir fort und gedeiht, wie ein Kind im Mutterschoß. ... Den letzten Charfreitag verbrachte ich als Flüchtling in München ... Ich durchschlich einige Straßen der Stadt, ... Ein Volk in Trauer wogte auf den Plätzen, aus den Kirchen. In einem Seitengäßchen erblickte ich am Fenster eines Bilderladens zum erstenmal das Bild des jugendlichen Nachfolgers des soeben geschiedenen Monarchen. Mich fesselte die unsägliche Anmuth dieser unbegreiflich seelenvollen Züge. Ich seufzte: ›Wäre Er nicht König, den möchtest Du wohl kennen lernen‹, – sagte ich mir. ›Nun ist er König. Er kann von dir nichts erfahren!‹ ... – So traurig ich war, feierte ich doch an diesem Charfreitag den Empfängnisstag meines ›Parzival‹ – ja, das Bild in dem kleinen Gäßchen hatte mich unwillkürlich wieder auf meinen Helden geführt: der junge König und Parzival verschwammen in Eines.«[258]

Im August 1865, zur Zeit der Niederschrift des Parsifal-Entwurfes, fand die »Utopie«, das Verschmelzen von Realität und Bühnenwelt, einen ersten Höhepunkt. Vergegenwärtigt man sich zudem, in welch kritischer politischer Situation sich Bayern gerade zu jener Zeit der intensivsten Beschäftigung Ludwigs II. mit Wagners »Zukunfts-Werken« befand – der verzweifelte Versuch von der Pfordtens, die Einsetzung des Augustenburger Fürsten durchzubringen, war damals auf dem Höhepunkt und Mitte August folgte der Tiefschlag von Gastein –, so ergibt sich ein weiterer frappanter Hinweis darauf, wie wichtig Ludwig die Idee damals war, mittels Wagners Kunst die instabile Welt zu verändern.

Die Hauptwerke Richard Wagners, die Uraufführung von »Tristan und Isolde«, »Die Meistersinger von Nürnberg«, die »Ring-Tetralogie« und »Parsifal« wurden erst durch die unbedingte Unterstützung des Königs möglich. Ludwigs Wille, durch Wagners Gesamtkunstwerk reformerisch auf die Gesellschaft einzuwirken, förderte die Entstehung von Wagners Hauptwerk maßgebend. Wie sehr der König seine Politik auf die Kunst, oder spezifischer ausgedrückt, auf Wagners Kunst, auszurichten begann, zeigt auch die Art seiner Förderung der institutionellen Projekte. Sowohl die neue Musikschule als auch das Wagner-Theater wurden vom König seit dem November 1864 mit Akribie und Ausdauer vorangetrieben. Brisant daran sind aber nicht nur die Projekte an sich, sondern die einschneidenden Konsequenzen, die sich bei deren Verwirklichung für Münchens alteingesessene Kulturträger ergaben.

## Ein neues Konservatorium und ein neues Theater für Richard Wagner

Die Kunstinstitute in München befanden sich auf hohem Niveau und waren durch kompetente Musiker gut geführt. Trotzdem sann Wagner schon im ersten halben Jahr nach Eintreffen in München auf Änderungen, wie er sie schließlich im »Bericht über eine in München zu errichtende deutsche Musikschule« niederschrieb. Zum ersten Mal erwähnt werden die Pläne schon sehr früh, nämlich in einem Brief an Ludwig vom 2. September 1864, wobei Wagner wiederum sehr klug und geschickt die »Utopie-Einheit« mit dem König ins Feld führt: »Ein Künstler (gemeint ist Wagner selbst), der ein Kunstwerk vor sich hat ... und der damit ein gänzlich Unbekanntes in das Leben rufen will ... zu diesem tritt, wie aus den Wolken, ungeahnt ... der Andere, der ihm zuruft: Die Welt verspottet Dich, Deine Freunde zweifeln, Du selbst verzweifelst, – aber Ich will, denn ich begreife Dich, aus meinem Innern erkenne ich Dein Kunstwerk, und, was Du eben nicht kannst, das vermag Ich, denn ich bin König.« Damit ebnete Wagner das Terrain für seine Pläne und zwang den König unterschwellig dazu, unbedingt mitzumachen, wenn er den Freund und dessen Kunstwerk tatsächlich aus »seinem Innern erkennt«.

Was Wagner mit der Musikschule nämlich wollte, war nicht nur eine Ausbildungsstätte für seine eigenen Zwecke, sondern war auch radikal gegen das in München Bestehende gerichtet. Und dies wußte der Komponist sehr genau, wie aus demselben Brief vom 2. September 1864 an Ludwig II. hervorgeht: »Die Schwierigkeit ist ungeheuer. Ein einziges Gespräch mit Einem der Unglücklichen, welche im gemeinen Geleise der Theater- und Musik-Routine, wie bewußtlose Maschinen sich bewegen, wirft mich oft plötzlich in die Flucht vor der Welt zurück ... Tannhäuser, Lohengrin, endlich – Tristan! Mit Bangen ersehe ich, daß hier das Außerordentliche bereits in Rechnung gezogen werden muß, wenn diese Werke in dem einzig beabsichtigten außerordentlichen

Sinne vorgeführt und verständlich gemacht werden sollen. ... Bei meinem Unglauben an das Vorhandensein solcher künstlerischer Kräfte, welche für meinen Zweck sich als sofort brauchbar erweisen, wird mir andererseits die Nöthigung immer näher gebracht, darauf zu sinnen, wie diese Kräfte mit der Zeit selbst zu bilden ... daß alle unsere Kunstschulen und Conservatorien gerade für die Kunst, von der hier die Rede ist, gar nichts genützt, im Gegentheil nur noch geschadet haben, ist für mich zwar eine unzweifelbar begründete Erfahrung: noch lag es mir aber fern, die Gründe hiervon anders, als nur prinzipiell und allgemeinhin mir zum Bewußtsein zu bringen. Ich sehe nun ein, daß es nöthig sein wird, mir hierein genauere Einsicht zu verschaffen, um die Ursachen der Unproduktivität solcher Institute gründlich kennen zu lernen, und dagegen die etwa zweckmäßig dünkenden Mittel zur Abhülfe in Erwägung bringen zu können. Gewiß wird hierbei auf die empfindlichsten Schwierigkeiten getroffen werden.« In diesem Brief spricht Wagner bereits zwei Thematiken an, die in München in den zwei Jahren seines Aufenhaltes von Bedeutung waren: Zum einen wird dezent auf den »Bericht« verwiesen, der Wagner im Winter 1864/65 stark beschäftigte, zum andern werden aber auch die Schwierigkeiten angesprochen, die aus Änderungen im Kulturbetrieb Münchens zu erwarten waren. Trotzdem aber ging er mit ungeheurer Rigorosität und Rücksichtslosigkeit zu Werk, wie der »Bericht« gezeigt hat, und mit einer Rasanz sondergleichen. Natürlich handelte Wagner im Wissen um seinen Einfluß auf den König und in der Hoffnung auf dessen Macht und Durchsetzungsvermögen zur Erreichung der gesteckten Wagner-Ziele. Der König antwortete denn auch nur zwei Tage nach Wagners Brief am 4. September positiv, wenn auch zur Vorsicht mahnend: »Sehr wahr ist es, daß in den Kunstinstituten unserer Zeit nie Erhebliches geleistet worden ist und daß sie sämtlich einer Umgestaltung bedürfen. – Schwer wird es sein, gerne gebe ich es zu, eine Verbesserung in diesem Gebiete in's Leben treten zu lassen, denn in unsrer Zeit und bei den größtentheils nur auf Gelderwerb sinnenden egoistischen

Menschen ist der Sinn für die wahre, herrliche Kunst bereits sehr gesunken. – Dringend rathe ich Ihnen daher, mein theurer Freund, bei der Ausführung Ihres neuen Vorsatzes zu Werke zu gehen, wie sie in dem Briefe an mich es kund gegeben haben, nämlich *auf die vorsichtigste Weise*. Ich hege die feste Überzeugung, daß es uns gelingen wird, eine gründliche Reform im Gebiete der Kunstinstitute zu erzielen, denn *beharrlicher Wille, stete Ausdauer vermögen viel!* – Jedenfalls wird eine Bildungsschule gegründet werden müssen, für dramatisch-musikalische Darstellung. Für unumgänglich nothwendig halte ich eine solche Einrichtung.«

Damit standen Wagner für seine Pläne Tür und Tor offen, und er ließ sich nicht lange bitten. Schon im November 1864 schlug er dem König vor, den Leipziger Gesangslehrer Friedrich Schmidt, der ihm »von früher her als wirklich mit vorzüglicher Tonbildung begabter Sänger bekannt« war, nach München zu berufen, was der König auch sofort akzeptierte. Wagners Einfluß auf den König erweist sich angesichts derart absoluter Akzeptanz seiner Vorschläge als enorm. Bereits am 24. Dezember wurde der Kontrakt an Schmidt geschickt und dieser »auf Menschenjagd zur Ausbildung und Abrichtung von Menschen geschickt«, wie Wagner in zwei Briefen an Mathilde Maier berichtete![259] Gleichzeitig arbeitete er intensiv am »Bericht«, der im April 1865 beendet werden sollte und schon am 1. Mai bei »Kaiser« in Wien im Druck erschien. Am 11. Februar 1865 wurde in der »Allgemeinen Augsburger Zeitung« in einer Meldung über »die geplante Gründung einer Opernschule in München« berichtet – Wagners Pläne waren damit publik geworden. Und Ludwigs II. positive Reaktion auf den »Bericht« vom April löste wiederum intensive Vorarbeiten zu dieser zu gründenden »Deutschen Musikschule« aus.

Innerhalb von nur einem Jahr war es Wagner gelungen, den König vollständig auf seine Seite zu ziehen und die bestehenden Kunstinstitute nicht nur anzuprangern, sondern mit Billigung Ludwigs auch Reformen zu projektieren und zu propagieren: der wahre deutsche Sänger für das wahre deutsche Drama sollte nun herangebildet werden. Das bestehende Konservatorium war damit akut gefährdet, denn die alt eingesessenen Musik-Kräfte wurden im neuen Konzept radikal zu Gunsten von auswärtigen Parteigängern Wagners übergangen. So sollte neben Friedrich Schmidt auch Malwina Schnorr von Carolsfeld, die in der Uraufführung des »Tristan« die Isolde sang, als Lehrerin an die Musikschule verpflichtet werden. Ein weiterer glühender Wagner-Anhänger, Ludwig Nohl, erhielt eine Professur für Musikgeschichte. Nohl war seit längerem als Musikpublizist im Sinne Wagners tätig und schrieb für Zeitungen Essays, die 1869 beim Carl Merhoffs' Verlag in München gesammelt als »Neues Skizzenbuch« publiziert wurden. Darin ist auch ein längerer Aufsatz »Das Conservatorium für Musik« von 1864 enthalten, in welchem Nohl das Münchner Konservatorium als untauglich abqualifiziert, da es weder deutsche Sänger noch Musikdirektoren oder Lehrer von Rang herangebildet habe. Dann folgt ein glühendes Plädoyer für Wagner als »Vertreter des Fortschritts«, das mit dem Aufruf schließt: »Warum steht nicht an der Spitze einer Anstalt, die nach ihrem letzten und höchsten Zweck dazu berufen ist die Mittel zu gewähren, daß wahrhaft dramatische Schöpfungen auch wahrhaft dramatisch aufgeführt werden, der Mann, an dessen Thaten sich nach der Überzeugung der Nation unbedingt der Fortschritt der Kunst heftet? ... Die Musik würde eine Stätte finden, wo der Fortschritt gepflegt und insbesondere eine wirklich deutsche Oper begründet werden könnte.«[260]

Von größter Brisanz ist auch die Berufung Hans von Bülows zum neuen Direktor der Schule, der als treuer Wagner-Anhänger und Verfechter der Neudeutschen Schule bekannt war. Zu den Ideen, die ihm zusammen mit Wagner vorschwebten, ist ein interessanter Brief Bülows an den Cellisten Bernhard Goßmann erhalten, der ebenfalls nach München berufen werden sollte: »Ich weiß nicht, ob du den Wagner'schen ›Bericht‹ gelesen hast ... Ich spreche hier von demjenigen Theile der Instrumentalschule, die mit der Zeit zur Orchesterschule erweitert werden dürfte und müßte. ... Es handelt sich um eine Organisation der Musik von oben, in gouvernementalem Wege, die jede Partei ausschließt, welche sich doch immer nur mit einer oder mehreren Gegenparteien denken läßt. In unserer, in der Wagner'schen Organisation wird es keine anderen als die Wagner'schen Ideen geben.«[261] Die »Kunstschule« sollte eine autoritäre, dirigistische und ganz unter Wagners Ägide stehende Institution werden. Wie sehr Bülow mit Wagner hoffte, auf »gouvernementale Weise« das Musikleben zu verändern, geht aus einer anderen Stelle desselben Briefes hervor, in dem er schreibt, daß »die Direction der Kunstschule in stete Wechselwirkung und vollständige ›entete‹ – viribus unitis – mit der Hofmusikintendanz« gesetzt werden sollte. Und wenn der König die Ausführung der Wagnerschen Projekte genehmigt, so werden sich laut Bülow die Direktion der Kunstschule und die Intendanz der Kapelle vereinigen, womit der derzeitige Direktor Carl von Perfall ausgeschaltet würde. So sollte also auch die Hofmusikintendanz ganz in Wagners Einflußbereich gelangen, um das »Musikleben allmählich organisieren zu können, freilich in einem *höheren* und *nationalen* Sinn«, wie Bülow im Brief abschließend ausführt. Der »höhere nationale Sinn« und damit ein klar politisch gefärbtes Anliegen wurde immer mehr tragender Bestandteil von Wagners Kunstreformplänen in München.

Politische Anliegen aber rufen politische Gremien auf den Plan. Der Widerstand gegen Wagners rigorose Reformpläne begann sich in München mit Vehemenz zu regen. Opposition kam vor allem aus dem Ministerium, das nach Wagners Meinung mit seiner ursprünglichen Absicht »geradewegs ein verhöhnendes Spiel getrieben hat«, denn als Direktor des neuzubegründenden Conservatoriums hatte man »wirklich, und allen Ernstes« den Baron Perfall vorgeschlagen, wie Wagner voller Entrüstung an Ludwig meldete[262]; ausgerechnet den Hofmusikintendanten von Perfall, den Wagner eigentlich bei der geplanten Zusammenlegung des Hoftheaters mit der neuen Musikschule ausbooten wollte! Von Wagners Gegnern wurden die Spieße ganz subtil einfach umgedreht. Welch vernichtende Meinung Wagner von Perfall hegte, geht aus einem zweiten Brief an Ludwig II. vom

20. August hervor, in welchem er behauptet, dieser »müßte erst beweisen, daß er irgend Etwas kann«²⁶³. Daß Wagner sich mit solch undiplomatischen Mitteln in München nur Feinde machte – darunter auch Perfall –, versteht sich von selbst.

Der König aber blieb weiterhin auf Wagners Seite und beschloß, um die Opposition mundtot zu machen, das Konservatorium vom Ministerium völlig zu trennen und die notwendigen Kosten aus der Zivilliste aufzubringen. Mit dieser Maßnahme war zwar vorerst das Ministerium ausgeschaltet, nicht aber eine andere politische Instanz, das Kabinettsekretariat, das nun die Oppositionsrolle übernahm, zumal das alte Konservatorium geschlossen werden sollte. Welch hohe Wellen die bevorstehende Schließung warf, zeigt ein langer, im »Bayerischen Kurier« am 2. August 1865 publizierter Artikel: »Die Auflösung des Münchner Conservatoriums«: »Seit einigen Tagen ist also der Schleier gehoben, welcher die Reformplane in Betreff des Musikconservatoriums bisher in undurchdringliches Dunkel gehüllt. Dem Conservatorium in seiner jetzigen Gestalt ist das Todesurteil verkündet. Statt der Reorganisation haben wir eine völlige Neugründung dieser Anstalt zu erwarten. Wir wollen kein Vertheidiger genannten Instituts sein; denn wir wissen zu gut, daß es in mancher Beziehung hinter der ihm gestellten Aufgabe zurückgeblieben ist – aber diese Sympathie können wir gleichwohl nicht unterdrücken: einen weniger grausamen Tod hätten wir ihm gern gegönnt. Indem das kgl. Ministerium dessen Auflösung verordnete, hat es zugleich sämmtliche Professoren ihrer Function enthoben und ihnen so mit einem Federstrich die Bedingungen ihrer Existenz abgeschnitten. Mit dieser Maßregel können wir uns noch immer nicht ganz versöhnen; sie scheint uns zu durchgreifend und hart, weil sie gerade die am schwersten trifft, welche die Misère der Anstalt am wenigsten verschuldet haben … Man braucht nur einige Namen zu nennen, um die Wahrheit des Gesagten zu erhärten. Prof. Wanner wurde seit langem gewürdigt selbst den Prinzen des k. Hauses Unterricht zu ertheilen. Man sollte glauben diese seine Vergangenheit sei Bürgschaft seiner Zukunft. Die Compositionen der HH.

Rheinberger, Rommen und Riegel sind in den weitesten Kreisen als beredtester Vertheidiger ihrer Tüchtigkeit bekannt … Und für solche Männer sollte es nicht höchst kränkend sein, wenn sie sich über Nacht ohne Sang und Klang entlassen und verlassen sehen, ohne daß ihnen auch nur die geringste Zusicherung ihrer Rehabilitation gegeben ist?«

Weitreichender und konsequenter könnte das neue »Regime« nicht sein, als es hier ausführlich und kritisch, aber nicht polemisierend beschrieben wird. Das alte Konservatorium, mit seiner von Rheinberger bestimmten und ausgeführten klassischen Ausbildung als wichtigem Teilbereich, sollte ersatzlos gestrichen und die alten Lehrkräfte rigoros entlassen werden. Vergegenwärtigt man sich gleichzeitig Wagners im »Bericht« festgehaltenen Vorstellungen der neuen Schule, welche »durch ihren Einfluß die ganze Geschmacksrichtung mindestens der Stadt beherrscht«, so manifestiert sich hier eine »Wachablösung«, die absoluter nicht sein könnte. Wagners und Bülows Neudeutsche Schule sollte die Stadt beherrschen und nichts anderes neben sich dulden.

Der Zusammenhang zwischen Konservatoriums-Schließung und Wagner-Plänen mußte auch den betroffenen Lehrkräften und den politischen Gremien schon früh bekannt sein, meldete der Bayerische Kurier doch schon am 22. April 1865, also kurz vor Erscheinen des »Berichts«, daß der König eine »Commission zur Ausarbeitung geeigneter Vorschläge einer entsprechenden Neugestaltung des Conservatoriums für Musik zu ernennen« geruhen, wobei »als Grundlage ein vom Tondichter Richard Wagner verfaßter Bericht über eine in München zu errichtende deutsche Musikschule zu gelten hat«. Daß Wagner in München eine eigene Musikschule gründen wollte, konnte vielleicht noch hingenommen werden, daß er aber alles andere radikal beseitigen wollte, mußte zwangsläufig auf heftigsten Widerstand stoßen. Nun äußerte auch Kabinettsekretär Pfistermeister in einem Brief an Cosima von Bülow am 10. Oktober 1865 seine Bedenken: »Nun habe ich aber von meiner Stellung aus doch ein Anliegen. Wäre es nicht möglich, das neu zu organisierende auf Staatskosten fundierte Conservatorium neben der Kunstschule bestehen zu lassen? W. irrt sich gründlichst, glauben Sie ... dessenfalls meiner langjährigen Erfahrung, wenn er vermeint u. ausspricht, der Staat werde einer auf Kosten der Civilliste geführten Anstalt, sey es nun Kunstschule oder Theater, jemals einen Liard Subvention leisten über das bisherige Maß! Sollte man nun die 8 bis 10/M fl., welche der Staatssäckel für das Conservatorium auch fortan leisten will, vielleicht für immer von der Hand weisen? Denn damit ist auf lange Zeit wenigstens nach konstitutionellem Usus eine Staatssubvention geradezu aufgehoben.«[264] Raffiniert ist, wie Pfistermeister hier Wagner nicht direkt angreift, sondern ihn auf der finanziellen Seite zu packen sucht. Auch Ludwig scheint den zunehmenden Druck wegen der drohenden Schließung des Konservatoriums gespürt zu haben, jedenfalls schrieb er am 12. Oktober an Wagner, daß Bülow sein neues Amt erhalte und die Kunstschule ins Leben trete. »Nur Eines ist unmöglich: die Aufhebung des alten Conservatoriums; diese Anstalt wird ja doch verdunkelt durch den Sonnenglanz Unserer deutschen Kunstschule; jene wird doch factisch unschädlich gemacht.«

Wagner und Ludwig II. ließen sich durch solche Widerstände allerdings nicht beirren. Der König gab via Pfistermeister Hans von Bülow den Auftrag, eine ungefähre Berechnung der für die neue Musikschule nötigen Geldmittel aufzustellen. Ernsthaft in Angriff genommen wurde nun auch die Gründung einer Musikzeitschrift, wie sie ebenfalls im »Bericht« gefordert wird. Die von Wagner dafür vorgeschlagenen Redakteure zeigen, daß auch im musikpublizistischen Bereich eine klare »neudeutsche« Richtung den Ton angeben sollte. In den Tagebuchaufzeichnungen für Ludwig schlug Wagner im September als Redakteur dieses Journales den »sehr intelligenten, mir ergebenen Bayer« und Musik-Berichterstatter der Bayerischen Zeitung, Dr. Grandauer, vor. Als Nebenredakteur hatte Wagner bereits Heinrich Porges bestimmt, der auch schon bei der neuen Schule »vortrefflich beschäftigt werden konnte«. Außerdem sollten nach Wagners Wille auch Bülow und die übrigen Lehrer der Schule sowie Wagner selbst »belehrend, aufklärend und befeuernd« als Mitarbeiter tätig sein. Das Journal würde so »große Aufmerksamkeit, und, durch seinen Geist, bedeutenden Einfluß gewinnen«, wie Wagner weiter anpreist. Einmal mehr manifestiert sich hier, wie allumfaßend und bis ins Letzte durchdacht Wagners Reformpläne waren, bei denen nun auch diese Musikzeitung, von Wagnertreuen Anhängern geleitet, von oben »belehren und aufklären« sollte. Hans von Bülow bezeichnete in einem Brief an Richard Pohl den Charakter der Zeitung unmißverständlich als »didaktisch, kritisch und polemisch«.[265]

Und Ludwig II. übernahm, wie nicht anders zu erwarten, auch diese Vorschläge und schrieb Wagner: »Ich ersuche Sie mit Grandauer zu sprechen. Der Belehrung bedarf die Welt.« Raffiniert ist die Idee, Grandauer, der ja für die »Bayerische Zeitung« arbeitete, als Chefredakteur zu bestellen, denn so wäre die Verbindung von der offiziösen »Bayerischen Zeitung« und der neuen Musikzeitung perfekt!

Der von Wagner und Bülow vorgeschlagene Heinrich Porges, Chordirigent und Musikschriftsteller, war ab 1863 Redakteur der »Neuen Zeitschrift für Musik«, die sich maßgeblich für die Neudeutsche Schule einsetzte. Und Richard Pohl, den Bülow ebenfalls für die neue Zeitung gewinnen wollte, galt als ältester Wagnerianer und war für die neue Musik-Richtung bereits ab 1846 tätig. Pohl gewann für die Neudeutschen dieselbe Bedeutung wie Eduard Hanslick für die Konservativen und leistete für Wagner, Berlioz und besonders Liszt exegetische und analytische Arbeit.

Wie sehr der König in Wagners Einflußbereich stand, wie unbedingt er dessen Vorschläge folgte, zeigt schließlich eine letzte Begebenheit im Jahr 1865 im Zusammenhang mit der neuen Musikschule. Wagner verlangte vom König einen offiziellen Auftrag zur Gründung einer Musikschule, der in der Presse veröffentlicht werden sollte, um die Gegner auszuschalten. Er sah »in einem solchen Documente das Decret der Begründung des nothwendigen Werkes der Zukunft«[266], wie Wagner Ludwig II. gegenüber argumentierte. Doch, so fuhr er fort, nicht der König selbst sollte diesen Auftrag an Wagner verfassen, sondern er, Wagner selbst, setzte einen Briefentwurf auf, wie er »ihn von Ihnen (Ludwig) an mich (Wagner) für die Öffentlichkeit bestimmt gewünscht hätte«, so die Begründung. Wagner wollte derart absolut über künstlerische Belange in München herrschen, daß er selbst königliche Dekrete persönlich verfaßte! Der Inhalt des Entwurfes nimmt in den wesentlichen Punkten denjenigen des »Berichtes« auf, wobei vor allem das dezidierte Vertreten des »Deutschen« auffällt. Wagner schließt seinen Briefentwurf: »Bin Ich (der König) daher sicher, bald der Unternehmung den Ernst zugewandt zu sehen, dessen sie bedarf, so muß Ich jedoch mit Ihnen wiederum die Schwierigkeiten erkennen, welche aus der bisherigen Abwendung des deutschen Ernstes vor diesem Gebiete der Kunst, darin entstanden sind, daß die geeigneten Organe zur Bildung für höhere Kunstzwecke hier so höchst spärlich anzutreffen sind. Ich sehe somit ein, daß die Früchte selbst der angestrengtesten Bemühungen Uns nur sehr langsam reifen werden. Da Ich jedoch den endlichen Erfolg eines fortgesetzten ernsten Eifers nicht bezweifle, war Ich entschlossen, Ihnen den Auftrag zur Errichtung und Organisation der beabsichtigten Kunstschule nach dem Plane, welchen Sie in Ihrem Bericht an Mich näher entwickelt haben zu ertheilen. Ein Bedenken hält Mich jedoch hiervon ab; Ich wünsche nämlich, daß Sie vor allen Dingen vollkommen ungestört der Vollendung Ihrer großen schöpferischen Arbeiten sich hingeben mögen, und während Ich es mir angelegen sein lasse, hierzu nach Kräften jede Sorge von Ihrem Geiste fern zu halten, müßte Ich fürchten, diese Absicht nicht durchführen zu können, wenn Ich Ihnen zugleich die Besorgung der Bildung u. Leitung der Kunstschule unmittelbar aufbürdete. Glücklicher Weise hat aber Ihr Schicksal Ihnen den Freund zugeführt, der vollkommen dazu berufen scheint, Ihre Thätigkeit nach dieser einen Seite hin zu ersetzen. Dr. Hans v. Bülow, dessen ausgezeichneter Ruf als virtuoser Musiker ersten Ranges neuerdings durch seine erstaunliche Leistung als Dirigent Ihres so sehr neuen und schwierigen Tristan allgemeine Anerkennung erhalten hat … Ich melde Ihnen daher, daß ich H. v. B. zum Director der

Deutschen Kunstschule für Musik und dramatische Kunst ernenne.«[267]

Die Reaktionen des Königs und des Kabinetts auf dieses brisante Dokument zeigt ein erstes Mal die Parteien-Konstellation, wie sie sich im Spätherbst 1865 in München präsentierte. Ludwig II. schrieb den Entwurf Wagners praktisch unverändert mit Datum vom 15. Oktober ab, wobei er Wagner bereits am 12. Oktober – also fast unmittelbar nach Erhalt des Entwurfes – signalisierte, »nächstens steht mein Brief an Sie in der Zeitung«. Eine Veröffentlichung des Briefes fand jedoch nie statt. Die Gründe dafür sind sehr wahrscheinlich in massiven Widerständen des Kabinettsekretariats zu suchen. Jedenfalls schrieb Oberappellationsgerichtsrat Lutz, Beamter im Kabinett, am 14. Oktober – also nur zwei Tage nach Ludwigs Zusage – an Cosima von Bülow zur Musikschule, daß Ludwig II. die projektierte deutsche Musikschule verwirklichen wolle, es aber für unerläßlich halte, daß vor Kundgabe irgend einer Notiz in den Zeitungen die finanzielle Grundlage des Instituts festgestellt werde. Deren Vollzug ergehe bis zum 18. des Monats, so daß danach sofort der definitive Bescheid ergehen könne. Dann folgt in Lutz' Schreiben der entscheidende Punkt, denn er behauptet plötzlich: »Zur Veröffentlichung dieses Bescheides erscheint aber Seiner Majestät die Form eines Schreibens an Herrn Wagner weniger den Verhältnissen angemessen zu sein als ein offiziöser Zeitungsartikel, welcher den Inhalt des eingesendeten Entwurfes zu einem Briefe wiedergeben wird und zu dessen Abfassung die Einleitungen bereits getroffen sind.«[268] Nach den Worten von Lutz zu schließen, mußte Ludwig II. innerhalb von nur zwei Tagen seine Meinung, was die Veröffentlichung des Briefes betrifft, geändert haben, was entweder ganz einfach nicht stimmte, oder auf Grund von massiver Opposition im Kabinettsekretariat zu Stande kam. Es scheint, daß das Kabinett des Königs alles daran setzte, um die geplante Musikschule auf die lange Bank zu schieben, was Wagner in seinen »Annalen« mit der Notiz »Musikschulverschleppung« bereits für den Monat Juli vermerkte. In diese Richtung deutet auch der

Schluß des Briefes von Lutz an Cosima von Bülow, in welchem er auf die Finanzierung der geplanten Schule zu sprechen kommt und anfügt, daß »die für das Conservatorium ausgeworfenen Staatsgelder wegen der Bestimmungen unserer Verfassungsgesetze nicht für die Musikschule verwendet werden können«. Ohne finanzielle Unterstützung würde der geplanten Musikschule natürlich die Grundlage entzogen.

Insgesamt lassen sich am Musikschulprojekt drei interessante Aspekte konstatieren: Zum einen ist ein absolutistisches Vorgehen Wagners festzustellen. Dagegen regten sich schon bald heftige Widerstände bei Politik und Kabinett, aber auch bei der (Presse-)Öffentlichkeit. Besonders auffallend aber ist das unbedingte Mitgehen des Königs mit Wagners Intentionen, die er sogar als die seinigen anerkannte und unbedingt auszuführen gedachte. Er wollte eine Musikschule, in welcher der »utopiegerechte« Sänger-Darsteller herangebildet werden sollte, um eine »ideale« Werkvermittlung zu garantieren.

Im »Bericht« wünscht Wagner zur Verwirklichung seiner Ziele neben der neuen Musikschule auch ein »Mustertheater« als »ein Monument des deutschen Kunstgeistes«. Und schon ein oberflächlicher Blick in den Briefwechsel zwischen Wagner und Ludwig zeigt, daß der König diese Bedingung erfüllen wollte, um das »Ideal« zu verwirklichen. Der König wollte einen speziellen Raum konzipieren, um im »Jetzt« eine »utopische Insel« aufzubauen, die eine gesamtkunstwerkgetreue Aufführung erlauben würde. Ludwig plante zu diesem Zweck ein neues, großes Festspieltheater am Ufer der Isar zu errichten. Bereits am 26. November 1864 schrieb er enthusiastisch an Wagner, er habe den Entschluß gefaßt, ein großes, steinernes Theater erbauen zu lassen, damit die Aufführung des »Ringes des Nibelungen« eine vollkommene werde. Der Plan Ludwigs sah vor, daß in diesem Theater nur »meines Theuren und Einzigen (Wagners) gottvolle Werke zur Aufführung kommen sollen«. Wie sich der König dieses Festspieltheater konkreter vorstellte, umschrieb er Wagner in einem Brief vom 16. September 1865: »Ich sehe die Straße gekrönt vom Prachtbau der

Zukunft; es strömt das Volk zur Vorführung der Nibelungen, des ›Parcival‹! – Die Vorurtheile schwinden, Bewunderung, größte Freude hat sie Alle ergriffen; alle Menschen werden Brüder, wo Dein sanfter Flügel weilt!« Genau wie die Musikschule folgt dieser Theaterbauplan dem »utopisch-griechischen« Vorbild. Schillers »Ode an die Freude«, die der König hier zitiert, ist laut dem »Kunstwerk der Zukunft« das »Evangelium« des Zukunftsmenschen. Ludwig II. folgte Wagners Ideen absolut. Im künftigen Festspieltheater, in »unserem Heiligthum«, wie er es auch bezeichnete, sollte dieses Evangelium verkündet werden. Das Münchner Bauprojekt entspricht genau diesen Vorstellungen, sollte das Theater doch die Stadt dominieren, wie es neoabsolutistischer Herrschaft entsprach. Ludwig II. verstand die zunehmende Beschäftigung mit Wagners Kunst nicht, wie bisher angenommen, als romantische Schwärmerei, sondern als ernsthaften Versuch, mittels der Kunst Politik zu betreiben. Die Förderung der institutionellen Projekte bildete einen wichtigen Bestandteil seiner Politik. Der Verlauf der Projektierung des Theaters, seines Ausmaßes und nicht zuletzt die Berufung Gottfried Sempers zum designierten Architekten geben weitere wichtige Hinweise auf Wagners konkrete Realisierungspläne und die Reaktionen darauf.

Interessant an dem Projekt ist, daß die erste Initiative eindeutig vom König ausging, der die Idee zu diesem Festtheater aber nicht selbst kreierte, sondern vom Ring-Vorwort übernahm. Dies ist aus einem Brief vom 26. November 1864 an Wagner zu ersehen, in welchem Ludwig schreibt, daß der Satz, welchen Wagner in der Vorrede zum Gedicht »Der Ring des Nibelungen« anführte, in das Leben treten solle: »Ich rufe aus: ›Im Anfang sei die That‹.« Ludwig übernahm ganz explizit Ideen Wagners aus den theoretischen Schriften. So wählte er zum Beispiel auf Anregung Wagners als ausführenden Architekten tatsächlich Gottfried Semper. Bereits im Ring-Vorwort nahm Wagner auf Semper Bezug, als er schrieb: »Einen Plan zu einem provisorischen Theater mit amphitheatralischer Einrichtung für das Publikum, und dem großen Vortheile der Unsichtbarmachung des Orchesters, hatte ich mit einem erfahrenen, geistvollen Architekten in Besprechung gezogen.« Gemeint war damit Gottfried Semper, den Wagner seit der Revolutionszeit in Dresden kannte und dem er schließlich 1851 durch ein Empfehlungsschreiben, das in der »Eidgenössischen Zeitung« abgedruckt wurde, eine Stellung am Züricher Polytechnikum verschaffen konnte. Die Diskussionen von Wagner und Semper über Gesellschaft und Architektur waren sehr bedeutend und von großer gegenseitiger Affinität geprägt, denn im »Kunstwerk der Zukunft« erklärt Wagner die Situation der Architektur der Gegenwart und die Pläne für die Zukunft, abgeleitet vom griechischen Vorbild, mit denselben Argumenten wie im Empfehlungsschreiben für Semper. Dazu kommt, daß auch Wagner selbst das Münchner Theater-Projekt in Briefen als »das von mir gewollte Theater« bezeichnete, wo »allein meine Werke aufgeführt werden« sollen.

Vom königlichen Auftrag, in München ein Monumentaltheater zu bauen, erfuhr Semper bezeichnenderweise nicht von Ludwig selbst, sondern in einem Schreiben vom 13. Dezember 1864 von Richard Wagner. Semper selbst erhielt nie ein offizielles schriftliches Dokument über seine Beauftragung, was sich später als ein folgenschweres Versäumnis erweisen sollte. Semper mußte jahrelang um seine Abgeltung für seine nie realisierten Pläne kämpfen! Mit der Berufung Sempers nach München wurde aber nicht nur Wagners Einfluß auf Ludwig manifest, gleichzeitig wurden damit natürlich einheimische Architekten ausgebootet. Einer der profiliertesten und angesehensten Architekten in München war damals Friedrich Bürklein, der zu jener Zeit mit der Ausführung der Maximilianstraße beauftragt war. Die künstlerische Gesamtidee der Maximilianstraße nahm vom Maximilianeum, das sich 1864 noch im Bau befand, ihren Ausgang. König Max hatte 1850 einen Wettbewerb veranstaltet, aus dem schließlich der in München ansässige Baumeister Bürklein ausgewählt worden war. Von der Gunst des Königs Maximilian getragen, nahm Bürklein während 15 Jahren die Stellung eines Generalintendanten des königlichen Bauwesens ein und galt als eigentlicher Schöpfer des

»Maximilianstils«. Dank Bürklein zählte München zur Regierungszeit von Maximilian II. künstlerisch und technisch zu den fortschrittlichsten Städten Europas. Sempers Berufung nach München bedeutete aber nicht nur ein Ignorieren des angesehenen einheimischen Schaffens, sondern sie sollte auch einschneidende Konsequenzen für Bürkleins Maximilianstraße und das sich noch im Bau befindliche Maximilianeum mit sich bringen, wie aus der Entwicklung von Sempers Theater-Plänen im Jahr 1865 ersichtlich wird.

In einem Brief an Semper vom 13. Dezember 1864 erläutert Wagner dem Architekten gegenüber das Projekt sehr dezidiert, wobei die raffiniert gehandhabte Vermischung der Zielsetzung von Ludwig II. und Wagner selbst auffällt: »Lieber Semper! Der König von Bayern wünscht, daß Du in seinem Auftrag in München ein großes Theater im edelsten Stile, zu dem besonderen Zwecke, den ich Dir sofort andeuten will, bauen sollst. Mein junger Beschützer hegt tief den Glauben an die Wahrhaftigkeit meines Ideals in Betreff eines dramatischen Kunstwerks, welches sich vom modernen Schauspiele wie von der Oper wesentlich und wichtig unterscheidet. Um verständliche Aufführungen in diesem Stile zu erziehlen, will er mit mir vollständig von dem Versuche, dieselben in unser gewöhnliches Theaterrepertoir einzureihen, absehen und beabsichtigt, das Ausnahmsweise solcher Aufführungen schon damit genau zu bezeichnen, daß sie nicht in dem täglich besuchten Operntheater, sondern in einem eigens für sie eigerichteten, nur zu diesem Zwecke bestimmten besonderen Theater in Zukunft stattfinden sollen. Zunächst ist dem König die Anregung hierzu aus meinem Vorwort zu dem dramatischen Gedichte ›Der Ring des Nibelungen‹ entstanden. Nachdem er mich beauftragt, dieses Werk zur Aufführung im Sommer des Jahres 1867 zu vollenden, glaubte er sich auch verbunden, für die Herstellung des von mir gewünschten Theaters zu sorgen. Neuerdings ist er für diese Idee so enthusiastisch eingenommen worden, daß er mir vorschlug, nicht erst ein provisorisches Theater in Holz, sondern sofort das würdige in Stein und edlem Material auszuführende in Auftrag zu geben. Ich habe ihm hiergegen eingewendet, daß ich nicht die Verantwortung für das Gelingen eines solchen Baues, namentlich in Betreff der problematischen inneren Einrichtung übernehmen könnte, daß ich eine solche Aufgabe nur einem wirklichen Bau-Genie mit Ruhe zugetheilt wissen würde und als solches einzig Dich, lieber Semper, bezeichnen könnte. Dies genügte, um den König sofort zu dem Auftrag an mich zu bestimmen, Dich zu befragen, ob Du es übernehmen wolltest, ein solches Theater zu bauen. Hiermit ist mein Auftrag zu Ende. Ich füge für den Fall, daß Du dem Wunsch des Königs von Bayern willfahren willst, die Bemerkung bei, daß es mir vorsichtiger und außerdem zweckmäßiger erscheint für das erste, aber sofort die Konstruktion eines provisorischen Theaters in Holz und etwas Backstein in Angriff zu nehmen. Vor allem wäre es mir lieb, ein solches Theater schon sehr bald in Gebrauch zu erhalten, um in ihm einige prinzipiell besondere Aufführungen meiner bisherigen dramatischen Arbeiten vornehmen zu können. Dann würde es doch auch selbst Dir vielleicht wünschenswert sein, gewisse Probleme zuerst versuchsweise zu lösen, endlich gewännest Du Zeit für die Ausführung des definitiven, in edelstem Material auszuführenden Gebäudes, welches dann, dem Sinne seines Gründers gemäß als ein bedeutungs- und lebensvolles Monument der deutschen Nation hinterlassen werden soll.«[269]

Richard Wagner nahm eindeutig das Heft in die Hand, denn es sind ganz klar seine Ideen und Vorstellungen eines »nur zu besonderen Zwecken bestimmten Theaters«, das als »lebensvolles Monument der deutschen Nation hinterlassen werden soll«. Aber nicht nur Ludwig II., sondern auch Semper stellte sich in den Dienst von Wagners Ideen, denn er antwortete postwendend, er wolle so bald wie möglich Rücksprache mit Wagner halten, um – wohlverstanden – dessen Ideen genauer kennen zu lernen. Der König war nicht mehr als eine Marionette in der Hand des übermächtigen, bestimmenden Freundes, der es aber immer wieder verstand, seine Ideen mit Hilfe der »Utopie« auf raffinierteste Weise zu denjenigen von Ludwig II. umzufunktionieren. So schrieb er am

28. Dezember 1864 an Ludwig über den »genialen Semper«: »Denn ihn hat der ideale Wille meines huldvollen Kunst-werkvollenders zum Bau des Schauplatzes bestimmt, von dem ich nun in wahrer Begeisterung annehme, daß er für alle Zeiten ein Asyl des edelsten deutschen Geistes sein soll«.[270]

Ende Dezember – also kein Jahr nach der Thronbestei-gung – empfing Ludwig II. Semper in Audienz, um den Theaterplatz zu besprechen, wovon auch die Öffentlichkeit durch Zeitungsberichte erfuhr. Bereits in dieser frühen Pha-se wurde auch eine erste Standortbestimmung vorgenom-men: Das Festspielhaus sollte unmittelbar neben das Maxi-milianeum zu stehen kommen! In Wagners Schreiben an Semper vom 12. Januar 1865 wird ausdrücklich auf »den Platz rechts vom Maximilianeum an der Uferhöhe« Bezug genom-men, »der dem König genehm ist«[271], ebenso in Wagners Briefen an den König vom 15. Januar und an Mathilde Maier vom 29. Januar.[272] Damit war die Thematik des Festspielthea-ters in München exponiert und der Konflikt auch schon vor-programmiert. Einerseits wurden vom Kabinettsekretariat bereits finanzielle Bedenken angemeldet, die Wagner aller-dings nicht akzeptierte und vollumfänglich zurückwies. Es erstaunt auch das horrende Tempo, mit welchem Wagner und der König den Bau vorantrieben, denn bereits in zwei-einhalb Jahren im Spätherbst 1867 sollte er vollendet sein! Dies geht auch aus einem Schriftstück mit dem Titel »Mein Programm – auszuführen wenn mein theurer König will und hilft«, das Wagner Anfang Januar 1865 Ludwig II. schickte und in welchem er als Planziel für August 1867 notierte »Ring des Nibelungen. Im neugebauten Festtheater«.

Neben der finanziellen Problematik, die durch die Kürze der veranschlagten Baudauer noch wesentlich verschärft würde, gab aber auch die Standortwahl mit der Nähe zum Maximilianeum zu reden. Die beiden benachbarten Monu-mentalbauten wären, nach ersten Skizzen Sempers zu schließen, nämlich nicht gleichwertig in einer Flucht neben-einander gestanden, sondern hätten eher eine Gruppe im Sinne des malerischen Kontrastes gebildet: links das weiter zurückliegende Maximilianeum als Zielpunkt der darauf zuführenden Brücke, rechts daneben, klar in den Vordergrund gerückt, das Festspielhaus. Das Maximilianeum, noch nicht einmal fertiggestellt, hätte durch das Festspielhaus Wagners große Konkurrenz erhalten und vielleicht sogar seinen Rang eingebüßt. Wie stark das Maximilianeum schließlich in den Sog von Sempers neuer Stilrichtung geriet, zeigt die weitere Geschichte dieses Baus, der erst 1874 vollendet wurde. Im Todesjahr von König Maximilian 1864 war das Gebäude nicht weiter als bis zum Sockelgeschoß gebaut worden. Nach dem Tod des Königs entschloß man sich dann für eine Neuredigierung des Entwurfs von Bürklein und für die Umstilisierung in eine Sempersche Rundbogenarchitektur; das heißt, zwischen die gegebenen Pfeilerstellungen wurden Rundbogen eingezogen.

Ob diese tiefgreifende Problematik des offensichtlich massiven Eingriffs in bestehende Pläne Bürkleins durch Semper damals in München schon eruiert werden konnte, ist nicht zu entscheiden. Tatsache ist jedoch, daß es in den Zeitungen schon bald zu ersten Querelen und zu bürokratischen Hemmnissen kam, die zu Verzögerungen führten. Am 3. Februar meldeten die »Münchner Neuesten Nachrichten«, daß der König auf Kosten der Zivilliste ein eigenes Opernhaus erbauen wolle, und daß die Anwesenheit Sempers in München damit in Zusammenhang stehe. Einen Tag später berichtete auch der »Landbote« vom beabsichtigten Theaterbau auf Kosten der Zivilliste. Neben der geplanten Wagner-Musikschule sollte auch der Theaterbau von der Zivilliste übernommen werden, also vom Säckel des Königs berappt werden.

Am 5. Februar erschien dann in den »Neuesten Nachrichten« ein brisanter längerer Artikel »König Ludwig II. von Bayern und die Kunst«, in welchem dezidiert für die Kunstpläne Wagners und Ludwigs Stellung genommen und Bürklein heftig angegriffen wurde. Interessant ist, daß dieser Pro-Wagner-Artikel ausgerechnet in der fortschrittlichen Zeitung Bayerns abgedruckt wurde: »Jener ersten Tatsache, der Berufung Wagners, ist eine zweite, nicht minder bedeutsame gefolgt. Es besteht diese in der Beauftragung Semper's

Richard Wagner, 1864

Büste König Ludwig II. von Carl Zumbusch, 1864

Am 15. Oktober 1864 bezog Wagner eine Villa in der Brienner Straße in München, die der König für ihn gemietet hatte. Das Haus stand gegenüber den Propyläen: in feinster Wohnlage. Wagner erhielt das Haus im August 1865 vom König geschenkt und wollte sogleich eine Prachtstraße daran vorbei bauen.

Am 26. November 1864 faßte der bayerische König den Entschluß, zum Zwecke der Uraufführung des »Ring« in München ein Festtheater bauen zu lassen. Am 29. Dezember beauftragte er den ihm von Wagner empfohlenen und eilends herbeigerufenen Gottfried Semper, dieses Theater zu entwerfen. Es sollte, in der Verlängerung der Brienner Straße quer durch das Annen-Viertel hindurch, am Ende einer Allee jenseits der Isar auf den Gasteig-Höhen prächtig erstehen.

Richard Wagners Freund seit der Revolutionszeit und bekannter
Architekt Gottfried Semper, der in München eine wichtige Rolle
spielte.

Bühnenbildentwurf von Quaglio zur Uraufführung von »Tristan und Isolde« 1865 in München

Kabinettsekretär Franz Seraph von Pfistermeister, einer der
Hauptkontrahenten Wagners in München.

Der konservative Außenminister und Ministerpräsident Bayerns,
Ludwig Freiherr von der Pfordten, der seit der Revolution von
1848 ein erbitterter Gegner von Richard Wagner war.

mit dem Entwurfe zu einem großen Festtheater für außerordentliche Aufführungen, zunächst wohl den Tondichtungen Wagner's selbst, nicht weniger aber auch aller anderen, die in den heutigen Opernhäusern nicht mit Würde und Weihe vorgeführt werden können. Wo ein großes Talent eine entsprechende Wirksamkeit erhält, äußert dasselbe in der Regel sofort auf viele andere Gebiete ebenfalls einen anregenden oder befruchtenden Einfluß. Es hat dies hier die schönste Bestätigung gefunden und wird sie noch weiter finden. Und so kann denn auch besonders diese Berufung Semper's zur Thätigkeit für das hiesige Kunstleben zur Ausführung eines großen monumentalen Prachtbaues, welcher der Isarstadt eine neue hohe Zierde zu verleihen bestimmt ist, bei jedem Kundigen nur die lebhafteste Freude erwekken, wie man sie denn auch vielfach bereits mit einer Genugthuung begrüßen hört, die wir kaum erwartet hätten. Vielleicht weil sie unstreitig nicht weniger als das Verlassen eines Weges in unserem baulichen Leben anzeigt, der trotz aller bedeutenden Mittel, welche an seine Verfolgung gewendet worden, trotz einzelner Leistungen vom großen Talente, wie die Bürklein's es unbestritten sind, doch niemals zu gesunden Resultaten führen konnte.« Der Artikel schließt mit der Bemerkung, das Experiment des Maximilianstils sei mißglückt. Darüber hinaus propagiert er die Sempersche Renaissance als die einzig zukunftsträchtige, für die neuzeitlichen Aufgaben allein geeignete Bauweise!

Die Konfrontation war lanciert. Es ist klar, daß sich Bürklein und seine Anhänger eine solche Abqualifizierung nicht gefallen lassen konnten und wollten: Die Architekten glühten vor Zorn. Verkompliziert wurde die Sache noch durch den Wunsch Sempers und Wagners, zuerst ein Provisorium zu bauen, wie Wagner in seinem ersten Brief an Semper angeführt hatte und was aus einem Schreiben Wagners an Ludwig vom 13. Februar 1865 noch deutlicher hervorgeht. Er begründete dieses Provisorium damit, daß der Architekt seine neuartige Konstruktion des Theaterbaues zuerst akustisch prüfen und die praktische Wirkung auf den Theaterbetrieb ausprobieren müsse. Als geeignetes Gebäude für diese notwendigen Experimente schlugen Wagner und Semper den Glaspalast vor, ein 1854 von August Voit im Botanischen Garten errichteter, 234 m langer Ausstellungsraum aus Eisen und Glas. Ein neuerlicher Affront, denn Voit gehörte zum Kreis um Bürklein und hatte sich um den Maximilianstil verdient gemacht, und ausgerechnet sein Glaspalast sollte nun für die Pläne von Bürklein-Gegner Semper verwendet werden. Wagner versuchte in München seine Ideen rücksichtslos durchzusetzen und der König folgte ihm darin arglos, denn er erklärte sich mit den Plänen im Glaspalast vollkommen einverstanden. Von diesem Moment an wurden die Pläne für das Provisorium und für den endgültigen Bau parallel weiterverfolgt.

Doch damit noch nicht genug. Wagner empfahl Semper als Helfer Friedrich Pecht – ein Freund und bekannter Parteigänger Wagners in München – und Baurat Neureuther beizuziehen, was Semper auch tat. Auch Neureuther war ein überzeugter Verfechter der Semperschen Neurenaissance. Am 26. Februar ersuchte Semper Pecht, durch Neureuther Situationspläne und Profile des Isarhangs besorgen zu lassen und kündigte die ersten Vorentwürfe für Ostern an. Doch nun regte sich – genau wie bei der neuen Musikschule – Widerstand. So verzögerten bürokratische Hemmnisse die notwendigen Messungen am Gasteig. Was genau dahinter steckte, enthüllen zwei Briefe. Der eine stammt von Pecht an Semper vom 17. März 1865: »Es ist den vereinten Anstrengungen des Cabinets, der K. Verwandtschaft, der Königin-Mutter und schließlich auch noch des Königs Ludwig (gemeint Ludwig I. der Großvater Ludwigs II.) glücklich gelungen, den jungen König vorläufig auf den Bau des eigentlichen Festtheaters verzichten zu machen und sich mit dem im Glaspalast zu errichtenden, provisorischen einstweilen zu begnügen. Der Plan, lediglich für die Wagner'schen Opern ein großes Theater zu bauen, denn *so* faßte man die Sache hier auf, war etwas zu abenteuerlich. Der Kern der Opposition besteht nun freilich in der Hofpartey, die nicht will, daß die Civilliste überhaupt baue oder für Kunst und Wissenschaft Geld ausgebe. Der König solle anstatt zu bauen lieber für schlechte Zeiten sparen, da diese in nächster Aussicht ständen.«[273]

Zwei Tage später rapportierte Wagner an Semper: »Die Sache ist so wie Du Dir wohl leicht selbst denken kannst. Der König *will* und das Cabinet mit der Königin Mutter und verschiedenem anderen Personal dahinter, versuchen ihr Möglichstes ihn davon abzubringen. Noch vor wenigen Tagen glaubte mir Pfistermeister mittheilen zu müssen, der König sei neuerdings entschlossen das Probetheater im Crystallpalast und zwar sogleich ausführen zu lassen, dagegen mit dem definitiven Prachtbau noch zu warten bis mehr Geld da sei. Pecht hatte sich in Betreff der Neureuther'schen Intervention für die Hilfsarbeiten langweilig gemacht, indem er eine Königliche Autorisation für diese Aufgabe forderte; hiergegen hatte das Cabinett wieder intriguiert. Gestern schreibt mir nun der König wieder und verlangt sehnsüchtig nach Deinen Plänen. Ich sehe, er ist fest – fester und bedeutender als seine Leute noch glauben mögen. Ich bin gegenwärtig mit der Abfassung eines sehr umfassenden Berichtes über die betreffenden Kunstpläne, in welche auch das Theater eingeschlossen ist, beschäftigt.«[274] Wagner ließ sich durch solche Widerstände nicht beirren: Er wollte den König eingehender in seine Kunstpläne einweihen und schrieb zu diesem Zweck den »Bericht an Seine Majestät den König Ludwig II. von Bayern über eine in München zu errichtende deutsche Musikschule«, der am 31. März 1865 beendet wurde.

Von diesem Zeitpunkt an wurde auch die Musikschule mit Energie vorangetrieben, das Theaterprovisorium ernsthaft ins Auge gefaßt und auch die Planung für das Festtheater ging zügig voran. So mußte Wagner am 21. März 1865 Semper erneut den Wunsch des Königs übermitteln, er solle sich zu Ostern in München selbst nach einem geeigneten Bauplatz umsehen. Nur drei Wochen später, am 10. Mai, sandte Semper dann Pläne für das provisorische Theater im Glaspalast an Wagner. Die Architektur-Pläne gingen zuerst durch Wagners Hände und wurden erst fünf Tage später, am 15. Mai, samt einem Begleitbrief Sempers von Wagner an den König übersandt, eine Vorgehensweise, die sich für den ganzen folgenden Zeitraum bis Ende 1865 verfolgen läßt. Diese Tatsache unterstreicht, welch gewichtiges Wort Wagner in der Baufrage mitzureden hatte und wie sehr der König nur noch absegnende Instanz war.

Das Begleitschreiben Sempers, das auch der König zu lesen bekam, zeigt auch, wie sehr Semper und Wagner auf den Ideen aufbauten, die sie einst zusammen in Diskussionen erarbeitet hatten. Der Zuschauerraum sollte ungefähr 1000 Sitzplätze enthalten, die amphitheatralisch angeordnet sein sollten. Nach antikem Gebrauch würde der Hof und die bevorzugten Zuschauer auf beweglichen Stühlen in der Orchestra, d. h. bei Semper in einem Halbkreis, der das Zentrum des Theaters umgiebt, Platz nehmen. Einzig für den König und die königliche Familie wollte Semper eine Ausnahme machen und eine besondere Loge einbauen. Die vom »idealen« Griechenland abgeleitete, »utopiegerechte« Anordnung des Zuschauerraumes als amphitheatralische Einrichtung, wie sie Wagner schon im Ring-Vorwort angeregt hatte, wird von Semper für den Theater-Bau übernommen. Damit erhält das Theaterprojekt Wagners und Sempers in München eine brisante politische Komponente, denn diese neuartige Anordnung geht auf eine Idee aus der Revolutionszeit zurück: Dem bisherigen Logen-Rang-System des barocken Zuschauerraumes mit seiner die gesellschaftliche Rangstufung betonenden Struktur wird nun das demokratische Prinzip des gleichmäßig ansteigenden Halbrundes des antiken Theaters entgegengesetzt. Diesen, eine neue gesellschaftliche Ordnung spiegelnde Zuschauerraum hatte Wagner schon ausführlich im »Kunstwerk der Zukunft« erläutert, in welchem der Zusammenhang von Politik und Kunst deutlich wird: »Die Aufgabe des Theatergebäudes der Zukunft darf durch unsere modernen Theatergebäude keinesweges als gelöst angesehen werden: in ihnen sind herkömmliche Annahmen und Gesetze maßgebend, die mit den Erfordernissen der reinen Kunst nichts gemein haben. Wo Erwerbsspekulation auf der einen, und mit ihr luxuriöse Prunksucht auf der anderen Seite bestimmend einwirken, muß das absolute Interesse der Kunst auf das Empfindlichste beeinträchtig werden, und so wird kein Baumeister der Welt z. B. es vermögen, die durch die Trennung unseres Publikums in die unterschiedensten Stände und Staatsbürgerkategorien gebotene Übereinanderschichtung und Zersplitterung der Zuschauerräume zu einem Gesetze der Schönheit zu erheben. Denkt man sich in die Räume des gemeinsamen Theaters der Zukunft, so erkennt man ohne Mühe, daß in ihm ein ungeahnt reiches Feld der Erfindung offen steht.«[275] Wagner macht hier ganz klar eine Absage an die ältere Ständeordnung im Zuschauerraum, ein deutlich demokratisch gefärbtes Postulat, das er nun in München mit Semper zusammen verwirklichen wollte. König Ludwig II. kannte sowohl das »Kunstwerk der Zukunft« als auch die Pläne für den Zuschauerraum und akzeptierte diese, die Gesellschaft neu bewertende und den Adel völlig ausklammernde Publikumsanordnung! Die Planung nämlich wurde weiter betrieben.

Kabinettsekretär Pfistermeister ersuchte Semper im Auftrag des Königs am 14. Juli, in den nächsten Ferien sich nach München zu begeben, um dort einen provisorischen Bauplatz auszusuchen für den Fall, daß das Gebäude wirklich zur Ausführung käme. Und am 24. Juli forderte der König von Semper gar einen Kostenvoranschlag, worauf der Baumeister in seiner Antwort an Legationsrat Leinfelder vom 10. August das Vorlegen einer annähernden Kostenberechnung auf der Grundlage seiner unausgeführten Pläne für das kaiserliche Theater in Rio von 1858 sowie seine Ankunft in München für Anfang September ankündigte. Ludwig II. war mit allem einverstanden, wünschte aber zusätzlich, daß Semper nach Abschluß der Studien nach Hohenschwangau reisen sollte, um die Skizzen und das weitere Vorgehen zu besprechen. Das Kabinettsekretariat und Pfistermeister waren stets auf dem Laufenden über die Pläne und Absichten hinsichtlich des Theaters, ja meistens fungierten sie als vermittelnde Instanz zwischen dem König und den Planern Wagner und Semper. Dies gab dem Kabinett natürlich eine nicht zu unterschätzende Möglichkeit zu Verzögerungen und Intrigen, die es auch zu nutzen vermochte.

Dieses Wissen spielte auch beim letzten und gewichtigsten Schritt hinsichtlich des Festtheater-Bauplans eine zentrale Rolle. Anfang September weilte Semper tatsächlich in München und diskutierte zusammen mit Wagner das definitive Projekt. Gemeinschaftlich wurde nun neu das Gelände nördlich des Maximilianeums als Bauplatz ins Auge gefaßt und zugleich eine mit dem Theater in Verbindung stehende, für das gesamte Stadtbild folgenreiche städtebauliche Konzeption mit einer »Prachtstraße« ins Auge gefaßt. Wagner berichtete am 13. September Ludwig II. darüber: »Der König Ludwig II. ... wird eine Straße in München gründen, wie sie Sein erhabener Vater und Großvater sich gegründet haben. Dieß ist Sache der Zukunft, sie kann aber jetzt schon dem Plan nach von uns berücksichtigt werden. Diese Straße wird als eine Verlängerung der Briennerstraße, an der königlichen Residenz vorbei, durch den Schloßgarten, gerade aus bis an die Isar geführt werden, über welche dann eine Brücke hinüber zu dem erhöhten Ufer zu den Terrassen führt, auf deren Anhöhe das ideale Festtheater stolz emporragt.« Ein in mehrfacher Hinsicht brisantes Projekt nahm da Gestalt an. Zum einen wurde der Bau zwar neu nördlich des Maximilianeums geplant, an der bedenklichen Nähe der beiden Monumentalbauten aber wurde festgehalten. Neu ist, daß nun zusätzlich – ähnlich wie beim Maximilianeum – eine Prachtstraße projektiert wurde, die auf den Theaterbau zulaufen sollte. Noch delikater wird die Sache, wenn man weiß, daß die Prachtstraße als eine Verlängerung der Briennerstraße, an der königlichen Residenz vorbei führen sollte, denn bekanntlich bewohnte Wagner in München an der Briennerstraße ein Haus. Wagners Münchner Domizil sollte also an der gleichen »Prachtstraße« liegen wie die königliche Residenz! Wagners Eigenzelebration wird umso evidenter, weil er selbst diesen großartigen städtebaulichen Gedanken angeregt hatte, und weil er erst kurz vor der Kreierung des »Prachtstraßen-Projekts« das Haus an der Briennerstraße auf eigenen Wunsch gar von Ludwig am 26. August geschenkt erhielt. Nicht unerheblich bei diesem Projekt war zudem, daß Kabinettsekretär von Pfistermeister, der die Schenkung per Brief bestätigte, von beidem gewußt hat.

Die Reaktionen von Ludwig II., dem Kabinettsekretariat mit Pfistermeister an der Spitze und der (Presse-)Öffentlichkeit auf dieses Projekt, das immer gigantischere Formen annahm, eröffnet uns einen weiteren Blick auf die Parteienkonstellation, wie sie sich im Herbst 1865 präsentierte. Drei Tage nach der Zustellung der Pläne durch Wagner antwortete Ludwig II. am 16. September von der Katzenalpe aus: »Ich sehe die Straße gekrönt vom Prachtbau der Zukunft; es strömt das Volk zur Vorführung der Nibelungen, des ›Parcival‹! (Wagner hatte unmittelbar vorher für den König den Parcival entworfen!) Die Vorurtheile schwinden, Bewunderung, höchste Freude hat sie Alle ergriffen; Alle Menschen werden Brüder, wo Dein sanfter Flügel weilt! – Seht ihr's Freunde, seht ihrs nicht? O die blinde Menge, die die Bedeutung dieses Werkes nicht faßt! – … Wie freue ich mich auf die Ausarbeitung der von Semper zu bezeichnenden Pläne!« Und am 7. Oktober erteilte der König dem Komponisten praktisch eine Universalbewilligung nach: »Und das Theater! – Wie groß ist der Plan! Ganz nach Ihrem Willen werde er ausgeführt. – Es ist ein ›Wunderbau‹! – Nur von Geweihten darf er betreten werden; Nur Ihre heiligen Klänge dürfen Seine Hallen erfüllen.«

Während der König so Wagners Vorschläge in den höchsten Tönen lobte und weiter auf Sempers Pläne zum Festtheater drängte, versuchte das Kabinettsekretariat unter Pfistermeisters Führung weiterhin, durch Verschleppen oder gar Unterlassen von Briefen den Zeitplan wenigstens hinauszuzögern. So wurde etwa ein Handschreiben Ludwigs II. vom 13. November, in welchem der König von Semper einen detaillierten Kostenvoranschlag für das provisorische Theater forderte, von Pfistermeister nicht abgeschickt. Das Handschreiben, aus welchem hervorgeht, daß allein die Materialkosten wie Holzgerüst, Stuckaturen und Malereien für das Provisorium 80000 bis 100000 Gulden betragen würden, blieb so lange bei den Akten des Sekretariats liegen, bis Pfistermeister sich – wohl wegen des anhaltenden Interesses des Königs – doch noch dazu entschloß, es am 11. Dezember, einen Tag nach Wagners Abreise aus München, nun unter seinem Namen abzuschicken.

Noch vehementer als das Kabinettsekretariat reagierte die (Presse-)Öffentlichkeit. Im Verlauf einer noch eingehend zu erörternden Pressekampagne vom Ende des Jahres 1865, die schließlich zu Wagners Abreise aus Bayern führte, wurde auch das Straßenbauprojekt als negatives Argument gegen Wagner angeführt. Von solchen Widerständen wenig beeindruckt, schickte Semper mit der alles bezwingenden Kraft des Kreativen Ende November eine zweite Serie von Entwürfen zur Beurteilung nach München, und zwar wiederum an Wagner. Dies scheint umso erstaunlicher, als zu dieser Zeit in Presseartikeln auch die Person Sempers vehement angegriffen wurde. So schrieb der »Volksbote« am 1. Dezember sehr provokativ: »Hr. Richard Wagner hat die Berufung seines Freundes Semper nach München nun schon zu wiederholten Malen empfohlen. Doch – wer ist denn dieser Hr. Semper, der den ›Neid‹ und die ›persönlichen Interessen‹ der Herren des Kabinets in so ungebührliche – oder was? – Hitze gebracht haben soll? Antwort: Der Architekt Semper ist der Kamerad des Hrn. Richard Wagner, der als Erzdemokrat mit ihm 1849 in Dresden auf den Barrikaden gestanden und hinterher auch in die Schweiz durchgebrannt ist.« Wagners revolutionäre Vergangenheit, die Gottfried Semper teilweise mit ihm geteilt hatte, holte ihn hier ein. Interessant ist auch, daß mit dem »Volksboten« eine ultramontan-konservative Zeitung so stark auf diese Vergangenheit pocht. Daß es nicht reiner Zufall war, daß Wagner ausgerechnet seinen Revolutionskameraden Semper nach München holte, haben wird bereits gezeigt, zu sehr wurden die architektonischen Grundideen, die auf demokratischem Gedankengut basieren, bereits in jenen Jahren kreiert. Semper war aber keineswegs der einzige »ehemalige 48er-Genosse«, den Wagner mit Unterstützung des Königs nach München verpflichten wollte.

## Die Berufung ehemaliger Revolutionäre nach Bayern

Richard Wagner gedachte schon bald nach seiner Berufung nach München, seinen Anhängern mit Hilfe des Königs sichere Positionen zu verschaffen. So schrieb er am 7. August 1864 an Mathilde Maier, »ich behalte mir die Gründung meiner Colonie vor«. Ein Blick auf die Mitglieder dieser »Colonie« eröffnet uns weitere brisante Aspekte auf die neue kulturelle und politische Linie, die mit Wagners Berufung in München Einzug hielt. Vor allem im Politischen ergeben sich weitere Beweise dafür, daß Wagner auch in diesem Bereich mit Hilfe seines Einflusses auf den König Änderungen herbeiführen wollte.

Die Männer, mit denen Wagner in München zusammenzuarbeiten gedachte und mit denen er zum größten Teil dank Ludwigs II. Bereitschaft und Hilfe auch zusammenarbeiten konnte, kannte er schon von seinen Revolutionstagen 1848 in Dresden her. Es waren Gottfried Semper, August Röckel, Julius Froebel und Friedrich Pecht. Alle diese Männer haben ihre Lebenserinnerungen in Büchern festgehalten und berichten darin auch über ihre Freundschaften mit Wagner in der Dresdener Zeit. So schrieb Friedrich Pecht über die Zusammenkünfte 1847/48 in Dresden: »Diese Zusammenkünfte wurden ›Montagsgesellschaft‹ getauft, weil sie an diesem Tage zusammenkam und zählte bald alles zu ihren Mitgliedern, was Dresden damals von irgend hervorragenden Künstlern und Schriftstellern besaß. Sehr interessant, da sich uns bald auch hohe Staatsbeamte, reiche Kunstliebhaber usw. anschlossen. Da wurden denn alle möglichen Kunst- und Zeitfragen besprochen und die Probleme theoretisch erörtert, die gar bald sich auf der Straße in blutige Praxis verwandeln sollten. Die verwegenste demokratisch-sozialistische Anschauung vertrat Froebel. Semper war entschiedener Republikaner, Richard Wagner auch. Dazu kamen auch Gutzkow, Hähnel, Ramberg, Hiller und ich.«[276] Interessant zu sehen ist, in welcher Form auch Julius Froebel und Richard Wagner über dieselbe Gesell-

schaft berichten: Während Froebel in seinem »Lebenslauf«
alle Namen aufzählt und dazu auch noch Röckel erwähnt
und zur damaligen politischen Diskussion – wenn auch in
abgeschwächter Form – steht, bagatellisiert Wagner in
»Mein Leben« diese brisante Diskussionsrunde, reduziert sie
auf künstlerische und langweilige Themenbesprechungen
und erwähnt weder Froebel noch Röckel – beide waren ausschließlich politisch tätig. Wagner, der »Mein Leben« ja für
Ludwig II. schrieb, hatte offensichtlich allen Grund, die politische Verbindung mit diesen Männern, die Pecht mit aller
Deutlichkeit erwähnt, zu vertuschen. Betrachtet man das
weitere Leben und Wirken der Dresdener Wagner-Freunde,
ist auch klar, weshalb.

Gottfried Semper, der sich an den Maiaufständen beteiligt hatte, mußte fliehen, nachdem er am 11. Juni 1849 zusammen mit 22 weiteren Revolutionären – darunter Wagner
– steckbrieflich gesucht wurde. Offiziell begnadigt wurde er
erst am 8. Mai 1863, also nur eineinhalb Jahre bevor er von
Ludwig II. als Baumeister des Wagner-Theaters nach München berufen wurde. Zudem hatte Semper bis zuletzt nie
um Gnade oder Rücknahme des Steckbriefes gebeten, um
zu signalisieren, daß er seine damals geäußerte demokratische Gesinnung bewahrt hatte. Beweise für seine diesbezügliche Haltung sind auch im architektonischen Bereich
zu finden, so etwa die Planung und Ausführung von das
Monarchentum beschränkenden Rathäusern und ähnlichen
Gebäuden, aber auch die neu konzipierte, ständeaufheben-
de, amphitheatralische Zuschaueranordnung im geplanten
Wagner-Theater.

Noch klarer demokratisch gesinnt war August Röckel, der
ebenfalls an den Mai-Aufständen in Dresden teilnahm. Wagner schrieb Röckel im Herbst 1865: »An Dich denke ich immer. Für jetzt ist's noch schwer; doch hoffe ich auch Dir
noch einen schönen Wirkungskreis (in München) verschaffen zu können.«[277] Bereits im Mai 1865 war Röckel auf Einladung Wagners für längere Zeit zu Gast in München, was
auch vom »Bayerischen Kurier« mit der zynischen Bemerkung registriert wurde, daß sich »Musikdirektor *Röckel*, der

letzte Maigefangene des Hrn. v. Beust, d.h. der zuletzt begnadigte von den Dresdener Barrikadenhelden auf Veranlassung Richard Wagners, seit einigen Tagen« in München befinde. Wie schon der »Volksbote« bei Semper, verweist auch der ebenfalls konservative »Kurier« im Fall Röckels auf dessen revolutionäre Vergangenheit. Allerdings verlief Röckels Vita weit dramatischer als diejenige Sempers. Röckel, 1843 durch Wagners Empfehlung als Musikdirektor an das Dresdener Hoftheater berufen, war Demokrat und stand mit der revolutionären Bewegung in enger Verbindung. Wegen seiner Gesinnung entlassen, leitete er als Redakteur die »Volksblätter«, in denen auch Wagner unter anderem am 15. Oktober 1848 den Aufsatz »Deutschland und seine Fürsten« publizieren konnte. Ebenso wie Semper kämpfte Röckel im Mai 1849 in Dresden auf den Barrikaden, doch gelang ihm, im Gegensatz zu Wagner und Semper, die Flucht nicht. Er wurde verhaftet, zum Tode verurteilt und schließlich zu einer lebenslänglichen Zuchthausstafe im Zuchthaus zu Waldheim begnadigt.

Genau wie Semper blieb auch Röckel seiner demokratischen Gesinnung treu, stellte nie ein Gnadengesuch und wurde daher als letzter Maigefangener erst 1862 entlassen. Die Umstände seiner Entlassung sind in einer kleinen Broschüre unter dem Titel »Entlassung des maiverurteilten August Röckel aus dem königlich sächsischen Zuchthause« 1862 in Weimar publiziert, und sie gewähren wichtige Einblicke in Röckels politisches Denken. Röckel wurde laut dieser Broschüre mehrmals aufgefordert, selbst einen Schritt zur Entlassung zu tun, aber er »glaubte, jede derartige Anmuthung mit dem Hinweis auf seine unveränderte Überzeugung und auf die Unmöglichkeit ablehnen zu müssen, ein Gnadengesuch zu stellen, daß es nicht gleichzeitig seine eigenen politischen Grundsätze verdamme und die Gesetz- wie Rechtmäßigkeit des über ihn gefällten Urtheils anerkenne«. Dies schrieb er auch dem König von Sachsen.[278] Daraufhin besuchte ihn der Justizminister Sachsens und signalisierte, daß der König keine Gesinnung verbieten wolle, es komme nur darauf an, ob er vorhabe, diese »in Wort,

Schrift und That« weiter zu verbreiten. Brisant ist Röckels schriftliche Antwort auf diese Frage, welche ebenfalls in der Broschüre wiedergegeben ist: »Diese Frage setzt voraus, daß meine eventuelle Thätigkeit eine wesentliche politische sein werde, und ich glaube das selbst. Politik dürfte fortan meinen hauptsächlichen Beruf bilden. Noch mindere Zweifel kann die Richtung unterliegen. Es ist die des entschiedenen Fortschritts, in dem ich allein die Aufgabe wie das Heil der Menschheit erblicke. ... Zur Mittheilung unserer Gedanken ist uns das *Wort* gegeben. Es wird auch mir Werkzeug und Waffe sein.«[279] Röckel bekannte sich also öffentlich als politisch tätiger Fortschrittler und schloß seine Ausführungen schließlich mit einem Verweis auf seine revolutionäre Vergangenheit. Was die Revolution betreffe, gebe es keinen Grund, vor dieser Angst zu haben, solange die Regierung die Bedürfnisse der neuen Zeit befriedigen würde, so Röckel.

Trotz dieser standhaften demokratisch-fortschrittlichen Haltung wurde Röckel im Januar 1862 aus dem Gefängnis entlassen mit der Auflage, nach Amerika auszuwandern und nie mehr in Sachsen zu erscheinen. Röckel allerdings hielt sich nicht an diese Weisung, sondern fuhr von Waldheim über Weimar umgehend nach Biberich zu Richard Wagner! Dies hält der neudeutsche Komponist Wendelin Weissheimer in seinen »Erlebnissen mit Richard Wagner, Franz Liszt und anderen« fest. Weissheimer, der beim Wiedersehen der beiden Männer dabei war, vermittelt uns auch einen kleinen Dialog: »Auf Wagners Frage: ›Und was willst du jetzt thun?‹ sagte Röckel entschlossen: ›Nun – es wird *fortgewühlt!* Als Mitarbeiter schließe ich mich den Blättern der Opposition an.«[280] Wagner kannte die in der Broschüre niedergeschriebene Gesinnung und die politischen Pläne Röckels genau. So schrieb er seinem Freund im Dezember 1865: »Du kannst Dir helfen durch Glaube an Liberalismus und Democratie.«[281] Immerhin war sich Wagner durchaus bewußt, wie schwer es sein dürfte, dem »Fortschrittler« Röckel in München »einen schönen Wirkungskreis zu verschaffen«, wie er selbst zugab.

Wie Röckel dem sächsischen Justizminister vorausgesagt hatte, war er dann auch tatsächlich politisch tätig, denn er trat umgehend dem »Nationalverein« bei und bereitete zum Beispiel 1863 den Vereinstag der deutschen Arbeitervereine als Vorsitzender des Frankfurter Lokalkomitees vor. Daß Wagner ganz klar auf einer politischen Ebene mit dem Fortschrittler Röckel verkehrte, geht schließlich auch aus einem Brief des Komponisten vom Oktober 1865 an Röckel hervor, welchem er die für den König verfaßten Tagebuchblätter beilegte, die er als »mein politisches Programm« bezeichnete! Wagner erwähnt in dem Brief auch Julius Froebel, dem er die Tagebücher als sein »politisches Programm« ebenfalls schickte.

Froebel, der ebenfalls zum Dresdener Kreis gehört hatte, blieb nach 1849 weiterhin politisch tätig, entwickelte sich allerdings gemäßigter als Semper und Röckel, und stand, keiner Partei angehörend, zwischen Konservativismus und Liberalismus. Seinen politischen Werdegang beim Reformverein und als Wegbereiter des Frankfurter Fürstentages sowie seine journalistische Tätigkeit beim Wiener »Botschafter« haben wir bereits beschrieben. Wagner wollte mit Froebel ganz klar einen ihm bestens bekannten Politiker nach München holen, um eine neue Zeitung aufzubauen, und Ludwig II. seinerseits ging sofort auf den Vorschlag Wagners ein, wollte Froebel tatsächlich zum Chefredakteur der neu zu gründenden offiziösen Zeitung nach München berufen und ersuchte Wagner »mit Froebel zu reden, da die Menge der Belehrung« bedürfe.

Es bleibt von den vier Männern, mit denen Wagner in München eine politische »Colonie« bilden wollte, noch Friedrich Pecht, der ebenfalls zum Dresdener Revolutionskreis gehörte. Pecht war Maler und Kunstschriftsteller, lebte seit 1855 in München und publizierte beim Wiener »Botschafter« in der Amtszeit Froebels regelmäßig Artikel. Er war zwar nicht vordergründig politisch aktiv, doch äußerte er sich in seinen Lebenserinnerungen oft zu politischen Belangen, so etwa zu den Umständen des Schleswig-Holsteinischen Krieges. Auch Pecht war – wie Wagner – für ein nationalstaatliches Prinzip, gegen von der Pfordtens Außenpolitik und äußerte sich obendrein dezidiert gegen jeden

Ultramontanismus.[282] In München wurde Pecht zu einem wichtigen Helfer Wagners und betätigte sich erfolgreich als Vermittler. Er vermittelte im Falle Semper beim Festtheaterbau und knüpfte in Wagners Auftrag wegen der politischen Zeitung die Kontakte zu Julius Froebel nach Wien. In seiner Funktion als Kulturjournalist nahm er zudem dezidiert Stellung für Wagners und Sempers Theaterbauprojekt. Um die Öffentlichkeit für das große Projekt, das ja bei den Politikern nicht unumstritten war, günstig zu stimmen, wollten Wagner und seine Freunde entsprechende Berichte in die Presse bringen. Pecht schrieb in dieser Angelegenheit am 10. Januar 1865 an Semper, er und Dr. Julius Meyer hätten nach Beratungen mit Wagner diesen Entschluß gefaßt, in der Absicht, »den König möglichst zu ermuthigen, auf dem einmal so glücklich eingeschlagenen Wege fortzugehen und sich durch Intriguen und bornierten Widerspruch, wie sie sich bereits von allen Seiten fühlbar machen, nicht hemmen zu lassen«.[283] Noch im selben Monat schrieb Pecht seinen langen Artikel »König Ludwig II. von Bayern und die Kunst«, in welchem er sich – wie bereits gesehen – leidenschaftlich für die Münchner Kunstpläne des Königs, Wagners und Sempers einsetzte und die er gegen das Unverständnis der Münchner Kreise verteidigte. Zusätzlich empfahl er in diesem Artikel, »den genialen Hähnel aus Dresden« als Bildhauer beim Theaterprojekt hinzuzuziehen. Hähnel gehörte, wie Pecht in seinen Lebenserinnerungen berichtet, ebenfalls der Dresdener »Montagsgesellschaft« an! Pechts Artikel über »Ludwig II. und die Kunst« wurde denn auch folgerichtig in zwei fortschrittlichen Zeitungen publiziert: Neben den »Münchner Neuesten Nachrichten«, wo Pecht seit der Übernahme des Blattes durch den »Fortschrittler« Julius Knorr regelmäßig schrieb, wurde er Ende Januar 1865 im »Botschafter« veröffentlicht.

Der »Botschafter« in Wien spielte für Wagner eine bedeutende Vorreiterrolle. Neben den Wagner-Freunden Froebel und Pecht schrieb auch Richard Pohl, der neudeutsche Musikschriftsteller, der in München für die neue musikalische Zeitung gewonnen werden sollte, regelmäßig für diese

Zeitung. So schrieb Bülow an Pohl in seinem Aufforderungsbrief am Zeitungsprojekt mitzumachen: »Vor drei Tagen schon hättest Du beinahe ein Telegramm von mir empfangen, W. hatte zwölf Exemplare des ›Botschafter‹, Wiener offizielle Zeitung, mit Deinem Artikel über ›Tristan und Isolde‹ bekommen und wir Alle haben große Freude gehabt. ... Vortrefflich. Was hast Du nicht Alles hineingepackt in den Artikel, und wie geschickt, machtvoll und scharf dabei! Welche Genugthuung, dies Alles einmal gedruckt zu lesen in einer anständigen politischen Zeitung. ... Halte doch ja die Anknüpfung mit Uhl fest!«[284]

Zwei Dinge in diesem Brief sind höchst bemerkenswert: zum einen, wie wichtig Bülow erschien, in einer politischen Zeitung einen kulturellen Artikel über Wagner zu plazieren, zum anderen die Erwähnung des Verlegers des »Botschafters«, Friedrich Uhl. Wagner kannte den Verleger ebenfalls seit der Revolutionszeit, wie Uhl in seinen Memoiren »Aus meinem Leben« berichtet: »Richard Wagners erstes Erscheinen in Wien war weniger auffallend und geräuschvoll als jenes Berlioz'. Wagner kam eigentlich gar nicht als Musiker, sondern als Politiker nach Wien, im Sommer des Jahres 1848. Man sagt, er habe Dr. Adolf Fischhof aufsuchen wollen und sei irrtümlich an Professor Joseph Fischhof, den Bachspieler ... geraten. ... Indessen schien Fischhof den Dresdener Politiker Wagner nicht ganz befriedigt zu haben, denn eines Tages stellte mich der Bachspieler Wagner vor ... Wagner verlangte von mir, ich sollte ihn mit den Spitzen der Wiener Demokratie bekannt machen.«[285] Auch in Sachen Zeitung wurden damals schon Kontakte geknüpft, wie Uhl weiter berichtet: »Fortan wurde zwischen Wagner und mir die Politik kaum berührt, nur daß er mich bat, für die ›Dresdener Zeitung‹, an deren Leitung er mit Johannes Minkwitz und Röckel teilnahm, Berichte aus Wien zu schreiben, was ich auch getreulich tat.« Uhl kannte Röckel und Wagner, für die er damals schrieb, er kannte auch Wagners Pläne für das »Theater der Zukunft«, und später wurde der Wagner-Gefährte Julius Froebel sein wichtigster politischer Journalist. In den 6oer Jahren schließlich konnte Wagner in Uhls

»Botschafter« eigene Texte publizieren, und zwar »Drei Briefe über das Wiener Operntheater« und den Text des ganzen ersten Aktes der »Meistersinger«.

Faßt man alle diese Informationen zusammen, so erhält man ein überraschend eindeutiges Bild von Wagners Münchner »Colonie« und seinen politischen Plänen mit ihnen. Semper, Froebel, Pecht und Röckel waren als harter Kern zusammen mit Wagner Mitglieder der »Montagsgesellschaft« 1848 in Dresden gewesen, in welcher liberale politische Themen im Vorfeld der Revolution diskutiert wurden. Sie alle hatten in den darauf folgenden Jahren ihre politisch-fortschrittliche Tendenz bewahrt und waren in diesem Sinn auch öffentlich tätig. Wagner wollte ganz klar mit diesen Freunden, die er alle in München versammelte, Pläne von damals – wenn auch nach der gescheiterten Revolution nun als Fortschrittler in gemäßigterer Form – in München verwirklichen. Die revolutionäre Vergangenheit Wagners spielte in München also eine zentrale Rolle und wurde von den Zeitungen auch gegen Wagner ins Feld geführt. Auch Ludwig wußte von der revolutionären Vergangenheit Wagners und dessen Freunden. Mit Sicherheit stand Ludwigs Amnestiegesetz, das alle politischen Flüchtlinge der 48er Revolution begnadigte und das Ende Mai 1865 in den Zeitungen publiziert wurde, mit Wagner und seinen Freunden in Zusammenhang. War Ludwig demnach fortschrittlich-liberal gesinnt? Zumindest signalisierte der König nach Außen seine Sympathie für die aktivistischen Pläne Wagners, die in München nicht ohne Folgen wären, würden sie realisiert. Denn führt man die Verbindung von Wagner, Froebel, Röckel, Pecht und Pohl mit dem Wiener »Botschafter« an und bedenkt, daß diese Zeitung im Juni 1865 eingestellt wurde, dann scheint klar, daß die »Botschafter«-Macher im Herbst 1865 quasi nach München hätten disloziert werden sollen, um dort wirksam zu werden. Das neue offiziöse Presseorgan Bayerns wäre damit sowohl im politischen wie im kulturellen Bereich ganz in der Hand von Wagners Anhängern gewesen. Damit wurde eine Einheit von kultureller und politischer Berichterstattung im »nationalen und liberalen«

Sinn angestrebt, was in einem offiziösen Organ gezwungenermaßen gleichzeitig die politische Haltung und Tätigkeit der Regierung spiegeln würde. Wie wichtig Wagner diese Verbindung realiter war, geht aus einem Brief an Uhl hervor, in welchem er um Publikation eines weiteren Artikels bat und anfügte: »Noch immer sind Sie der *einzige* Redakteur einer größeren politischen Zeitung, auf dessen Unterstützung ich rechnen kann, wenn ich in irgend einer Beziehung mich vor der Öffentlichkeit vertreten zu lassen habe.«[286]

Wie die Projekte im publizistischen und institutionellen Bereich zeigen, wollte Wagner nicht nur im Politischen mit Hilfe des Königs in München seine »Colonie« installieren, sondern auch im Kulturellen. So kündigte er Heinrich Porges, den er ja als Redakteur der neuen Musikzeitschrift gewinnen wollte, schon am 25. Mai 1864 an – also kurz nach seiner Ankunft in Starnberg bei München – »ich muß mein Starnberger Penzing beisammen haben«.[287] Es waren dies Carl Taussig, ein Schüler Liszts und ergebener »Jünger« Wagners, Heinrich Porges und der neudeutsche Komponist Peter Cornelius. Bereits am 10. Mai 1864 – vier Tage nach seiner Berufung nach München – war Wagner nach Wien gereist, um unter anderem mit Cornelius und Porges die Übersiedlung nach München zu besprechen. Er bot Porges die Stelle eines Privatsekretärs mit freier Station und 400 Gulden Gehalt an. Gleichzeitig kündigte er ihm an, für die »Ausarbeitung und Verwerthung seiner literarischen Thätigkeit« könne er leicht helfen.[288] Dies zeigt, wie früh sich Wagner bereits mit Zeitungsgedanken befaßte. Dazu gesellte sich der Liszt-Schüler und »Neudeutsche« Karl Klindworth, den Wagner schon im Mai 1864 aufforderte: »Können Sie bald einmal auf kurze Zeit, ab und zu mir hierher kommen.«[289] Im Juni fragte Wagner ungeduldig nach: »Sie sind mir willkommen, wann Sie wollen.«

Mit ungeheurer Geschwindigkeit versuchte Wagner sein »Starnberger Penzing« einzurichten, denn auch an Cornelius schrieb er bereits am 16. Mai: »Alles ist eingerichtet. Du kannst jeden Tag kommen. Porges auch!«[290] Doch während

Porges schon bald in München eintraf, wehrte sich Cornelius längere Zeit gegen das immer heftigere Drängen Wagners, der diesen schließlich ultimativ aufforderte: »Entweder Du nimmst jetzt unverzüglich meine Einladung an … oder – Du verschmähst mich und entsagst dadurch ausdrücklich dem Wunsche, mit mir Dich zu vereinen.«[291] Wagners Wunsch nach »vollständigem Zusammenhange« mit Cornelius zeigt erneut, wie wenig Wagner die »utopische« Einheit mit Ludwig II. wirklich leben wollte. Erst ein Brief des ungeduldigen Komponisten am 7. Oktober 1864 bewog Cornelius schließlich, nach München zu übersiedeln. Wagner formulierte dabei sehr geschickt: »Im besondern Auftrage Sr. Majestät des Königs Ludwig II. von Bayern habe ich Dich aufzufordern, sobald Du kannst nach München überzusiedeln, dort Deiner Kunst zu leben, der besonderen Aufträge des Königs gewärtig, und mir, Deinem Freunde, als Freund behülflich zu sein. Dir ist vom Tage Deiner Ankunft an ein jährliches Gehalt von eintausend Gulden aus der Cabinettskasse Sr. Majestät angewiesen.«[292] Interessant an diesem Schreiben ist, daß es wiederum – wie schon bei Sempers Berufung – Wagner ist, der im Namen des Königs den Auftrag erteilt, und keine offizielle bayerische Instanz. Eine Deutung dieser Praktik Wagners gibt Cornelius in einem Brief vom 26. November 1864 an seinen Bruder Carl, in dem er schreibt: »Die tausend Gulden des Königs sind nur eine neue Form für Wagners ›komm zu mir‹«.[293]

Cornelius durchschaute Wagners Absicht, in München mit Hilfe des Königs einzig seine eigenen Ideen durchzusetzen. In der Angst, von Wagners »tyrannisch angebotener allein seligmachender Freundschaft verbrannt und konsumiert«[294] zu werden, wie er in Briefen an Freunde entlarvend formulierte, ließ er ihn denn auch erst nach langem Zögern am 29. Dezember 1864 in München eintreffen. Von Cornelius, der immer wieder versuchte, sich von Wagners Freundschaft zu distanzieren, sind Tagebuchnotizen erhalten, die kritisch formuliert Aufschluß über die zentralen Gegebenheiten in München geben und im folgenden noch von großer Wichtigkeit sein werden. Trotz aller Bedenken aber blieb Cornelius Wagner treu und wurde 1867 in der Wagner-Musikschule Lehrer für Komposition und Rhetorik.

Der wichtigste Pfeiler in Wagners kulturellem Münchner Konzept aber war Hans von Bülow, von dem Wagner sagte, er stehe ihm »doch von allen Männern am nächsten«. Bülow erhielt am 12. September 1864 ein von Kabinettsekretär Pfistermeister offiziell ausgestelltes Anstellungsdekret als »Vorspieler des Königs« und siedelte im November ganz nach München über. Bülow, der in München zu einer der bedeutendsten Figuren werden sollte, wurde so in einer vergleichsweise unbedeutenden Stellung mit dem dafür enormen Gehalt von 2000 fl. im Jahr eingeschleust. Er galt damals schon als einer der wichtigsten Vertreter der »Neudeutschen Schule« und veranstaltete in Berlin, wo er als heftig bekämpfter Lehrer am Sternschen Konservatorium unterrichtete, in den 50er Jahren regelmäßig »Neudeutsche Konzerte« mit Werken von Wagner, Liszt, Weissheimer, Bülow, Berlioz und Draeseke, die stark umstritten waren. Schützenhilfe in seinen damaligen Bestrebungen erhielt Bülow übrigens von keinem anderen als Heinrich Porges! Und schließlich dachte Bülow in Wien, wo die »Neudeutschen Bestrebungen« von Bülow und seinen Freunden von einer »namenlos frechen und gemeinen Opposition« bekämpft wurden, an eine Reform der »Neuen Zeitschrift für Musik«, die alt und versteinert geworden war und jegliche Stoßkraft verloren hatte. Daneben plante er auch die Herausgabe von populär gehaltenen »musikalischen Hausblättern«, die eine gute Wirkung auf die weiteren Volkskreise hätten haben sollen. Doch dazu kam es nicht mehr, weil er nach München übersiedelte.

Bülow begann sich in München sehr schnell einzunisten und im Hintergrund für Wagner zu wirken. Hier sollte verwirklicht werden, was bisher wegen zu großer Opposition in Berlin nicht möglich war. So konnte Wagner schon im August 1864 an Mathilde Maier schreiben: »Ich habe in Bülow für alle meine Unternehmungen und Aufführungen einen ganz vertrauten und ergebenen Mitarbeiter.« Eingesessene Kräfte wurden zu Gunsten von Bülow in den Hintergrund gedrängt: Die »Tristan«-Uraufführung fand unter der Leitung von Hans von Bülow und nicht von Chefdirigent Franz Lachner statt, der damit – formell zwar noch im Amt – von Bülow verdrängt wurde. Dies war für Lachner umso bitterer, als es seinem langjährigen Wirken als Generalmusikdirektor zu verdanken war, daß das Münchner Orchester von der Qualität her fähig war, die bis dahin als unaufführbar geltende schwierige Tristan-Partitur überhaupt zu spielen. Schließlich übernahm auch Bülow als Direktor 1867 die von Wagner reorganisierte Musikschule.

Die Pläne und Absichten, wie die »Neudeutsche Reform« in München durchgeführt werden sollte, hat Bülow schon früh in Briefen an Freunde formuliert. Dazu gehört ein Schreiben an seine Mutter vom 28. Dezember 1864, wo er sehr treffend den Unterschied seines Wirkens in Berlin und München herausschält: »Was ich in dieser Art früher in Berlin getrieben, war quasi oppositionell und dem Belieben der öffentlichen Meinung ausgesetzt. Hier dagegen hat das Alles einen gouvernementalen, offiziellen Anstrich, und man darf auf sichere Wirkung rechnen. Revolution von oben – das ist mein Geschmack.«[295] Bülow hat sich auch über die musikalische Situation in München vor Wagner geäußert, die er als »unkultiviert« und mit »unglaublicher Verwahrlosung der musikalischen Zustände« abqualifizierte! Ein weiteres wichtiges Votum ist in einem Brief an Elisabeth Marr enthalten: »Ich werde im laufenden Winter eine öffentliche Wirksamkeit nicht ausüben, sondern mich ›als Vorspieler Sr. Majestät‹ darauf beschränken, den musikenthusiastischen König … musikalisch zu informieren und mit Cornelius' Beistand quasi disciplinieren. Welche schöne Aufgabe, mit der öffentlichen Meinung, der Presse u. s. w. nichts zu thun zu haben und doch sicher zu sein, daß man allmälig auf diese Factoren durch ein Medium ›von oben‹ durchgreifend influiren kann! Vor der Hand, das will ich Ihnen verrathen, müssen wir nicht bloß vorsichtig, sondern auch ganz still sein – der Öffentlichkeit gegenüber – denn es ist nicht zu verhehlen, daß wir Neulinge (Wagner, Cornelius und meine Wenigkeit) für München von Luxus sind und jede Octroyierung vom

Publikum so aufgenommen werden würde, daß der junge, unerfahrene Souverain einen schwierigen Stand haben könnte.«[296] Der Ton des Musikers ist außerordentlich rigide und von Machtgehabe geprägt, was schon signalisiert, daß er zusammen mit Wagner nicht lange die selbst auferlegte Stillhalteparole und Vorsicht in München durchhalten konnte; und dies, obwohl Bülow eingesehen hatte, daß dies von eminenter Wichtigkeit gewesen wäre. Auch eine »Revolution von oben«, wie er sie gekommen glaubte, brauchte eben eine gewisse Stoßkraft.

Es ist offensichtlich, daß Wagner seine ganze neudeutsche Lobby nach München holen wollte, um Bayerns Hauptstadt zum Zentrum der »Neudeutschen« zu machen, wie dies einst Weimar war. Allerdings sollte das neue Zentrum weit gewichtiger werden und ein Konservatorium, eine neue Zeitschrift für Musik, ein neues Musiktheater und den unumschränkten Einfluß auf die offiziöse Regierungszeitung umfassen.

Damit waren für Wagner die Voraussetzungen für eine kontinuierliche Beeinflussung des Volkes gegeben. Daß konsequent Volkserziehung betrieben werden sollte und betrieben wurde, zeigt sich auch in Ludwigs Denken. Er betrachtete etwa schon kurz nach seiner Thronbesteigung Theateraufführungen als Mittel zur Volkserziehung und ließ entsprechend dafür geeignete Stücke aufführen. Die Erziehung des Volkes durch die Kunst ist ja ein wichtiges Postulat Wagners und seiner Neudeutschen Freunde. So schrieb Ludwig am 9. Oktober 1864 an die Baronin Leonrod den aufschlußreichen Satz: »Gewiß ist auch das Theater unter vielen anderen als Mittel zu betrachten, um das Volk empfänglich zu machen für das Große und Erhabene und um es auf eine höhere Bildungsstufe zu bringen.«[297] Welche »höhere Bildungsstufe« der König für sein Volk anstrebte, wird aus einem zweiten Brief ersichtlich, den er am 12. November 1864 an Wagner schrieb: »Meine Absicht ist, das Münchner Publikum durch Vorführungen ernster, bedeutender Werke, wie die des Shakespeare, Calderon, Goethe, Schiller, Beethoven, Mozart, Gluck, Weber in eine gehobene, gesammelte Stimmung zu versetzen, nach und nach dasselbe jenen gemeinen, frivolen Tendenzstücken entwöhnen zu helfen und es so vorzubereiten auf die Wunder Ihrer Werke und ihm das Verständniß derselben zu erleichtern, indem ich ihm zuerst die Werke anderer bedeutender Männer vorführe; denn von dem Ernste der Kunst muß Alles erfüllt werden.« Alle hier von Ludwig aufgezählten Künstler hat Wagner in »Oper und Drama« als genial bezeichnet. Es war sicher kein Zufall, daß Ludwig genau diese Künstler auswählte, um das Münchner Publikum auf »das Wunder« von Wagners Werken vorzubereiten.

Wagner selbst äußerte sich in Briefen an Mathilde Maier und Ludwig Schnorr begeistert von den integralen Aufführungen von Schillers »Don Carlos« und »Maria Stuart«, die der König in München veranlaßt hatte. Jubelte er Schnorr gegenüber: »das sind Geniestreiche«, so schloß er seine Ausführungen bei Mathilde Maier: »Mir ist es, wenn alles glückte, als ob es möglich sein sollte, aus dem den wahren Messias der Deutschen zu machen.«[298] Die nach Angaben Wagners rund 6 ¾ Stunden dauernde Aufführung erregte selbst bei auswärtigen Gesandten großes Aufsehen, vermerkte doch selbst der österreichische Gesandte Blome in einem Bericht nach Wien, daß kürzlich der »Don Carlos« in extenso gegeben worden sei. Tatsächlich läßt sich im Spielplan des Münchner Theaters bei den aufgeführten Autoren ein abrupter Wechsel feststellen. War von 1856–1863 von den klassischen Autoren kein einziges Stück auf dem Spielplan, so stammen bei den wenigen Werken, die im Herbst 1864 nach der staatlichen Trauerzeit noch aufgeführt wurden, von 16 gespielten Schauspielen bereits vier von Shakespeare. 1865 ist der Wandel noch frappanter, sind doch im Spielplan Theaterstücke von Schiller (acht Werke!), Lessing, Goethe, Sophokles, Shakespeare und Molière vertreten. Noch gewichtiger wird diese Spielplanänderung, wenn man die bis dahin gespielten Autoren in diese Betrachtung mit einbezieht.

Felix Dahn (1834–1912), von dem 1857, 1860 und 1861 Stücke gespielt wurden, gehörte zum »Münchner Dichterkreis«. Er war bekannt wegen dem von ihm verfaßten Standardwerk »Bavaria« über Land und Leute Bayerns, das Melchior Mayr begonnen hatte. Auch Mayr gehörte zu den in München berücksichtigten Autoren. In seinen Werken wollte er das Überlieferte, Ideale, die Tradition bewahren, die immer mehr aus den bayerischen Dörfern verschwand. Ein wichtiger Theaterautor war auch Martin Schleich (1827–1881), der außerordentlich erfolgreiche Lustspiele, Volksstücke und Bauernkomödien schrieb, die regelmäßig in München aufgeführt wurden. Schleich war zugleich Herausgeber der konservativen satirischen Zeitschrift »Punsch«. Beinahe jährlich wurden von Hermann Schmid Stücke in München aufgeführt, der sich einen Namen als Bearbeiter historischer Stoffe und Landesbeschreibungen Bayerns gemacht hatte. Er war der erste, der Schönfärberei und Rührseligkeiten in seine typischen Bayerngeschichten mischte. Großerfolge mit seinen Theaterstücken feiern konnte in den Jahren 1860 und 1861 auch Oskar von Redwitz (1823–1891), der durch sein Versepos »Amaranth«, in welchem ein pietistisch gesehenes Mittelalter verherrlicht wird, bekannt wurde. Es wurden also in München vorwiegend Heimatdichter gespielt, die das Bayerische in den Vordergrund stellten. Dies kam nicht von ungefähr, denn Maximilian II. war es in seiner Amtszeit ein Anliegen gewesen, das *bayerische Nationalgefühl* zu fördern, um eine stärkere Identifizierung breiter Volksschichten mit Bayern und der bayerischen Krone zu erreichen. Die Pflege des bayerischen Brauchtums, das Sammeln alpenländischer Sagen und die Herausgabe eines bayerischen Wörterbuches waren zentrale Punkte dieses Programms. Und nun wurde von einem Tag auf den andern die Pflege des bayerischen Volksgutes zu Gunsten einer nationaldeutschen Erziehung über Bord geworfen. Außer Hermann Schmid erschien keiner der genannten Autoren mehr in den Spielplänen. Daß Oskar von Redwitz in bissigen Presse-Artikeln und Martin Schleich mit seiner konservativen Zeitschrift »Punsch« zu den erbittertsten Feinden Wagners in München avancierten, um diese neudeutschnationalen Bestrebungen zu bekämpfen, ist vor diesem Hintergrund nicht weiter verwunderlich.

## Die »utopisch« hohen finanziellen Aufwendungen

Die Spielplanumstellungen, die gigantischen Bauprojekte, die Aufführung der Wagner-Werke, sowie Wagners persönliche Ansprüche verschlangen große Geldsummen. So wurde in der Wagner-Rezeption bisher vor allem die finanzielle Belastung von Ludwigs Kabinettskasse als Grund für die Ausweisung Wagners aufgeführt. Doch in Wirklichkeit war das Wirken Wagners in München vielschichtiger und komplexer, als daß es aufs Finanzielle reduziert werden könnte. Der finanzielle Aufwand für Wagner bildete einen Aspekt unter vielen, die für die Querelen in München verantwortlich waren. Allein für die Vollendung der Ring-Tetralogie forderte Wagner eine Summe von nicht weniger als 30 000 Gulden. Die Begründung für diese Forderung zeigt einmal mehr, wie geschickt der Komponist den König an sich zu binden wußte. Am 10. Oktober 1864 schrieb er an Ludwig: »Als Columbus zu seiner großen Entdeckungsreise ausziehen sollte, schlug man es ihm ab, und er war im Begriffe, den Wanderstab von Neuem zu ergreifen. – Was gab dem Manne diese unbegreifliche Energie, auf den Bedingungen zu bestehen, die jedem nur die unerhörte Habsucht eines Menschen aufzudecken schien … – Ein königliches Weib begriff ihn einzig: Isabella von Castilien erkannte gerade an der Größe der Überzeugung von der Wahrheit der Idee, die in Columbus' Geiste bereits die neue, unermeßlich reiche, mit keinem Preis zu bezahlende Welt leben ließ … So, mein huldreicher König, trieb mich eine innere Noth, mich Eurer Majestät Gnade zu reichster Spende zu empfehlen, um mein Werk vollenden zu können. Was in der großen Isabella Brust für Columbus sprach, hat Eurer Majestät Herz für mich und meine Unternehmungen gestimmt.« Über Columbus äußerte sich Wagner bereits in »Das Kunstwerk der Zukunft«. Dort zeigt der Komponist aus »zukunftsutopischer« Sicht, daß Columbus mit seiner Entdeckung Amerikas den ersten Schritt zur »Erlösung« der Menschheit getan hat, indem er dadurch die Voraussetzungen für den »allsichtigen, universellen Menschen« der Zukunft schaffte. In diesem Brief vergleicht Wagner sich und Ludwig so geschickt mit Columbus und dessen Mäzenin, daß kein Zweifel darüber bestehen kann, was er bezweckte: Hat Columbus mit der finanziellen Hilfe der Isabella den ersten Schritt zur Erlösung der Menschheit getan, so wird es laut Wagner mit Hilfe von Ludwigs Finanzen gelingen, das »Kunstwerk der Zukunft« zu schaffen, das die Menschheit vollständig erlösen wird. Damit rechtfertigte Wagner aus »zukunftsutopischer« Sicht seine horrenden Geldforderungen; Ludwig hatte keine Wahl, er mußte zahlen.

Die Höhe des Gehaltes, das der König dem Komponisten auszahlte, ist zwar nie genau geklärt worden, doch betrug es mindestens 4000 Gulden. Dies hängt mit Vertuschungsversuchen Wagners zusammen, der seiner Frau Minna gegenüber etwa das »kleine Gehalt« in Höhe von 1200 Gulden angab, wohl um die Unterhaltszahlungen an seine von ihm getrennt lebende Frau möglichst klein zu halten. Wagner korrigierte die Summe im März 1865 Minna gegenüber dann auch auf 4000 Gulden, da Gerüchte über astronomische Summen in München kursierten. Aufschluß zum Gehalt gibt auch ein Brief Wagners an Mathilde Mayer vom 18. Mai 1864, also ganz am Anfang seines Münchner Aufenthaltes, in welchem er seiner Freundin aufzählte, daß er »ein für München enormes Jahresgehalt von 4000 Gulden« und freie Wohnung erhalte, sowie die sofortige Auszahlung eines Jahresgehaltes zur Bestreitung der Übersiedlung, wobei er in Übereinstimmung mit dem Kabinettsrat der Öffentlichkeit »ein bei weitem geringeres Gehalt« angegeben habe, um keinen Neid zu erwecken. Wagner war sich auch dank der Warnung von Kabinettsekretär Pfistermeister über die für Münchner Verhältnisse enorme Höhe der Summe und um mögliche finanzielle Neider schon von Anfang an bewußt, ohne sich aber dann auch wirklich zu mäßigen. Für einen Künstler ohne feste Verpflichtung war ein Gehalt von 4000 Gulden tatsächlich ungeheuer, denn das Höchstgehalt eines Rates am Landesgericht betrug damals nicht mehr als 2800 Gulden, das eines Gymnasialdirektors 2200 Gulden und das eines Ministerialrates im achtzehnten Dienstjahr 3900 Gulden!

Zusätzlich zu diesen Geldern übernahm Ludwig II. die Mietkosten von 3000 Gulden für die Wohnung Wagners, eine Villa in der Brienner Straße, die der König im nächsten Jahr gar für 55000 Gulden kaufte. Zusätzlich zu diesen Summen gewährte Ludwig am 10. Juni 1864 weitere 16000 Gulden als Geschenk und die ebenfalls im Brief an Mathilde Maier erwähnten Umzugskosten in »Höhe eines Jahresgehaltes«, also nochmals 4000 Gulden. Ab Sommer 1865 stellte der König Wagner eine Equipage zur Verfügung, die monatlich 100 Gulden kostete, das heißt 1200 Gulden im Jahr. Neben diesen persönlichen Bedürfnissen Wagners kosteten auch die Aufführungen seiner Werke viel Geld. So verschlang allein die Ausstattung der Holländer-Aufführung im Herbst 1864 über 20000 Gulden. Die Gesamtkosten der Aufführung von »Tristan und Isolde« betrugen gar 56500 Gulden.

Über die königlichen Ausgaben der Jahre 1864 und 1865 für Richard Wagner ist schon viel spekuliert worden. Gregor-Dellin nennt die Summe von 131173 Gulden 46 Kreuzer, was »einem Zehntel des Gesamtetats des Königs entsprechen würde«, gibt jedoch seine Informationsquelle nicht an.[299] Es ergibt sich denn auch ein Widerspruch zu Wöbking, der den Gesamtetat des Königs auf 2350850 Gulden beziffert[300] – ein Zehntel davon wären 235085 Gulden. Unklar bleibt auch, ob mit diesen Summen nur die Ausgaben für Wagner selbst, oder ob damit die gesamten Ausgaben gemeint sind, die mit Wagner in Zusammenhang standen. Der »Volksbote« publizierte im Herbst 1865 die Meldung, wonach Wagner insgesamt 190000 Gulden erhalten habe, eine Summe, die auch Kabinettsekretär Pfistermeister in einem Brief am 18. September 1865 an Cosima von Bülow als Ausgaben in der »Sparte Musik« für das Etat-Jahr 1865 nennt. Allerdings präzisierte er in einem zweiten Schreiben an Cosima vom 24. September: »Was unter ›Musiksparte‹ eigentlich inbegriffen sey, von der ich neulich schrieb, weiß ich selbst nicht genau. Man theilte mir aus München mit, daß hierauf eine außerordentliche Ausgabe

von 190/M fl erlaufen. Das Detail kenne ich selbst nicht.«[301]
Zählt man die bekannten Geldsummen zusammen, erhält
man aber ein erstaunlich präzises Bild von Wagners Finanz-
angelegenheiten in München:

*Ausgaben für Wagner*

| | |
|---|---|
| 4000 Gulden | Gehalt 1864 |
| 4000 Gulden | Gehalt 1865 |
| 18 000 Gulden | Vorschuß »Ring« |
| 16 000 Gulden | Geschenk |
| 4000 Gulden | Jahresgehalt Umzugskosten |
| 3000 Gulden | Miete Villa |
| 55 000 Gulden | Kauf Villa |
| 600 Gulden | Miete Equipage (6 Monate 1865) |
| 2400 Gulden | Schulden an Julie Schwabe[302] |
| 104 000 Gulden | insgesamt |

*Werkförderung*

| | |
|---|---|
| 20 000 Gulden | Aufführung Holländer |
| 56 000 Gulden | Aufführung Tristan |
| 5100 Gulden | für jeden Musiker Tristan 50 G.: Originalbes. 102 Instrumente Gehalt insgesamt[303] |
| 2000 Gulden | Berufung Bülows |
| 12 000 Gulden | feste Berufung Schnorrs'[304] |
| 500 Gulden | Berufung Prof. Nohls |
| 1000 Gulden | Berufung Cornelius' |
| 96 600 Gulden | insgesamt |

*Ausgaben insgesamt*

| | |
|---|---|
| 104 000 Gulden | Ausgaben für Wagner insgesamt |
| 96 600 Gulden | Werkförderung insgesamt |
| 200 600 Gulden | Ausgaben insgesamt |

Die gesamten uns bekannten Ausgaben für Wagner in zwei
Jahren bis zum Beginn des neuen Etatjahres, das auf den

1. Oktober des jeweiligen neuen Jahres fiel, beliefen sich also auf satte 248 200 Gulden. Dazu kamen Anfang Oktober noch einmal 40 000 Gulden, deren Übergabe vom Kabinettsekretariat hintertrieben wurde und die schließlich zu einem großen Skandal in München führte.

Berücksichtigt man nur die Zahlungen für 1865, so erhält man 179 600 Gulden; eine Summe, die nur geringfügig um 10 400 Gulden von den 190 000 Gulden abweicht, die Kabinettsekretär Pfistermeister angibt. Die exakten Zahlen sind zwar nicht mehr zu eruieren, doch können wir davon ausgehen, daß die in München gerüchteweise vermutete Summe von 190 000 Gulden nicht einfach aus der Luft gegriffen war. Neben diesen festen Ausgaben bleibt noch die Kostenfrage der großen und kostenintensiven institutionellen Projekte, die entsprechend hart von der Münchner Opposition bekämpft wurden. Der Kostenvoranschlag Sempers für das Theater betrug auf der Basis des nie ausgeführten Theaters in Rio de Janeiro 2 568 299 Gulden, und auch die künftige Wagner-Musikschule sollte ja vom Ministerium getrennt und deren Kosten nach dem Willen des Königs von der Zivilliste übernommen werden.

Ludwig II. bestritt seine gesamten finanziellen Aufwendungen für Wagner aus dieser Zivilliste, deren Notwendigkeit und Höhe gesetzlich festgelegt war. Sie stand zur freien persönlichen Verfügung des Königs. Der Zivilliste wurden aber durch gesetzliche Bestimmungen eine Reihe von Ausgaben übertragen: Aus der Zivilliste war vor allem der Bedarf für den Haus- und Hofhalt des Königs zu bestreiten. Nach Gregor-Dellins Rechnung entsprachen die Aufwendungen für Wagner einem Drittel des Betrages, der dem König jährlich zur freien persönlichen Verfügung stand, also ohne die gesetzlich geregelten Ausgaben. Daraus ergibt sich, daß die Zivilliste zwar der Etat des Königs war, aber trotzdem im Brennpunkt des öffentlichen und verwaltungsinternen Interesses stand, sollte sie doch in erster Linie das Bestehen des Königsthrones sicherstellen. Dies war umso aktueller, als die politische Situation Bayerns sehr unsicher war und die opponierende Hofpartei daher wollte, daß der

König anstatt zu bauen lieber für schlechte Zeiten sparen sollte, da diese in nächster Aussicht standen. Plötzlich aber beanspruchte nun ein Komponist einen sehr bedeutenden Teil dieses Budgets für sich und seine Kunst. Daher war es nicht zu vermeiden, daß die Finanzpolitik, die Ludwig II. durch die Investitionen für Wagner mit der Zivilliste betrieb, in der (Presse-)Öffentlichkeit und durch die politischen Gremien diskutiert und angegriffen wurde.

### Eine erste Bilanz der Wagner-Zeit in München aus der Sicht König Ludwigs II.

Die Berufung Wagners nach München durch Ludwig II. zeitigte also innerhalb kürzester Zeit gewichtige Veränderungen in Bayern. Es wurden mit Billigung und Unterstützung des Königs eine neue »deutsche« Musikschule und ein Wagner-Theater projektiert, die beide in einem für München neuen, »neudeutschen« Sinn wirksam werden sollten. Zur Unterstützung dieser zwei Institutionen wurde die Gründung einer »Neudeutschen Musikzeitschrift« ins Auge gefaßt, aber auch die Gründung einer politischen Zeitung, die in einer neuen politischen Richtung aktiv werden sollte. Alle diese Institutionen und Organe sollten von auswärtigen Anhängern Wagners geführt werden. In all diesen Maßnahmen manifestiert sich zugleich nach außen der enorme Einfluß Wagners auf den König. Ludwig II. wiederum strebte mit seiner Berufung Wagners nach München eine ganz neue kulturpolitische Linie an, die darauf hinauslief, Wagners in den theoretischen Schriften postulierte »Utopie« in Bayern zu verwirklichen.

Die Reaktionen der Öffentlichkeit auf die einzelnen Programmpunkte Ludwigs II. sind bitter, ergibt sich doch für den Eifer des Königs ein erschütternder Ertrag. Die von Ludwig II. in »utopiegerechter« Absicht vorangetriebene

Werkförderung Wagners fand in der Presse keine großen Sympathien. Es zeigt sich schon hier, daß die Öffentlichkeit keineswegs in derselben euphorischen Weise auf Wagners Werk reagierte wie Ludwig; im Gegenteil. Von der »Holländer-Premiere« berichtete der »Landbote« im November 1864, daß Gendarmen zur Aufrechterhaltung der Ruhe und Ordnung requiriert werden mußten. Dies hatte es bisher noch nie gegeben und natürlich entsprach es ganz und gar nicht der feierlichen Stimmung, die Ludwig II. eigentlich wünschte. Und daß zur Generalprobe und zur Aufführung die Presse nicht eingeladen wurde, schaffte dem Wagner-Werk auch keine Freunde. Doch auch in anderem machte sich Unmut in der Presse bemerkbar.

Die Spielplanänderungen, die Ludwig für das Münchner Theater anordnete, um das »Volk zu erziehen«, wurden von der konservativen Presse negativ aufgenommen. Ein Artikel des »Landboten«, der sich mit den Repertoire-Änderungen des Nationaltheaters auseinandersetzte, gipfelte in der für Ludwigs Bestrebungen wenig erfreulichen Aussage: »... – siehe da, das Unglaubliche ist doch geschehen, die Zettel und Listen der Hofbühne strotzen von den ersten und ernsten Gaben der tragischen Muse, daß wir bereits versucht sind, mit dem beglückten Vater in jener Anekdote auszurufen: ›Herr, halt ein mit Deinem Segen!‹ Wir enthalten uns indessen jeder Bemerkung hierüber, und zwar umso lieber, als es ein offenes Geheimniß ist, worin diese plötzliche und durchgreifende Veränderung ihren Grund hat.« Und der »Bayerische Kurier« fügte dem Bericht über eine Begebenheit am Hoftheater die spitze Bemerkung an: »Das ist uns ebenso unbegreiflich, wie gar manches Andere, dessen Gewöhnung vom Publikum eben auch nur hier verlangt werden kann«. Da der amtierende Intendant der Hofbühne, Schmitt, sein 25jähriges Dienstjubiläum feiern konnte, war auch in der Öffentlichkeit klar, wer hinter dem so plötzlichen Kurswechsel stand.

Der erste Programmpunkt König Ludwigs II., die Werkförderung und -aufführung, wurde also in der Öffentlichkeit mehr angefeindet als geschätzt. Ähnliches gilt für die

Bauprojekte Ludwigs, die für ihn im Hinblick auf die »Utopie« einen so wichtigen Stellenwert einnahmen. Die »Comission«, die eingesetzt worden war, um das Projekt der neuen Musikschule auszuarbeiten, beriet die Ideen der vorgelegten theoretischen Schrift Wagners in Grund und Boden und beschloß »Ablehnung des Antrages«. Zudem deutet vieles daraufhin, daß die Minister Ludwigs alles unternahmen, um die Bauprojekte zu verschleppen oder gar zu verhindern. Dies hing auch mit Ludwigs Sparpolitik zusammen. Wagner schrieb schon im August 1864 an Schnorr und Eliza Wille, daß der König »in Allem« spare, Bauten seines Vaters aufgegeben habe, um Mittel in reichstem Maß für die Verwirklichung seiner künstlerischen Absichten bereit zu halten. Daraufhin lancierten Münchner Bürger, wie im »Landboten« zu lesen war, eine Petition, wonach die »unvollendeten Kunstschöpfungen« Maximilians fertig zu bauen seien. Auch gegen den zweiten Programmpunkt Ludwigs, die institutionellen Projekte, formierte sich also eine stark opponierende Front. Dazu gehörten auch die Lehrer des alten Konservatoriums, denen gekündigt worden war und die sich natürlich vehement gegen ihre Entlassung wehrten.

Die finanziellen Aufwendungen Ludwigs II. für diese Projekte wurden ebenfalls stark kritisiert. Schon bald nach Beginn der Zahlungen an Wagner setzten auch Spekulationen und Gerüchte über dessen Forderungen und Verschwendungssucht ein. Eine weitere folgenschwere Begebenheit schürte das Feuer noch: am Morgen des 15. Mai 1865 erschien der Gerichtsvollzieher bei Richard Wagner, um die Summe von 2400 Gulden einzutreiben, die ihm einst Julie Schwabe, eine reiche Französin, geliehen hatte. Nur das schnelle Eingreifen der Kabinettskasse Ludwigs II. verhinderte die Pfändung von Wagners Möbeln! Diese für Wagner und den König peinliche Angelegenheit drang bald an die Öffentlichkeit und gab zu abenteuerlichen Spekulationen Anlaß. Der konservative »Bayerische Kurier« berichtete in seiner Ausgabe vom 1. Mai 1865, von »dem Zukunftsmusiker Richard Wagner« erzähle man, daß er wegen 80 000 Gulden in den Schuldturm hätte wandern müssen. Doch Wagner hoffe, »durch ›Tristan‹ und andere Hilfe befreit zu werden«.

Die Bezeichnung Wagners als »Zukunftsmusiker« und die versteckte Andeutung auf seine Geldquelle zeigen, wie unzimperlich gegen ihn vorgegangen wurde. Interessant an der öffentlichen Diskussion um Wagner ist, daß in der Presse zwar gegen den Komponisten, aber nie direkt gegen den König Stellung bezogen wurde, obwohl gerade König Ludwig II. mit seiner unbedingten Protektion Wagner derart ins Rampenlicht rückte. Der Grund dafür dürfte im Arikel 31 des Bayerischen Strafgesetzbuches aus dem Jahr 1813 liegen, wonach sich jemand einer Majestätsbeleidigung zweiten Grades schuldig macht, »wer in öffentlich verbreiteten Schriften die Person des Souverains oder dessen Regierungshandlungen durch Verläumdungen, verachtenden Spott oder schimpfliche Schmähungen herabzuwürdigen trachtet«. Wohl deshalb versuchten die politischen Gremien zunehmend durch Intrigen zu intervenieren, da ihnen mißfiel, daß Ludwig den ehemaligen Dresdener Revolutionär derart förderte. Die Revolutionsfreunde Wagners, die nach München kamen, wurden denn auch von der Öffentlichkeit stets an ihrer Vergangenheit festgenagelt. Daß Röckel »als Barrikadenheld und letzter Maigefangener von Beust«, und Semper als »der Erzdemokrat«, der »1849 mit Wagner auf den Barrikaden gestanden« hat, vom »Volksboten« entlarvt wurden, haben wir bereits gesehen.

Noch bedeutender gestaltete sich der Fall von Froebel. Am 1. Dezember meldete wiederum der ultramontane »Volksbote«, Wagner habe dem König den »ehemaligen Genossen des Revolutionärs Robert Blum«, nämlich Julius Froebel, als Redakteur für die neu zu belebende offiziöse »Bayerische Zeitung« empfohlen. Blum und Froebel waren im Oktober 1848 zusammen wegen revolutionärer Machenschaften verhaftet worden, doch während Blum zum Tode verurteilt, hingerichtet und so zu einem prominenten »Revolutionsmärtyrer« hochstilisiert wurde, hatte Froebel mehr Glück. Er wurde am Morgen der Exekution Blums im sel-

Der liberal-fortschrittliche Innenminister Max von Neumayr, der
später auf Betreiben Wagners Nachfolger von Pfistermeister als
Kabinettsekretär wurde.

Achtzehnter     **Nr. 104.**     Jahrgang.

# Neueste Nachrichten
## aus dem Gebiete der Politik.

### Freitag den 14. April 1865.

### Ein reformatorischer König.

* Während in Preußen ein übermüthiger Juhler Tag für Tag die Ver-
fassung mit Füßen tritt und so an der besten Stütze des Thrones, an der
Liebe des Volkes, rüttelt, ist es in Bayern der König selbst, der mit dem
Muthe und der Selbstlosigkeit einer edeln aufopferungsfähigen Jugend den
Weg der Reform betritt, und so nicht allein Bayern sondern ganz Deutsch-
land die Aussicht auf eine bessere Zukunft eröffnet. Dieses edle Streben
findet überall in Deutschland die vollste Anerkennung, so schreibt die N. Fr. Z.:
„In Bayern ist man sich dessen, was noth thut, bewußt. Man thut dort
Dinge, die dem Landjunkerthum in der Mark die Haare zu Berg sträuben
würden; man bietet dort aus freien Stücken dem Volke dar, was das
Korporalregiment für den Umsturz des Staates und für eine schwere Sünde
gegen Gottes Gnade erklärt. Der König läßt ohne Bedenken einen jener
Mißbräuche beseitigen, die man anderswo als „Kronrechte“ für heilig erklären würde; er ist bereit die sechsjährige Finanzperiode, d. h. jene Beschränkung, die das Steuerverwilligungsrecht der Kammern alle sechs Jahre
nur einmal zur Geltung kommen läßt, in eine zweijährige umzuwandeln;
die Gemeindeverwaltung soll selbstständiger werden; das mittelalterliche Vor-
recht der Militärgerichtsbarkeit, das Palladium der Sobbe und Pützli, soll
fallen; eine Amnestie soll verkündigt worden, eine Amnestie ohne
Klauseln und ohne Ausnahmen, ein wahres Vergeben und
Vergessen wie es einer gesunden Politik entspricht, wie es
von Herzen kommt und zu Herzen geht. Es bleibt zwar noch immer
unendlich viel in Bayern zu thun; es bleibt noch sehr viel wieder gut zu
machen von dem, was eine Zeit des Rückschrittes an den Rechten der Freiheit
gefändigt hat. Allein was in den letzten Wochen dort geschehen, berechtigt
uns zu Hoffnungen, von denen anderwärts noch nicht das blasseste Morgen-
roth aufdämmern will. Es ist uns ein seltenes aber desto wohlthuenderes
Gefühl, wenn wir anerkennen dürfen, daß es endlich einmal ein König ist,
der die politischen Bedürfnisse des Volkes begreift und zu befriedigen trachtet.
Geht Bayern auf dieser Bahn weiter, so kann es leicht zu einem Mittelpunkt werden, um den sich die deutsche Selbstständigkeit zu krystallisiren
vermag.“ Denn nicht die Größe allein und ausschließend ist es, welche einem Staate politische Schwere und dadurch Einfluß in die große Politik
sichern, sondern auch die innere Festigkeit, die Harmonie seiner Bevölkerung
mit seiner Regierung, die aufopferungsfähige Liebe und das Vertrauen des
Volkes zu derselben. Dieß und das Genie eines Friedrich des Großen haben
das ehemals so kleine Preußen zu einem Großstaate gemacht. Wenn Bayern
durch seine soziale Gesetzgebung wirthschaftlich erstarkt, wenn seine Militärverfassung auf der Wehrkraft des ganzen Volkes beruht, wenn seine politische
Gesetzgebung im Geiste der Freiheit gehandhabt und ausgebaut, wenn es in
Wirklichkeit ein konstitutioneller Musterstaat wird, so wird sein Einfluß in

Die »Neuesten Nachrichten«, die als liberal ausgerichtete Zeitung
Wagner unterstützten und die fortschrittliche Gesinnung Ludwigs II. wie in diesem Text hervorhoben.

*Julius Fröbel.*

Der Publizist und Politiker Julius Froebel, mit dem Wagner 1848 in der Revolution zusammenarbeitete und den er 1865 nach München holen wollte.

Dieses Photo überreichte Wagner Ludwig II. und schrieb dazu die
Widmung: »So giebst nur Du die Kraft mir, Dir zu danken, durch
königlichen Glauben ohne Wanken!«

Ludwig II., 1865

Abschiedsbrief Ludwigs II. an Richard Wagner: Mein theurer, innig geliebter Freund! Worte können den Schmerz nicht schildern, der mir das Innere zerwühlt. – Was nur irgend möglich, soll geschehen, um jene elenden, neuesten Zeitungsberichte zu widerlegen. – Daß es bis dahin kommen mußte! Unsre Ideale sollen treu gepflegt werden; dies brauche ich Ihnen kaum erst zu versichern. – Schreiben Wir uns oft u. viel, ich bitte darum, – Wir kennen Uns

ja, Wir wollen von der Freundschaft nie lassen, die Uns verbindet!
– Um Ihrer Ruhe willen mußte ich so handeln. Verkennen Sie mich
nicht, selbst nicht auf einen Augenblick; es wäre die Höllenqual für
mich. – Heil dem geliebtesten Freunde! Gedeihen Seinen Schöpfungen, herzlichen Gruß aus ganzer Seele von
Ihrem »treuen« Ludwig.
am 8. Dec. 1865. –

**Achter** Jahrgang.

**Nro. 315.**

Erscheint täglich.
Preis in Bayern. Vierteljährl. 1 fl.
Expeditionslokal: Neubau der
Schwabenmühle in der
Kaiserstraße.

# Nürnberger Anzeiger.

Protest. Briccius. | **Montag, 13. November 1865.** | Kathol. Stanislaus Kostka.

## Abgang und Ankunft der Eisenbahnzüge in Nürnberg.

Vom 16. October 1865 an.

| Abgang: | Schnellzüge. | Courierzüge. | Postzüge. | Leipzüge. | Güterzüge. | Güterzüge. | Güterzüge. |
|---|---|---|---|---|---|---|---|
| nach Bamberg | 11. 45. Bm. | | 8. 10. Abd. | 2. 40. N. | 5. 10. Fr. | 9. —. Bm. | 2. 50¼ Nm. |
| nach Augsburg | 4. 20. Abd. | | 9. 25. Bm. | | 4. —. Abd. | 9. 60. Bm. | 8. 25. Abd. |
| nach Würzburg | —. —. | 9. 15. Bm. | 7. 90. Abd. | 12. —. Mttg. | —. Fr. | 7. 15. Abd. | |
| nach Regensburg | —. —. | 6. 50. Abd. | 9. 30. Bm. | | 7. 25. Nm. | | 5. — Fr. |

| Ankunft: | | | | | | | |
|---|---|---|---|---|---|---|---|
| von Bamberg | | 4. 20. Nm. | 6. 55. Fr. | 12. 55. N. | 6. 12. Abd. | 11. 2. N. | | 12. 52¼ N. |
| von Augsburg | | 11. 30. Bm. | 6. 50. Abd. | 8. 20. N. | 5. 25. Abd. | | 7. 25. Fr. | 1. 20. Nm. |
| von Würzburg | | | 6. 15. Abd. | 8. 15. Bm. | | 3. 27. Nm. | 7. 1. Fr. | |
| von Regensburg | | | 7. 12. Fr. | 8. 20. Nm. | 7. 10. Abd. | 9. —. Bm. | 9. 15. N. | 11. 28. Nm. |

Von Nürnberg nach Fürth von Morgens 8 Uhr bis Abends 7 Uhr zu jeder Stunde. Von Fürth nach Nürnberg von Morgens 4½ Uhr bis Abends ½ 8 Uhr zu jeder Stunde.

An Sonn- und Festtagen, sowie jeden Mittwoch und Samstag, von Nürnberg nach Fürth 10 Uhr Abends Extrazug, von Fürth nach Nürnberg ½ 11 Uhr Abends Extrazug.

---

Für die Monate November u. Dezember kann der Nürnberger Anzeiger bei jedem k. Postamte mit 45 kr. bestellt werden. Wir laden zu zahlreichem Abonnement ergebenst ein.

Inserate finden durch dieses Blatt nach allen Richtungen hin die weiteste Verbreitung und werden billigst berechnet.

### Ein freies Wort an Bayerns König und sein Volk über das Cabinetssekretariat.

Als nach seines Vaters Tode König Ludwig II. den bayerischen Königsthron bestieg, trug das ganze Land dem jungen Monarchen seine Sympathien entgegen. Ihm war plötzlich auf ungemißte Schultern eine Last gelegt, welche selbst dem erfahrenen, gewiegten Manne oft zu schwer wird. Aber er wollte sie tragen, von der Treue seines Volkes unterstützt und von seinen Ministern, mit denen er in unmittelbaren Verkehr treten wollte, berathen. Man hörte diesen letzteren Entschluß allenthalben mit großer Freude, denn seit dem Jahre Maximilians Zeiten war dies nicht mehr der Fall gewesen; eine vollpeinliche Cammerilla, im Cabinetssekretariat, hatte sich zwischen Bayerns Fürsten und die zuständigen Berather gedrängt und einen unseligen, dem Recht beschämten Einfluß geübt. Das sollte nun anders werden, so hoffte das Volk.

Und wie hat sich diese Hoffnung erfüllt?
Schon im vorigen Jahre, bald nach dem Antritt seiner Regierung hat der junge König angelangen, den ganzen Sommer über, bis Ende November fern von der Hauptstadt, dem Centralpunkte der Regierung, auf dem Lande zu verweilen. Und mit Ausnahme des Sommeres diese Jahres entfernte er sich gleichfalls aus München, zuerst nach Berg am Starnberger See, dann nach Hohenschwangau, in die Vorderrig und weiter — und die Minister sieht er die ganze Zeit seines Landaufenthalts wenig oder gar nicht.

Es schien und scheint hiernach, daß der junge König eben doch lieber sich den Herren des von seinem Vater zurückgelassenen Cabinetssekretariats, die er schon früher kannte, tonfertirt, als mit seinen und der Krone Ministern um das Wohl des Vaterlandes berathen. Dieses Verhältniß mag auch die Entfernung des Ministeriums veranlaßt haben, wie wir sofort näher erörtern werden — das wenigstens ist eine unläugbare Thatsache, daß er einer Cabinetseinträge zum Opfer fiel — und es ist nach Allerdem wohl an der Zeit, ein freimüthiges Wort darüber zu reden.

Das Institut des Cabinetssekretariats ist erst von König Ludwig I. zum Behuf seiner Selbstregierung, die er bekanntlich in hohem Maße übte, gegründet worden. Vorher, zur Zeit König Maximilians I., kannte man dieses Institut nicht. Gleich bei dessen Einführung gab es mit den Ministern, die sich hierdurch etwas auf die Seite geschoben fühlen und darin nun im Auge war, mancherlei Conflicte, um die sich aber König Ludwig I. im Bewußtsein seiner Selbstherrlichkeit nicht kümmerte. Er schuf sein neugeschaffenes Institut fort.

So ging es fort bis in die 1830er Jahre, mit denen einige Aufregung im deutschen Verfassungsleben entstand. Es kam damals, auf dem bayerischen Landtage von 1831, auch das inconstitutionelle Institut des Cabinetssekretariats sehr heftig zur Sprache. Unter andern hatte sich der berühmte Staats- und Rechtslehrer Prof. Dr.

Seuffert, damals zweiter Präsident des Abgeordnetenhauses dahin ausgesprochen: „Ich kann die Stelle eines Cabinetssekretärs nicht als zur Sphäre des Staatsdienstes gehörig, sondern nur als eine Hofbedienung ansehen, für welche die Ausgaben aus dem Hofetat zu bestreiten sind. Diese Stelle ist dem Organismus einer constitutionellen Monarchie gänzlich fremd; sie ist überflüssig, wenn gethanes was geschehen soll, und der Monarch mit seinen Ministern in persönlichen vertrauensvollen Verkehr stehe."

Allein auch hierum kümmerte sich König Ludwig I. nicht, und zwar um so weniger, als die Kammermajorität, schon ganz reaktionär, die permanente Civilliste vollzog hatte.

So ging es auch hierauf über irgend eine Besserung mit dem Cabinetssekretariat herein; auch mag dasselbe nicht auf das gewisse genommen werden, sondern in Conto des Staatskredit gebeten, hat man sich ruhig gefallen, bis endlich im Jahr 1848 die Stände abermals heftig gegen das Institut des Cabinetssekretariats aufgetreten waren.

König Max II. sah sich hiernach veranlaßt, durch Declaration vom 15. Nov. 1848 das Cabinetssecretariat für alle Staatsangelegenheiten aufzuheben und nur noch für die Hof- und Privatangelegenheiten des Königs, sowie für Bitt- und Gnadengesuche, fortbestehen zu lassen.

Dessenungeachtet führten aber die damaligen Minister fort. Die Berichte an das Cabinetssecretariat zu senden und das Personal desselben wurde auch nicht von der Holkasse, was doch sein sollte, sondern aus der Staatskasse fortbezahlt und König Max blieb außer unmittelbaren Verkehr mit den Ministern.

In dieser Art hatte das Ministerium v. d. Pfordten - Ringelmann - Aschenbrenner, das im März 1849 eingetreten war, das Cabinetssecretariat vorgefunden und von ihnen war allerdings nicht zu erwarten, daß sie des Königs Erklärung vom 15. Nov. 1848 zur Wahrheit werden ließen. So begann die unselige Zeit der Reaction und ihr war es gleichgiltig, daß ein königliches Versprechen nicht erfüllt wurde. Der König selbst konnte sich in der That sagen, weil mehr der Constitution treu geblieben, als seine Minister, denn er hatte, als Staatsrath v. Sißler als Cabinetssekretär abtrat und Hofrath von Pfistermeister seine Stelle einnahm, wenigstens letzteren nach seinem Hofetat zur Zahlung der genommen. Das übrige Personal des Cab.-Sekr. blieb aber dem Staatskarat zur Last und von so für die einzelne Stimmen tragenden kamen, besonders in der Presse, so wurden sie dem der reactionären Regierung zum Schweigen gemaßregelt. Der Landtag blieb mit der Regierung in ihm Horn und so blieb Alles beim Alten.

König Max starb. Und nun erwartete man, daß die Minister sich rühren, um ein anderes, mehr konstitutionelles Regime herbeiführen würden, was in der That so leicht erschien, nachdem der junge König sich gewiegt hierfür erklärt hatte.

Allein sie blieben Alle zurück. Ein Theil derselben war ja selbst durch Pfistermeister auf den Ministersitz geschoben worden und wußte dankbar zu sein; der andere Theil war durch Freundschaft mit dem Cabinetssekretär verbunden, so daß immer Einer den Andern unterstützte in Allem, was Jeder auch nur hätte durchsetzen jetzt haben mochte. Dieses gegen Beschäftnis erschwerte dem Zugang zur Krone außerordentlich. Ein dritter Betheiligter, der nicht hinaus- Parteien auf seiner Seite hatte, vermochte bei dem König nicht unter-

---

Der berühmte Artikel »Ein freies Wort an Bayerns König und sein Volk über das Cabinetssekretariat« im liberalen »Nürnberger Anzeiger«.

ben Gefängnis begnadigt. Durch das Wiederaufrollen dieser düsteren Vergangenheit des einstigen Revolutionärs mußte Ludwig schließlich das Ansinnen, Froebel als Redakteur einer neuen Zeitung einzusetzen, wieder aufgeben. Den genauen Grund gibt uns der König selbst in einem Brief an Wagner an: »Eines flößte mir Bedenken ein: Man versicherte mir, Froebel wolle nur dann nach München kommen, wenn er für die Zwecke des Nationalvereins operieren könne; dies wäre für mich, als König von Bayern, sehr gefährlich.« Diese Aussage des Königs bildet in mehrerer Hinsicht ein interessantes Dokument. Zum einen wird hier Froebel – ob zu Recht oder nicht – mit dem Nationalverein in Verbindung gebracht, was wohl damit zusammenhängt, daß dessen Freund Röckel dem Nationalverein angehörte und aktiv für diesen tätig war. Andererseits manifestiert sich hier die Angst der politischen Gremien Bayerns, »fortschrittliche«, nationale Ideen könnten in Bayern überhand nehmen, weshalb man dem König diese Warnung zukommen ließ. Zum dritten aber wird deutlich, daß Wagner mit seiner Agitation in Bayern auch politisch einiges in Bewegung setzte, und zwar in fortschrittlich nationalem Sinn. Dies hat sich ja schon gezeigt bei der frappanten Parallele zwischen dem Abschluß des Gasteiner Vertrages Ende August 1865 und dem Beginn der Tagebuchaufzeichnungen Wagners Anfang September, sowie durch die unbedingte Protektion seiner fortschrittlichen Parteifreunde.

Unterstrichen wird diese politische Agitation Wagners in national-fortschrittlichem Sinn auch durch die Tatsache, daß bei den Stellungnahmen der Zeitungen für oder gegen Wagner eine klare Tendenz festzustellen ist: Waren es die fortschrittlichen »Münchner Neuesten Nachrichten« von Julius Knorr, die sich mit ihren Artikeln hinter Wagner stellten, so waren es die konservativen »Kurier«, »Landbote« und der konservativ-ultramontane »Volksbote«, welche Wagner ebenso klar ablehnten und ihm seine revolutionäre Vergangenheit zusammen mit Froebel, Röckel und Semper vorhielten.

Wie sich diese Fronten bildeten, wie der König auf die totale Ablehnung seiner »utopischen« Ziele reagierte und wie Wagner konkret politisch vorging, erhellt der chronologische Ablauf der Ereignisse in den Jahren 1864 und 1865.

# Die Chronologie der Ereignisse

# Der turbulente Sommer 1864

Richard Wagners Berufung nach München erfolgte in einer politisch für Bayern sehr hektischen Phase. Am 3. Mai 1864 stöberte Kabinettsekretär Franz Seraph von Pfistermeister Richard Wagner erst nach intensiver Suche und dank Hinweisen von Julius Froebel und Friedrich Uhl, die Pfistermeister in Wien getroffen hatte, in Stuttgart auf und überbrachte ihm die Berufung durch Ludwig II. nach München. In derselben Zeit trafen sich in Berlin die Zollvereinskommissare mit Ausnahme derjenigen einiger kleinerer Staaten und Bayerns, um über das weitere Schicksal des Zollvereins zu verhandeln. Als erster der verbleibenden kleineren deutschen Staaten erneuerte Sachsen am 10. Mai, also nur eine Woche nach Wagners Berufung nach München, den Zollverein auf der Grundlage des französischen Handelsvertrages, der am 11. Mai in Form eines Protokolls zwischen Preußen und Sachsen in Berlin unterzeichnet wurde. Der erste kleinere deutsche Staat hatte also vor Preußens Machtdemonstration kapituliert, und Bayerns Lage wurde damit noch delikater. Erschwerend für die bayerische Politik kam hinzu, daß der preußische Gesandte in München, von Arnim, Bismarck mit Erfolg geraten hatte, mit Hilfe der liberalen »Münchner Neuesten Nachrichten« eine Pressepolemik gegen die Handelspolitik der bayerischen Regierung zu organisieren. Die »Neuesten Nachrichten« festigten damit ihre Position der Preußenfreundlichkeit.

Während in der Folge Bayern unter Außenminister Schrenck zusammen mit Württemberg und dem Großherzogtum Hessen, angetrieben vom österreichischen Außenminister Graf Rechberg, an der Treue zu Österreich festhielt, begannen weitere Kreise unter der Wirkung des preußischen Pressefeldzuges umzuschwenken und für den Zollverein zu votieren. Die Münchner Zeitungen aller politischen Couleur waren deshalb in dieser Zeit mit der Verarbeitung dieser für Bayern so wichtigen Aktivitäten und Entscheidungen beschäftigt. Trotzdem wurde Wagners Ankunft in München in vielen Zeitungen vermerkt, allerdings nur in unscheinbaren kleinen Notizen und ohne jegliche Wertung: »Richard Wagner verweilt seit 2 Tagen hier«, schrieben die »Münchner Neuesten Nachrichten« lapidar am 6. Mai, und auch andere Zeitungen folgten in den nächsten Tagen. [305] Selbst die satirische Zeitschrift »Punsch« kommentierte unter dem konservativ-ultramontanen Martin Schleich, der später zu einem der erbittertsten Feinde Wagners wurde, am 22. Mai moderat: »Richard Wagner nach München zu holen handelt sich um einen ebenso glücklichen wie edlen Gedanken. Der junge König von Bayern hat eine Vorliebe für ein paar Wagnerische Opern; er vernimmt, daß der Komponist eigentlich keine bleibende Stätte hat, und beschließt, ihm München als Aufenthalt anzubieten, daß ein König zu einer so gnädigen Einladung noch eine Dreingabe in Bereitschaft hat, versteht sich von selbst, und in diesem Fall bestand sie in einer lebenslänglich gesicherten Mannesnahrung, was für einen, der von dem wechselnden Ertrag geistiger Arbeit lebt, immerhin angenehm ist.« Die Stimmung in München war ruhig, so daß selbst König Ludwig in einer Audienz am 13. Mai Julius Hey gegenüber mit Erstaunen und ungläubig zur Kenntnis nahm, daß Wagner überhaupt Feinde habe: »Das halte ich für unmöglich!« so der König zu Hey. [306]

Zwei Zeitungs-Artikel weisen aber darauf hin, daß im musikalischen Bereich bereits damals Befürchtungen bestanden. So beschwichtigten die »Münchner Neuesten Nachrichten« schon am 9. Mai, daß Richard Wagner in München Wohnsitz nehmen werde, daß aber Gerüchte, wonach dem Komponisten eine Stelle zugedacht sei oder er eine solche suche, »gänzlich unbegründet« seien. Und die »Augsburger Allgemeine Zeitung« druckte am selben Tag diese Meldung nach, wobei angefügt wird: »Wohl aber wird der Componist durch die Munifizenz Sr. Maj. des Königs eine sorgenfreie Stellung erhalten, und deshalb von nächster Zeit an seinen

Aufenthalt in München nehmen.« Auch Wagner selbst betonte in zwei Briefen an seine Freundin Mathilde Maier seine Unabhängigkeit von jeglichem Amt und bekräftigt, »niemand trete ich zu nahe, keinen verdränge ich«. Eigentlich bestand aber die Schwierigkeit von Wagners »Berufung« gerade darin, daß er ohne offizielle Funktion war. Dementsprechend konnte er im Hintergrund und ohne Handhabe der Gegner wirken, und je mehr Wagner seinen illegalen, durch kein offizielles Amt abgesegneten oder begrenzten Wirkungskreis ausdehnte, desto lauter mußte die Opposition werden. Wagner trat damit in München eine gefährliche, nicht greifbare Stellung an, die ihm einerseits einen großen Freiraum für seine Agitation bot, andererseits aber begreiflicherweise einer Opposition Tür und Tor öffnete. Ludwig II. hatte ursprünglich Wagner allein als Privatperson nach München geholt, um ihm die ungestörte Vollendung der Opern zu ermöglichen. Die Presse hatte dementsprechend zu diesem Zeitpunkt gar keinen Grund, um gegen den Komponisten zu polemisieren. Noch war alles ruhig: Ludwig residierte in Berg, Wagner bewohnte das fünf Kilometer davon entfernte Landhaus Pellet bei Kempfenhausen und besuchte den König täglich: »Ich fliege dann immer wie zur Geliebten«, rapportierte er an Eliza Wille.[307]

Von Wagners tatsächlichem Auftreten in München gibt uns Pecht in seinen Lebenserinnerungen einen Eindruck: »Ludwig kommt auf den Thron: Die erste Äußerung seiner Selbständigkeit bestand bekanntlich in der Berufung meines alten Freundes Richard Wagner ... Jetzt, wo er ein ihm ganz neues Feld betrat, war ich ihm als leidig orientierter und zuverlässiger Freund wenigstens anfangs von einigem Wert, und er zeigte mir deshalb großes Zutrauen. Die Schwärmerei des jungen Königs für den Tondichter hatte zuerst etwas fast Kindliches, er behandelte ihn durchwegs als Ratgeber und Freund, während Wagner wieder die väterlichste Zärtlichkeit für ihn zur Schau trug, aber in Gedanken gleich das ganze Königreich Bayern mitregierte. So bekam ich denn auch viele Briefe und Billette des Königs an Wagner zu lesen.«[308] Pecht bestätigt hier von seiner Seite Wagners frühen

Einfluß auf den König als Ratgeber und signalisiert die frühen Ambitionen des Komponisten auf politische Veränderungen in Bayern. Zudem konnte Pecht von Wagner Briefe des Königs einsehen.

Doch nicht nur Pecht bekam sehr früh schon Briefe des Königs zu lesen, sondern auch andere Wagner-Freunde: Friedrich Uhl, Franz Liszt, Mathilde Maier, Eliza Wille und Wendelin Weissheimer. Und im April 1865 meldete der österreichische Gesandte in München, Graf Blome, gar nach Wien, Wagner reiche in München Briefe herum, wo er vom König mit Du angesprochen werde.[309] Daß bei so vielen von Wagner in die Königs-Freundschaft »eingeweihten« Personen nicht lange verschwiegen werden konnte, welchen Einfluß der Komponist auf Ludwig ausübte, wird indirekt schon durch zwei Briefe Wagners vom Sommer 1864 deutlich. Wiederum an Mathilde Maier übermittelte er am 7. August: »Schon jetzt brachte ich über mich, ›Freunden‹, welche sich meldeten, jedenfalls um sich meiner ›glücklichen‹ Situation zu erfreuen (im Unglück meldete sich Niemand, – …) ausweichend oder gar nicht zu antworten.«[310] Und an Eliza Wille vermeldete er am 9. September nicht ohne Stolz: »Ich gelte nämlich einfach als allvermögender Günstling: letzthin haben sich die Hinterlassenen einer Giftmörderin an mich gewendet!«[311] Daß dieser »sommerfliegenmäßige Andrang von Supplikanten jeder Art« – wie Wagner an anderer Stelle schrieb –, die seine Protektion suchten, zumindest teilweise von ihm selbst provoziert war, zeigt das Beispiel von Weissheimer. Wagner hatte diesem »neudeutschen« Komponistenfreund am 20. Mai einen Brief geschrieben, in welchem er mit seinem Einfluß auf den König prahlte: »Welch ungeheurem Neid ich zu begegnen hatte, können Sie sich denken; mein Einfluß auf den jungen Monarchen ist so groß, daß Alle, die mich nicht kennen, in der größten Sorge sind.«[312] Kurze Zeit später beschwerte sich Wagner bei Mathilde Maier über Weissheimer, der die »verletzende Indiscretion« hatte, sofort »von mir dem König mit seiner neuen Oper vorgestellt sein zu wollen«.[313]

Interessant im Gegensatz dazu ist das Stimmungsbild, das uns Baron von Perfall, der später von Wagner als unfähig hingestellt werden sollte, von der ersten Zeit Wagners in München gibt: »Wagner lebt übrigens hier sehr zurückgezogen, und mischt sich in nichts vorderhand, was ihn nicht in Berücksichtigung seines ›Fliegenden Holländer‹ angeht. ... Lachner war anfangs über Wagners Berufung sehr auseinander, verlor darüber etwas den Kopf. Nun ist er beruhigter, und kann es auch mit vollem Recht sein ... Der König subventioniert Wagner, um ungestört seine Nibelungen vollenden zu können, da er denn einmal die Zuversicht hat, es könnte durch dieses Werk etwas für die Kunst Ersprießliches bewerkstelligt werden. Warten wir also bis Alles geboren, – dann wird der König ebenso wie das Publikum richten.«[314] Noch war alles ruhig, aber Wagner wußte zu gut um seinen Einfluß auf den König, erzählte davon Freunden und Bekannten, was prompt »Supplicanten« in Scharen anzog. Gegen außen aber mischte er sich noch in nichts ein und bot daher weder den Zeitungen, Künstlern noch Hof-Vertrauten in München Grund zur Attacke. Der Wunsch Ludwigs II., Wagners Werk zu protegieren und dem Komponisten jede Störung von außen fern zu halten, schien aufzugehen. So beherrschten weiterhin die politischen Ereignisse die öffentliche Diskussion.

In den ersten Monaten, in welchen Wagner in München war, waren denn auch wichtige politische Ereignisse zu vermelden. Am 18. Juni reiste König Ludwig II. dem Kaiser und der Kaiserin Elisabeth von Österreich, die er zuvor auf der Durchreise in München empfangen hatte, nach Bad Kissingen nach, wo sich auch das Zarenpaar und Kronprinz Karl von Württemberg aufhielten. Er blieb bis zum 15. Juli. Nach der Rückkehr des Königs mußten Hans von Bülow und Wagner eine Woche lang täglich zum König in die Stadt München, um ihm Brüchstücke von Wagners neuen Arbeiten vorzuführen. Doch schon kurz danach, am 30. Juli, traf Ludwig II. die Zarin Maria Alexandrowna in Schwalbach. Das Bestreben des Königs, politisch wichtige Beziehungen zu knüpfen, ist augenfällig und korrespondiert mit einer Zeit brisanter politischer Entscheidungen.

Die Opferbereitschaft der deutschen Kleinstaaten für Österreich in der Zollvereins-Frage verschlechterte sich nämlich in dieser Zeit zusehends. Ein letzter Versuch zur Rettung der Allianz – Österreich-Bayern und andere Kleinstaaten –, der schließlich zum Gegenteil führte, war die Oppositionskonferenz, die am 19. Juni eröffnet wurde, also unmittelbar nach dem Zusammentreffen Ludwigs mit dem österreichischen Kaiserpaar und seiner Abreise nach Bad Kissingen. Aber das Münchner Kompromißprogramm, das aus der Konferenz resultierte, war unverfänglich und inhaltsleer, wie einflußreiche Politiker werteten. Ludwig II. wollte sich nicht zu stark an Österreich binden, weshalb die Differenzen zwischen dem König und seinem österreichtreuen Außenminister Schrenck bereits zu diesem Zeitpunkt manifest, unüberbrückbar und folgenschwer waren. Die oppositionelle Front gegen Preußen bröckelte ab.

In dieselbe Zeitperiode fielen auch die Friedensverhandlungen nach dem Deutsch-Dänischen Krieg. Als Bismarck zu den Friedenspräliminarien zwischen Preußen-Österreich und Dänemark am 22. Juli nach Wien kam, machte er seinen Einfluß auf Rechberg vor allem dahin geltend, daß er dem österreichischen Außenminister die Vorteile der Freundschaft der beiden deutschen Großmächte immer wieder vor Augen hielt und ihn gegen das »andere Deutschland«, das heißt gegen die auch von Rechberg verabscheuten Triasgelüste vor allem Bayerns aufrief. Tatsächlich schwenkte Rechberg auf Bismarcks Linie ein, was einerseits zeigt, daß sich Österreich just während der Münchner Oppositionstagung entschloß, sich über den Kopf der dort tagenden verbündeten Kleinstaaten hinweg noch einmal mit Preußen zu verständigen. Andererseits manifestiert sich darin aber auch die Unzulänglichkeit des mittelstaatlichen Widerstandes unter Bayerns Führung und deren damalige Schwäche im Ringen um eine »Deutsche Lösung«.

Interessant in diesem Kontext ist, daß Wagner genau in dieser Zeit auf Wunsch Ludwigs II. seine Abhandlung

»Über Staat und Religion« verfaßte. Daß dieser Fürstenspiegel, der das Schlußdatum 1. August 1864 trägt, unter dem Eindruck dieser brisanten Ereignisse geschrieben wurde, steht bei Wagners politischem Interesse außer Zweifel. Wagner postuliert darin, wie wir ausführlich dargelegt haben, in allgemeiner Form ein gewichtiges Programm: Verherrlichung der Führerpersönlichkeit des Königs und damit deren Stärkung, Stilisierung Ludwigs II. zum »Messias« im »Jetzt«, eine Definition des Staates, die auf ein »nationalstaatliches Prinzip« hindeutet, die Presse als Möglichkeit zur Meinungsbildung und die deutsche Kunst als Vermittlerin des politischen Heils. Der offensichtlichen Schwäche Bayerns und der Unsicherheit des Königs setzte Wagner hier eine ideelle Stärkung auf »utopischer« Basis entgegen. Der König war denn auch – aus dieser Sichtweise wenig überraschend – begeistert von den in »Über Staat und Religion« niedergeschriebenen Ideen.

Politisch konkret war der Inhalt von Wagners Schrift allerdings nicht; und dies im Gegensatz zu einer politisch wichtigen Mission, die Julius Froebel, der damals noch im Dienste Österreichs stand, Ende Juli im Auftrag des österreichischen Ministerpräsidenten Anton von Schmerling nach Bayern antrat. Sie eröffnet ein erstes Bild von dem Ringen, das um die politische Linie des neu auf den Thron gekommenen jungen Königs herrschte. Froebel berichtet in seinen Lebenserinnerungen ausführlich über seine politisch motivierte Reise. Eine Zusammenkunft mit dem einzigen liberalen Minister Bayerns, Max von Neumayr, den Froebel am 31. Juli in Miesbach traf, gibt über Froebels politisches Denken Aufschluß. Über den liberalen Minister urteilt Froebel in seinen »Lebenserinnerungen«, daß er ihn als Parteigenossen ansah, »dem seine hohe Stellung einen besonderen Wert gab«. Und weiter: »Ich konnte mit seinen Ansichten über die Aufgabe Bayerns und der anderen Mittel-Staaten zwischen Österreich und Preußen zufrieden sein.« Froebel war Neumayr zum ersten Mal im September 1861 begegnet, wo sie zusammen mit Gustav von Lerchenfeld »das großdeutsche Programm der Trias mit einer aus drei Fürsten – dem Kaiser von Österreich, dem König von Preußen und einem Fürsten der Mittel- und Kleinstaaten – bestehenden Zentralregierung und einem aus zwei Häusern – einem Volkshause und einem Fürstenhause – bestehenden Parlamente« diskutierten. Lerchenfeld, der im September 1865 nach dem Vertrag von Gastein die Auflösung des Reformvereins beantragte, übernahm es zusammen mit Neumayr, »in Bayern im Sinne des Programmes zu wirken und dafür eine Partei zu organisieren«, wie Froebel in seinen Lebenserinnerungen weiter festhält.

Da es Froebel Anfang August nicht gelang, in München eine Audienz beim König zu erwirken, brach er am 17. August zu einer als private Reise getarnten Bergtour mit seinem Sohn in die Umgebung von Hohenschwangau auf, um vielleicht auf Ludwig zu stoßen, der nach seiner Rückkehr aus Kissingen dort weilte. Seltsam mutet dabei an, daß Froebel nicht an Wagner herantrat, um zu seinem Ziel zu gelangen, denn dieser weilte ja, wie Froebel wußte, seit Mai in der Nähe des Königs. Zudem wollte praktisch zur selben Zeit wie Froebel auch Wagner Ludwig II. in Hohenschwangau besuchen, denn zum 25. August, dem 19. Geburtstag des Königs, plante er eine Überraschung: Er hatte einen »Huldigungsmarsch« komponiert, den er am 25. August in Schloß Hohenschwangau aufzuführen gedachte. Kabinettsekretär von Pfistermeister war von dem Unterfangen unterrichtet. Am 24. August begab sich Wagner deshalb in Begleitung von Generalmusikmeister Streck und den ihm unterstellten 80 Musikern nach Füssen, wo übernachtet wurde. Schließlich konnte Wagner dem König den »Huldigungsmarsch« aber doch nicht vorspielen, angeblich weil die Königin-Mutter Marie in Hohenschwangau weilte und dies nicht wollte. Wagner und Froebel sind also buchstäblich fast um Minuten aneinander vorbeigelaufen. Auch die Bergtour nach Hohenschwangau brachte Froebel, wie er protokolliert, kein Glück: »Von Füssen aus fragte ich (am 19. August) sogleich brieflich den Hofrat Pfistermeister, ob und wann ich ihn in Hohenschwangau sprechen könne. Als Antwort erhielt ich von ihm auf den nächsten Tag eine Einladung zum Mittagessen in dem mit Personen des königlichen Gefolges angefüllten kleinen Wirtshause unter dem Schloße. Ich ging und brachte den ganzen Tag in wenig unterbrochener Gesellschaft Pfistermeisters und einiger anderer Herren von der Umgebung des Königs zu – Assessor Lutz und Leinfelder –. ... Die Hauptsache jedoch war, daß ich volle Zeit und Gelegenheit fand mit dem Hofrate Pfistermeister, wobei auf seinen Wunsch der Assessor Lutz zugegen war und an dem Gedankenaustausch Teil nahm, die deutschen Angelegenheiten zu besprechen und die beiden Herren mit dem Zwecke meines Besuches bekannt zu machen. Die Besprechung mußte sich natürlich um die Frage drehen, was Bayern für die Selbständigkeit der kleineren deutschen Staaten, insbesondere für die engere Verbindung der südwestdeutschen Staatengruppe thun könne, um den Bund gegen die Übermacht der beiden Großstaaten zu sichern. Durch Pfistermeister ist sodann der König von meiner Anwesenheit unterrichtet und die von mir gestellte Frage im königlichen Kabinett verhandelt worden. Meine Absicht jedoch, den König selbst zu sprechen, wurde nicht erreicht. ... Indessen hat die Besorgnis, ich möchte zu große Gunst erlangen, ohne Zweifel in diesem Falle, wie bei späteren anderen Gelegenheiten, Sr. Majestät Ratgeber bestimmt, meiner Absicht (ihn zu treffen) entgegenzuwirken.«[315] Pfistermeister kannte also Froebels politische Ansichten genau und politisierte selbst mit ihm, obwohl er doch eigentlich »nur« Kabinettsekretär war. Dubios scheint denn auch die Rolle, die Pfistermeister bei dieser Mission spielte, wie Froebel in den Lebenserinnerungen andeutet. Im Herbst 1865 präzisierte er in einem Brief an Wagner die damalige Begebenheit: Pfistermeister habe die Erfüllung seines Wunsches, den König in Hohenschwangau »in deutschen Angelegenheiten zu sprechen«, *nicht* befördert.[316] Die Gründe Pfistermeisters dafür lassen im Hinblick auf die von Wagner gewünschte Berufung Froebels für das Zeitungsprojekt im Herbst 1865 aufhorchen. Der Kabinettsekretär hatte Froebel im April 1864 in Wien kennengelernt, als er auf der Suche nach Wagner auf Froebel traf, der ihm den richtigen Geheim-Tip über den Aufenthaltsort des sich auf der Flucht befindenden Komponisten gab. Er wußte also um die enge Beziehung, die zwischen Wagner und Froebel bestand, und er wußte beim Besuch Froebels zwischen dem 19. und 21. August auch um die bevorstehende Ankunft Wagners in Hohenschwangau. Trotzdem unternahm er nichts, um die beiden Freunde zusammenzuführen, ja er verhinderte zudem die von Froebel gewünschte Audienz beim König, weil er um den zu großen Einfluß Froebels fürchtete. Später war es dann auch derselbe Pfistermeister, der beim Musikschulprojekt und dem Theaterprojekt gegen Wagner intrigierte. Die Verbindung von Froebel und Wagner war dem Wagner-Gegner Pfistermeister damals schon suspekt. Demnach wollte Wagner im Herbst 1865 mit Froebel ausgerechnet einen Mann nach München holen, der sich einerseits als Parteigenosse eines liberalen bayerischen Ministers verstand, andererseits bereits im Sommer 1864 aus Angst vor zu großer königlicher Gunst vom Kabinett, das Froebels politisches Credo genau kannte, hintertrieben wurde. Eine Nomination also mit ungeheurer Sprengkraft.

Was der Kabinettsekretär tatsächlich vorhatte, ist nicht zu eruieren, wichtig aber scheint, daß in diesen Tagen eine politische Unruhe im Umfeld des Königs herrschte, und daß Pfistermeister politisch tätig war. Dies geht auch aus einem Gesandtschaftsbericht von Graf Blome an den österreichischen Außenminister Rechberg vom September 1864 hervor: »Die erste Andeutung eines neben den Ministern sich geltend machenden Einflusses gab eine in der Handelsfrage gelegentlich der letzten Münchener-Conferenz von Schloß Berg herabgelangte Allerhöchste Resolution, welche dem Antrag des Freiherrn von Schrenck nicht entsprach. Das größere Publikum erfuhr erst durch zwei bald nachher im ›Wiener Botschafter‹ gegen den baierischen Minister des Äußern gerichtete sehr heftige Artikel, daß nicht die wünschenswerthe Übereinstimmung zwischen Hof und Ministerium herrsche. Auf meine Anfrage erhielt ich … die Nachricht, daß jene beiden Artikel unter directer Inspiration des Herrn von Pfistermeister verfaßt seien.«[317] Diese Vermutung Blomes kann durchaus stimmen, denn Froebel schreibt in seinen Lebenserinnerungen, daß der Korrespondent des »Botschafters« in München, Philipp Pfister, seine Informationen vor allem von Pfistermeister bezog. Tatsache ist also, daß der Kabinettsekretär politische Agitation betrieb und in diesem Fall gegen den amtierenden Außenminister Schrenck Stellung bezog. Zudem wird hier evident, daß im Sommer 1864 im Umfeld des Königs politische Unruhe und Agitation herrschte, die auch der Wagner-Freund Julius Froebel zu spüren bekam. Zugespitzt wurden diese Intrigen schließlich noch durch eine andere, hochbrisante Begebenheit, durch den »Fall Lassalle«.

In dieselbe Zeit von Froebels Exkursion nach Bayern Ende August 1864 fiel auch ein zweites Ereignis, das viel Staub aufwirbelte und in welches Wagner involviert war. Der heftig bekämpfte, bekannte Publizist und Politiker Ferdinand Lasalle, der im Mai 1863 den »Allgemeinen deutschen Arbeiterverein« (ADAV) gegründet hatte, hatte sich in die Tochter eines bayerischen Diplomaten in Genf verliebt, in Helene von Doenniges. Der Vater von Helene, Wilhelm von Doenniges, war ein Verfechter der Trias und Gegner des Unitarismus und preußischen Erbkaisertums. Deshalb wehrte er sich vehement gegen Lassalle als Schwiegersohn, der sich in seinen politischen Schriften für eine kleindeutsche Lösung und für sozialistische Ideen einsetzte und sich zudem um die Verbreitung seines Gedankengutes auch in Bayern intensiv bemüht hatte. Um seine Heirat mit Helene doch noch durchsetzen zu können, machte Lassalle im August eine »Werbetour« durch München, wo er auch den noch amtierenden Außenminister Schrenck und – auf Empfehlung Hans von Bülows – Richard Wagner traf! Lassalle versuchte damit, das Verhalten des bayerischen Diplomaten Doenniges als kompromittierend für den Staat hinzustellen und bat bei Schrenck und Wagner um entsprechenden Druck auf dem Amtsweg. Offenbar sollte dabei der »große Einfluß« Wagners auf Ludwig II., von dem auch Bülow durch Briefe wußte, geltend gemacht werden.

Daß Lassalle in seinen Angelegenheiten gerade Bülow und Wagner anging, ist auch deshalb nicht außergewöhnlich, weil Lassalle Bülow seit Ende der fünfziger Jahre kannte und eng mit ihm befreundet war. Von dieser Freundschaft zeugt nicht nur ein erhalten gebliebener Briefwechsel, sondern auch eine Komposition, die Bülow im Auftrag Lassalles um die Jahreswende 1863/64 geschrieben hatte: Die Arbeiterhymne auf das Gedicht »Bet' und arbeit« von Georg Herwegh mit dem aufmüpfigen Vierzeiler:

> »Mann der Arbeit aufgewacht,
> und erkenne deine Macht,
> alle Räder stehen still,
> wenn dein starker Arm es will.«

Das Gedicht Herweghs, der übrigens auch ein alter Revolutionskamerad Wagners war, provoziert mit seinem politisch radikalen Ton. Diese wirkungsvollste soziale Dichtung seit Heines berühmtem »Weberlied« wurde in der Vertonung Bülows denn auch für die Massenverbreitung gedruckt und avancierte zum Bundeslied des »Allgemeinen Deutschen Arbeitervereins«[318] Bülow war also durchaus kein apolitischer Mensch, als er nach München kam.

Lassalle seinerseits kannte Wagners Schriften, als er ihn in München um Hilfe bat, denn er wurde durch Bülow in Wagners Werk eingeführt und fühlte sich dessen Gedankengut nahe: »Wagner ist einer der absolut wenigen Naturen, die mir trotz dieses qualvollen Verfalls, der uns umgibt, die Gewißheit geben und bestätigen, daß an den Germanen etwas mehr ist, mehr als an jedem anderen, wenn sich der germanische Genius in seiner reinen Größe erhebt«, so Lassalles Urteil über Wagner.[319] Diese offensichtliche geistige Verwandtschaft der beiden Männer bestätigt auch der Wagner-Weggefährte Wendelin Weissheimer, der ebenfalls mit Lassalle befreundet war. Weissheimer forderte Wagner auf, die Schriften Lassalles zu lesen, welcher »Zielscheibe der allerheftigsten Befehdungen und Schmähungen fast der gesamten deutschen Presse« sei. Seine Begründung ist dabei nicht ohne Brisanz: »Er (Wagner) würde bei der Lektüre nicht wenig überrascht sein, hier dasjenige wissenschaftlich begründet zu finden, was sein prophetisches Künstlergenie stehts geahnt, was sich durch alle seine früheren Schriften, besonders ›Die Kunst und die Revolution‹ wie ein roter Faden hindurchziehe und ihnen ihre Signatur verleihe.«[320] Weissheimer hebt dezidiert den politischen Aspekt der »Revolutionsschriften« Wagners hervor und bringt diesen auch noch mit den Ideen des Sozialisten Lassalle in Verbindung. Daß Wagner Lassalles Schriften gekannt haben dürfte, als es darum ging, diesem im August zu helfen, verdeutlicht ein Brief Wagners an Mathilde Maier vom 31. Mai 1864, in welchem er mitteilt: »Ach, ich habe einen Institutsbrief bekommen! Rein wahnsinnig! Ich soll dem König sozialistische Vorlesungen von … halten lassen!« Der Name des Sozialisten ist zwar von unbekannter Hand absichtlich unkenntlich gemacht worden, doch meint der Herausgeber des Briefwechsels, es müsse sich dabei um Lassalle handeln. Wagner kannte also mit an Sicherheit grenzender Wahrscheinlichkeit die politischen Schriften und damit auch das in Bayern von den Konservativen heftig bekämpfte Programm Lassalles. Er wußte also, worauf er sich da einließ, was nur mit seiner eigenen »fortschrittlichen« politischen Haltung erklärt werden kann.

Der Verlauf der Begegnung zwischen Lassalle und Wagner aber ist zwielichtig. Wagner selbst hat uns zwei schriftliche Zeugnisse in Form von zwei Briefen an Mathilde Maier und Eliza Wille hinterlassen, die allerdings erst nach dem für Lassalle tödlichen Duell mit dem offiziellen Verlobten von Helene von Doenniges, Graf von Racowitsch, am 31. August in Genf geschrieben wurden. An Mathilde Maier schreibt er: »Mein Besuch in Hohenschwangau zum Geburtstag des Königs – bei abscheulichem Wetter ein völliges Abentheuer. Auch solche Erlebnisse, wie eine plötzliche Verwickelung in die Verhältnisse eines Menschen, den ich bis dahin gar nicht gekannt … Lassalle! – Er suchte hier Bülow auf, um durch mich an den König zu kommen, bei dem er den bayerischen Gesandten Doenniges (Schweiz) wegen Sequestrierung seiner Tochter verklagen wollte. Nun diese unsinnigen Zumuthungen los zu werden! Zwei Tage

vor seinem Duell telegraphierte er mir noch, daß er wegen
›absoluter Unwürdigkeit der Person‹ zurücktrete.«[321] Und
Eliza Wille gegenüber erläutert er: »Sie sehen, bei mir geht
nichts glatt ab! Selbst nicht ein Fall, wie der von Lassalles
Tod: der Unglückliche war gerade 14 Tage vor seinem Tode
bei mir (durch Bülow), um mich zu einer Intervention beim
König von Bayern gegen dessen Gesandten in der Schweiz
(Doenniges) anzugehen. (Ich gelte nämlich einfach als allvermögender Günstling!) Was sagen Sie dazu? Ich kannte
Lassalle noch gar nicht; bei dieser Gelegenheit mißfiel er
mir innigst: es war eine Liebesgeschichte aus lauter Eitelkeit
und falschem Pathos. Ich erblickte in ihm den Typus der
bedeutenden Menschen unsrer Zukunft, welche ich die ger-
manisch-jüdische nennen muß.«[322] Wagner gibt uns hier
selbst den Hinweis, daß er als »allvermögender Günstling«
gelte und daher in den »Fall Lassalle« eingeschaltet wurde.
Andererseits berichtet er aber auch über »die unsinnigen
Zumuthungen« und daß ihm Lassalle als »germanisch-jüdi-
scher Typus« (!) beim Zusammentreffen »innigst mißfiel«.
Dies mutet aber seltsam an, wenn man die Chronologie der
Ereignisse berücksichtigt.[323] In einem Brief Lassalles an
Bülow, der kurz nach diesem von Wagner später abqualifizierten Zusammentreffen geschrieben wurde, ist nämlich
nichts Negatives zu spüren. Lassalle zeigt in diesem entlarvenden Brief einerseits, wie stark sein Anliegen in politische
Bereiche hineinwirkte, daß selbst Außenminister Schrenck
in die Geschehnisse involviert war, und wie gewichtig der
Einfluß von Kabinettsekretär Pfistermeister eingeschätzt
wurde, der nichts von der ganzen Sache wissen sollte. Andererseits signalisiert Lassalle Bülow ganz klar, daß er Wagner
auch nach der persönlichen Begegnung sein ungebrochenes
Vertrauen entgegenbrachte und auf seine Hilfe baute, denn
er schließt seinen Brief: »Da die Hauptsache ist, daß mir
Wagner irgend eine Hilfe vom König erwirkt, welche noch
eintrifft *während* unsere Verhandlungen in Genf auf Grund
der Schrenckschen démarche fortdauern …, daß *irgend* ein
Schritt des Königs für mich noch während der Unterhandlungen in Genf eintrifft, so lege ich das in Wagners Hand,

welchen Schritt des Königs zu erwirken er für am wirksamsten, zweckdienlichsten und sichersten, sowie für am ehesten möglich hält. Jedenfalls erwarte ich vom Grundgütigen – mein Grundgütiger ist nämlich W. selbst – noch gleich von Hohenschwangau aus briefliche und telegraphische Mittheilung, ob und was W. für mich gethan.«[324] Das Vertrauen Lassalles in Wagner war also intakt und er rechnete offenbar sicher damit, daß Wagner in Hohenschwangau anläßlich des königlichen Geburtstages am 25. August mit Ludwig konferieren würde. Das Zusammentreffen Lassalles mit Wagner dürfte demnach weit weniger negativ verlaufen sein, als Wagner später glauben machen wollte. Hübscher meint sogar, Pfistermeister habe davon erfahren: »Es scheint, daß Wagner entgegen seinen Mitteilungen an Eliza Wille sich doch wenigstens bei Pfistermeister für Lassalles Anliegen verwendet hat. Die Erwähnung von Lassalles Tod am 31. August in den Tagebuchnotizen deutet jedenfalls darauf hin, daß Pfistermeister in die Zusammenhänge eingeweiht war.«[325]

Zusammen mit dem von Außenminister Schrenck delegierten Dr. Henle traf Lassalle am 25. August mit Doenniges in Genf zusammen – am selben Tag notabene, an welchem Wagner in Hohenschwangau mit Ludwig konferierte – ein weiteres Indiz für ein abgesprochenes Vorgehen. Ob Wagner mit dem König tatsächlich über Lassalle sprach, wissen wir nicht, doch liegt die Vermutung nahe, daß Wagner seine negative Haltung gegenüber Lassalle erst nach dessen Tod eingenommen hat.

Sicher ist jedoch, daß Wagner aus eigenem Verschulden in eine schlimme politische Affäre verwickelt war, denn zum einen war der bereits stark angeschlagene Schrenck mit einbezogen, und zum andern gehörte Wilhelm von Doenniges zu den illustren politischen Persönlichkeiten Bayerns. Er fungierte in den fünfziger Jahren unter Maximilian II., dem Vater Ludwigs II., als dessen enger politischer Berater. Und nun, Ende August 1864, stand Doenniges im Gespräch um die sich abzeichnende Ablösung von Außenminister Schrenck. Daß Schrenck sich nicht mehr lange würde halten können, bahnte sich schon zu diesem Zeitpunkt an, so daß selbst die Gesandten Preußens und Österreichs in München, von Arnim und Blome, entsprechende Berichte an ihre Regierungen sandten. Am 21. September bot Schrenck schließlich seine Entlassung an. Als möglicher Nachfolger stand zwar Ludwig von der Pfordten im Vordergrund, der dieses Amt unter Maximilian II. ja schon einmal innehatte, doch auch eine Doppelkandidatur General von der Tanns mit Wilhelm von Doenniges als beigeordnetem Unterstaatssekretär stand zur Debatte. Doenniges konnte also einen Skandal mit einem sozialistischen Schwiegersohn für seine politische Laufbahn nicht gebrauchen. Wurde die Kandidatur von der Tanns und Doenniges vor allem mit dem Hinweis auf die reaktionäre Haltung des Gegenkandidaten von der Pfordten in den liberalen »Neuesten Nachrichten« unterstützt, so ebenso vehement von den konservativen Blättern bekämpft. Schließlich erfolgte die Ernennung von der Pfordtens am 4. Dezember 1864. War dies nun ein konservatives politisches Zeichen Ludwigs?

Interessant ist die Beziehung der beiden rivalisierenden Kandidaten von der Pfordten und Doenniges, die sich bereits von früher her kannten, denn Doenniges war in der ersten Amtszeit von der Pfordtens als Außenminister einflußreicher Berater Maximilians. Doch Doenniges war bei Max – genau wie Wagner bei Ludwig II. – zum einflußreichen Berater aufgestiegen, ohne ein offizielles Amt zu bekleiden. Die Parallele zwischen den beiden Männern geht aber noch viel weiter. Die Konservativen hielten König Max für schwach und abhängig von Doenniges, da er viele Gutachten von diesem einholte. So opponierte bei den Zeitungen vor allem der konservativ-ultramontane »Volksbote« gegen Doenniges – bei Wagner war es, wie wir bis jetzt beim Theater- und Musikschulprojekt gesehen haben, ebenfalls vor allem der »Volksbote«, der gegen den Komponisten votierte. Doenniges entschloß sich schließlich, den Anfeindungen in verschiedenen Zeitungen auf der gleichen Ebene zu entgegnen und publizierte in der »Allgemeinen Augsburger Zeitung« einen Artikel, in welchem er sich als Verfasser aber nicht zu erkennen gab. Er klagt darin, daß »eine Person aus der höchsten Gesellschaft« schriftlich und mündlich um die Entfernung von Doenniges gebeten habe. Mit dieser Andeutung war kein geringerer als von der Pfordten gemeint. Auch Wagner ließ am 29. November 1865 in den »Münchner Neuesten Nachrichten« einen berühmt gewordenen, anonymen, aber von ihm geschriebenen Artikel veröffentlichen, in welchem er sich gegen einige Regierungsmitglieder richtete, ohne Namen zu nennen.

Im Fall von Doenniges gelang es dem damaligen amtierenden Außenminister von der Pfordten am 8. September 1855, den König davon zu überzeugen, Doenniges vom Hof zu entfernen und als auswärtigen Diplomaten einzusetzen. Von der Pfordten war damals also nicht gewillt, einen unkonstitutionellen Berater ohne Amt beim König zu dulden. Und nun übernahm von der Pfordten, seit 1848 ein erbitterter Feind Wagners, wiederum das Amt des Außenministers: Am gleichen Tag, an dem Ludwig von der Pfordten am 4. Dezember 1864 den Präsidentenstuhl im bayerischen Ministerrat einnahm, bestieg der »neudeutsche« Richard Wagner zum ersten Mal den Dirigentenstuhl im bayerischen Hof- und Nationaltheater. Der Konflikt war vorprogrammiert.

Der neue bayerische Außenminister trat ein schwieriges Erbe an, denn die Zollvereinsfrage hatte die Alliierten Österreich und Bayern stark geschwächt. Nach dem raschen Abfall Hannovers im Sommer 1864 brach die großdeutsche Front unvermittelt zusammen. Es folgte ein »Chaos der Unentschlossenheit« in München, wie ein politischer Beobachter die damalige Situation qualifizierte[326], was sicher auch der Unerfahrenheit und Unsicherheit des Königs Ludwig II. zuzuschreiben war. So dauerte es bis zum 27. September, also bis nur drei Tage vor der von Preußen gewährten Beitritts-Frist, bis sich Ludwig entschloß, mit Bayern dem Zollverein beizutreten. Damit aber war praktisch die handelspolitische Mediatisierung Bayerns perfekt. Nun galt es für von der Pfordten, zumindest auf staatspolitischem Gebiet, sich mit der Einsetzung des Fürsten von Augustenburg in Schleswig-Holstein weiter für seine großdeutschen

Ideen und für die Eigenständigkeit Bayerns einzusetzen, denn am 30. Oktober war der Friedensvertrag mit Dänemark unterzeichnet worden.

Mitschuldig an der momentan schwierigen Situation Bayerns war auch die zögernde, unentschlossene Haltung König Ludwigs, denn die Vakanz des Außenministeriums dauerte in dieser politisch so bedeutenden Phase vom 21. September bis zum 4. Dezember – also zweieinhalb Monate –, obwohl die Entscheidung für von der Pfordten eigentlich schon lange feststand. Zudem war die Ministerkrisis damit nicht gelöst, obwohl im Juli 1864 bereits der Justizminister Mulzer und der Kultusminister Zwehl zurückgetreten waren, denn die Lage der übrigen Minister wurde in dieser Zeit ebenfalls als schlecht bezeichnet. Dem bayerischen Staat fehlte offensichtlich die Führung durch einen persönlichkeitsstarken König mit eigenen politischen Ideen, der seinen Ministern den nötigen Rückhalt hätte geben können. So aber hing es »von den Umständen (und nicht von zwingenden Entscheidungen) ab, wie und wo Veränderungen getroffen« wurden, wie Freiherr von Soden über die Ministerien berichtete.[327] Zudem hörten auch die regelmäßigen Sitzungen Ludwigs II. mit den Ministern auf.

Mit dem Eintritt von der Pfordtens ins Ministerium bestand nun neu auch ein von Beobachtern als unüberbrückbar eingestufter Gegensatz zwischen Außenminister von der Pfordten und Innenminister Max von Neumayr, den Froebel bei seinem Besuch im Sommer 1864 in München als Parteigenossen betrachtet hatte. Neumayr galt der bayerischen »Fortschrittspartei« als letzter Garant liberaler Politik in Bayern. So kommentierte die Wochenschrift der Fortschrittspartei: »Denn die herrschende Meinung geht dahin, mit Baron Pfordten sei die alte Reaktionstendenz von neuem an's Ruder gelangt und nichts hindere mehr den vollständigen Sieg derselben, als die Standhaftigkeit des Herrn von Neumayr.« Der Eintritt des konservativen von der Pfordten ins Ministerium bewog die »Fortschrittler« im Hinblick auf die bevorstehende Entscheidung in der inneren Politik dazu, die Partei auszubauen. Neu kamen nun auch großdeutsch-liberale Kräfte, zu denen auch Froebel gehörte, dazu, und man einigte sich auf ein gemeinsames Programm: Von der Übereinstimmung in inneren Fragen wurde ausgegangen, die Frage der deutschen Zentralgewalt als eine offene, nur durch die »Macht geschichtlicher Tatsachen zu lösende« bezeichnet, aber als Programmpunkt beibehalten. Durch diese Fusion waren nun 40 Abgeordnete der »Fortschrittspartei« und damit ein starker, für von der Pfordten gefährlicher Faktor in der Kammer vertreten. Einen interessanten Kommentar zur neuen Ministerkonstellation in Bayern gab neben der »Fortschrittspartei« auch der württembergische Gesandte in München, Graf Degenfeld, seinem Außenminister Varnbühler, der zugleich einen zweiten Aspekt von den Schwierigkeiten von von der Pfordtens Ernennung aufzeigt: »Pfordten ist ein entschiedener Gegner des Wirkungskreises, welchen sich das Königliche Cabinett nach und nach anmaßt, und Pfistermeister fühlt daher wohl, daß mit Pfordtens Eintritt ins Ministerium seine Rolle ausgespielt sein wird. Aus dieser wirklich auffallenden Verzögerung ersieht man deutlich, daß Bedenken, bzw. Bedingungen des Freiherrn von der Pfordten ein Programm des Staatsministers von Neumayr gegenüber steht und daß eine Vereinbarung dieser beiden Ansichten große Schwierigkeiten haben muß, ja, es scheint mir der Fall nicht ganz unmöglich, daß man zwischen den beiden Staatsmännern zu wählen haben könne, d. h., daß man, um Pfordten zu gewinnen, den Minister von Neumayr fallen lassen muß; ein gefährlicher Ausweg, denn die Entfernung des Letzteren aus dem Ministerium würde im Lande den übelsten Eindruck machen.«[328] Neben dem unüberbrückbaren Gegensatz zwischen dem liberalen Minister von Neumayr und dem konservativen von der Pfordten trat hier also noch ein zweiter hinzu. Von der Pfordten war gegen den Wirkungskreis, den sich das königliche Kabinett nach und nach anmaßte, was sich auch in den Bedingungen seiner Amtsübernahme manifestierte. Er forderte dezidiert die Beschränkung des Wirkungskreises des Königlichen Kabinetts sowie das allzeitige Recht, vom König in Audienz empfangen zu werden, um geschäftliche Angelegenheiten zu besprechen. Von der Pfordten wußte offenbar genau, daß diese beiden Bedingungen ursächlich zusammenhingen: Je weniger die Minister unmittelbar mit dem König sprechen konnten, desto intensiver war die Vermittleraufgabe, welche das Kabinettsekretariat zu übernehmen hatte. Offenbar war der neue Außenminister aber auch davon unterrichtet, daß der König kaum Audienzen mit seinen Ministern abhielt und sich lieber in Wagners »Utopie-Welt« zurückzog.

Neu kam bei von der Pfordtens Amtsantritt auch hinzu, daß Wagner sukzessive öffentlich aktiv zu werden begann. Am 2. September erwähnte Wagner in einem Brief an Ludwig II. zum erstenmal sein Musikschul-Projekt, und am 6. November meldete der »Bayerische Kurier«, Ludwig II. habe »verfügt, daß hier unter Richard Wagners Leitung eine Opernschule errichtet werden soll«. Im selben Monat November teilte Ludwig II. Wagner »seinen« Entschluß mit, in München ein »steinernes Theater« zu erbauen. Eingeleitet worden waren diese Aktiviäten durch die Übersiedlung Wagners nach München in die Briennerstraße 21; ein Haus, das von der Kabinettskasse auf Geheiß Ludwigs gemietet worden war. Da gleichzeitig auch der König von Hohenschwangau in die Residenz nach München zurückgekehrt war, konnten die Beratungen über Wagners Projekte intensiv in Angriff genommen werden. Gleichzeitig mit Wagner trafen nun auch seine ersten Freunde in München ein, um hier ihren Wirkungskreis zu entfalten: Hans von Bülow gab am 24. Dezember sein erstes Konzert im Odeon und Peter Cornelius siedelte Ende Dezember nach München über. Mit Bülow und Cornelius teilte sich von diesem Zeitpunkt an auch Ludwig Nohl die Aufgabe, den König in musikalischen Belangen zu unterrichten und zu beraten. Am 1. Januar 1865 wurde Nohl dann zum Ehrenprofessor für Geschichte und Ästhetik an der Universität München ernannt. Ebenfalls bereits Ende Dezember reiste Semper zu Verhandlungen nach München, wo er am 29. Dezember beim König in Audienz empfangen wurde, wie durch die Wagnertreuen »Münchner Neuesten Nachrichten« am 1. Januar publik gemacht wurde.

Die Situation der bayerischen Politik und der bayerischen Politiker präsentierte sich gleichermaßen als instabil und heterogen, was auch die auswärtigen Gesandten in München, ob Österreichs, Württembergs oder Preußens, beobachteten und ihren Regierungen mitteilten. Diese Instabilität galt sowohl in Bezug auf den Antagonismus zwischen von der Pfordten und von Neumayr als auch zwischen von der Pfordten und dem Kabinettsekretariat. Ein dritter Antagonismus bahnte sich in dem Moment an, in welchem Wagner sich aktiv als Berater Ludwigs II. ohne dazugehöriges Amt zu betätigen begann. Zudem bildete Neumayr im Hinblick auf Wagner eine Art Nahtstelle, denn einerseits war der Innenminister politischer Antipode von der Pfordtens, andererseits der »Parteigenosse« von Wagners Freund Julius Froebel, der im Herbst 1865 auf Wagners Wunsch als Zeitungsleiter nach München geholt werden sollte. Sicher ist, daß das Königreich Bayern, wollte es in der »Deutschen Frage« bestehen, innenpolitisch schnell zu einer stabilen Lage zurückfinden und vom »Chaos der Unentschlossenheit« schnell zu einer klaren, einheitlichen Linie zurückfinden mußte. Was aber wollte der König?

## Die große Ungade im Februar 1865

Die berühmt gewordenen Ereignisse vom Februar 1865 in München offenbaren verschiedene Aspekte der schwierigen Lage, in welcher sich Bayern und der König befanden. Wagners wachsender Einfluß wurde langsam spürbar, und entsprechend machte sich die Opposition dagegen bemerkbar. Das politische Seilziehen und der Stellenwert Bayerns in der »Deutschen Frage« war von ungeminderter Brisanz, und wiederum war der neudeutsche Wagner in eine diesen Punkt berührende politische Intrige verstrickt, die in Bayern ausgetragen wurde. Beide Komponenten waren aber erst durch die schwache Führung des Staates durch Ludwig II. möglich, und gerade in diesem Punkt zeigte sich im Februar zum ersten Mal mit aller Deutlichkeit die Macht und der übermäßige Einfluß, den Wagner direkt und indirekt durch die »Utopie« auf den König ausübte. Dies wird evident, wenn man die bekannten Ereignisse aus der »Utopie-Sicht« Ludwigs II. Revue passieren läßt und die Reaktionen des Königs auf die Geschehnisse zeigt.

Richard Wagner ließ sich im Januar 1865 von seinem engen Freund Friedrich Pecht portraitieren, um das Bild dem König zu schenken. Ende des Monats schickte er das Gemälde Ludwig II., verlangte aber trotzdem von der Kabinettskasse für Pecht das Malerhonorar von 1000 Gulden. Der König verweigerte Wagner daraufhin eine Audienz, die der Komponist am 6. Februar von Ludwig erbeten hatte. Zudem erschien der König zum ersten Mal seit seiner Thronbesteigung nicht zur Aufführung des »Holländer« und des »Tannhäuser« in der Oper. In der Zwischenzeit können wir erahnen, welche Überwindung dies den König gekostet haben muß, aber auch, welches der Grund für die Ungnade war: Wenn Wagner dem König zuerst ein Gemälde schenkt, dann aber von der Kabinettskasse dafür Geld verlangt, verhielt er sich in einer Weise, die seiner von ihm selbst postulierten Position des »Göttlich-Unfehlbaren« nicht mehr entsprach. Bei der Rigorosität, mit der Ludwig II. diesen »Unfehlbarkeitswahn« lebte, mußte natürlich das kleinste Vergehen des vermeintlich unfehlbaren Gottes Wagner verheerende Konsequenzen haben.

Die Presse, die sich bis dahin ruhig verhalten hatte, nützte diesen internen Konflikt weidlich aus und provozierte eine Diskussion, die sich bis zu einer eigentlichen Hetzkampagne gegen Wagner steigerte. Die ganze Auseinandersetzung spiegelt sich in einem vielschichtigen Artikel, der am 12. Februar 1865 in den liberalen »Münchner Neuesten Nachrichten« publiziert wurde: »Die von verschiedenen Seiten gebrachte Mittheilung, Richard Wagner sei in Ungnade gefallen, kann als völlig unbegründet bezeichnet werden. Wagner's Stellung ist mit der Aufgabe verbunden, dem

König zeitweise, wenn Muße und Verhältnisse es gestatten, *über Musik vorzutragen*. Aber schon durch die *Vorbereitung der Gesetzesentwürfe* für den bevorstehenden Landtag ist *die Zeit des Königs* mehr als je in Anspruch genommen. Dazu kommt noch, daß Ludwig II. nunmehr seine *rechtswissenschaftlichen Studien* begonnen hat. Wenn somit der Kompositeur seit 4 Wochen nicht mehr zum König berufen wurde um über Musik Vorträge zu halten, so hat dieß eben seinen Grund darin, daß der König zur Zeit eben Wichtigeres zu thun hatte.« Interessant an diesem Artikel ist, wie versucht wird, die bedeutende Stellung, die Wagner bei Ludwig II. hatte, abzuwerten und zu verharmlosen. Damit stellte sich der Korrespondent der »Neuesten Nachrichten« eigentlich gegen Ludwigs Reformbestrebungen, die genau diese Kunst zum Hauptinhalt hatten. Die Kunst Richard Wagners, von König Ludwig politisiert, führte nun in der Öffentlichkeit zu einer großen Kontroverse, denn die Antwort auf den Artikel der »Neuesten Nachrichten«, die in der »Augsburger Allgemeinen Zeitung« veröffentlicht wurde, veranschaulicht, welch starke Front sich nun gegen Wagner formierte: »In den heutigen ›Neuesten Nachrichten‹ bezeichnet eine ... Feder die ... Mittheilung als ob Richard Wagner in Ungnade gefallen wäre, für eine gänzlich unbegründete. Demgegenüber kann ich Ihnen bestimmt versichern, daß Richard Wagner die ihm so reich zu Theil gewordene Gnade unseres Monarchen völlig verscherzt hat, und zwar auf eine solche Weise, daß nur zu wünschen ist, es möge in dem so guten und edlen Herzen unseres jugendlichen Königs nicht schon allzufrüh Mißtrauen erweckt werden. ... Von anderer Seite erhalten wir über Richard Wagner und seine Genossen Einzelheiten berichtet, die diesen Entschluß des Königs mehr als rechtfertigen.«

Die Respektlosigkeit und Schärfe, mit der von »Wagner und seinen Genossen« berichtet wird, zeigt deutlich die Kontroverse, die in München um den Komponisten und sein Werk entbrannt war. Eindrücklich zu sehen ist die Diskrepanz, die nun zwischen Ludwigs politischen Intentionen und den Pressereaktionen herrschte. Besonders deutlich zeigt sich dies im folgenden Artikel, der unter dem Titel »Richard Wagner und die öffentliche Meinung« am 19. Februar in der »Augsburger Allgemeinen Zeitung« erschien. Darin sind folgende Passagen zu finden: »Der unschöne Charakterzug des Undanks für empfangene Wohltaten, der sich bei Wagners Auftreten gegen seinen früheren huldreichen königlichen Mäcen, den edlen Friedrich August von Sachsen, in solcher Nacktheit offenbarte, … dieser Mißbrauch fürstlicher Gunst und Freigebigkeit reizt nun auch hier das bayerische Volk seit Monaten zu verhaltenem und lautem, mehr als gerechten Mißmuth. Oder ist das einer wahrhaft großen und edeln Künstlernatur würdig, daß Wagner bei seinen hiesigen Einkäufen für seine luxuriöse Hauseinrichtung … mit Tausenden um sich warf, in der prahlenden Rolle eines modernen Krösus aus dem Säckel seines freigebigen Wohltäters. … Tritt zu dem allem auch noch jene bekannte krankhaft reizbare Überschätzung der eigenen, wenn auch noch so bedeutenden Leistung, welche als Koloß einer Siegesgöttin der Zukunftsmusik auf den vorangegangenen unsterblichen Werken unsrer musikalischen Heroen wie auf einem brauchbaren Sockel zu thronen beanspruchen …«

Hier wird deutlich, an welchen Punkten sich der Konflikt um Wagners Person in der Öffentlichkeit entzündete. Die großen finanziellen Forderungen des Komponisten und sein Glaube an sein »göttliches Genie« – beides Punkte, die Ludwig II. vollumfänglich akzeptierte – werden hier rigoros kritisiert und an den Pranger gestellt. Das Münchner Festspielhaus-Projekt wird im selben Artikel gar als »übel duftendes Rauchwerk« bezeichnet, das »wohl niemanden mehr angewidert haben mag« als den König selbst.

Das Festspielhaus, das Ludwig als »unser Heiligtum« bezeichnete, dem er im Hinblick auf die »Utopie« eine so bedeutende Rolle beimaß, wurde in einem für Ludwig ungeheuerlichen Maß entwertet. Gleiches gilt für die Aufführung der Werke Wagners. Alle Programmpunkte der »Utopie«, die der König als »wahren und einzigen Weg zum Ideal der Volksgenossenschaft« ansah, wurden buchstäblich in der Luft zerfetzt! Die Ideologie Ludwigs II., seine Politik und sein ganzer Glaube waren durch die Februar-Ereignisse ernsthaft in Gefahr geraten. Die Reaktionen des Königs auf diese polemischen Angriffe werfen denn auch folgerichtig ein erschreckendes Licht auf die Abhängigkeit Ludwigs von Wagners »Utopie« und deren Verhaltensrichtlinien. Bereits am 14. Februar, also nur fünf Tage nach der ersten Meldung in den Zeitungen, schrieb Ludwig II. an Wagner verzweifelt: »Elende, kurzsichtige Menschen, die von Ungnade sprechen können, die von unserer Liebe keine Ahnung haben, keine haben können! – ›Verzeihe Ihnen, sie wissen nicht, was sie thun!‹ – Sie wissen nicht, daß Sie mir Alles sind, waren, und bis in den Tod sein werden, daß ich Sie liebte, noch eh ich Sie sah.« Prägnanter und klarer könnte der König seine Haltung nicht darlegen als in diesem Brief. Er schützte die »Utopie-Liebe« Wagners trotz schärfster Attacke bedingungslos gegen außen, gegen sein eigenes Volk. Frappant zu sehen ist die Identifikation des Königs mit dem »Messias«, wie er sie hier mit einem Bibelzitat klar signalisiert. Als Jesus ans Kreuz genagelt wurde, sprach er: »Vater, vergib ihnen; denn sie wissen nicht, was sie thun!«[329]

Ludwig II., von Richard Wagner zum Messias stilisiert, übernahm das Weltbild der theoretischen Schriften in seine Realität und handelte gemäß deren Richtlinien. Dies zeigt sich noch drastischer bei der darauf folgenden Begebenheit. Am 26. Februar erschien in der satirischen Zeitschrift »Punsch« der Artikel »Morgenstündchen eines neudeutschen Komponisten«, in welchem versucht wird, Wagner in den Ruf eines rücksichtslosen Ausbeuters der königlichen Freigebigkeit zu bringen. Mit spitzer Feder wird darin nicht nur Wagner massiv verunglimpft, sondern auch der König unterschwellig hart kritisiert. Der »Punsch« schildert in seiner Satire »Nach einer Münchner Volkssage« das morgendliche Aufstehen des »großen Komponisten Rumorhäuser« in einem »prachtvollen Schlafzimmer mit Samttapeten, Seidenvorhängen, Wollteppichen und Spiegelplafonds mit Fresken von Pecht«. (sic!) Als Rumorhäuser am Glockenzug reißt, um den Kammerdiener zu avisieren, ertönt »sogleich das Trompetensignal aus ›Lohengrin‹«. Im Verlauf des sich nun entwickelnden Dialogs verlangt Rumorhäuser vom Kammerdiener eine Probierauswahl aus seinem immensen Sokken-Arsenal und den »Katalog seiner seidenen Schlafröcke«. Daraufhin tritt Rumorhäuser ans »Felsgrotten-Boudoire« und beschwert sich beim Kammerdiener über die fehlenden Goldfische. Die Antwort:

*Kammerdiener:* Herr Direktor entschuldigen, sie sind eben sehr schwer zu bekommen.

*Rumorhäuser:* Ach was – schwer zu bekommen. Für mich gibt's keine Schwierigkeit. Man schicke einfach in den königlichen Wintergarten und lasse sagen: Ich brauche Goldfische, dann ist's in Ordnung.

Einen weiteren Höhepunkt in diesem Dialog bildet Rumorhäusers Bezeichnung der »Indogermanischen Rasse«, die der Kammerdiener despektierlich als »hintergermanische Rasse« verulkt und Rumorhäuser als »echten Repräsentant der deutschen Kraftmusik« bezeichnet.

Nach diesem unverschämt karikierenden Artikel, der große Beachtung fand, schickte Wagner am selben Tag ein Zitat aus »Lohengrin« an den König, um sich auf sehr geschickte Art zu rechtfertigen:

> »Nicht ihm[330], der so vergaß der Ehren
> hab' noth ich Rede hier zu stehn!
> Des Bösen Zweifel darf ich wehren,
> vor ihm wird Reine nicht vergehn.
>
> Ja selbst dem König darf ich wehren,
> und aller Fürsten höchstem Rath!
> Nicht darf sie Zweifel's Last beschweren,
> sie sahen meine gute That. –
> Nur ›Einer‹ ist's, dem muß ich Antwort geben:
> der ›Freund‹, dem ich geweiht mein Leben! –
>
> In Deiner Hand,
> in Deiner Treu' liegt alles Glückes Pfand.
>
> Lohengrin«[331]

Es handelt sich hier um ein Zitat aus dem II. Aufzug, wo Lohengrin an Elsa die Vertrauensfrage stellt. Wagner hatte in »Eine Mittheilung an meine Freunde« den Sinn dieser Frage niedergelegt. Lohengrin mußte demnach seine höhere Natur verbergen, denn in der Nichtaufdeckung dieses höheren Wesens konnte ihm die einzige Gewähr liegen, daß er nicht um dieses Wesens willen nur bewundert würde, wo es ihn einzig nach Liebe verlangte. Diese Liebe hätte laut Wagner den Bühnen-Helden erlöst. Mit der Unterschrift »Lohengrin«, die Wagner unter den Brief an den König setzte, signalisierte er einmal mehr die Identität der idealen Bühnenfigur mit dem realen Menschen. Und Ludwig II. antwortete am selben Tag mit zwei Zitaten aus demselben »Lohengrin«, mit denen im Bühnendrama die Theaterfigur Elsa auf Lohengrins Frage antwortet. Das zweite Zitat lautet:

> »Mein Retter, der mir Heil gebracht!
> Mein Held, in dem ich muß vergeh'n!
> Hoch über alles Zweifels Macht
> Soll meine Liebe stehn!«

Damit betont »Elsa« im Theaterstück ihre »utopische« Liebe zu »Lohengrin«, welche, wie wir gesehen haben, den Helden zu erlösen vermag. Ludwig bestätigt mit diesem Zitat genau diese »absolute« Liebe, die auch zur »Erlösung« Wagners nötig war. Mit Worten aus einem Wagnerschen Drama wird das Gleichgewicht in der Beziehung der beiden Männer, das heißt genauer die »Urzelle« der »Utopie«, wieder hergestellt. Ludwig II. folgte damit im Februar-Konflikt eindeutig den Leitideen seiner Ideologie.

Typisch ist denn auch, daß, je heftiger die öffentlichen Angriffe wurden, desto stärker die »utopische Urzelle« vom König geschützt wurde. Das Bild von der »bösen Welt«, das Wagner in der »Utopie« exponiert hat, findet für Ludwig beim Februar-Konflikt in der Realität seine Bestätigung, womit seine Utopie-Sicht wiederum noch stärker zementiert wurde. Ludwigs persönliche und politische Sicht der Realität wird von diesem Zeitpunkt an durch die »Wagner-Utopie«

geprägt, wie sein weiteres Verhalten eindrücklich zeigt. In »Eine Mittheilung an meine Freunde« hat Wagner die Bedeutung der Erkenntnisse erläutert, die er in der Zeit, als er »Lohengrin« verfaßte, gewonnen hatte. Für Wagner hörte die ganze moderne Kunstöffentlichkeit auf zu existieren. Er fühlte sich außerhalb der modernen Welt »in einem klaren heiligen Ätherelemente, das mich in der Verzückung meines Einsamkeitsgefühls mit den wohllüstigsten Schauern erfüllte, die wir auf der Spitze der hohen Alpe empfinden. Der morastigen, brodelnden Schwüle des Lebens der modernen Gegenwart wollte ich entfliehen«, so Wagners Kommentar.

Genau denselben Weg wie der Künstler schlug nun auch der Politiker Ludwig II. ein. Eine in der Presse angesagte, angesichts der politischen Lage diplomatisch wichtige Hoftafel zu Ehren von Herzog Carl Theodor und Herzogin Sophie aus Sachsen wurde von Ludwig ersatzlos abgesagt, nachdem er das für seine Vermählungsfeier in München weilende Herzogpaar wegen katarrhalischem Fieber weder empfangen noch besuchen konnte. Daraufhin zog er sich in die Einsamkeit der Alpen zurück, um erst Monate später wieder in der Öffentlichkeit zu erscheinen. Ein Brief Ludwigs vom Juni 1865 zeigt deutlich die Parallele zu Wagners Weg, wie dieser ihn in der »Mittheilung« beschrieb: »Diesen Brief schreibe ich auf einem Berge, in hoher Alpengegend, entrückt dem Getreibe der Menschenmenge. – Immer und ewig denke ich an Sie, ... Sie allein sind die Quelle meiner Seligkeit ... der Gesang eines Hirten drang hinauf zu meiner wonnigen Einsamkeit ... und da belebt sich die Gestalt Lohengrin's meinem Blicke auf's Neue, und Parcival, den Helden der Zukunft, sehe ich im Geiste, nach dem Heile forschend, nach dem einzig Wahren.« Gleichzeitig mit dem Rückzug in die Berge wurde der König in den Zeitungen ununterbrochen als krank gemeldet, so daß die gesamten Osterfeierlichkeiten im April ohne den König abgehalten werden mußten. Von diesem Zeitpunkt an häuften sich die Meldungen vom »Unwohlsein Seiner Majestät«, die den erst 19jährigen König selbst daran hinderten, an öffentlichen Anlässen, Audienzen, Truppendefilees, Hofbällen und

Ähnlichem teilzunehmen. Nicht weniger als 120 Tage, vom 20. Februar bis zum 10. Juni und erneut ab dem 20. August 1865, wurde der König als krank gemeldet, was in dieser politisch entscheidenden Zeit zu einer zusätzlichen Schwächung der bayerischen Politik führte. Die Ärzte erteilten auch Sprechverbote, die den König selbst daran hinderten, mit den Staatsbeamten zu konferieren, wie der »Bayerische Kurier« Anfang Mai auch noch öffentlich meldete. Daß dies zu keiner stabilen innenpolitischen Lage führen konnte, mußte auch den auswärtigen Gesandten ob solcher Meldungen klar sein. Zeugnis davon legen denn auch die sich von diesem Zeitpunkt an häufenden Klagen von Ministern und Diplomaten ab. Der kontinuierliche Rückzug König Ludwigs II., der durch die Februar-Ereignisse in München in entscheidender Weise ausgelöst wurde, und der analog zum Vorbild Parsifal als »Flucht in Krankheit und Leiden« bezeichnet werden kann, trägt nicht nur deutlich die Handschrift der »Utopie« und damit der Ideologie König Ludwigs, sondern zeitigte auch mehr und mehr Konsequenzen für die bayerische Politik. Doch nicht nur für das Verhalten des Königs bildeten die Februar-Ereignisse eine wichtige Schnittstelle. Betrachtet man die Geschehnisse detailliert in ihrem chronologischen Ablauf, sieht man, welch dubiose Rolle Wagner darin spielte. Er begann nun auch, entgegen seinen ursprünglich geäußerten Absichten und den Berufungs-Intentionen Ludwigs, sich in München aktiv zu betätigen. Andererseits zeigt sich aber auch am heftigen Ausbruch der Gegnerschaft, daß schon länger Opposition gegen Wagner vorhanden gewesen sein muß.

Die Umstände, wie es zu dieser Ungnade kam, sind höchst brisant. König Ludwig hatte Wagner ein Ölbild von sich geschenkt und äußerte dabei den Wunsch, Wagner möge dem Maler Joseph Bernhardt sitzen zu einem Portrait für ihn, den König. Wagner lehnte dies aber ab, da es ihm unmöglich war, einem Maler, den er und der ihn nicht kannte, zu sitzen. Nach einiger Zeit handelte Wagner dann mit Freund Pecht aus, daß dieser ihn portraitieren solle und sie den König damit überraschen wollten. Eines Tages fand der

König in seiner Stube das vollendete Gemälde aufgestellt vor und war so begeistert, daß er das Bild in seinem Kabinett aufhängte und Wagner sogleich brieflich voll Enthusiasmus dankte. Welchen Stellenwert Wagners Portrait bei Ludwig einnahm, wird auch dadurch deutlich, daß er es »neben den Bildern seiner Ahnen aufgehängt hatte«, wie Bülow berichtet.[332] Ein Grund mehr, warum die Umgebung des Königs gegen Wagner, der damit auf die Höhe der Wittelsbacher gehoben wurde, intrigierte. Acht Tage später fragte Pfistermeister jedenfalls nicht ohne Hintergedanken Wagner an, wie es denn mit dem Portrait stünde wegen der Bezahlung. Auf Wagners Bemerkung, daß er sich nicht erlauben dürfe, dem König damit ein Gegengeschenk zu machen, weil er sich ihm dadurch gleichstelle, beschlossen sie, daß Pfistermeister sich mit Pecht darüber einigen sollte. Stattdessen aber meldete der Kabinettsekretär dem König, daß Wagner 1000 Gulden für das Bild wünsche. Der König hatte aber das Bild als Geschenk Wagners angesehen, wie dies Pfistermeister wußte, weshalb er ungehalten reagierte. Erschwerend kam hinzu, daß Wagner anläßlich des Morgenbesuchs von Pfistermeister am 6. Februar 1865 wegen der Bezahlung des Pechtschen Portraits, nach einer Bemerkung in den »Annalen« zu schließen, den König als »Mein Junge« bezeichnet hat, worauf es natürlich zu einer Auseinandersetzung mit dem Kabinettsekretär kam. Nach der Rückkehr in die Residenz gelang es Pfistermeister dann endgültig, den König durch einen negativen Bericht gegen Wagner einzunehmen, worauf der Komponist von Ludwig nicht in Audienz empfangen wurde.

Was allerdings ebensoviel zur Ungnade Wagners beigetragen hat, ist die Vorgeschichte, die mit Auslöser für die Auseinandersetzung zwischen Pfistermeister und Wagner bildete. Wagner hatte im Januar zusammen mit seinen Freunden beschlossen, eine Pressepropaganda für das geplante Wagner-Opernhaus zu starten. Der ganze Monat Januar war denn auch von einer intensiven Planungstägigkeit Wagners und Sempers gekennzeichnet, wobei »vom Verwalter« des königlichen Budgets bereits »ein gewisser Einwand in Betreff des Kostenpunktes« gemacht worden war, wie Wagner an Semper meldete. Um so dringender schien daher eine gezielte Propaganda zu sein, und so wurde zu diesem Zweck Ende Januar im Wiener »Botschafter« Pechts Aufsatz »König Ludwig II. von Bayern und die Kunst« publiziert. Die Vorbereitungen zur »Tristan«-Uraufführung liefen ebenfalls bereits auf Hochtouren und am 1. Februar fand im Residenztheater für den König eine Privataudition von Bruchstücken aus Wagners Werken statt. Wagner dirigierte selbst. Wie delikat diese Privataudition war, schildert Hans von Bülow in einem Brief an Weissheimer: »Die Aristokratie wüthend durch ihr constantes Ignoriert werden von Seiten des herrlichen Königs – zu der neuerlichen Musikaufführung im Residenztheater hatte Seine Majestät Niemanden zugelassen außer Wagner's Spezialfreunde, – z. B. selbst nicht die Frau des Hofmusikintendanten.«[333] Bereits Anfang Januar hatte Friedrich Schmidt seine Tätigkeit als Gesangslehrer im Dienste Wagners aufgenommen, wobei die Kabinettkasse dessen Gehalt von 1000 Gulden übernahm. Der »Punsch« reagierte darauf – sozusagen als Warnschuß – auch sofort mit ersten Spottpfeilen: »Bayern wird nun bald eine ganz andere Stimme hören lassen im europäischen Konzert. Der berühmte, und, wie es heißt, einzig richtige Gesangslehrer Schmitt, von Wagner berufen, ist in München angekommen. Alles muß künftighin total anders klingen, von A bis Z, besonders das Z muß anders gesungen werden. Die Nachricht, daß bei der neuen Gesangslehrmethode auch Kohlendampf angewendet wird, soll auf böswilliger Erfindung beruhen.« Am 3. Februar erschien dann die erste öffentliche Meldung über das Opernhaus-Projekt, natürlich in den liberalen »Münchner Neuesten Nachrichten« mit dem Hinweis, der Bau werde auf Kosten der Zivilliste entstehen.

Die Nachricht muß wie eine Bombe eingeschlagen haben, denn am 4. Februar druckten die wichtigsten Zeitungen Bayerns die Meldung ebenfalls ab. Die »Neuesten Nachrichten« nutzten den Publizitätseffekt aus und brachten am 5. Februar den »Botschafter«-Artikel Pechts, desselben Malers also, der das umstrittene Wagner-Portrait geschaffen hatte. Mit diesem Aufsatz, in welchem Pecht, wie wir gesehen haben, den einheimischen Architekten und Begründer des Maximilian-Stils, Friedrich Bürklein, massiv angriff und in welchem er gleichzeitig für den Wagner-Freund Semper und Hähnel votierte, war die Offensive sehr geschickt geplant, zumal Wagner am selben 5. Februar in einem Schreiben an den König um die schließlich verweigerte Audienz bat.

Kabinettsekretär Pfistermeister, dessen Bedenken wegen der hohen Baukosten auf diese Art umgangen werden sollten, hat also seine Intrige nicht nur wegen dem Pecht-Gemälde und Wagners despektierlicher Äußerung über den König lanciert, sondern auch wegen dieser massiven Propaganda. Ein Kabinettsekretär, der bisher ein so einflußreiches Dasein an der Seite des Königs geführt hatte, mußte durch solche Umgehungsmanöver natürlich alarmiert sein. Zudem waren »die Architekten zornglühend über Semper's Berufung, die Bildhauer giftspeiend über die in dem offiziellen Artikel von Pecht angedrohte Engagierung Hänel's«, wie Bülow rapportierte. [334] Tatsächlich schreckte Pecht damit in den liberalen »Neuesten Nachrichten« auch die gegnerische Presse auf, wie ein Artikel vom 9. Februar in der »Augsburger Allgemeinen Zeitung« zeigt, der am folgenden Tag in anderen Zeitungen nachgedruckt wurde [335]: »Die Neuesten Nachrichten brachten jüngst einen größeren Artikel aus Fr. Pechts Feder, der mit grellen Farben die über Bayern eingebrochene neue Kunstära preist und als Vervollständigung noch die Berufung Sempers in Zürich und Hänels in Dresden neben der Richard Wagners verlangt und ankündigt. Als bereits gesichert soll nach dem erwähnten Artikel der Bau eines großartigen Opernhauses, hauptsächlich für die wagnerschen Tonschöpfungen bestimmt, seyn, das von Semper entworfen und ausgeführt werden soll – eine Nachricht, die in den verschiedenen Zeitungen Eingang gefunden hat. Ich kann Ihnen bestimmt versichern, daß an die Ausführung dieser Idee an maßgebender Stelle gar nicht gedacht wird.«

Der 9. Februar war der Fanal-Tag zum Gegenangriff auf Wagner, denn an diesem Datum erschienen noch zwei andere bemerkenswerte Artikel, die damit in Zusammenhang stehen. So erschien im »Bayerischen Landboten« ein Hinweis, daß seit dem Tod Maximilians II. die Arbeit an »unvollendeten Kunstschöpfungen« stocke – darunter befand sich auch das von Bürklein konzipierte Maximilianeum, das von Pecht in seinem Artikel als »verfehlte Architektur« bezeichnet worden war. Daraufhin wird eine »allgemeine Bitte der Münchner Bevölkerung« formuliert, die Bauten und Anlagen zu vollenden. Am selben Tag publizierte der »Landbote« auch einen Artikel, in welchem über die Ungnade Wagners berichtet wird. Die Vermutung liegt nahe, daß diese gezielte Kampagne von Pfistermeister lanciert worden war. Gründe wären für den Kabinettsekretär vorhanden gewesen, und via den mit Pfistermeister befreundeten Österreich-Korrespondenten Philipp Pfister wäre eine Beziehung zur österreichtreuen »Augsburger Allgemeinen Zeitung« durchaus möglich gewesen. Interessant ist ja auch die Parteienkonstellation, die sich via Presse in diesem Konflikt spiegelt und sich in den nun folgenden Tagen bestätigte: So brachte auch der katholisch-konservative »Bayerische Kurier« am 10. Februar die Ungnade-Meldung, und zwar mit einer unerwarteten Erweiterung: »Es wird nun bestätigt, daß nach Prof. Nohl und Hans von Bülow nun auch Richard Wagner sich die königliche Ungnade zugezogen hat.« Offenbar war nicht nur Wagner, sondern laut Pressemeldung auch Nohl und Bülow in Ungnade gefallen, wobei der »Kurier« in seinem Artikel präzisierte, daß »die Einzelheiten, welche wir darüber erfahren, jedoch von der Art sind, daß sie sich der Veröffentlichung durch die Presse entziehen dürften«. Wir können daher leider nicht mehr rekonstruieren, was zur Ungnade der Wagner-Getreuen geführt hat. Der ebenfalls konservative »Landbote« zog dann am 11. Februar mit einem brisanten Artikel nach: »Das große Ereignis des Tages ist der Fall Richard Wagners. Der König hatte keine Zeit mehr für die musikalischen Vorträge Hans von Bülows, jetzt ist auch der Protektor desselben in Ungnade gefallen. So ging die Glorie Wagner's, Bülow's und Nohl's schnell zu Grabe. Das Nichterscheinen des Königs und die Abwesenheit Richard Wagners in der letzten Vorstellung des ›Fliegenden Holländers‹ stand in einem inneren Zusammenhange und war mehr als eine Demonstration. Es war das erste äußere Symptom einer Katastrophe, über deren Eintreten man nur deshalb so erstaunt ist, daß sie so frühzeitig eintrat. Die Gründe für die Katastrophe verschließen sich allerdings der Öffentlichkeit, doch liegt die Vermuthung nahe, daß unvorsichtige Handlungen und Äußerungen Wagners dazu beitrugen. Man wiederholt sich eine Menge Anekdoten, welche sich an den Namen Wagner aus der kurzen Zeit seines Aufenthaltes in München knüpfen, und die alle, mögen sie wahr oder falsch seyn, darin zusammentreffen, daß Wagner, dem die Muse den Dienst versagt, wenn sie nicht auf weichem Smyrnateppich wandeln kann und sich mit dem Luxus der verwöhnten Welt umgeben sieht, die Gabe nicht besitzt, sich weise zu beschränken, Land und Leute mit den Eigenthümlichkeiten ihrer Art und Anschauung zu berücksichtigen und sich von allem Hinübergreifen in Gebiete, die außerhalb der Musik liegen, zu enthalten. Der junge König scheint in letzter Zeit bittere Erfahrungen gemacht und sich rasch zu einer gründlichen Abhilfe entschlossen zu haben.«

Hier werden Themen angeschnitten, die wir bereits als von Wagner getätigte Übergriffe herauskristallisiert haben. Große finanzielle Forderungen werden da ebenso genannt wie das rücksichtslose Übergehen des einheimischen bayerischen Schaffens: Zu diesem Zeitpunkt waren bereits mehrere Wagner-Werke im Hoftheater aufgeführt worden, der Theater-Spielplan enthielt keine Heimatdichter mehr – der »Landbote« hatte bereits am 19. Januar 1865 die Repertoireänderungen gerügt – und der einheimische Architekt Bürklein war zu Gunsten von Semper für den Opernatheaterbauplan übergangen worden. Zudem werden in diesem Artikel dezent Übergriffe Wagners auf außermusikalische Bereiche angetönt. Der politische Bezug erstaunt zu diesem frühen Zeitpunkt etwas. Andererseits muß Pfistermeister die erste politische Schrift Wagners »Über Staat und Religion« gekannt haben, denn in einem Brief des Kabinettssekretärs vom Mai 1865 an Cosima schreibt er, er wolle sich

»zufolge länger schon bestehenden Auftrages« sich mündlich über »Wagners Anschauungen über Staat, Religion und Kunst« besprechen, um »Aufschlüsse über diese S. M. den König sehr interessierenden Fragen zu schöpfen«[336] – ein deutlicher Hinweis auf Wagners fast gleichlautende Schrift. Dazu kommt die Opernhaus-Kampagne, die in kulturpolitische Bereiche hineinreicht und nicht von ungefähr im fortschrittlich-liberalen Blatt Bayerns, den »Neuesten Nachrichten«, publiziert worden war. Weitere Indizien also, daß Pfistermeister hinter der Hetzkampagne steckte.

In München weitete sich nun, nach relativ harmlosem Beginn, die Affäre Wagner aus, die durch die Presse-Kampagne Pechts mitverschuldet worden war. Und so ist denn kaum mehr verwunderlich, daß am 12. Februar – also unmittelbar nach dem »Landboten«-Artikel – die »Neuesten Nachrichten« versuchten, mit einem Dementi Ruhe zu bringen. In diesem bereits zitierten, klar beschwichtigenden Artikel fällt neben dem Dementi auf, wie stark betont wird, Wagner sei seit vier Wochen nicht mehr zum Vortrag *über Musik* (also über nichts anderes) gewesen, »weil der König eben Wichtigeres« zu tun habe, wozu auch »rechtswissenschaftliche Studien« gehörten. Der Nachdruck, mit dem die Beziehung zwischen Wagner und Ludwig auf rein künstlerisch-musikalisches Gebiet beschränkt wird, ist nicht nur als Konter auf die im »Landboten« gemachte Aussage zu verstehen, sondern zeigt auch, wie stark man in München über den Einfluß Wagners auf den König munkelte.

Doch daß damit das Feuer nur geschürt wurde, ist bei der politischen Linie des Blattes und angesichts der mit der Publikation von Pechts Artikel offen zur Schau gestellten Wagner-Sympathie kaum verwunderlich. München glich einem Hexenkessel, und die »Allgemeine Augsburger Zeitung« konterte postwendend am 14. Februar mit einem bösartigen, Wagner aufs Schärfste angreifenden Artikel, der ebenfalls bereits zitiert wurde. Die »Allgemeine Zeitung« behauptet darin, daß »Richard Wagner die ihm zu Theil gewordene Gnade unseres Monarchen völlig verscherzt hat«. Doch wer hatte nun bei diesem Schlagabtausch Pro und

Kontra Wagner recht, die wagnergetreuen »Münchner Neuesten Nachrichten«, oder die Wagner feindlich gesinnte, wahrscheinlich unter dem Einfluß des Kabinetts stehende, »Augsburger Allgemeine Zeitung«?

Die »Münchner Neuesten Nachrichten« hatten insofern recht, daß sich der König tatsächlich mit Gesetzesentwürfen für den Landtag und mit rechtswissenschaftlichen Studien beschäftigte; und dies wußten auch Wagner und seine Genossen, denn Bülow schrieb Anfang des Jahres an seine Mutter und an Elisabeth Marr, daß der König jetzt »Tag und Nacht Staats- und Völkerrecht büffeln« müsse. [337] Also hatten die wagnertreuen »Münchner Neuesten Nachrichten« die Wahrheit geschrieben? Dagegen spricht ein Brief Wagners an Ludwig vom 9. März, in welchem er das Geschehen rekapituliert: »Am 6. Februar d.J., Nachmittag um 1 Uhr, begegnete mir das Ungeheure, an der Thüre meines Erhabenen Freundes, an welcher ich auf dessen gütige Einladung erschien, abgewiesen und in den Hof herabgeführt zu werden. Nicht Unwohlsein meines Königs, sondern dessen große Verstimmung gegen mich ward mir als Ursache dieser Abweisung angegeben.«

In dieselbe Richtung weist der Brief des Königs an Wagner vom 14. Februar, in dem Ludwig die »elenden, kurzsichtigen Menschen« moniert, die »von Ungnade sprechen, die von unserer Liebe keine Ahnung haben«. Dieser emotionsgeladene Brief Ludwigs legt nahe, daß eine Unstimmigkeit vorgelegen hat, die erst mit diesem Huldigungs-Schreiben bereinigt war. Die »Allgemeine Augsburger Zeitung« hatte also offensichtlich Recht, denn erst mit diesem Bekenntnis des Königs war jeder Zweifel einer »Ungnade« ausgeräumt, der durch das Audienz-Refus am 6. Februar genährt worden war. Ob der Huldigungsbeweis Ludwigs an Wagner auch ins Kabinettsekretariat oder zu den allfälligen sonstigen Gegnern Wagners durchgedrungen war, wissen wir nicht, doch ist dies unwahrscheinlich. Der König ließ jedenfalls nichts Offizielles verlauten, denn in der offiziösen »Bayerischen Zeitung« erschien keine königliche Verlautbarung, die dem Kesseltreiben um Wagner Einhalt geboten hätte. So wurde der 14. Februar zum Wendepunkt in diesem Konflikt, denn Wagner hatte mit Sicherheit zumindest der (Presse-)Öffentlichkeit gegenüber einen Wissensvorsprung, und die Affäre war noch längst nicht ausgestanden.

Folgerichtig wurde daher die zweite Phase des Februar-Konflikts durch zwei selbstsichere Aktionen Wagners eingeleitet, die klar als Konsequenz des königlichen Bekenntnis-Briefes vom 14. Februar zu werten sind. Durch einen Brief an das Kabinett, in welchem Wagner auf die Konfusion mit dem Pecht-Porträt Bezug nimmt, und durch ein siegesgewisses Dementi in der »Augsburger Allgemeinen Zeitung«: »Während Münchener Briefe von mehreren Seiten dabei bleiben es sey in der persönlichen Stellung Hrn. Richard Wagners zu dem königlichen Hof eine wesentliche Veränderung eingetreten, erhalten wir von genanntem Herrn folgende Reklamation: ›Lediglich zur Beruhigung meiner auswärtigen Freunde erkläre ich die in einer Münchener Correspondenz der gestrigen Nummer der Allg. Ztg. über mich und meine hiesigen Freunde gemachte Mitteilung für falsch. Richard Wagner.‹« Das Ungnade-Gerücht war in der Öffentlichkeit noch nicht widerlegt, Wagner aber sprach nun die Wahrheit. Während dieses Dementi Wagners angesichts des königlichen Schreibens vom 14. Februar also inhaltlich und zeitlich logisch erscheint, ist der Zeitpunkt des Briefes an Pfistermeister ebenso ungewöhnlich wie vor diesem Hintergrund verständlich: Wagner äußert sich damit zwar erst zehn Tage nach dem Eklat dem Kabinettsekretär gegenüber zur Affäre, dafür aber unmittelbar nach dem beschwichtigenden Königsbrief. Nun hatte Wagner eindeutig Oberwasser. Kaum verwunderlich, bezeichnet er in diesem Brief die Portrait-Geschichte denn auch als Mißverständnis.

Die »Allgemeine Zeitung« ließ sich – wahrscheinlich in Unkenntnis der königlichen Versöhnung – von Wagners öffentlichem Dementi vom 15. Februar aber nicht beirren und konterte bereits am 16. Februar mit einem Artikel, der am darauffolgenden Tag von den übrigen konservativen Blättern prompt nachgedruckt wurde: »Wie Se. Maj. der König in der Angelegenheit Richard Wagners die Person von der

Sache zu trennen vermag, beweist der neueste Entschluß des Monarchen, daß er trotz allem dem Dichter-Componisten nach wie vor die Mittel gewähren wird um sorgenfrei sein großes Werk ›Die Nibelungen‹ hier zu vollenden. Wir glauben übrigens beisetzen zu sollen, daß für die Vollendung des erwähnten Werks ein bestimmter Zeitraum in Aussicht genommen ist. Wer den festen Willen des Monarchen kennt, der wird begreifen daß mit dieser Entschließung die Realisierung weittragender und chimärischer Pläne auf künstlerischem Gebiet, die wenn nicht von Wagner selbst, doch von seinen Genossen gepflegt und von Zeit zu Zeit unter die Leute gebracht werden, so gut abgeschnitten ist als jede nähere, von der gedachten Genossenschaft, wie es scheint, mißbrauchte, persönliche Beziehung zum königlichen Hof.« Das sind nun tatsächlich faustdicke Beschuldigungen, welche die »Allgemeine Zeitung« Wagner und seinen Genossen gegenüber formuliert. Von »chimärischen Plänen auf künstlerischem Gebiet« – gemeint ist natürlich das Theater-Projekt – ist da ebenso die Rede wie von »mißbrauchter persönlicher Beziehung zum königlichen Hof«. Die Fronten standen unverändert gegeneinander; ja der Gegensatz spitzte sich noch zu, was auch auf die Rückzugs-Haltung des Königs zurückzuführen ist, der kein höchstes Machtwort zu sprechen im Stande war. So steuerte denn alles auf den endgültigen Eklat zu, der wiederum von Wagners unbesonnenem Agieren eingeleitet wurde.

Am 17. Februar erhielt er eine Audienz beim König, in deren Verlauf er eine »Unschuldsversicherung« abgab, die von Ludwig akzeptiert wurde. Unmittelbar nach der erfolgreich verlaufenen Audienz schrieb der Triumphator Wagner einen folgenschweren Brief an Pfistermeister.[338] In diesem Brief beschuldigt Wagner das Kabinett und damit Pfistermeister auf massivste Art und Weise der bösartigen Intrige: »Hochgeehrter Freund! Es unterliegt keinem Zweifel, daß ohne Zustimmung des Cabinetes Seiner Majestät Mittheilungen wie die gestrigen in der Allgemeinen Zeitung nicht zum Vorschein kommen könnten. Es unterliegt ferner keinem Zweifel, daß eine einfache Weisung aus dem Cabinet

Seiner Majestät genügen würde, diese widrigen Correspondenzen zu widerlegen und zum Schweigen zu bringen. Da diese, wie Sie mit mir wissen werden auch Seine Majestät unangenehm berühren, so muß ich, falls kein Widerspruch erfolgt, und diese verläumderischen Correspondenzen in dem Weltblatte den Rang behaupten, auf eine im Königlichen Cabinet selbst vorhandene Übereinkunft schließen, gegen welche – wie ich wohl begreife – ich Sie, mein hochgeehrter Freund, nicht mehr um Rath angehen kann. Zu welchem Schutz ich dann greifen werde, um meine und meines Freundes schwergekränkte Ehre zu wahren, ist mir im Augenblicke noch nicht klar. Jedenfalls würden Sie, hochgeehrter Freund, aber dann der vielen Quälereien ledig sein, in welche Sie mein bisheriges Nichtbegreifen Ihrer vermutlich sehr schwierigen Stellung zwischen sehr entgegengesetzten Interessen brachten.« Wagner ergriff hier anstelle des sich zurückziehenden Königs sehr unbedacht und emotional die Initiative. Zwar entschuldigte er sich am folgenden Tag für die massiven Vorwürfe in einem langen Schreiben Pfistermeister gegenüber und präzisierte seine Beschuldigung, daß er mit dem Ausdruck »Königliches Kabinett« nicht Pfistermeister selbst gemeint habe, sondern einige Persönlichkeiten, »denen in ihrer dienstlichen Stellung zu Seiner Majestät einzig Vorgänge zur Kenntnis gelangen konnten, welche zur Grundlage sowohl öffentlicher Gerüchte, als publizistischer Behauptungen geworden sind«.[339] Interessant ist, daß selbst Wagner bekennt, daß die öffentlichen Gerüchte auf Vorgängen beruhten, die in der Umgebung des Königs passiert waren, womit er auch Recht hatte.

Doch die Entschuldigung Wagners kam zu spät, denn erstens waren die Verdächtigungen schwarz auf weiß geäußert, und zweitens hieß das »Königliche Kabinett« angreifen automatisch Pfistermeister angreifen, denn dieser war das Kabinett. Wagner hatte sich auf eine Konfrontation mit einer der mächtigsten Personen in Bayern eingelassen. Zweifellos als Reaktion auf Wagners unbedachten Brief und in Unkenntnis der Entschuldigung vom 18. August[340] erschien dann am 19. Februar der berühmte Aufsatz

»Richard Wagner und die öffentliche Meinung« von Oskar von Redwitz in der »Augsburger Allgemeinen Zeitung«, in welchem der Komponist nun seinerseits heftig attackiert wurde. Am selben Tag publizierte Martin Schleich im »Punsch« einen satirischen Artikel, in welchem auch auf das Pecht-Porträt Bezug genommen wurde: »Wenn Richard Wagner dem König unaufgefordert für 1000 fl sein Ölporträt schickt, so veranlaßt er ja Se. Majestät gewissermaßen selbst, ihn an den Nagel zu hängen.« Schleich forderte nichts geringeres, als Wagners Wegweisung vom Königshof. Welch weitreichendes Echo diese Angriffe auf Wagner fanden, zeigt ein Privatbrief Blomes an seinen Vorgesetzten in Wien, Graf Mensdorff, der ebenfalls vom 19. Februar datiert ist, in welchem er am Rande den »Skandal um Wagner« erwähnt.[341]

Ein Blick auf die Urheber der beiden polemisierenden Artikel vom 19. Februar ergibt ein bezeichnendes Bild von Wagners damaligen Gegnern. Sowohl Martin Schleich vom »Punsch« als auch Oskar von Redwitz, der als Verfasser des Artikels in der »Allgemeinen Augsburger Zeitung« gilt, waren Theaterautoren, deren Stücke bis zum Auftauchen Wagners in München regelmäßig im Hoftheater aufgeführt worden waren. Beide galten als konservativ-ultramontan denkende und in diesem Sinn auch politisierende Männer. Zudem genoß Redwitz hohes Ansehen in Hofkreisen, was durch zwei Ereignisse im Jahr 1864 unterstrichen wird. Zum einen hatte Ludwig am 16. Juni 1864 als einen der beiden diensttuenden Kammerherren bei der Übertragung des Herzens von Maximilian nach Altötting Oscar von Redwitz bestimmt. Wohl deshalb wurde Redwitz, der als Kammerherr zur engeren Umgebung des Hofes gehörte, am 30. Dezember 1864 der Maximilian-Orden zugesprochen. Besonders pikant ist, daß Redwitz diesen Orden an Stelle von Richard Wagner erhielt, der eigentlich für diese Ehrung vorgeschlagen gewesen war! Der Maximilian-Orden war sehr bedeutend, denn die rund hundert Mitglieder erhielten freien Zugang zum Hof und Ehrenrechte, die sonst nur dem erblichen Adel zustanden. Entscheidend für die Aufnahme in den Orden war ausschließlich der wissenschaftliche oder künstlerische Ruf der Kandidaten.

Redwitz genoß also nicht nur großes Ansehen in Hofkreisen, sondern er war ein eigentlicher Antipode Wagners: Sein berühmtes Versepos »Amaranth«, ein katholisch-frommes Gedicht voller ultramontaner Tendenzen, entstand 1849 unter dem Eindruck der gescheiterten Revolution und der einsetzenden Reaktion und damit zur gleichen Zeit wie Wagners Revolutions-Schriften. Der Weg von Redwitz und Wagner könnte nicht verschiedener sein. Und nun hatte er bei der Verleihung des Maximilian-Ordens Wagner gegenüber den Vorzug erhalten, was erst noch publik war. Tatsächlich war Redwitz über Wagners Tätigkeit in München bestens unterrichtet, wie sein höchst polemisch formulierter Aufsatz zeigt. Darin griff er an sich richtige Geschehnisse auf und überzeichnete sie zum Teil massiv. Sehr geschickt spielt Redwitz auch auf die revolutions-politische Vergangenheit Wagners in Sachsen an, die er zwar als »verzeihliche politische Verirrung« taxiert, diese damit aber wieder ins Bewußtsein der Öffentlichkeit bringt.

Daß Wagners Agitation in der 48er-Revolution keineswegs vergessen war, wird auch in einem Artikel vom 16. Februar im »Bayerischen Landboten« deutlich: »Dem augsburgischen Tagblatt wird aus München das Gerücht gemeldet, es sei aus Sachsen von allerhöchster Seite, aus Anlaß der Vermählungsfeier der k. Prinzessin mit dem Prinzen Carl Theodor, welche Feier auch am hiesigen Hof zu Hoffesten Anlaß gibt, der Wunsch ausgesprochen worden, daß die in Sachsen mißliebige Persönlichkeit resp. dessen Concert und Opernstücke nicht zu diesen Festen aufgeführt werden möchten, da solche trübe Erinnerungen an dem sächsischen Hofe hervorrufen würden.« Wagners revolutionäre Vergangenheit entpuppt sich hier als Altlast, die nicht einfach verschwiegen werden konnte und nach wie vor wirkte, zumal mit der Parteinahme der liberal-fortschrittlichen »Neuesten Nachrichten« Wagners politisches Wirken in einer bestimmten Richtung nicht ausgeräumt war. Redwitz schließt sein glühendes Plädoyer mit der Feststellung, daß sich »immer düsterer eine Wolke zwischen die herzliche Liebe des bayerischen Volkes und das hehre Bild seines jugendlichen Königs« lege. Damit spielte Redwitz auf ein damals schon geflügeltes Wort an, das König Maximilian geprägt hatte: »Ich will Friede haben mit meinem Volk.« Mit diesen Worten willigte Max 1855 in die erzwungene Entlassung von der Pfordtens ein, da das bayerische Volk nicht mehr länger dulden wollte, daß sich ein Fremder zwischen den König und sein Volk schieben konnte. Nun sah Redwitz offenbar in ähnlicher Weise das Verhältnis von König und Volk gestört. Und so endete Redwitz denn auch seinen Aufsatz mit der Feststellung, Wagner möge sich »mit seinen hiesigen Freunden bescheiden« und nicht »die ihm nun angewiesenen Gränzen seiner Ansprüche in neuer Verblendung abermals überschreiten«, sonst »müßten wir wahrlich den Tag preisen an welchem Richard Wagner sammt seinen Freunden gestürzt würde«, denn »unser König und unsre Liebe zu ihm steht uns doch noch hundertmal höher«.

Damit hatte Oskar von Redwitz dem Komponisten auch klar den Tarif bekanntgegeben, unter welchen Bedingungen er in den Augen der Konservativen in München bleiben könne. Wagner und seine Freunde reagierten gemeinsam am 22. Februar auf diese Anschuldigungen. Hans von Bülow schickte an mehrere Zeitungen ein Communiqué: »Verschiedene Blätter erhalten von Herrn v. Bülow eine Zuschrift, in welcher, mit Beziehung auf eine Correspondenz in der Allgemeinen Zeitung vom 16. ds, wo die Rede davon ist, *die Genossen Richard Wagners scheinen ihre Beziehungen zum kgl. Hofe mißbraucht zu haben,* er in Rücksicht darauf, daß er allein die Ehre gehabt, in solche Beziehung zu treten, eine solche Annahme auf das Entschiedenste und mit Entrüstung als unbegründet und nicht gerechtfertigt zurückweist.« Wagner seinerseits sandte der »Allgemeinen Zeitung« eine Erwiderung des Aufsatzes »Richard Wagner und die öffentliche Meinung«, zum Abdruck zu. Konzipiert und geschrieben hatte Wagner diese brillante Verteidigungsschrift nicht etwa allein, sondern zusammen mit seinen Freunden Bülow, Pecht und Cornelius, die ihn auch mit Erfolg in den Formulierungen mäßigten. Die »Augsburger Allgemeine Zeitung« gab von diesem Zeitpunkt an schlagartig Ruhe, und auch die übrigen größeren Zeitungen Bayerns verstummten, was allerdings nicht hieß, daß sie sich zu Gunsten Wagners wandelten. Ein Indiz dafür, woran der unvermutete Sinneswandel der »Allgemeinen Zeitung« gelegen haben könnte, ist, daß im Juni 1865 – also nur drei Monate später – der Wiener »Botschafter« eingestellt wurde und Wagner-Freund Julius Froebel in dieser Zeit vermehrt bei der »Allgemeinen Zeitung« zu publizieren begann. Daß sich das Blatt allmählich gar zu Wagners *Gunsten* wandelte, zeigt eine Äußerung des Komponisten an Constantin Frantz, wonach er Aussicht habe, die »Allgemeine Zeitung zur Aufnahme seiner Artikel zu vermögen«![342]

Doch was führte Wagner zu seiner Verteidigung an, daß die Opposition derart unvermittelt verstummte? Es gelang ihm, alle bisherigen Maßnahmen in Wagnerschen Angelegenheiten als Befehle und Wünsche Ludwigs II. hinzustellen. Zudem gibt er sich in dieser Verteidigungsschrift ganz den Anstrich eines ruhigen Komponisten, der »in größter Zurückgezogenheit nur der Befehle seines erhabenen Beschützers gewärtig« lebe und arbeite. Auch dem Bayerischen als Eigenheit trägt er Rechnung, wenn er schreibt, er habe vom König seine »Naturalisierung als Bayer« erbeten – was stimmte[343] – und schließt diese Passage: »Wenn auch die deutsche Kunst nicht bayerisch, sondern nur deutsch seyn kann, so ist München doch die Hauptstadt dieser deutschen Kunst.«

Die Gründe, die zum Februar-Konflikt geführt haben, schien Wagner erkannt zu haben, und er war auch bereit, wie von Redwitz gefordert, die »Gränzen seiner Ansprüche« zu respektieren. So schrieb er zum Schluß der Schrift: »Lag aber *allen* Parteien daran die abenteuerlichsten Gerüchte von meiner vermeintlich übereinflussreichen persönlichen Stellung zu Sr. Majestät zu berichtigen, warum verständigte man sich darüber nicht mit mir, der ich durch jene ganz unstatthaften Annahmen nur belästigt werde, nun und nimmermehr aber zu der falschen Meinung auf die thörichteste

Weise irregeführt, warum sie nun dadurch von neuem irreleiten daß man sie glauben machen will: diese Günstlingsstellung, die in Wahrheit gar nicht existierte, habe plötzlich aufgehört? Warum sich nicht einfach von mir die Bestätigung dessen holen auf was sich in Wahrheit meine Beziehung zu Sr. Majestät beschränken und von Anfang an beschränkt haben? Warum statt dessen bis zur offenbaren Unheilsandrohung gegen den herzlich geliebten Fürsten vorgehen? *Nicht mir, der öffentlichen Meinung schuldet mein Ankläger die Beantwortung dieser Fragen.*« Wagner stellt hier klar, daß sich seine Beziehung zum König auf kulturelle Angelegenheiten beschränke und immer beschränkt habe, was großen Eindruck machte. Die Gegner mußten nach diesem öffentlichen Bekenntnis verstummen, zumal sie keine eindeutigen Beweise in der Hand hatten.

Unterstrichen wurde diese Reduktion von Wagners Wirken auf kulturelle Aspekte durch zwei von den anderen Zeitungen übernommene Artikel der offiziösen »Bayerischen Zeitung«, womit nun endlich, wenn auch indirekt, der König öffentlich zum Februar-Konflikt Stellung nahm: »Seit geraumer Zeit und namentlich in den jüngsten Tagen haben in- und ausländische Blätter mehr oder minder ausführliche und vielfach sich widersprechende Mittheilungen über die Stellung und die Verhältnisse gebracht, unter welchen der Komponist des ›Tannhäuser‹ in München lebt. Die einen wie die anderen Berichte leiden an Unrichtigkeiten und Übertreibungen … Unseres Wissens, und wir glauben gut unterrichtet zu sein, ist auf der einen Seite der Einfluß, den man dem berühmten Komponisten in einem so ungewöhnlichen Grade zugeschrieben hat, ein sehr begrenzter und zwar ein rein idealer, welchen dessen Kompositionen durch ihren poetischen Reiz auf eine ideal angelegte Natur üben, ohne dieses eng begrenzte Gebiet je zu überschreiten. … Möge man nicht von einem Einfluße reden, der thatsächlich nicht besteht und nicht bestanden hat; möge man sich aber auch nicht Illusionen hingeben, die nur in einer falschen Auffassung und dem Verkennen einer Stellung beruhen, der, wie schon erwähnt, ein rein ideales Motiv zur Basis dient. Es werden dann wohl alle ungerechtfertigten Befürchtungen von selbst in Wegfall kommen können.«

»Der Componist, der allerdings öfters die Ehre hatte, von Sr. Majestät zu Besprechungen veranlaßt zu werden, das ihm hiebei vergönnte Terrain weder verlassen konnte, noch wollte. Wer je Gelegenheit gehabt hat, in persönlichen Verkehr mit dem Monarchen zu treten, dem ist hinlänglich bekannt, daß derselbe nicht gewohnt ist, die Initiative aus der Hand zu geben, geschweige denn in irgend einer Beziehung sich beeinflussen zu lassen.«

Diese zwei indirekt entlarvenden Artikel sprechen eine deutliche Sprache. Doch weder das öffentliche Bekenntnis Wagners noch die Beteuerungen der »Bayerischen Zeitung« über Wagners beschränkten Aktionsradius entsprachen der Wahrheit. Dies zeigen zwei, die wirklichen Absichten spiegelnde Briefe von Wagner, die er unmittelbar darauf an Mathilde Maier und Eliza Wille schrieb. An Mathilde Maier meldete er am 23. Februar: »Meine Lage, mein Schicksal wird *sehr ernst,* und erhält eine Bedeutung, die mich fast erdrückt. – Denke ich nur an mich und meinen Vortheil, so bin ich voll geborgen, denn Niemand wird und kann meine Lage anrühren. In meinem Aufsatz[344] ist aber eine Unaufrichtigkeit – die, daß ich meine Beziehungen zum Könige *so beschränkt* angebe. Wäre dem so, wie ruhig könnte ich sein. Aber das Schicksal dieses einzigen, wie durch mystischen Zauber mir tief innig angehörigen, wunderbaren Jünglings, ist mir, *mir* übergeben. Mit seiner Liebe hat es eine erhabene wunderartige Bedeutung. Ihn dem Abschaum der Intriguen und Verderbniß – überlassen, verlassen, – ist ein Verrath, gegen dessen Vorwurf ich mich nicht zu waffnen weiß. Durch eine – fast wunderbare Erfahrung – hat sich der tiefe, für ein ganzes Volk, ja für Deutschland hoch wichtige Sinn meiner Verpflichtung gegen den König mir mahnend eröffnet. Nun frage ich mich; warum mir dieser Kelch? Ich, der ich nur Ruhe, Ruhe, Selbstangehören finden sollte. Ich, jetzt in der Hand das Schicksal eines Volkes, eines herrlichen, unerhört begabten Königs haltend?« Drei Tage später wird er in einem Schreiben an Eliza Wille gar noch deutlicher:

»Zwei Worte zu Ihrer Orientierung! – Meine Erwiderung kennen Sie[345]: hier ist sie nochmals. Sie enthält eine Unaufrichtigkeit: Die Darstellung der Beschränktheit meines Verhältnisses zum Könige. Für mein Bedürfnis der Ruhe wünschte ich sehnlich, es wäre so. Die wunderbar tiefe, – fatalistische Neigung des Königs zu mir –, entsage ich (um meiner Ruhe willen) den Rechten, die sie mir gibt, so begreife ich noch nicht, wie ich es vor meinem Gewissen anfangen soll, mich den Pflichten zu entziehen, die sie mir auferlegt. Sie erraten, daß, was man öffentlich gegen mich hetzt, nur Werkzeuge sind; dies hat keine Bedeutung, und die Verleumdung spielt bereits ihr letztes verzweifeltes Spiel. Aber die Anlässe? Hier muß ich schaudern, wenn ich nur an meine Ruhe denkend, mich in die hierfür gedeihlichen Schranken zurückziehen will, um *ihn – seiner* Umgebung zu überlassen. Mir bangt es in der tiefsten Seele, und ich frage meinen Dämon: warum mir dieser Kelch? Warum da, wo ich nur Ruhe und ungestörte Arbeitsmuße suchte, in eine Verantwortlichkeit verwickelt werden, in welcher das Heil eines himmlisch begabten Menschen, vielleicht das Wohl eines Landes, in meine Hände gelegt ist? – Wie hier mein Herz retten? Wie dann noch Künstler sein sollen? – Ihm fehlt jeder Mann, der ihm nötig wäre! – Dies, dies ist meine wahrhafte Beklemmung. Das äußere Spiel der Intrige, rein nur darauf berechnet mich außer mich zu bringen, um mir eine Indiskretion zu entlocken, zerfällt leicht in sich. Aber welcher, gänzlich meiner Ruhe mich für immer entreißenden Energie bedürfte ich, um meinen jungen Freund für immer seiner Umgebung zu entreißen! – Er hält treu, rührend schön zu mir, und schließt sich für jetzt gegen alles ab. Was sagen Sie zu meinem Schicksal?«

Wagner äußert in diesen zwei Privat-Briefen Gedanken von ungeheurer Tragweite. Zum einen erstaunt, wie hoch er die Qualitäten des »himmlisch begabten« Königs einschätzt, obwohl – oder gerade weil – er wußte, wie stark Ludwig von seiner »Utopie« abhängig war. Wohl deshalb stilisiert der *Komponist* seine Aufgaben und Pflichten in Bayern ins uferlose: Sie umfaßten seiner Meinung nach nicht weniger als das

»Heil eines herrlichen, unerhört begabten Königs«, das »Wohl eines Landes«, ja eines »Volkes« und »Deutschlands«. Hier macht Wagner übrigens zum ersten Mal klar eine Unterscheidung zwischen einem Land – Bayern – und Deutschland – der ganzen Nation. Gleichzeitig klagt er Eliza Wille, wie er da noch »Künstler sein« könne und postuliert, daß der König seiner »Umgebung entrissen« werden müßte!

Wagner begab sich, entgegen seiner anders lautenden öffentlichen Erklärung, ganz klar und eindeutig aufs politische Parkett. In welche ideologische Richtung seine politischen Bestrebungen von diesem Zeitpunkt an steuerten, zeigt uns indirekt eine ebenfalls während des Februar-Konfliktes ausgetragene politische Intrige in der Umgebung des Königs, in welche Wagner involviert war; die politische Affäre um Georg Klindworth.


## Das politische Komplott »Thurn und Taxis«


Eine weitreichende politische Agitation, die – ohne Wissen Ludwigs II. – unter Mithilfe Wagners eine eigenständige politische »Lösung« der »Deutschen Frage« anstrebte, fällt ebenfalls in die unruhige Zeit der Februar-Ungnade. Der Winkeladvokat Georg Klindworth und der Diplomat Franz von Gruben traten mit einem diesbezüglichen Konzept des Hauses Thurn und Taxis an Wagner heran. Diese Agitation zeigt wiederum den erbitterten Kampf, der zu diesem Zeitpunkt in Bayern um die Richtung der Regierung des neuen Königs Ludwig II. herrschte.

Es existieren einige Dokumente, die Licht in diese Affäre um Georg Klindworth bringen, in betreff der Datierung aber auch Fragezeichen aufweisen. Wagner notierte in seinen »Annalen« unter dem 25. Februar: »Staatsrat Klindworth aus Brüssel (später mit Madame Street wieder).« Demgegenüber schreibt Hans von Bülow in einem Brief an Wendelin Weissheimer vom 12. Februar: »Heute speist Klindworth's Onkel[346], der große Scheindiplomat bei Wagner, auch ein Adjudant des Fürsten Thurn und Taxis.«[347] Mit dem »Adjudanten« war von Gruben gemeint. Die Datierung von Klindworth's Besuch anhand von Bülows Brief auf den 12. Februar dürfte allerdings stimmen, denn in einem Brief Wagners an August Röckel schreibt dieser, Klindworth sei *»während* des ersten Cabinetkampfes vorigen Winter«* bei ihm gewesen[348] – der 25. Februar aber war erst nach dem ganzen Sturm; eine nicht unerhebliche Differenz in bezug auf die Februar-Ungnade.

Bemerkenswert an Bülows Brief ist nicht nur der Datums-Unterschied, sondern auch die Qualifikation von Klindworth als »berühmter Scheindiplomat« und das Wissen um Grubens Tätigkeit als »Adjudant des Fürsten von Thurn und Taxis«. Wagner und seine Freunde waren also gut unterrichtet. In der Tat war Georg Klindworth seit vielen Jahren als Winkeladvokat für verschiedene Regierungen tätig, eine Art diplomatischer Agent auf eigene Rechnung. Dank seiner ausgezeichneten Kenntnisse, vielseitigen Beziehungen und geschickten Vermittlungsdienste war er gleichzeitig für viele Staaten tätig: beim französischen und beim österreichischen, beim württembergischen, braunschweigischen und auch beim preußischen Hof. Er diente ihnen allen, ein Winkeldiplomat europäischen Ranges, der seine Agentur in enger Zusammenarbeit mit seiner Tochter Agnes Denis Street betrieb.

Pikanterweise war Agnes Denis Street nicht nur einst für kurze Zeit die Geliebte von Ferdinand Lassalle, mit dem sie bis zu dessen Tod – wenn auch auf Distanz – befreundet blieb, sondern auch eine Schülerin von Franz Liszt. Mit Franz Liszt – seines Zeichens Vater von Wagners Geliebten Cosima, Schwiegervater und Lehrer von Hans von Bülow und auch Lehrer von Karl Klindworth, dem Cousin von Agnes – verband Agnes Street eine tiefe Seelenfreundschaft, die durch einen langen Briefwechsel dokumentiert ist. Es war denn auch Liszt, der Wagner 1860 mit Georg Klindworth und seiner Tochter Agnes bekannt machte, wovon ein

Brief Wagners an Liszt und eine Passage in »Mein Leben« zeugen. In den Lebenserinnerungen bezeichnet Wagner Georg Klindworth als »interessante Bekanntschaft«[349], während er Liszt in einem Brief ausführlich von der Begegnung erzählte. Demnach war Wagner bei Street und Klindworth schnell ganz zu Hause und behielt von beiden die angenehmste Erinnerung, denn Klindworth hatte ihn mit seinem unglaublichen diplomatischen Anekdotenreichtum unterhalten. Wagner kannte also Georg Klindworth und dessen unberechenbare politische Agitation ganz genau, als er ihn im Februar während der Querelen in München empfing und sich damit wiederum, wie bereits bei Lassalle, in voraussehbarer Weise aufs politische Glatteis begab.

Dies war umso gefährlicher, als Klindworth auch in Bayern als Winkeladvokat bekannt war, hatte er doch in der Zeit des »Frankfurter Fürstentages« im Auftrag Württembergs und Preußens beim damaligen bayerischen König Maximilian in der Deutschen Frage sondiert. Er sollte eine Verständigung in der deutschen Verfassungsfrage zwischen Württemberg, Sachsen, Bayern und auch Preußen anbahnen. Wagner wagte mit dem Treffen mit Klindworth und Gruben viel – und dies erst noch in dieser unruhigen Zeit des gezielten Angriffes auf seine Person –, denn bei einer derart schillernden politischen Persönlichkeit mußte er davon ausgehen, daß dieser auf politischem Gebiet etwas von ihm wollte: Ein Agent sprach beim *Komponisten* Wagner in betreff einer politischen Intrige vor.

Tatsächlich hatte Klindworths Besuch bei Wagner mit der politischen Situation Bayerns zu tun. Zu diesem Zeitpunkt waren nämlich die Bemühungen um eine Lösung der Schleswig-Holstein-Frage in eine neue Phase getreten, versuchte der Bayerische Außenminister von der Pfordten doch, einer leicht gewandelten politischen Doktrin zum Durchbruch zu verhelfen. So schrieb der »Landbote« gerade in diesen turbulenten Februar-Tagen, daß eine »engere Verbindung der Mittelstaaten« angestrebt werde, denn an der »Ausführung des darauf bezüglichen Planes« werde in aller Stille gearbeitet. »Allerdings soll es sich vorerst nicht um die

Durchführung der vielverschrieenen Triasidee handeln, sondern um eine Verbindung, welche es diesen Staaten möglich machen würde, den Vormächten gegenüber eine unabhängigere und selbständigere Stellung einzunehmen.«[350]

Während sich von der Pfordten so von der reinen Trias abwandte und um eine Neuorientierung rang, warb Klindworth im Namen der Familie Thurn und Taxis bei Wagner für eine andere Lösung. Der Komponist schildert später in Briefen an August Röckel und Julius Froebel ausführlich die Mission von Klindworth und seine Reaktion auf diese Vorschläge. Froebel berichtet über den Wagner-Brief in seinen Lebenserinnerungen: »In diesem Brief, welcher sich nicht zur vollständigen Mitteilung eignet, schreibt mir Wagner, daß ihm die Veranlassung zu der seit Februar gegen ihn losgelassenen und nun zum Ziele gelangten Agitation nicht ganz deutlich seien. Wie es ihm scheine, hätte damals Pfistermeister sollen beseitigt werden. Zu diesem Zwecke habe man ihm (Wagner) den Baron Gruben von Regensburg mit dem ehemaligen Staatsrate Klindworth, ›einem politischen Agenten Österreichs‹, in das Haus geschickt. Wagner nannte diese berüchtigte Persönlichkeit einen ›alten Bekannten‹. Auf eine wunderbare Weise sei ihm von diesen beiden Herren die Teilnahme an einem großen Finanzunternehmen des Fürsten Taxis angeboten worden. ... ›Ich blieb dumm‹ – sagte Wagner in seinem Briefe. ›Die beiden kamen wieder, mit Klindworths Tochter, welche eine ältere Freundschaft mit Frau von Bülow zu benutzen hatte. Der alte Klindworth bot mir offen seine Dienste an, wenn ich ihn statt Pfistermeister beim Könige unterbringen wolle. Abermals blieb ich dumm. ... Ich blieb dabei‹ schreibt Wagner – ›meine Kunstzwecke und nichts anderes im Sinne zu haben. Ich war also nicht zu werben.‹«[351] An anderer Stelle schreibt Froebel, wie die Pläne des Hauses Thurn und Taxis im Detail ausgesehen haben. Graf Gruben machte im September 1864 Froebel mit diesen Plänen auf dessen Heimreise von München nach Wien in Regensburg bekannt. Offenbar sollte auch er für das Komplott gewonnen werden. Die wichtigsten Punkte des sieben Artikel umfassenden Programmes waren laut Froebel: »Preußen darf sich im Norden arrondieren. Die Herzogtümer werden ihm überlassen. Es erhält die Freiheit, Hannover, die Hansestädte, Mecklenburg usw. seiner Oberhoheit zu unterwerfen. Preußen tritt das linke Rheinufer, aber nicht an Frankreich, sondern zur Bildung eines selbständigen deutschen Staates ab, zu welchem die nordöstliche Hälfte Belgiens mit Antwerpen geschlagen wird. Um Österreich und Preußen dafür zu gewinnen, geht der Erbprinz von Thurn und Taxis zuerst nach Berlin – auf Einladung von dort – an welcher gearbeitet wird – und von da nach Wien. Auf dieser Grundlage wird eine permanente Allianz zwischen Österreich und Preußen gegründet und mit der südwestdeutschen Staatengruppe zusammen die deutsche Trias geschaffen. Der aus preußischen und belgischen Gebietsanteilen gegründete neue Staat sollte vom Erbprinzen von Thurn und Taxis übernommen werden.«

Wagner war in eine veritable politische Intrige von europäischer Dimension involviert, ohne das Ausmaß im Detail zu kennen. Allerdings wußte er, aus welchem politischen Lager die Agitation kam, schrieb er doch am 16. Dezember 1865 an August Röckel im Zusammenhang mit der Affäre Klindworth: »Sieh! die Jesuiten, die nun einmal meine unbezwingliche Macht über den König erfuhren, haben mir die Wege zu Allem was ich nur begehrte so eben gelegt, daß ich eigentlich einen Verrath an meinem Kunstideal begangen habe, nicht irgend wie mich gefügig zu stellen.«[352] Einen interessanten Zusatz machte Wagner in einem anderen Röckel-Brief, in dem er schrieb: »Ach Gott! hätte ich's wie Liszt gemacht, und mich den Jesuiten gefügig gezeigt[353], sie hätten mir von Semper *zwei* Theater bauen lassen und dreifaches Gehalt gegeben.«[354] Hatten die »Jesuiten«, beziehungsweise der Liszt-Freund Georg Klindworth, von Liszt selbst, der seinerseits von Wagner persönlich um den Einfluß auf den König wußte, von Wagners »unbezwinglicher Macht über den König« erfahren? Wagners Votum legt dies nahe. Sicher ist, daß das Haus Thurn und Taxis sich viel von Wagners politischem Einfluß auf Ludwig II. versprach und von ihm nicht weniger als Pfistermeisters Sturz begehrte.

Dies zeigt wiederum, wie hoch und machtvoll die Stellung des Kabinettsekretärs in Bayern unter Ludwig war. Pikant ist der Taxische Umsturzplan aber auch deshalb, weil er Wagner zu einer Zeit bekannt wurde, als er mit Pfistermeister harte Auseinandersetzungen ausfocht. Und so wußte er am 17. Februar, als er Pfistermeister in einem scharfen Brief attackierte, bereits um die eklatante Schwächung des Kabinettsekretärs. Wagners ablehnende Haltung in dieser Intrige ist im übrigen sehr aussagekräftig: Er wußte, daß die Jesuiten und der Fürst von Thurn und Taxis mit Klindworth hinter der Sache standen; hätte Wagner sich ihren Vorschlägen gefügt, wäre sein Widersacher und großer Gegenspieler Pfistermeister abgelöst worden, und gleichzeitig hätte er »Kunstschule, Sempersches Theater, Hausverkauf, Allen Credit«, den er nur wollte, gegen die Erklärung erhalten, »gehörig zur Reaction mithelfen zu wollen«, wie er Röckel gegenüber ausführte.[355] In Anbetracht seines Sieges im Februar-Konflikt, der ihm alle Chancen für eine baldige Durchsetzung der von Ludwig abgesegneten Theater- und Musikschulpläne zu garantieren schien, ist Wagners Veto aber keine Sensation; und dies umso mehr, als er hier auch seinen Gegnern signalisierte, daß er weder Jesuit noch Reaktionär war. Pfistermeister aber zwang er geradezu, sich für ihn einzusetzen.

Der Februar-Konflikt war in vielerlei Hinsicht das Schlüssel-Ereignis in der Beziehung von Ludwig II. und Wagner. Im Januar wurde Wagner in kulturpolitischer Hinsicht aktiv und provozierte damit prompt die Gegnerschaft: Wagner wurde zum ersten Mal öffentlich angefeindet. Mitinitiiert hatte den darauf losbrechenden öffentlichen Sturm auf den Komponisten sicher der in seiner Machtfülle bedrohte Kabinettsekretär Franz Seraph von Pfistermeister, den Wagner durch geschickte Winkelzüge zu umgehen trachtete. Wagner bot daraufhin seinem Gegenspieler nicht nur Paroli, sondern er begann gegen diesen zu agieren und duellierte sich so mit einem der mächtigsten Männer Bayerns. Eine Kluft tat sich zwischen den beiden Kontrahenten auf, die sich in der Folge als unüberbrückbar herausstellte.

Parallel dazu wurde Wagner in eine politische Intrige des Hauses Thurn und Taxis involviert, die eine Lösung der Deutschen Frage mit seiner Hilfe anstrebte. Darin manifestiert sich das Vertrauen größerer politischer Kreise in Wagners Macht über den König und das Wissen um die Ausdehnung dieses Einflusses auf politisches Gebiet. Wagner lehnte eine Mitwirkung in diesem Ränkespiel zwar ab, aber er wußte damit gleichzeitig, daß sowohl die Stellung seines Gegners Pfistermeister umstritten war, als auch, daß von der Pfordtens Außenpolitik unterminiert wurde; nicht zu schweigen von der politischen Korruption im Rücken des ihn protegierenden Königs. Unter all diesen Eindrücken begann nun die Politik für Wagner endgültig die zentrale Rolle zu spielen. Er äußerte erstmals im Freundeskreis Gedanken, der König müsse seiner derzeitigen Umgebung entrissen werden und er könne nicht mehr nur Komponist sein. Gleichzeitig wurde vielen Wagner-Feinden klar, was dieser sicher nicht wollte: Wagner lehnte es ab, kräftig für die Reaktion mitzuhelfen und mit den Jesuiten zusammenzuarbeiten.

Mit seinen Äußerungen Mathilde Maier und Eliza Wille gegenüber schaffte Wagner gleichzeitig eine gefährliche Diskrepanz zwischen öffentlich abgegebenem Statement, nur kulturellen Tätigkeiten in München nachzugehen, und seinen realen, privat geäußerten Intentionen. Noch war die Politik offiziell kaum Thema, weshalb wohl auch der bayerische Außenminister von der Pfordten und die größte konservative Zeitung, der »Volksbote«, sich nicht in das Geschehen einmischten. Die Positionen allerdings waren bezogen: Wagner, der ehemalige Revolutionär, gehörte durch das Ablehnen der Taxis-Vorschläge und durch das Protektorat der »Münchner Neuesten Nachrichten« eindeutig ins liberalfortschrittliche Lager – wie viele andere ehemalige Revolutionäre auch – und er wurde durch katholisch-konservative Kräfte angefeindet. Wagner hatte zwar die erste »Schlacht« in München zu seinen Gunsten entschieden. Die Diskrepanz zwischen äußerer Ruhe nach dem Sturm und unterschwellig einsetzender politischer Agitiation Wagners bedeutete für Bayern allerdings ein Pulverfaß, das früher oder später explodieren mußte; und dies umso mehr, als sich König Ludwig II. als »utopie«-hörig und aktionsunfähig erwiesen hatte.

Ludwig II., abhängig von Wagner und dessen »Utopie«, zog sich leidend in die Einsamkeit der Berge zurück und glänzte mit Tatenlosigkeit. Dies mußte auf politischem Gebiet zu einer zusätzlichen fatalen Schwächung Bayerns führen, das doch eigentlich zu innerer Stärke und Einheit finden sollte. Politischen Agitationen wie der Thurn- und Taxis-Intrige wurden dadurch natürlich Tür und Tor geöffnet, was auch Wagner ganz genau wußte. Gleichzeitig wurde ihm durch das Verhalten Ludwigs seine unbezwingliche Macht über den König bestätigt, doch er verließ sich in der Folge zu stark darauf. Ludwig II. seinerseits überließ in seiner »utopisch« abgesegneten Schwäche den anderen das Feld. Und so war es eine Frage der Zeit, bis neben Pfistermeister der bayerische Außenminister von der Pfordten aktiv werden und dieser – für alle offensichtlich durch Wagner begünstigten Schwächung – entgegentreten mußte. Von der Pfordten hatte ja als Bedingung klar den ungehinderten Verkehr mit dem König verlangt, was durch diesen Rückzug Ludwigs nicht mehr gewährleistet war. Zudem mußte eine Intervention umso mehr erwartet werden, als von der Pfordten in den 50er Jahren bei Doenniges schon einmal bewiesen hatte, daß er nicht willens war, eine Persönlichkeit zwischen König und Volk zu dulden.

# Die Uraufführung von »Tristan und Isolde«

Den Abschluß des Februar-Konflikts bildeten zwei Briefe Wagners an Ludwig II. vom 9. und 11. März, in welchen er die ganze Affäre rekapituliert und zugleich einen wegweisenden Ausblick bietet. Wagner nimmt darin Bezug auf die Liebes-Briefe des Königs aus dieser Zeit und schließt daraus: »Ich erkenne, daß die hier sich offenbarende Liebe mir nicht Rechte gibt, wohl aber Pflichten auferlegt, heilige, erhabene Pflichten, die mich gegen mein persönliches Wohlergehen durchaus rücksichtslos machen müssen.« Welche Pflichten Wagner meinte, präzisiert er in seinem zweiten Brief an den König, in welchem er Ludwig ultimativ die Frage stellt: »Soll ich fortgehen, soll ich bleiben?« Wagner ging aufs Ganze und formulierte dem König nun auch unverhüllt seine Absichten: »Was ich wollen kann, ist nur Eines, – dem Willen des Schicksals zu dienen, das in meinem geliebten Herrn der Welt, meinem armen Deutschland den größten, edelsten Fürsten beschieden hat, dessen sie zu ihrem Heil bedürfen. Anders, als jener preußische Friedrich II. mit seinem Voltaire, soll Ludwig der Deutsche seinem Volke vorleuchten! – Dieß fasse mein Herr einzig in das Auge, und – über mich hin, oder – mit mir – dieß sei sein Ziel!« Wagner katapultierte sich nun endgültig auf den Posten des politisch-philosophischen Mentors des Königs, um – anders als noch bei Friedrich II. und Voltaire – die *perfekte* Zweiheit zu bilden und Deutschland zu erlösen. Der Zeitpunkt für die Offenlegung seiner Ambitionen war optimal gewählt, und die Reaktion des total abhängigen Königs fiel auch prompt und in voraussehbarer Weise aus, denn er beschwor Wagner inständig: »Bleiben Sie, bleiben Sie hier, Alles wird herrlich wie zuvor.«

Wagner hatte seine Carte blanche und machte sich mit Feuereifer an die Intensivierung seiner Pläne. Befriedigt berichtete er an Mathilde Maier: »Sie sehen nun Alle, es geht nicht ohne mich mit ihm.« Der König wolle die ganze Bildung Wagners zu der seinigen machen und deshalb in »regelmäßigen häufigen Verkehr« mit ihm treten, so Wagner weiter.[356] Zudem war der ganze Monat März der Ausarbeitung des »Berichtes« gewidmet, womit Wagner in eine »neue Lebensphase« trat, wie er Mathilde Maier gegenüber präzisierte. Doch je konkreter Wagners kulturpolitische Pläne in München wurden, umso mehr regte sich die Opposition. Am 24. April trat eine Kommission unter dem Vorsitz von Anton von Perfall zusammen, um auf Befehl des Königs den »Bericht« zu analysieren, wobei schließlich die meisten Wagnerschen Vorschläge als zu kostspielig abgelehnt wurden. Und schon während des ganzen Monats März wurden die Vorarbeiten zum Wagner-Theaterbau hintertrieben und verzögert. Dazu kam, daß am 5. April die Probenarbeiten zur geplanten Uraufführung von »Tristan und Isolde« aufgenommen wurden, in deren Verlauf sich der leitende Dirigent Hans von Bülow einen Fauxpas erlaubte, der zu neuen heftigen Ausbrüchen der Opposition führte. Die Rezeption dieser Ereignisse in der Presse ergibt ein detailliertes Bild über die sich konkretisierende Parteienkonstellation.

»Tristan und Isolde« war das erste neue Werk Wagners, das der Öffentlichkeit seit Ludwigs Thronbesteigung vorgeführt wurde. Damit konnte sich der König zum ersten Mal unmittelbar als »Heiland« an »Deutschlands Söhne« wenden. Für den weiteren Lebensweg des Monarchen war es deshalb von entscheidender Bedeutung, wie die Öffentlichkeit auf diese Offenbarung reagieren würde. Wie aus mehreren Briefen Ludwigs an Wagner hervorgeht, setzte er bezüglich seiner Ideologie seine ganzen Hoffnungen auf die »Tristan-Uraufführung«. So schrieb er am 10. Mai 1865 an Wagner: »Vollkommenheit sei jetzt die Losung! – Ich lasse den Muth nicht sinken! – Tristan wird der erste bedeutende Schritt zu dem Wege der ersehnten Vollendung! – ›Erfüllung‹! – dieses Wort wird einst unser Ohr beseligen!« Ein besonderer Glücksfall stellte offenbar der für die Darstellung des »Tristan« aus Dresden verpflichtete Sänger Ludwig Schnorr von Carolsfeld dar. Wagner bezeichnete den Sänger

Ludwig gegenüber als »Mein unmittelbar verkörperter Gedanke«[357] und gab dem König damit ein deutliches, »zukunftsutopisch« gefärbtes Signal: Laut »Das Kunstwerk der Zukunft« wird nämlich der Dichter erst Mensch durch sein Übergehen in das Fleisch und Blut des Darstellers. Ebenso »utopisch-ideal« wie Schnorr als Darsteller war Hans von Bülow als Dirigent. Wagner definierte Ludwig gegenüber Bülow als Menschen, der »Alles zum allergrößten Künstler« habe, ihm fehle nur Eines: »ideale Produktivität«, doch gerade durch das, was Bülow nicht habe, sei er für ihn, Wagner, so unersetzlich! Im »Kunstwerk der Zukunft« heißt es vom einzelnen Zukunftsmenschen: »Was er nicht ist, ist ja aber das von ihm Unterschiedene«, und dadurch entsteht die »reinmenschliche« Allgemeinsamkeit. So konnte Ludwig natürlich gar nicht mehr anders entscheiden: Die Uraufführung des »Tristan« dirigierte nicht der Chefdirigent Münchens, Franz Lachner, sondern Hans von Bülow. Ludwig II., der die musikalischen Qualitäten eines Bülow oder Schnorr gar nicht beurteilen konnte, weil er völlig unmusikalisch war, wird hier mit »zukunftsutopisch« schlagenden Beweisen von Bülows und Schnorrs Qualitäten überzeugt.

Anfang April konzipierte Wagner mit dem Einverständnis des Königs einen Einladungs-Brief zur Uraufführung des »Tristan«, der am 18. April im Wiener »Botschafter« als Aufruf an seine auswärtigen Freunde publiziert wurde. Wiederum waren es also Wagners Freunde Uhl und Froebel, die ihm ein Forum zur Publikation seiner Meinung boten. Inhaltlich sind weitgehende Parallelen zwischen dieser »Einladung zur ersten Aufführung von ›Tristan und Isolde‹« und dem Vorwort zum »Ring des Nibelungen« festzustellen. Im »Ring«-Vorwort heißt es: »Das deutsche Publikum aber sollte eingeladen werden, zu den festgesetzten Tagen der Aufführungen, von denen ich etwa drei im Ganzen annahm, sich einzufinden, indem diese Aufführungen, wie bereits unsere großen Musikfeste, nicht einem partiellen städtischen Publikum, sondern allen Freunden der Kunst, nah' und fern' geboten sein sollen.« Und am Schluß der Einladung zum »Tristan« formuliert Wagner: »Diese Aufführung, für jetzt –

wie gemeldet – vielleicht nur drei an der Zahl, sollen als Kunstfeste betrachtet werden, zu welchen ich von nah und fern die Freunde meiner Kunst einladen darf.«

Die Übereinstimmung ist signifikant und läßt sich auch noch weiter verfolgen. So geht Wagner im »Ring-Vorwort« eingehend auf die schlechten Kunstzustände in Deutschland ein, weshalb im Moment noch nicht auf die Aufführung des »Ringes« gehofft werden könne, zumal kein Fürst da sei, um eine Aufführung zu ermöglichen. In der Einladung zum »Tristan« spezifiziert er diese Zustände genauer, indem er die »Odyssee« beschreibt, welche dieses Werk bisher zurückgelegt habe, und begründet diese mit den Worten: »Vielleicht liefere ich, wenn ich Ihnen kurz die Geschichte der bisherigen Verhinderung der Uraufführung erzähle, einen nicht unbeachtenswerten Beitrag zu unserer modernen Kunstgeschichte überhaupt.« Danach schildert Wagner, wie in Berlin, Dresden, Wien und Karlsruhe die Uraufführung des »Tristan« in der »Wüste unseres theatralischen Markttreibens« gescheitert sei. Doch als ihn, Wagner, alle verlassen hätten, habe »umso höher und wärmer ein edles Herz dem Ideale« seiner Kunst geschlagen; »es rief dem preisgegebenen Künstler zu: ›Was Du schaffst, will Ich!‹ Und diesmal ward der Wille schöpferisch, denn es war der Wille eines – *Königs*.«

Die Übereinstimmung der beiden Schriften ist derart markant, daß die Schlußfolgerung, die mit der endlichen Uraufführung des »Tristan« möglich wird, deutlich auf der Hand liegt: Der Deutsche würde über diese Uraufführung – wie im »Ring«-Vorwort postuliert – beginnen, national zu sein. Daß diese Botschaft Wagners in München durchaus verstanden wurde, zeigt auf verblüffende Weise eine Würdigung des Werkes, die im »Landboten« erschien: »Es zeigt sich, daß Wagners Schaffen eine entschieden nationale, eine deutsche Richtung eingeschlagen hat. Diese Richtung gibt sich auch in der Wahl seiner Stoffe kund, die er alle dem Kreise unserer alten Heldensagen entlehnt und so ist dies auch mit ›Tristan und Isolde‹ der Fall.«

Die »utopisch-ideologisch« hochgesteckten Erwartungen Ludwigs II. wurden aber bereits in der Vorbereitungsphase zur Uraufführung arg strapaziert. So verlangte Hans von Bülow im Verlaufe der Probenarbeiten die Vergrößerung des Orchestergrabens auf Kosten einer Sitzplatzreihe, was ein Theaterbeamter heftig beanstandete. Der »Volksbote« griff diese Querelen auf und schrieb sehr ausführlich über deren Eskalation: »Also ›Schweinehunde‹. Dem gemüthlichen Münchener Publikum ist schon manches vorgespielt worden, aber dasselbe ›Schweinehunde‹ zu heißen, das hat doch selbst die spanische Tänzerin (Lola Montez) sich nicht erlaubt. Seitdem ist jedoch ›Fortschritt‹ eingetreten und seine Zukunftsrolle; was sie ihrer Zeit nicht gewagt, das hat sich ein kaum hierher berufener preußischer Musiker unterstanden. Vorgestern, als Theaterprobe war, befanden sich im Hof- und Nationaltheater auch der Zukunftskomponist Richard Wagner und sein Genosse, der k. Vorspieler Hanns v. Bülow. Zu der Aufführung von Wagners Oper ›Tristan und Isolde‹, welche in diesem Monat stattfinden soll, verlangten sie, daß das Orchester noch um eine Reihe vergrößert werde, wodurch also die Zuschauersitze noch um eine Reihe verringert werden müßten. Da jedoch der k. Theaterbeamte Hr. Penkmayer hiergegen einwendete, daß dadurch noch 40 Sitze mehr verloren gehen würden, erdreistete sich jener Hanns v. Bülow ihn laut mit dem Bescheid abzufertigen: ›Was macht's! dann gehen so viele Schweinehunde weniger hinein‹!!! Die äußere Entrüstung des Theaterbeamten über solchen unerhörten Insult des Münchener Publikums meinte der Zukunftsmann Wagner damit zu beschwichtigen, daß er seinem Genossen v. Bülow verweisend bemerkte, er hätte nicht eine so ›unvorsichtige‹ Äußerung von sich geben sollen. Freilich ›unvorsichtig‹! – Diese Thatsachen gehen seit gestern im Publikum von Mund zu Mund, Alles ist empört darüber. Zudecken läßt sich der Vorgang nicht, Ausgleichung, oder wie man's betiteln mag, ist unmöglich. – Daß Menschen und auch Künstler, die in fürstlicher Gunst sich sonnen, auf dieselbe sündigend sich selbst überheben, sich viel herausnehmen und Andere geringschätzig behandeln, das ist zu allen Zeiten und in allen Ländern schon passiert; aber daß ein Fremdling, der mit einheimischem Gelde bezahlt wird, das ihm geschenkte hohe Wohlwollen so unerhört mißbraucht, das gesammte gebildete Publikum der königlichen Haupt- und Residenzstadt ›Schweinehunde‹ zu heißen, solche Frechheit ist kaum irgendwo, sicher in München noch nicht, vorgekommen, und ohne allen Zweifel wird man allerhöchsten Orts darüber nicht minder entrüstet seyn, als im Publikum … Daß die Münchener Luft für selbigen Hanns v. Bülow nicht länger heilsam seyn kann, versteht sich von selbst.«

Damit hatte sich nun erstmals der konservativ-ultramontane »Volksbote« in eine Kontroverse um Wagner und seine Genossen eingeschaltet und entpuppte sich erst noch als sehr gut unterrichtetes Organ: Er brachte diese Meldung über Bülows beleidigenden Angriff des Opernpublikums einen Tag vor allen anderen bayerischen Zeitungen. Sehr geschickt läßt Redakteur Zander auch eine politische Komponente einfließen, indem er vom »eingetretenen Fortschritt« spricht. Tatsächlich sind auch hier die Fronten anhand der politischen Couleur der Zeitungen deutlich auseinanderzuhalten, ja sie verhärten und konsolidieren sich noch durch das Eingreifen des »Volksboten«. Auffallend ist, daß sich die »Allgemeine Augsburger Zeitung« zurückhält und nicht eingreift. Dafür fordert der konservative »Bayerische Kurier« am 9. Mai in seiner Meldung gar noch dezidierter, Bülow möge München sofort verlassen.

Folgerichtig versuchten nun die »Münchner Neuesten Nachrichten«, die Sache zu beschwichtigen und zu bagatellisieren. Sie forderten Bülow bereits bei der ersten Meldung über die »Schweinehunde« auf, Stellung zu beziehen, wobei ein Seitenhieb dieser liberalen Zeitung auf die »Ultramontanen« nicht fehlen durfte: »Wir waren nie, gleich andern Blättern, das Echo des Klatsches und der Verleumdung, die zu verschiedenen Zeiten bald von ultramontaner, bald von junkerlicher Seite gegen deutsche hervorragende Männer erhoben wurden, welche in Bayern irgend eine Stelle einnahmen, obgleich sie zufälliger Weise nicht in Bayern geboren waren; gerade deßwegen aber und weil es sich entweder um eine Verleumdung gegen einen hervorragenden Mann, die schlimme Folgen für ihn haben kann, handelt, oder um eine grobe Beleidigung unserer Mitbürger, wollen wir hiermit Hrn. H. v. Bülow Gelegenheit geben, sich über diese Anschuldigungen zu äußern.«

Hans von Bülow kam dieser Aufforderung denn auch prompt nach und verfaßte eine Erklärung, die wiederum die »Neuesten Nachrichten« am 9. Mai publizierten: »Es ist völlig richtig, daß ich nach Beendigung der Orchesterprobe vom 2. Mai *eines Ausdrucks* mich bedient habe, den ich nicht anstehe, als einen höchst unparlamentarischen zu bezeichnen ... Dennoch wollte es mir bis zum lesen von Eurer Wohlgeboren Aufforderung müßig erscheinen, dem öffentlichen Mißverständnisse durch die Versicherung entgegenzutreten, daß ich nicht im Entferntesten eine Gesammt-Verunglimpfung des gebildeten Münchner Publikums beabsichtigt habe. ... Demgemäß habe ich bei meiner aus dem Zusammenhange gerissenen, wesentlich getrübten Äußerung auch nur diejenigen – böswilligen – Theaterbesucher im Sinne gehabt (und haben können), welche verdächtigt sind, an den in Wort und Schrift gegen den hochverehrten Meister gesponnenen Verläumdungen und Intriguen Theil genommen zu haben.« Mit dieser höchst raffinierten Erklärung Bülows war das Thema für die »Neuesten Nachrichten« – im Gegensatz zu den konservativen Blättern – erledigt. Eine genaue Betrachtung der Erklärung zeigt aber, wie nichtssagend sie letztendlich formuliert ist: Bülow präzisiert nicht, welchen Teil des gebildeten Münchner Gesamt-Publikums er von seiner Schweinehunde-Desavouierung ausnehmen wollte. Zudem beschuldigt er unterschwellig einen Teil des Publikums des Intrigantentums gegen Wagner, weshalb ihnen die Bezeichnung »Schweinehunde« eigentlich gebührt. Daß er daran festhielt, zeigt auch ein Brief Bülows vom 2. Juni an den neudeutschen Schriftsteller Richard Pohl, in welchem er diesen für einen Pro-Wagner-Artikel im »Botschafter« lobt, den er »den Haupt-Schw.i....nden« zum Lesen geben wolle![358]

Während die »Neuesten Nachrichten« eindeutig für die Wagner-Partei Stellung bezogen, wetterten die konservativen Blätter, vom »Volksboten« angeführt, nach wie vor gegen den »preußischen Fremdling« mit seiner »fremdländischen Arroganz«. Der »Volksbote« berichtete gar, daß eine Beleidigung dieser Art, die dem Bayerischen Volk angetan worden sei, auch dessen Oberhaupt berühre. Wenn man »oben« dies nicht einsehen wolle, dann seien die Folgen nur zu bedauern, denn das Volk könne sich eine solche Beleidigung nicht gefallen lassen. Angesichts einer solchen Eskalation sah sich der König genötigt, seinem Vorspieler die allerhöchste Mißbilligung auszudrücken, wie der »Kurier« und der »Landbote« berichteten, stellte sich anschließend aber hinter den angegriffenen von Bülow und bekannte sich damit in dem sich abzeichnenden Parteienkampf eigentlich auch zur liberalen Richtung. Davon wußte auch Kabinettsekretär Pfistermeister, denn er mußte Wagner und seine Freunde im Auftrag Ludwigs von der intakten königlichen Gunst unterrichten.

Die Generalprobe für den »Tristan«, die am 11. Mai vor 600 geladenen Gästen stattfand, verlief ohne Störung. Doch kaum hatte sich der Aufruhr um Hans von Bülow etwas beruhigt, erfolgte am geplanten Uraufführungs-Tag die krankheitsbedingte Absage der »Isolde«-Darstellerin, Malwine Schnorr von Carolsfeld, welche die Uraufführung platzen ließ. Die Absage wurde von der konservativen Presse wiederum mit ironischen Meldungen quittiert, die das Feuer noch schürten. So berichtete der »Volksbote« am 17. Mai, »Tristan und Isolde sind wirkliche Zukunftsmusik geworden«. Schuld an dieser Meldung war allerdings nicht nur die Krankheit der Sängerin, sondern auch eine just am Uraufführungstag eingeleitete Betreibung Wagners: Ein Gerichtsvollzieher präsentierte Wagner am 15. Mai den Wechsel von Julie Salis-Schwabe, die 1860 zur Deckung der Unkosten der Pariser Konzerte 2400 Gulden beigesteuert hatte. Wagner hatte die Schulden nie zurückgezahlt. Eine Zwangsvollstreckung konnte zwar durch das schnelle Eingreifen der von Wagner angefragten Kabinettskasse vermieden werden, doch meldete der »Volksbote« am 18. Mai, daß die Uraufführung des »Tristan« weiterhin verschoben werden müsse, da Wagner »in den Schuldturm geworfen« worden sei. Wiederum war Ernst Zander von den Ereignissen als erster und umfassend informiert worden. Und er setzte auch gleich noch einen drauf, weil die Uraufführung in weite Ferne gerückt war: »Tristan und Isolde sind noch zukünftiger geworden: denn am nächsten Montag werden sie auch noch Zukunftsmusik seyn. Niemand soll darüber untröstlicher seyn, als der Vorspieler Hans von Bülow, der sich so sehr auf die Ovationen der ›Schweinehunde‹ freut.«

Zander war aber nicht der einzige, der sich die Schwierigkeiten um die »Tristan«-Uraufführung zunutze machte. So publizierte der Wagner-Gegner Martin Schleich im »Punsch« am 28. Mai über die von Wagner als »ideal« bezeichnete Darstellerin der Isolde »Isoldes Unpäßlichkeitsarie«: »Oh, vergeh, geschwoll'ner Backen, Reißen im Nakken, Zahnendes Weh.« München war ein Tollhaus, wie Josephine Kaulbach in einem schönen Stimmungsbild festhielt. Demnach waren die Münchner seit Jahrzehnten nicht mehr so in Wuth: sie drohten, sich mit Vehemenz an »dem kleinen Männchen« Bülow zu rächen. Der Wagner-Kult wurde nach Kaulbachs Auffassung richtiggehend zu einem Ekel, und der junge König an der Spitze taufte alles, was ihn umgab, in Tristan und Isolde um. Die Impressionen von Josephine Kaulbach gewinnen noch an Prägnanz und Bedeutung, wenn man sie in Beziehung setzt zu Ludwigs hochgesteckten Erwartungen, die er in die Werkaufführung der Wagner-Dramen setzte: Anstelle einer Kunstfeier, die das Evangelium der »Utopie-Zukunft« verkünden und bewirken sollte, daß alle Menschen Brüder werden, spielten sich in den Straßen Münchens Querelen ab, die nicht selten mit einer veritablen Prügelszene endeten. Die Diskrepanz zwischen der Absicht Ludwigs II. und der wirklichen Reaktion der Bevölkerung könnte nicht größer sein.

Alles scheint sich zu dieser Zeit in München um Wagners Kunst zu drehen, und trotzdem gibt es Anzeichen einer Ausdehnung im politischen Bereich. Zum einen wird von den auswärtigen Gesandten immer mehr die Beschäftigung Ludwigs II. mit kulturellen Fragen moniert. Es existieren

Berichte von Gesandten, und zwar des österreichischen, des preußischen, des württembergischen und des badischen, am Münchner Hof, die berichten, daß – wie Kabinettsekretär Pfistermeister einmal sagte – der König »von jeder Begegnung mit Wagner mißmutig, verdrossen, verbittert und regierungsunfroh zurückkehrte«. Der österreichische Gesandte Blome meldet in zahlreichen seiner Berichte nach Wien von der Abgeschlossenheit, der Menschenscheu, der politischen Teilnahmslosigkeit des »saft- und kraftlosen Königs«, der für nichts als für das Theater Interesse zeige und nach »Frieden jammere, weil ein Krieg seine Schiller- und Wagnerischen Träumereien stören könnte«.[359]

Die bayerischen Minister und die auswärtigen Gesandten hatten zu diesem Zeitpunkt immer mehr den Eindruck, daß Wagner den König von der Politik fernhielt und dadurch Bayern schwächte, blieben doch selbst die dringendsten Staatsgeschäfte liegen. Interessant in diesem Zusammenhang ist auch Blomes Bemerkung, Wagner werde nur noch als »Lolus« bezeichnet. Damit wurde auf die Freundschaft König Ludwigs I., des Großvaters von Ludwig II., mit der Tänzerin Lola Montez angespielt, zu deren Ausweisung aus München Ludwig I. im Februar 1848 durch die revolutionäre Volksstimmung gezwungen worden war, und die schließlich mit zur Abdankung des damaligen Königs beigetragen hatte! Doch Wagner war nicht der erste, der seit dieser Affäre in München mit Lola Montez verglichen wurde: Es war kein anderer als Wilhelm von Doenniges, der im März 1852, als sich der Konflikt zwischen Doenniges und den »Ultramontanen« zuspitzte, als »Lolus« bezeichnet wurde. Doenniges, der politische Berater des damaligen Königs Maximilian, mußte damals ausgerechnet auf Betreiben von Außenminister von der Pfordten München verlassen!

Konnte man Wagner zu diesem Zeitpunkt in Anlehnung an »Lolus-Doenniges« bereits als politischen Berater bezeichnen? Sicher nicht so absolut, aber es gab für von der Pfordten brisante Indizien dafür, daß Wagners Agitation gefährlich wurde. Ende Mai war nämlich der ehemalige Revolutionär August Röckel auf Veranlassung Wagners in

München eingetroffen. Kurze Zeit zuvor hatte Ludwig das Amnestiegesetz erlassen, mit welchem alle Revolutionäre der 48er Revolution begnadigt wurden, was klar auf Wagner, Semper, Röckel und Froebel gemünzt war. Der König schützte unter dem Einfluß Wagners mit Röckel einen ehemaligen Revolutionär, der zudem in Sachsen nach wie vor eine Persona non grata war: Röckel hatte 1862 bei seiner Entlassung aus dem sächsischen Zuchthaus in Waldheim ausgesagt, daß er künftig politisch tätig sein werde und auch angekündigt, daß er entgegen dem Willen des sächsischen Königs seine politische, fortschrittliche Überzeugung in Wort, Schrift und Tat weiter verbreiten wolle. Nun war im März 1865, unmittelbar vor Röckels Erscheinen in München, tatsächlich sein erstes Buch »Sachsens Erhebung und das Zuchthaus zu Waldheim« im Handel erschienen. Röckel rollt darin die ganze 48er Revolutionszeit von seinem klar fortschrittlich-liberalen Standpunkt her nochmals auf und kommt auch auf den 1848 in sächsischen Minister-Diensten stehenden Ludwig Freiherr von der Pfordten zu sprechen. Er bezeichnet ihn darin als »Beimann zum liberalen Minister Oberländer, um die Reaktion zu sichern«. Für den der Fortschrittspartei angehörenden Röckel war und ist von der Pfordten ein Denunziant, der sich liberal gebe, aber reaktionär sei. Die brisantesten Stellen über von der Pfordten lauten: »Von der Pfordten wurde zum sächsischen Minister als Konzession an das Volk als ›liberaler‹ gewählt. Aber über Herrn v. d. Pfordten, der an der Spitze des neuen Ministeriums stand, heute noch ein Wort zu verlieren, wäre überflüssig. Er hat später in Bayern nur geübt, was er in Sachsen anzubahnen suchte, und wenn ihn König Maximilian endlich im Jahre 1859 entfernen mußte, um Frieden zu haben mit seinem Volk, so ist damit wohl Alles gesagt, was zur Charakterisierung dieses ›Märzministers‹ nöthig sein kann. Dem sächsischen Volke sei es jedoch bezeugt: Herr v. d. Pfordten hatte Niemand getäuscht, am wenigsten die Demokratie. Das allgemeine Mißtrauen verfolgte ihn vom ersten Tag an.«[360] Durch diese »Leistungen« in Sachsen hatte sich, so Röckel weiter, von der Pfordten den Weg zu einer gleichen Aufgabe in Bayern gebahnt. Gleichzeitig bezeichnet er in seinem Buch »das Gebahren der sächsischen Machthaber« sei »nichts als eine trügerische Maske« und das Ministerium »ein Ministerium der Schwäche« gewesen. Röckel griff damit von der Pfordten öffentlich aufs massivste an. Und Wagner wußte von den Anschuldigungen, denn er hatte das Buch unmittelbar nach Erscheinen gelesen und zeigte sich sehr beeindruckt: Er habe das Buch, in welchem Röckel dezidiert den liberal-fortschrittlichen Standpunkt vertritt, »geradewegs mordbrennerisch aufregend« gefunden und es »geradewegs gefressen«, meldete Wagner am 7. März voll Begeisterung seinem Freund.

Die Ankunft des ehemaligen Revolutionärs, der als gegenwärtiges Mitglied der »Fortschrittspartei« in engem Kontakt mit Wagner stand, bedeutete für Außenminister von der Pfordten eine direkte politische Gefahr. Interessant zu sehen ist in dieser Angelegenheit die Diskrepanz in der Haltung der zwei eigentlich verbündeten Königshäuser: Hatte der sächsische König Röckel bei der Entlassung aus dem Zuchthaus noch den Mund verbieten und nach Amerika abschieben wollen, und weigerte er sich zudem, Musik des in Sachsen mißliebigen Wagner zu hören, so setzte Ludwig II. in Bayern ein ganz anderes Zeichen: Er rehabilitierte die Revolutionäre, mit denen sein Außenminister 1848 negative Erfahrungen gemacht hatte. Mit der Amnestie gab Ludwig II. offiziell der ehemaligen revolutionären und nun liberal-fortschrittlichen Kraft, die von Maximilian II. noch scharf bekämpft wurde, in Bayern Raum. Daß diese liberal-fortschrittlichen Kräfte in Bayern ihrerseits Ludwigs Maßnahmen als positiv taxierten, zeigt ein Aufsatz »Ein reformatorischer König«, der am 14. April 1865 in den »Münchner Neuesten Nachrichten« publiziert wurde: »Während in Preußen ein übermüthiger Junker Tag für Tag die Verfassung mit Füssen tritt und so an der besten Stütze des Thrones, an der Liebe des Volkes rüttelt, ist es in Bayern der König selbst, der mit dem Muthe und der Selbstlosigkeit einer edeln aufopferungsfähigen Jugend den Weg der Reform betritt, und so nicht allein Bayern sondern ganz

Deutschland die Aussicht auf eine bessere Zukunft eröffnet. Dieses edle Streben findet überall in Deutschland die vollste Anerkennung ... eine Amnestie soll verkündigt werden, eine Amnestie ohne Klauseln und ohne Ausnahmen, ein wahres Vergeben und Vergessen wie es einer gesunden Politik entspricht, wie es von Herzen kommt und zu Herzen geht. Es bleibt zwar noch immer unendlich viel in Bayern zu thun; es bleibt noch sehr viel wieder gut zu machen von dem, was eine Zeit des Rückschrittes an den Rechten der Freiheit gesündigt hat.«

In diesem Artikel wird nicht nur die Reaktion nach der 48er Revolution stark angeprangert, sondern auch der Liberalismus gepredigt. Die Amnestie, welche die Agitatoren jener Tage, die zum großen Teil immer noch politisch aktiv waren, begnadigte, wird als »ein wahres Vergeben« bezeichnet und als erster politischer Schritt in eine »bessere Zukunft« Deutschlands verstanden. Was für diese Zukunft noch zu tun bleibt, wird in diesem Artikel ebenfalls angedeutet: »Nicht die Größe allein und abschließend ist es, welche einem Staate politische Schwere und dadurch Einfluß in die große Politik sichern, sondern auch die innere Festigkeit, die Harmonie seiner Bevölkerung und seiner Regierung, die aufopferungsfähige Liebe und das Vertrauen des Volkes zu derselben. Dieß und das Genie eines Friedrich des Großen haben das ehemals so kleine Preußen zu einem Großstaate gemacht. Wenn Bayern durch seine soziale Gesetzgebung wirtschaftlich erstarkt, wenn seine Militärverfassung auf der Wehrkraft des ganzen Volkes beruht, ... wenn es in Wirklichkeit ein konstitutioneller Musterstaat wird, so wird sein Einfluß in Deutschland ganz anders wachsen, als durch die lächerliche diplomatische Großmachtspielerei vergangener Tage.«

Frappant ist, wie hier – genau wie bei Wagner – das »Genie Friedrich des Großen« als nachahmenswertes Vorbild beigezogen wird und wie als einer der wichtigsten Programmpunkte die Reform der Militärverfassung gefordert wird. Die Einführung der allgemeinen Wehrpflicht des ganzen Volkes nach schweizerischem föderalistischem Prinzip war ein zentraler Punkt der »Fortschrittspartei« und des »Nationalvereins«, den auch August Röckel dezidiert vertrat. Und genau diese Forderung machte Richard Wagner fünf Monate später in den »Tagebuchblättern« für Ludwig II. zu einem zentralen Anliegen in seinem politischen Programm.

Wagner war in seinem Denken klar mit den »Neuesten Nachrichten« und dem »Nationalverein« bzw. der »Fortschrittspartei« verbunden, der wiederum auch Röckel angehörte. Unterstrichen wird dies durch die Tatsache, daß auch die körperliche Ertüchtigung der Jugend einen zentralen Bestandteil des von der »Fortschrittspartei« gepredigten neuen Armeekonzeptes darstellte, die in den »Tagebuchblättern« Wagners ebenfalls verherrlicht wird. Die »Neuesten Nachrichten« forderten in ihrem Artikel einen »konstitutionellen« Musterstaat, dessen Einfluß in Deutschland dann sehr erheblich sein werde, und sie liefert gleich weitere Ideen, wie dies ihrer Meinung nach zu erreichen wäre: »Bayern hat Ursache, auf seinen jugendlichen König stolz zu sein. Daß ein Blatt wie ... wir, die wir unsere demokratische Gesinnung stets offen bekennen, dies sagt, ist ein Beweis dafür, daß diese Behauptung nicht leere Schmeichelei ist. Bayern darf sich seines Königs rühmen. Nur Eines wünschen wir noch zu seinem und seines Reiches Heil – einen Minister des Äußern, der keine Ära der ›staatsrechtlichen Nothwendigkeit‹ hinter sich hat.«

Die »Neuesten Nachrichten« mit ihrer demokratischen Gesinnung forderten unverholen die Absetzung des eben erst ins Amt berufenen Außenministers von der Pfordten! Begründet wird diese Forderung mit einem Verweis auf von der Pfordtens Vergangenheit, womit, zusammen mit der Lobeshymne auf die Amnestie, ein geradezu identisches Gedankengut mit Röckels Buch präsentiert wird! Brisant ist auch die Schlußfolgerung des Artikels, was nach Verwirklichung dieser Maßnahmen mit Bayern passieren würde: »Es ist uns ein seltenes aber desto wohlthuenderes Gefühl, wenn wir anerkennen dürfen, daß es endlich einmal ein König ist, der die politischen Bedürfnisse des Volkes begreift und zu befriedigen trachtet. Geht Bayern auf dieser Bahn weiter, so kann es leicht zu einem Mittelpunkt werden, um den sich die deutsche Selbständigkeit zu krystallisieren vermag.« Bayern sollte sich, im Innern gestärkt, an die Spitze der Deutschen stellen – genau diese Meinung vertrat auch Wagner in seinen »Tagebuchblättern«.

Aus diesen markanten Parallelen kann zwar sicher nicht geschlossen werden, daß der Artikel der »Neuesten Nachrichten« von Wagners eigener Hand stammt, aber die Übereinstimmung zeigt, in welchem politischen Lager Wagners Agitation angesiedelt war. Zudem war mit dem Loben des Amnestiegesetzes, das auch Wagner und Röckel betraf, bei gleichzeitigem Angriff auf von der Pfordten, auch für die Öffentlichkeit die Übereinstimmung unverkennbar. Die ideologische Verquickung von Röckel und Wagner wurde auch noch durch eine andere Publikation unterstrichen. Georg Herwegh, der Freund Wagners und Verfasser des von Bülow vertonten Arbeiterliedes, hatte ein vierzeiliges Gedicht geschrieben, das in jenen Tagen publiziert wurde:

> »Sachsen bessert Waldheim aus
> Preußen flickt am Kölner Dome
> Baue Du ein Opernhaus,
> Junger Fürst am Isarstrome!«

Herwegh politisiert damit die Kunst, denn implizit heißt dieses Gedicht nichts anderes, als daß Sachsen durch das Ausbessern des Zuchthauses von Waldheim, in welchem Röckel eingesessen war, zur Reaktion beitrage, während Ludwig mit dem Opernhausbau einen Schritt in die Zukunft mache. Vieles, was kurze Zeit später zur offenen politischen Agitation werden sollte, ist damit bereits vorgezeichnet und richtete sich gezielt auch gegen den bayerischen Außenminister.

Vor diesem Hintergrund erstaunt die Aktion von der Pfordtens nicht, denn da am 28. Mai machte der Außenminister durch einen Brief an Kabinettsekretär Pfistermeister zu Händen Ludwigs den König »auf die Gefahren aufmerksam, welche er in den Beziehungen zu Wagner und Bülow«

erkenne.[361] Seines Erachtens müsse der König Bülow entlassen, und wenn man die Verträge zwischen Ludwig und Wagner auch zu achten hätte, so müßte doch den persönlichen Beziehungen zwischen den beiden ein Ende gemacht werden, damit der Ruf des Königs in der Heimat und im Ausland keinen Schaden erleide. Der soeben aus dem Wagner-Lager heftig angegriffene von der Pfordten forderte nun seinerseits Distanz zu Wagner. Aber Ludwig II. wies das Begehren seines Außenministers schroff ab. Zwar spielte er mit dem Gedanken, Bülow zumindest für eine längere Zeit aus München wegzuweisen, doch an Wagners Präsenz hielt er fest. Gleichzeitig wies er von der Pfordten an, eine Zirkulardepesche zu verfassen, wonach er seit vollen vier Monaten den Komponisten nur ein einziges Mal gesehen habe, was weiterhin so gehandhabt werden solle. Ludwig wollte Wagners Bleiben dem Ausland gegenüber erklären, denn dessen Aufenthalt und Wirken auch in anderen Ländern war nicht unumstritten, und Ludwig wußte dies. Die intensive Diskussion zwischen Ludwig und seinem Außenminister um Wagner endete mit der Antwort von der Pfordtens vom 5. Juni: »Aus der Mittheilung vom 3. d. M. entnehme ich, daß Seine Majestät keine weitere Erörterung der Wagner-Bülowschen Angelegenheit wünschen. Ich schweige also, da ich weder das Recht noch die Anmaßung habe, hierin irgend ein Maß zu geben. Ich fühle nur die Pflicht, auf Gefahren aufmerksam zu machen, von denen ich glaubte, daß S. M. in der idealen Abgeschlossenheit von der realen Welt sie nicht wahrnehmen. Eine Zirkulardepesche zu erlassen bin ich bereit, wenn der König es befiehlt. Ich möchte aber an das alte Sprichwort erinnern: Qui s'excuse s'accuse. Wenn Wagner ein der Allerhöchsten Begeisterung und Unterstützung würdiger Mensch und Künstler ist, so ist ja auch eine persönliche Berührung mit demselben nicht tadelnswert. Wird die letztere in Abrede gestellt, so wird ja die Frage hervorgerufen, warum die erstere fortdauert. Gerade in dem abweichenden Urteil über die Würdigkeit der Person und ihres Strebens liegt ja die Schwierigkeit. Deshalb muß ich bitten, mir den ganzen Inhalt der zu erlassenden Depesche, nicht bloß den negativen Teil sondern auch den positiven anzugeben und zu gestatten, daß gesagt werde, die Mitteilung erfolge auf Allerhöchsten Befehl. Wenn die Redaktion der Depesche versucht wird, wird die oben erwähnte Schwierigkeit klar hervortreten.«[362] Raffiniert ist die Argumentation von der Pfordtens, der nicht nur auf Ludwigs »utopische« Lebensweise anspielt, sondern auch eine von ihm geschriebene Zirkulardepesche zu verhindern wußte, denn tatsächlich wurde auf deren Erlaß verzichtet. Trotzdem erschien am 9. Juni, nur einen Tag vor der endlichen Uraufführung des »Tristan«, eine merkwürdige Meldung im »Landboten«, die vom »Bayerischen Kurier« am 10. Juni nachgedruckt wurde: »Es sind die übertriebensten *Gerüchte* über die *Intimität* der Beziehung unseres jugendlichen Königs zu *Richard Wagner und Genossen* verbreitet und haben dieselben auch in gewissen Correspondenzen großer auswärtiger Zeitungen Eingang und weitere Verbreitung gefunden. Wir können, auf *zuverlässige Quellen* gestützt, die entgegenstehende Versicherung geben, daß König Ludwig II., den Componisten im Laufe mehrerer Monate bloß zwei Mal in Audienz empfangen habe und daß *Hans von Bülow* demnächst eine *längere Reise* antritt.« Zuerst wurde Wagner in Analogie zur Geliebten von Ludwig I. als Lolus bezeichnet, und nun kursierten Gerüchte über die Intimität Ludwigs II. zu Wagner. Waren Meldungen über die homoerotische Neigung des Königs ins Volk gedrungen, oder hatte er einfach Angst davor? Wer hinter der vertraulichen Mitteilung des Landboten stand, wird leider verschwiegen, aber Ludwig II. hielt über den Kopf von der Pfordtens hinweg an einer öffentlichen Verlautbarung fest.

Die Parteienkonstellation in Bayern verkomplizierte sich zu dieser Zeit enorm, denn nun wurde nach dem Kabinettsekretariat auch Außenminister von der Pfordten involviert. Einerseits war ihm der bei Amtsantritt geforderte freie Zugang zum König durch Wagners »utopischen« Einfluß auf Ludwig nicht möglich, und andererseits erwuchs ihm durch die der Wagner-Seite angehörende liberale Partei, deren Mitglieder schon in der 48er Revolution seine Gegner waren, eine starke und bedrohliche Opposition. Von der Pfordten versuchte zwar, auf die liberal-wagnerischen Vorwürfe – ähnlich wie Pfistermeister im Februar-Konflikt – zu reagieren, indem er die Entfernung Wagners aus München forderte. Doch wie der Kabinettsekretär, so mußte auch der Außenminister erkennen, daß Wagners Stellung durch das Protektorat des Königs in München zu stark war. Davon wußte durch die ganze Vermittlertätigkeit auch das Kabinettsekretariat. Damit ergab sich eine neue, eigentümliche Parteienkonstellation: Dem unkonstitutionellen Kabinettsekretariat – von den Liberalen ebenso bekämpft wie von von der Pfordten – und von der Pfordten selbst erwuchs mit Wagner die gleiche Gegnerschaft. Pfistermeister und der Außenminister saßen am Vorabend der von beiden verabscheuten »Tristan«-Uraufführung im selben Wagner-Gegner-Boot. Gleichzeitig bleibt die politische Haltung Ludwigs unergründbar. Er schützt nicht nur den fortschrittlich-liberalen Wagner und dessen Freunde, sondern er hält auch vehement an Außenminister von der Pfordten fest, der das Wagner-Lager bekämpft. Ein Konflikt war somit voraussehbar.

Dafür wurden die hohen Erwartungen Ludwigs II. in die Uraufführung von »Tristan und Isolde« durch die Querelen der Öffentlichkeit und durch die Opposition von der Pfordtens noch gesteigert: mit einer Beharrlichkeit sondergleichen hielt der König trotz allem an seiner Kulturpolitik fest. Am 28. Mai schreibt er an Wagner: »Wie wahr sprechen Sie, wenn Sie sagen, ein düsterer Nebelschleier liegt über der herrlichen Landschaft ausgebreitet und entzieht sie unseren Blicken. – Peinlich in der That ist das lange Harren auf den Alles belebenden Sonnenblick, der Wonnen in jedes Menschen Brust ergießt. Mein Inneres jedoch spricht laut zu mir: von dem schönsten Erfolge wird das Warten gekrönt werden: Tristan wird leben und die Werke sowie der Bau, die die Zukunft noch in ihrem Schooße geborgen hält.« In diesem Brief wird deutlich, daß das Tristan-Projekt für Ludwig die Hoffnung, die Verkündigung des »Evangeliums« der »Zukunftsutopie«, die »Sonne« war, die den »Wolkenschleier«, der über der »Menschheit« liegt, »durchbrechen« soll. Tatsächlich wurden diese Hoffnungen für Ludwig persönlich offenbar erfüllt, denn er jubelte nach der Uraufführung mit einem Tristan-Zitat: »Ertrinken … versinken – unbewußt höchste Lust. – Göttliches Werk! – Der Güter höchstes ist das Leben nicht, der Wonnen hehrste ist der Liebestod!«

Wie aber reagierte die Presseöffentlichkeit auf die von Ludwig so euphorisch aufgenommene »Tristan«-Uraufführung? Schon vor der Uraufführung schreibt der »Bayerische Kurier« in einem aufschlußreichen Artikel: »Aufgabe des Theaters ist es, eine Schule der Bildung zu sein und für Ideale zu begeistern. Will es dieser Aufgabe nachkommen, so muß es Alles, was nur irgendwie zweideutig und gemein erscheint, von der Bühne ferne halten, weil Zweideutiges nicht bildet, sondern verbildet, und Gemeines der gerade Gegensatz von Idealem ist. Aus diesem Grunde scheint uns die oft besprochene Wagner'sche Oper ›Tristan und Isolde‹ nichts weniger als zur öffentlichen Aufführung geeignet. Denn von der Musik ganz abgesehen – dieselbe mag ausgezeichnet sein – der Gegenstand derselben ist im Grunde nichts anders als eine Glorifikation des Ehebruchs, und die Darstellung selbst nach der Aussage von solchen, welche den Proben angewohnt, besonders im 2. Akte skandalös, so zwar, daß dem Sittlichkeits- und Anstandsgefühl eine ziemlich schwere Probe bereitet wird, und anständige Damen unmöglich zugegen sein können. Wir können deswegen nicht begreifen, wie das k. Hof- und Nationaltheater einem solchen Stücke sich öffnen und seiner Aufgabe völlig untreu werden kann. Denn ein Theater, das Unsittliches bietet, ist nicht mehr eine Schule der Bildung, sondern der Unsittlichkeit und der Corruption.« Auch die pauschalen Urteile über »Tristan« fallen verheerend aus, wie dasjenige in der »Allgemeinen Musikalischen Zeitung«: »Daß dieses Werk gleichwohl zur Aufführung gelangte, müssen wir aber trotzalledem … mit dem freudigsten Dank aufnehmen, weil es jahrelang mit einer ganz merkwürdigen Zuversichtlichkeit für ein epochemachendes ausgegeben wurde, während es die allgemeine Meinung aller Unbefangener schon jetzt nur als Verirrung eines hochbegabten Mannes betrachten.« Es ist kaum zu bezweifeln, daß der Rezensent Bezug nimmt auf die Aussage des Artikels, den Wagner im Wiener »Botschafter« veröffentlicht hatte. In ähnlicher Weise wie hier wurden die Intentionen Ludwigs selbst in der Rezension der liberalen, wagnerfreundlichen »Neuesten Nachrichten« entwertet. Die dramatische Handlung mit dem »Liebestod«, den Ludwig so hochjubelte, wurde in der ultramontanen Presse gar verspottet: »Am nächsten Freitag soll der Ehebruch unter Pauken und Trompeten mit vollständiger Zukunftsmusik übers Hof- und Nationaltheater ziehen. Viele sind freilich so frei und meinen, es sei weder höflich noch national, den Bruch des 6. Gebotes mit Glanz und Gloria zu verherrlichen.« Mit der Musik geschieht Ähnliches, sie wird in Bausch und Bogen verdammt. Besonders bösartig ist eine Passage in einem Artikel, der auf die Verbindung von Wort und Ton im »Tristan« eingeht: »Und da wir zur gleichen Zeit immer einen Sinn doppelt ausgedrückt hören – einmal durch das Wort und das andere Mal durch die illustrierende Musik – so überkommt uns allmählich das Gefühl von geistigen Kolbenschlägen.« Wie radikal rezensiert wurde, zeigt auch die »Augsburger Abendzeitung«, deren Artikel im »Volksboten« nachgedruckt wurde: »Im dritten Akt ertönt, als … Tristan hört, daß Isolde naht, die Musik in nie gehörtem Lärm; was der Sänger noch an Stimme vorräthig hat, wird jetzt losgelegt, sein Hals schwillt an, doch wir hören keine Stimme, noch wilder tobt der Lärm, noch wüthender brüllt der Sänger, noch grausamer arbeitet der Dirigent, da schlägt Tristan thot hin. Unter diesem Höllenspektakel tritt Isolde auf. Auch sie legt sich zu seligem Liebestode nieder und unter dem Schein der untergehenden Sonne verduftet sie.« Alle Programmpunkte der »Utopie« und somit die gesamte Ideologie Ludwigs II. wurden in der Presse mit vernichtenden Kritiken bedacht. Um in Ludwigs Sinn zu sprechen: der deutsche Geist erwies sich für die »Offenbarung« noch in keiner Weise als würdig.

## Der Rückzug Ludwigs II.
## aus der politischen Verantwortung

Die Konsequenzen, die König Ludwig II. aus den Erfahrungen der Vorbereitungszeit und endlichen Uraufführung von »Tristan und Isolde« zog, spiegeln sich in einem Brief, den er am 17. Juni 1865, also nur zehn Tage nach der »Tristan«-Uraufführung, von Schloß Berg aus an Wagner schrieb: »Was kann Ihnen daran liegen, wenn elende Würmer Sie bekämpfen, Ihnen zu schaden suchen? ... Im Bewußtsein Seiner heiligen Größe wird mein theurer ... Freund fortfahren, Seine Bahn zu wandeln und der Welt Zeugniß geben von der ›Wahrheit‹! – Nochmals beschwöre ich Sie ... vergessen Sie die Welt.« Die Glorifizierung Wagners wird in diesem Brief ebenso verabsolutiert wie die Verdammung der Welt. Es wird eine Polarisierung im Denken Ludwigs spürbar, die sich in den folgenden Briefen des Königs immer stärker abzeichnet. Gleichzeitig isolierte er sich selbst immer stärker von seiner persönlichen Umgebung und residierte zurückgezogen auf Schloß Berg. Und wiederum monieren auswärtige Gesandte diesen Rückzug des bayerischen Monarchen in der außenpolitisch schwierigen Zeit. Die zunehmende Isolierung des Königs ging sogar soweit, daß er auch das offensichtlich noch nicht geweihte Theaterpublikum von seinem heiligsten Ort, dem Theater, fernzuhalten begann, um sich ungestört in seine »idealen Welten« versenken zu können. Nach einer Aufführung der »Iphigenie« äußerte er sich Ernst von Possart gegenüber sehr verärgert über das Publikum mit den Worten: »Ich kann keine Illusion im Theater haben, solange die Leute mich unausgesetzt anstarren.«[363] Und so wurden schon beim nächsten Wagner-Konzert, das am 12. Juli 1865 im Residenztheater stattfand, nur zwanzig bis dreißig enge Freunde Wagners zugelassen. Zwei Jahre später, 1867, teilte Ludwig Cosima von Bülow einen charakteristischen Traum mit, der auf die bald folgenden »Separatvorstellungen« des Königs vorausweist: »Herr von Bülow riet mir (in diesem

Traum), den ›Lohengrin‹ in einem Saale aufführen zu lassen, ohne Publikum, da sich dasselbe am Tage vorher höchst taktlos benommen hat. Es hatte nämlich dermaßen gezischt und geschrien, daß kaum das Vorspiel zu Ende gespielt werden konnte, und eine Dame hatte sich erfrecht, Spott- und Schmähverse in Walzermelodien auf mich vor allem Publikum von der Loge aus zu singen, weil ich ein solches Werk zur Aufführung bringen ließ.«[364] Die Welt wurde für Ludwig II. zunehmend zur Bedrohung. Selbst eine Dame brachte es fertig, mit Schmähversen den König einzuschüchtern. Wie müssen erst die Menschenmassen bei Hoffeiern und Paraden auf den König gewirkt haben? Der Weg von hier zu den Separatvorstellungen und den ständigen Absagen von Hoffestlichkeiten und Paraden ist nicht mehr weit! Die »Tristan-Ereignisse« verstärkten diese Tendenz auf erschreckende Weise, so daß die Kluft zwischen dem König und seinem Volk immer unüberwindbarere Ausmaße annahm.

Bis zum 29. Juli 1865 residierte Ludwig II. zurückgezogen auf Schloß Berg, um darauf nach Hohenschwangau zu dislozieren. Die Briefe, die er Wagner in dieser Zeit schrieb, sind alle in einem ähnlich ekstatischen Stil gehalten wie derjenige vom 14. August: »Der feste Glaube an Unsere Sendung wird Uns nie verlassen ... die That trete in's Leben! ... der tückische Tag, er berge sein sengendes Feuer auf immer! Während die Welt in Alltagssorgen sich müht ... werden die herrlichen Werke der Zukunft empfangen, geboren! – Die That allein kann bekehren!« Das Musikkonservatorium, der Theater-Prachtbau der Zukunft, die Werkförderung und die damit untrennbar verbundenen Audienzen und Korrespondenzen Wagners bildeten seit der »Tristan«-Uraufführung mehr und mehr den Lebensinhalt des Königs. Gleichzeitig wurde der königliche Rückzug in die Berge intensiviert, bedingt durch Krankheit und Leiden. Besonders aufschlußreich ist eine Klage von Außenminister von der Pfordten: »Geht es so fort, so bildet sich der König ja nie zum Regenten aus, er spricht niemand, sieht niemand ... Jetzt könnte er mir noch die Verordnung der Ärzte vorhalten, welche Zurückgezogenheit empfehlen. Deshalb schweige ich diesen Sommer noch, dann aber muß ich meine Pflicht erfüllen und ihm Vorstellungen machen.«[365] Unverhohlen droht von der Pfordten, bald wieder einzugreifen. Andererseits ersieht man aus diesem Votum des Ministerratsvorsitzenden indirekt den Zusammenhang von krankheitsbedingtem Leiden und gleichzeitigem Rückzug von der Welt, ganz im Sinne der »utopischen« Leitideen, die im Leben des Königs immer dominanter wurden. Dieser Zusammenhang wurde selbst in den Zeitungen manifest. So erschien in mehreren Zeitungen die Notiz, daß die Hoffnungen, Ludwig würde sich mehr in der Öffentlichkeit zeigen, durch eine Bronchitis zunichte gemacht worden seien.[366]

Mitte August wurde Ludwig in den Zeitungen erneut als krank gemeldet, so daß der König selbst sein Namensfest ohne den angemeldeten preußischen König Wilhelm einsam in seinen Gemächern feierte. Nur kurze Zeit später publizierte der »Kurier« die Meldung, daß der König »infolge dringenden Rates seines Arztes« die Teilnahme an den Herbstmanövern seines Heeres abgesagt habe. Im gleichen Zeitraum schrieb Wagner für den König den »Parsifal«-Entwurf, dasjenige Drama also, in welchem die Abgeschiedenheit und Ruhe Monsalvats ebenso gepriesen wird wie das Leiden für andere Menschen. Sinnfälliger Ausdruck der Entwicklung des Königs ist ein Gebet, das er am 4. August an Wagner schrieb: »Heil Ihm! – Segne Ihn, mein Herr und Gott, gib Ihm den Frieden, den Er bedarf, entziehe Ihn den profanen Augen der eitlen, leeren Welt, bekehre sie durch Ihn von dem Wahne, der sie gefangen hält! Dir bin ich ganz gegeben nur Dir, nur Dir zu leben!« Die Verbindung der Philosophie Schopenhauers und der »Utopie« Wagners im Denken Ludwigs II. wird hier endgültig manifest: Die Menschen, die – wie Schopenhauer dies postuliert – in Öde und im Wahn in der Welt leben, können durch die Kunst des leidenden Genies von diesem Wahn befreit werden.

Der Einfluß Wagners auf den König wuchs in dieser Zeit offenkundig immer noch stärker, was auch folgendes Schreiben Ludwigs vom 7. Oktober 1865 veranschaulicht: »Ein Vorbild sein, ja, mein geliebter Freund, das wollen wir!

*Wir, stets innig vereint, vermögen Alles,* das weiß ich. – Gränzenlos ist mein Vertrauen auf unsre Stärke; freuen wir Uns, frohlocken wir! Wir haben Uns endlich gefunden, Unsre Seelen waren sich von Ewigkeit her bestimmt; dir bleibe ich treu bis in den Tod! ... Meine Ausdauer wird mich nie verlassen ... ich schreite sicher auf meiner Bahn, *Unser Ideal* fest im Auge behaltend.« Mit diesem Brief macht Ludwig deutlich, daß für ihn die Erhaltung der »utopischen Urzellen-Einheit« mit Richard Wagner immer wichtiger, immer existentieller wurde, wodurch er aber zwangsläufig seine monarchischen Pflichten immer mehr vernachlässigte. Die Minister erhielten kaum mehr Audienzen, sie konnten den König lediglich noch in den Zwischenakten von Opernaufführungen oder an Ausflugszielen sprechen und mußten selbst darüber froh sein. Damit wurden natürlich die Staatsgeschäfte stark gehemmt und auch die Position des Königs geschwächt. Ludwig aber wußte durchaus von seiner abwesenheitsbedingten zunehmenden Unbeliebtheit in gewissen Kreisen. So hatte er etwa die Sympathien des Heeres verscherzt, als er ohne triftigen Grund nicht zu den Heeresmanövern erschien. »Wenn der König acht bis zehn Stunden in Nacht und Nebel reiten kann, ohne seine Gesundheit zu gefährden«, heißt es in einem Geheimbericht der Münchner Polizeidirektion, »kann S. Majestät auch einige Tage seiner Armee widmen.« Unter dem Vorwand, an rheumatischen Schmerzen zu leiden, hatte er eine Einladung des Großvaters, Ludwig I., zu einer Familientafel abgelehnt, aber am selben Abend trotzdem eine Vorstellung von Schillers »Willhelm Tell« im Hoftheater besucht. Der erzürnte Ludwig I. sah Ungemach voraus: »Sehr traurig, die Verirrung meines Enkels«, soll er gesagt haben, »aber es wird nicht lange dauern, dem wird die Population schon ein Ende machen.«[367] Die Kluft zwischen dem König und seiner Umgebung wurde immer größer, und damit verbunden wuchs auch die Opposition gegen den Führungsstil Ludwigs II., an welchem dieser aber umso unbedingter festhielt. Die Folgen dieser Haltung des Königs bekamen natürlich vor allem die politischen Gremien zu spüren, wirkte sie sich doch immer stärker auf die Bayerische Realpolitik jener Jahre aus.

Betrachtet man die Ereignisse des Sommers 1865 im chronologischen Ablauf, so offenbart sich ein dichtes Gewebe von kulturellen und politischen Begebenheiten, das sich um den König spinnt, wobei die beiden Aspekte kaum mehr auseinanderzuhalten sind. Das Ringen von liberalfortschrittlichen und konservativen Kräften um die Gunst Ludwigs wurde immer intensiver und wurde maßgeblich von Wagner gesteuert oder zumindest indirekt beeinflußt. Der Standpunkt des Königs in diesem »Tohuwabohu« der Interessen bleibt allerdings unergründbar, außer man definiert sein Verhalten als dasjenige des leidenden, liebenden Parsifal, der »utopiegerecht« keinen realen Standpunkt einzunehmen vermag und so, über allen stehend, beide Parteien über seine Absichten im Dunkeln läßt.

Den Anfang dieses Seilziehens machte nach langer Krankheitsphase des Königs eine Unterredung mit Außenminister von der Pfordten am 10. Juli, über deren Inhalt ein Antwortschreiben Ludwigs an den Außenminister Aufschluß gibt, das – bezeichnend für die zögernde Haltung des Königs – erst neun Tage später von »hoher Bergesspitze« auf der »Riß« datiert ist: »Mit inniger Freude denke ich an jene Stunden zurück, die ich mit ihnen im Gespräch zugebracht habe. In den Händen eines solchen Mannes das wichtigste Portefeuille zu wissen, das erfüllt mich mit wahrhaft erhebender Freude! Des Innenminister Max von Neumayr wankelmüthigen Charakter in einen verläßlichen umzuwandeln, ihn auf feste, sichere Bahnen zu lenken, scheint mir ein Ding der Unmöglichkeit zu sein. Nahte doch der Augenblick bald, der es gestattete, ihn zu entfernen; erst dann, ich sehe es ein, wird es möglich sein, mit Erfolg gegen die Bureaukratie einzuschreiten. Jeder Tag zeigt mir aufs neue, daß dieses Korps auf dem besten Wege ist, zu einer der Krone feindlichen Macht heranzuwachsen. Sehr dringend nothwendig scheint es mir, dasselbe in seine Schranken zurückzuführen und die Grenzen seiner Befugnisse scharf zu zeichnen. Ich verkenne die Schwierigkeit dieser Aufgabe

nicht; viel erwarte ich von Ihrer Mithilfe.«[368] Von der Pfordten, der mit seinen Bemühungen, Wagners Einfluß ein-
zuschränken, bei Ludwig abgeblitzt war, wählte nun einen
anderen Weg, um den liberalen Fortschritt in Bayern einzu-
dämmen: Er verlangte, wie aus diesem Brief ersichtlich
wird, am 10. Juli die Absetzung des einzigen liberalen Ministers von Bayern, Max von Neumayrs, der – wie wir gesehen
haben – auch ein Parteigenosse Froebels war. Zwischen
dem liberalen Innenminister Neumayr und von der Pfordten bestand seit dessen Amtsantritt im Dezember 1864 ein
Antagonismus, der früher oder später zur Absetzung von
einem der beiden führen mußte. Nun hatte also von der
Pfordten die Offensive ergriffen, und erhielt vom König,
der ihn überschwenglich seiner Wertschätzung versicherte,
scheinbar auch Recht. Allerdings konnte sich Ludwig nicht
dazu durchringen, ein konservatives Zeichen zu setzen, indem er Neumayr sofort entließ. Was waren wohl die Gründe
für sein Zaudern?

Eine Antwort darauf gibt die Unterredung, die Richard
Wagner nur drei Tage nach von der Pfordtens Visite am
13. Juli bei Ludwig II. hatte. Wagner hatte eine fast vierstün-
dige Audienz beim König, von welcher wir indirekt durch
einen Brief Kenntnis haben, berichtete er darüber doch am
15. Juli mit einem außerordentlich brisanten Schreiben an
seinen Freund August Röckel: »Ich denke viel darüber nach,
wie ich Dich ganz bei mir haben könnte! Welch inniger Genuß wäre mir dieß! Immer stellen sich mir zwei Rücksichten
entgegen: Deine Familie erfordert für Dich eine einträgli-
chere Stellung, als ich Dir sie jetzt zuwenden könnte, dann:
Dein Versessensein auf politische Agitation wäre jetzt – hier
– nicht zu befriedigen, ohne vorzeitig grenzenlose Verwirrung anzustiften! Doch gebe ich es nicht auf, die günstige
Eingebung zu empfangen, die meinen wahren Herzens-
wunsch zur Erfüllung fördern könnte! – Vorgestern zogen
Schnorr's für jetzt wieder fort. Wir hatten am Mittwoch
noch eine Conzertaufführung … Tag's darauf war ich denn
wieder beim König in Berg: dießmal hatten wir eine 3 ½
stündige Unterredung, die mich sehr angriff. Es wird sich

nun Vieles ändern und bestimmen. Ich kann nicht sagen: es bleibt dabei, daß dieser Jüngling der schönste und edelste Mensch ist, den ich mir vorstellen kann, sondern ich muß gestehen, daß diese Überzeugung sich zu einer wirklich exstatischen Schwärmerei in mir ausbildet. Ich – weiß Gott! – komme mir manchmal vollständig klein und ungroßmüthig neben dieser Vollendung vor. – Laß' den nur noch ein wenig zur Erfahrung und Kenntniß gelangen: die Elendigkeit unsrer ganzen politischen und sozialen Zustände ist ihm ein so klar vorschwebendes und inwohnendes Bild u. Bewußtsein, daß da auch nicht das mindeste hinzuzuthun ist. Du hättest hören sollen, mit welch sicherem, aber ruhig energischem Gefühl er von der Unfähigkeit des sämmtlichen Adels, der Ehrlosigkeit unsrer Monarchen u. s. w. sprach: da war nicht ein affectirtes Wort dabei; Alles rein und empfunden, wie ein gutes Gedicht. Er kann jetzt noch nicht anders, als sich nur durch festes Abschließen und Abhalten der ganzen alten nichtigen Kreise frei und rein erhalten. Die Fähigkeit zur That, zur richtigen Wahl der Mittel des Handelns, wird ihm endlich überraschend schnell kommen. – Wir haben abgemacht, daß ich nun in einen regelmäßigen persönlichen Verkehr mit ihm trete. Davon ist denn nun Alles zu hoffen: böse mußt Du aber nicht werden, zu erfahren, daß sein Ausgangspunkt zu Allem u. Jedem seine schwärmerische Liebe zu mir u. meinen Werken ist. Ich muß ihn erst hier vollkommen befriedigen, um ihn weiter gehen lassen zu können. Übereile daher auch durch Indiscretionen in der Presse nichts: lieber sei man, namentlich an auswärtigen Höfen – noch eine Zeitlang im Unklaren über diesen jungen Helden. Möge er diesen noch einige Zeit einzig als ›Musikenthusiast‹ – ›Zukunftskunstfreund‹ u. s. w. gelten: ich liebe diese Brutusmaske für ihn: hinter ihr, gerade hinter ihr, soll etwas ganz Curioses ruhig wachsen u. sich entfalten.«[369]

Dies ist ein wichtiger Schlüsselbrief Wagners, dessen Tragweite und Bedeutung erst vor dem Hintergrund des bisher Erarbeiteten voll erfaßt werden kann. Das Schreiben wurde unmittelbar unter dem Eindruck der Unterredung mit dem König geschrieben und nimmt, in fiebriger Eile und mit großem Enthusiasmus formuliert, euphorisch Bezug darauf. Auch wenn wir den objektiven Wahrheitsgehalt des Gesagten nicht in allem verifizieren können, erfahren wir doch viel über Wagners subjektives Denken; wenn Wagner etwa schreibt, Ludwig kenne »die Elendigkeit unsrer ganzen politischen und sozialen Zustände«, offenbart dies zumindest auch Wagners subjektive Meinung, wie wir sie schon aus den theoretischen Schriften her kennen. Richtig ist Wagners Aussage, der König würde sich daher von seiner Umgebung abschirmen und daß der König die jetzigen Monarchen als ehrlos und den sämtlichen Adel als unfähig betrachte. Weiter teilt Wagner seinem Nationalverein-Freund Röckel mit, Ludwig würde eine »Brutus-Maske« tragen, das heißt, seiner Umgebung eine harmlose Kulturtätigkeit vortäuschen, hinter welcher aber etwas ganz Anderes gedeihen würde. Er, Wagner, werde nun in einen regelmäßigen Verkehr mit dem König treten, von dem »Alles zu hoffen« sei. Zwar teilt Wagner nicht direkt mit, was er dem König in diesen Gesprächen vermitteln wollte, doch wissen wir inzwischen ziemlich genau, was er beabsichtigte. Vielsagend ist ja schon die Bemerkung, daß Röckels »Versessensein auf politische Agitation« zu diesem Zeitpunkt nicht zu befriedigen wäre, »ohne *vorzeitig* grenzenlose Verwirrung anzustiften«. Auffallend ist auch die Tatsache, daß Wagner nur zwei Monate später, im September, mit der Niederschrift der fortschrittlich-politischen »Tagebuchblätter« begann. Diese sollten die von ihm initiierten, zu dieser Zeit aber abgebrochenen persönlichen Begegnungen mit dem König ersetzen. Die Marschrichtung war also klar: Wagner war der »Voltaire Ludwigs des Deutschen« und setzte alles daran, den König in liberal-fortschrittliche Bahnen wagnerscher Prägung zu lenken. Nun war er tatsächlich der politische Berater wie einst Wilhelm von Dönniges bei Max II.

Vergleicht man den Brief von der Pfordtens an Ludwig mit dem Brief Wagners an Röckel, so zeigt sich eine fatale Schwäche des Königs. Diese mußte zwingend zu einer unhaltbaren politischen Situation in Bayern führen, denn beiden Kontrahenten gab Ludwig das Gefühl, Recht zu haben.

Auf der einen Seite folgte er von der Pfordtens Argumentation, daß Innenminister Max von Neumayr entlassen werden müsse – als liberaler Politiker und Parteigänger Froebels mußte dieser aber die Sympathien Wagners genießen. Andererseits gewährte Ludwig der fortschrittlichen Beratertätigkeit Wagners immer mehr Raum und traf sich im Juli häufig und lange mit dem Komponisten, womit er die Beziehung zu Wagner – entgegen von der Pfordtens Wunsch vom Mai 1865 – nicht nur beibehielt, sondern sogar noch stark intensivierte. So war Wagner bereits am 16. Juli zu einer weiteren langen Audienz auf Schloß Berg, wo kulturpolitisch wichtige Entscheide getroffen wurden. Noch an demselben Tag ließ Ludwig II. an das Kultur-Ministerium den Schließungs-Befehl in betreff des Musikkonservatoriums erteilen und an das Handelsministerium wegen des provisorischen Theaters. Das endgültige Semper-Theater sollte diesem nach Ludwigs Willen in nicht zu langer Zeit folgen. Am 31. Juli wurde daraufhin tatsächlich das Konservatorium offiziell geschlossen und sämtliche Professoren entlassen![370]

Ludwig II. lavierte in dieser Zeit zwischen beiden politischen Parteien hin und her, entzog sich aber einer klaren Entscheidung und flüchtete sich in seine »Utopie«. Für Wagner, der sich ganz auf die Parteinahme des Königs verließ, konnte diese Regierungsunfähigkeit Ludwigs fatale Folgen haben, wenn er sich in seiner Agitation zu sehr auf seine Macht verließ. Tatsächlich lancierte Wagner in dieser Zeit – seiner Macht über den König voll bewußt – eine Attacke gegen Pfistermeister, um vom Kabinettsekretariat unabhängig zu werden. Zuerst schrieb er am 15. Juli, also am selben Tag wie an August Röckel, einen Brief an Pfistermeister, in welchem er sich über Kabinettskassier Hofmann beschwerte. Zusätzlich signalisierte er darin auch sein deutliches Mißtrauen Pfistermeister gegenüber, was dieser Wagner auch prompt verübelte. Nur einen Tag später, am 16. Juli, folgte dann von anderer Seite ein weiterer Angriff auf Pfistermeister. Der Bildhauer Ruf publizierte in den liberalen »Neuesten Nachrichten« eine Erklärung, die schwere Anklagen gegen das Kabinettsekretariat und insbesondere gegen Kas-

sier Hofmann und Sekretär Pfistermeister enthielt. Ruf
wurde postwendend wegen Ehrenkränkung durch die Presse gerichtlich belangt und in beiden Instanzen als schuldig
verurteilt. Diese Begebenheit ist deshalb von Bedeutung,
weil später Wagner mit der »Affäre Ruf« in Verbindung gebracht wurde, was angesichts der zeitlichen Nähe zu
Wagners eigener Attacke gegen das Kabinett kaum verwundert. Beweise für eine Konspiration mit Ruf ließen sich aber
keine finden.

Wagner selbst initiierte einen handfesten Angriff gegen
Pfistermeisters privilegierte Stellung in einem ausführlichen
Schreiben vom 21. Juli an den König, in dem er die Schaf-
fung einer Generalintendanz der Zivilliste forderte. Diese
sollte mit der Leitung aller, von der königlichen Zivilliste abhängigen Kunstinstitute und Kunstunternehmungen betraut
werden. Raffiniert ist die Argumentation Wagners, mit welcher er das Amt für Baron von Moy forderte: »Gestern –
oder vorgestern – erhielt ich nun auch die Semperschen
Pläne wieder zugeschickt. Ich habe sie nun genau studiert,
finde sie vortrefflich, originell, schön und höchst zweckent-
sprechend. Traurig stimmte mich der Brief, mit welchem
Freund Pfistermeister diese Zusendung begleitete: auch
jetzt versteht mich der Ärmste nicht, und fühlt sich ge-
kränkt, wo ich an nichts weniger als an eine Kränkung für
ihn dachte; aber das ist ja eben das Peinliche, welchem ich
ein Ende machen mußte: kein Gott vermag Übereinstimmung zu Stande zu bringen, wo das wahre Seelenverständ-
niß unmöglich ist. Die Verwirrungen, welche unvermeidlich
stets daraus entstehen müssen, wenn zwei Menschen von
gänzlich verschiedenen Anschauungen auf dem Gebiete des
Schönen sich über die Mittel zu Erfolgen auf diesem Gebiete vereinigen sollen, kann ich nur bis zu einem gewissen
Punkte noch ertragen: es wird mir endlich zu einem Act der
Notwehr zur Lebensrettung, solchen Verhältnissen ein Ende
zu machen. ... Fände sich daher für meinen königlichen
Freund kein mir unbekannter Grund zu einer wirklichen
Entfernung Pfistermeisters aus seiner bisherigen Stellung,
so hätte auch ich ganz gewiß keine solche zu wünschen. Nur

das glaube ich meinem theuren Freund rathen zu müssen, die Verwendung dieses Mannes in Zukunft auf die natürliche Höhe seiner ursprünglichen Stellung zurückzuführen und zu beschränken. Aufrichtig gesagt, ich glaube, die Bedeutung dieser Stellung ist durch ihr langjähriges Innehaben durch diesen Mann umfaßender und wichtiger geworden, als es der Würde des Königs zuträglich erscheinen muß. – Deshalb der wohlerwogene Wunsch, welchen ich kürzlich dem angebeteten Freunde vortrug, einen rechtschaffenen, loyalen und wohlrepräsentierenden Edelmann des königlichen Hofstaates auszusuchen, welcher den ernstlich kunstsinnigen Monarchen für alle seine Befehle und Anordnungen, genau ihrem Sinn gemäß, würdig und rücksichtslos gegen gemeine persönliche Interessen, vertrete. Sie nannten mir selbst den Freiherrn von Moy. Mich dünkt, mein hellsehender Freund hat sofort den richtigen Mann erkannt.« Vordergründig zielte Wagners Kritik an Pfistermeister auf dessen Kunstunverständnis, aber er führt als Argument auch die zu »umfassende und wichtige« Stellung Pfistermeisters an. Dies ist ein eindeutig liberales Argument gegen die unkonstitutionelle Einrichtung des Kabinettsekretariats und war Bestandteil des offiziellen politischen Programms der »Fortschrittspartei«. Kulturpolitische und politische Argumente werden hier von Wagner zusammengeführt und geschickt verwischt.

Aus Wagners Brief geht auch hervor, daß die Angelegenheit bei einem Zusammentreffen mit Ludwig ausführlich diskutiert worden war, wobei sich der König offenbar sofort damit einverstanden erklärt hatte. Wagners Audienzen beim König trugen also Früchte. Dafür spricht auch ein Brief Hans von Bülows vom 25. Juli an Joachim Raff, in dem er triumphierend schreibt: »Hier ist manches Ersprießliche und Nothwendige im Werke – allmälige Abbahnung von verschiedenen Personen und Anbahnung besseren Systems.«[371] Wagner wollte beim König auch durchsetzen, daß von Moy umfassende Kompetenzen erhalte. Als Generalintendant des Hoftheaters und des Hoforchesters sollte von Moy die Etats dieser beiden Institutionen neu organisieren, in Zukunft Aufträge und Bestellungen des Königs an Künstler der verschiedenen Kunstzweige zur Besorgung übernehmen und namentlich auch sofort diejenigen Unterhandlungen leiten und zum Abschluß bringen, welche zur Reorganisation des Konservatoriums sowie zur Herstellung eines provisorischen Festtheaters im Glaspalast, den Absichten und besonderen Wünschen des Königs gemäß, erforderlich sind. Mit dem Ludwig und Wagner loyal ergebenen Intendanten von Moy sollten sehr geschickt alle Gegner auf einmal ausgeschaltet werden: der Direktor des Konservatoriums, der bisherige Leiter des Hoftheaters und -orchesters, Anton von Perfall, der Kassier der Zivilliste, von Hofmann, und der Intendantsrat Schmidt. Pikantes Detail ist, daß, laut Aussage von Peter Cornelius, Schmidt »der Intimus vom Finanzrat-Hofmann« war und beide »Wagner spinnefeind« gewesen seien![372] Und nicht zuletzt würde damit natürlich auch Kabinettsekretär Pfistermeister umgangen, der bisher die königlichen Befehle für die Kunstinstitutionen weiterleitete. Wie raffiniert und mit welchen Mitteln Wagner seine Ziele zu erreichen trachtete, zeigt, daß sich die Wagner-Partei immer mehr auch der Presse zur Bekanntgabe und Durchsetzung ihrer Pläne bediente. So wird in einem Artikel in den wagnertreuen »Neuesten Nachrichten«, der einen Text der »Berliner Nationalzeitung« wiedergibt – Hans von Bülow wiederum unterhielt enge Beziehungen zur »Berliner Zeitung« – bekanntgegeben, daß eine »Generalintendanz der Zivilliste« geschaffen werden soll, als deren Leiter Baron von Moy in Aussicht genommen sei.

Trotzdem zerschlug sich das von Wagner so raffiniert aufgezogene Projekt wieder. Ludwig schrieb bereits am 29. Juli in einem Brief an Pfistermeister, in dem er den Kabinettsekretär seiner unwandelbaren Freundschaft versicherte: »Von Herzen wünsche ich Ihrethalben, die leidige Hofmännische Angelegenheit möge nun glücklich ihr Ende erreicht haben!«[373] – und dies, obwohl er Wagner noch am 25. Juli bestätigt hatte: »Ich glaube, wir haben den rechten Mann gefunden, Baron von Moy mache fortan den Interpreten.«[374]

Auch hier gab Ludwig also sowohl Wagner als auch Pfistermeister das Gefühl, die uneingeschränkte Gunst des Königs zu genießen.

Trotz dem Scheitern der Einrichtung eines Generalintendanten wurden in dieser Zeit die Kultur-Projekte mit großer Energie vorangetrieben: Am 24. Juli wurde von Semper ein Kostenvoranschlag für das Theater verlangt – wieder ein Schlag gegen die Kabinettskasse – und gleichzeitig wurden die Baupläne zwischen Semper, Wagner und Ludwig hin und hergeschickt und diskutiert, worauf Semper am 10. August Pfistermeister ankündigte, daß er Anfang September nach München zu kommen gedenke. In der gleichen Zeit schenkte Wagner dem König die Partituren der »Feen«, »Liebesverbot«, »Rienzi«, »Rheingold«, »Walküre«, »Meistersinger« und »Huldigungsmarsch«. Dazu kamen die Orchesterskizzen von »Holländer« und »Siegfried« III. Akt. Die Rechte am »Ring« aber hatte Wagner schon einmal – an Otto Wesendonck in Zürich – verkauft. Am 31. Juli 1865 bat Wagner Wesendonck daher in einem Brief, auf die Rechte zu verzichten, und stellte ihm eine Entschädigung des Königs in Aussicht, ohne daß er Ludwig von diesem Ansinnen unterrichtet hatte! Und so erhielt Wesendonck für sein großzügiges Einlenken tatsächlich nie eine Abfindung ausbezahlt. All diese kulturellen und politischen Aktivitäten kollidierten mit dem Konflikt um Schleswig-Holstein, der sich in dieser Zeit zuspitzte, wobei sich immer deutlicher eine für Bayern unbefriedigende Lösung abzeichnete. Von der Pfordten war daher intensiv in die internationalen Geschehnisse involviert und hätte dringend der uneingeschränkten Unterstützung durch die Krone bedurft.

## Zuspitzung der politischen Lage Bayerns

In den scheinbar festgefahrenen Konflikt um Schleswig-Holstein kam Bewegung, als die Partei des Erbprinzen von Augustenburg unter dem offensichtlichen Schutz Österreichs in den Elbeherzogtümern eine wüste Agitation zu betreiben begann, was die Beziehung zwischen Preußen und Österreich schwer belastete. Diese Querelen benutzte Bismarck, der zu dieser Zeit mit König Wilhelm I. in Karlsbad zur Kur weilte, um einerseits den Preußenkönig gegen den Augustenburger Erbprinzen einzunehmen und um andererseits gegen Österreich immer schroffer aufzutreten. Schließlich gelang es ihm, König Wilhelm zu einem Handschreiben an den österreichischen Kaiser zu bewegen, in welchem die Ausweisung des Prinzen von Augustenburg aus den Herzogtümern gefordert und anschließend mit einem militärischen Vorgehen zum Schutz Preußens gegen die »offene Verunglimpfung« gedroht wurde. Da die Antworten Österreichs für Preußen unbefriedigend ausfielen, kam es am 21. Juli in Regensburg, wo sich Wilhelm auf der Durchreise nach Gastein befand, zu einem Ultimatum an Österreich: Falls Österreich jetzt nicht gemeinsam mit Preußen die Ausschreitungen der »Augustenburger Partei« in den Elbeherzogtümern bekämpfe, werde Preußen dies ohne Rücksicht auf die Folgen selbst tun.

Diese politische Krise betraf unmittelbar auch Bayern, setzte sich doch Außenminister von der Pfordten seit jeher für den Herzog von Augustenburg ein und versuchte auch, zwischen den Kontrahenten Österreich und Preußen zu vermitteln. Bismarck, dem offensichtlich an einem guten Einvernehmen mit Bayern gelegen war, hatte dem bayerischen Außenminister und Ministerpräsidenten schon vor dem Regensburger Ultimatum den Wunsch für eine persönliche Unterredung am 20. Juli in Regensburg übermittelt. Von der Pfordten, der die Vorgänge zwischen Österreich und Preußen mit wachsender Unruhe und Spannung verfolgte, lehnte die Begegnung in Regensburg zwar ab, erklärte sich aber bereit, am 23. Juli mit Bismarck in Salzburg zusammenzutreffen. Aus diesem Grund wollte er vorgängig mit Ludwig II. den bayerischen Standpunkt besprechen, doch wurde er vom König nicht vorgelassen; und dies in der gleichen Zeit, in der Wagner lange Audienzen gewährt wurden! Eine unhaltbare Situation: während die »Deutsche Frage« einer vorentscheidenden Phase entgegensteuerte, residierte der König zurückgezogen auf Schloß Berg und ließ seinen Ministerpräsidenten ohne königlichen Rückhalt in der außenpolitischen Krise allein. Innenpolitisch durch das Verbleiben Neumayrs im Ministeramt und durch das Ringen der politischen Kräfte um die Gunst von Ludwig II. geschwächt, behindert auch durch die kulturpolitischen Kämpfe um Wagner und die Audienz-Verweigerung des Königs, sah sich von der Pfordten fast unlösbaren Problemen gegenüber. Verstärkt wurden diese durch die immer unverholener zur Schau gestellte »Utopie-Liebe« des Königs zu Wagner. So bot Ludwig genau zu dieser Zeit, als Bismarck für die Verhandlungen um Schleswig-Holstein in München weilte, Wagner die königliche Jagdhütte auf dem Hochkopf als Refugium an. Wagner blieb vom 10. bis zum 24. August in der Abgeschiedenheit der bayerischen Berge und schlief auf dem königlichen Lager!

So konnte es für den Außenminister nicht mehr weitergehen, wollte er das Staatsschiff erfolgreich führen, zumal sich die Krise für Bayern noch verschärfte: In Gastein war es kurze Zeit später zwischen den Kontrahenten Österreich und Preußen noch einmal zu Verhandlungen gekommen, die am 14. August durch den »Vertrag von Gastein« erfolgreich abgeschlossen wurden. Österreich und Preußen teilten sich die Verwaltung der Herzogtümer, Österreich sollte die Verwaltung in Holstein, Preußen in Schleswig übernehmen. Vom Recht oder gar von der Einsetzung des Erbprinzen von Augustenburg war mit keinem Wort mehr die Rede — eine schwere Niederlage für von der Pfordten.

Der Gasteiner Vertrag, der über die Interessen der Mittelstaaten hinwegging und dementsprechend von der Presse mit harscher Kritik an der Schwäche der Regierungen der

Mittelstaaten kommentiert wurde, mußte zwangsläufig in Bayern auf verschiedenen Gebieten entscheidende Änderungen und Neuerungen bringen. Alle drei innenpolitischen Parteien, König Ludwig II., Richard Wagner und von der Pfordten, reagierten auf den Gasteiner Vertrag, und alle drei Parteien so verschieden, daß dies die endgültige Münchner Katastrophe schließlich auslöste.

Nur elf Tage nach dem Gasteiner Vertrag, am 25. August 1865, sollte König Ludwig II., der Außenminister von der Pfordten nach wie vor im Amt beließ, zu seinem Geburtstag den preußischen König Wilhelm I. in Hohenschwangau empfangen. Doch Ludwig sagte die staatspolitisch gerade zu diesem Zeitpunkt außerordentlich wichtige Begegnung – krankheitshalber – ab! Entsprechend ungehalten darüber zeigte sich von der Pfordten in einem Brief an das Kabinettsekretariat zu Händen des Königs: »Es wäre geradezu unhöflich und verletzend (Wilhelm nicht zu empfangen) ... Jede Stellung hat eben ihre Konsequenzen und Pflichten, auch die eines Königs. Es gibt dagegen keine Hilfe.«[375] Was wäre wohl geschehen, wenn nicht nur von der Pfordten auf diplomatischem Weg, sondern auch ein starker Monarch auf königlicher Ebene versucht hätte, zwischen den beiden Großmächten zu vermitteln und damit Bayerns Stellung zu stärken? Immerhin war Königin Elisabeth von Österreich die Cousine, König Wilhelm von Preußen der Onkel Ludwigs. Doch anstatt überhaupt einen Versuch zu unternehmen, durch Gespräche mit Kaiser und König zu einer Lösung beizutragen, wollte Ludwig dies mit Hilfe der Kunst Richard Wagners bewerkstelligen. Dies legen zumindest zwei Briefe Ludwigs aus dieser Zeit nahe. Das eine Schreiben hatte er bereits am 21. August an Wagner verfaßt: »Nun ist mir der ganze Tag verdorben: der König v. Preußen wird am 25ten hier sein! – Ich sehne mich nach Ihnen. – Nur wenn ich an den Geliebten und an seine Werke denke, bin ich wahrhaft glücklich. ... Theilen Sie mir einiges von Ihren Plänen über die ›Sieger‹ mit und ›Parcival‹! – Ich schmachte darnach! – Löschen Sie den brennenden Durst! Ach, wie nichtig ist die Welt! Wie elend, wie gemein so viele Menschen! Ihr Leben dreht sich im engen Kreise der flachen Alltäglichkeit. – Ach hätte ich die Welt hinter mir!« Wagners Einfluß mittels der »Utopie« war übermächtig geworden: Es war Wagner, der der idealen »Utopie-Zelle« Ludwig-Wagner die »Bosheit der Welt« und die »Ehrlosigkeit der Monarchen« vor Augen gehalten hatte. So war es nur logisch, daß Ludwig König Wilhelm nicht empfangen wollte.

Der zweite Brief Ludwigs datiert vom 26. August – also nur einen Tag nach dem verweigerten Staatsempfang – und ist an Cosima von Bülow gerichtet: »Wir, seine Freunde, wollen Ihn schirmen mit mächtigem Schutze; kein greller Schein des Tageslichts soll Ihn wecken aus den wonnigen Träumen, in ›Seiner‹ Welt muß Er einzig u. ungestört leben ... Und während Er der Erde nun gänzlich entrückt ist, muß die Kunstschule gegründet werden, müssen die Kräfte gewonnen werden, deren Er so nöthig bedarf und erheben soll er sich, der prachtvolle Bau, das Festtheater der Zukunft! – Schon sehe ich die Gläubigen, die von Begeisterung Entflammten sich in den weiten Hallen schaarend, da beginnen die wundervollen Weisen u. entziehen uns der profanen Welt. ›Der Ring des Nibelungen‹ wird selbst die Starrsten beugen und Alle werden jauchzend u. frohlockend die Welt erfüllen, vor Wagner sich in den Staub werfen und den Geist anbeten, der solche Wunder gewirkt! ... Was ich irgend zu thun vermag, werde ich thun, dieß schwöre ich Ihnen! Alles soll erfüllt werden! – Wenn mir auch Rücksichten zu nehmen eine Nothwendigkeit ist, so werde ich doch alle Hindernisse besiegen, dessen seien Sie versichert; denn für Ihn kam ich zur Welt, Ihm nur gehöre ich.«[376] Die Lebensweise und Zielsetzungen des Königs waren endgültig festgelegt. Dies wußte auch Kabinettsekretär Pfistermeister, hatte er doch diesen inhaltsschweren Brief an Cosima übermittelt. Pfistermeister wurde so Zeuge der glühenden Verehrung Ludwigs für Wagner, des Wunsches Ludwigs, alles zu vollenden, und der Hörigkeit des Königs gegenüber Wagner. Dem Kabinettsekretär, dessen Stellung durch Wagners Agitation immer mehr gefährdet war, mußte angesichts dieses Briefes klar geworden sein, daß sich in München in Sachen

Wagner etwas ändern mußte; und dies nicht zuletzt auch, um sich selbst zu schützen.

Das Verhalten Wagners ist ebenso folgerichtig wie Ludwigs Reaktion. Er, der selbsternannte politische Berater des Königs, wollte nun nach dem bayerischen Desaster von Gastein auf eine Neuorientierung der bayerischen Politik sinnen. So bestürmte er den König schon am 26. August: »Lassen Sie mich oft in Ihre Nähe kommen: nicht zu diesen heftig erregten, fieberhaften Zusammenkünften nach langen Trennungen, – sondern zu stetigem Verkehr in kurzen Pausen. Dann wird sich Alles, Alles geben! Ich komme nach Hohenschwangau, *wann* Sie wollen.« Die Parallelen zum Brief vom 15. Juli an Röckel, in welchem Wagner sich von einem regelmäßigen Verkehr mit dem König *Alles* erhoffte, ist unverkennbar. Als diese Appelle an den König nicht fruchteten, begann Wagner Anfang September mit der Niederschrift seiner »Tagebuchblätter«, seinem politischem Programm. Der König ließ bekanntlich diese Schriften von der Pfordten zur Umsetzung der darin dargelegten Ideen zukommen! Offenbar wollte nun Wagner das bewerkstelligen, woran von der Pfordten gescheitert war: ein tragfähiges bayerisches Konzept in der »Deutschen Frage«. Interessant dabei sind auch die ideologischen Parallelen zur »Fortschrittspartei«. Auch diese suchte nach dem Gasteiner Vertrag nach einer parteipolitischen Neuorientierung, sprachen sich die süddeutschen »Fortschrittler« doch klar gegen eine Annexion von Schleswig-Holstein aus. Das parteipolitische Augenmerk sollte sich mehr auf innenpolitische Themen richten nach dem Motto: zuerst liberal, dann preußisch. Bei dieser Neuorientierung forderte ein Teil die föderative deutsche Republik, eine deutsche Eidgenossenschaft gegenüber dem drohenden preußischen Einheitsstaat. Das lief unter den politischen Verhältnissen, in denen man sich befand, auf nichts anderes als eine Wiederbelebung der Ideen vom Zusammenschluß der deutschen Trias hinaus. Die genau gleiche Forderung nach einer föderativen Eidgenossenschaft stellte auch Wagner in seinen »Tagebuchaufzeichnungen« jener Zeit. Die Annäherung der Standpunkte ist frappant und spielte eine wichtige Rolle bei den Ereignissen im Herbst in München.

Doch auch Ludwig von der Pfordten zog seine Lehren aus dem »Gasteiner Vertrag«, paßte er doch seine im Kern gleichbleibende Politik den neuen Gegebenheiten an. Seine Neuorientierung zielte auf eine Verständigung mit Preußen und auf gute Beziehungen zu Frankreich, während er Österreich als »finanziell bankerrot und politisch in Anarchie« beurteilte, das zu handeln unfähig sei: »Wir können also zur Zeit und wohl noch auf lange nicht auf Österreich rechnen; vielmehr ist es sogar unser Gegner, weil es sich aus Furcht Preußen in die Arme geworfen hat«, so sein Urteil.[377]

Vergleicht man diese Ideen von der Pfordtens mit denjenigen des politischen Beraters Wagner, so stellt man ganz klare Divergenzen fest: von der Pfordten wollte eine Anlehnung an Preußen, Wagner haßte Preußen; von der Pfordten stellte sich gegen Österreich, Wagner wollte den Pro-Österreicher Julius Froebel nach München holen; von der Pfordten zielte auf gute Beziehungen zu Frankreich, was für den »neudeutschen« Wagner eine Unmöglichkeit war. Zudem verstand von der Pfordten Bayern als Mittlerin zwischen Österreich und Preußen, Wagner aber wollte Bayern als führendes Zentrum etablieren! Dazu kommen die innenpolitisch liberalen Ideen Wagners, die von der Pfordtens Auffassung ebenfalls zuwider liefen. Damit war nun von der Pfordtens Politik nicht mehr nur indirekt durch Wagners Wirken gefährdet, sondern ganz explizit und schwarz auf weiß sichtbar durch die sich in den Tagebuchblättern manifestierende Agitation. Nun mußte der Außenminister handeln, und nun hatte er auch handfeste Beweise.

## Wagners zunehmende Agitation
## für den »Fortschritt«

Mit einer ungeheuren Folgerichtigkeit und Vehemenz steuerte nun alles auf die »Katastrophe« – die Ausweisung Wagners – zu. Auffallend ist dabei nicht nur die zeitliche Dichte in der Abfolge der Ereignisse, sondern auch das unterschiedliche Verhalten Wagners und Ludwigs. Je mehr der König sich, bedingt durch seine Schwäche und Handlungsunfähigkeit, in die »Utopie« zurückzog, desto aktiver und agitatorischer wurde Wagner, wobei er seine liberal-fortschrittliche Haltung immer vehementer einbrachte. Damit einhergehend und von Wagners Agitation geschürt zeichnet sich immer klarer das Ringen verschiedener politischer Kräfte um die Gunst des Königs ab, der Versuch, den total abhängigen König von Wagner loszubringen oder zumindest Wagner und dessen Pläne bei Ludwig und in der Öffentlichkeit zu diskreditieren. Hier sind nun die zwei Gegner-Parteien deutlich auszumachen. Auf der einen Seite Ludwig von der Pfordten, der um innenpolitische Einheit kämpfte, um außenpolitisch bestehen zu können, auf der anderen Seite Franz Seraph von Pfistermeister, der, aus Furcht vor dem Verlust seines Amtes und Einflusses, Wagners Bestrebungen systematisch hintertrieb. Es ist diese zweifache Gegnerschaft, die den Ablauf der Ereignisse so komplex werden ließ und gleichzeitig den endgültigen Eklat provozierte.

Eine erste Phase, die den ganzen Monat Oktober beherrschte, war geprägt von den Gerüchten des Sturzes des liberalen Innenministers Max von Neumayr, der dann aber erst Anfang November erfolgte, und vom Berufungsversuch Julius Froebels als Chefredakteur des offiziösen Presseorgans, den Wagner bereits Mitte September in seinen »Tagebuchblättern« anzustreben begann. In dieser Phase spielten sich die Geschehnisse in bezug auf Wagner noch gänzlich hinter den Kulissen ab, und nichts davon drang an die Presse-Öffentlichkeit – es war die berühmte Ruhe vor dem großen Sturm.

Von der instabilen und gespannten Lage der Regierung, die vom Gegensatz von der Pfordtens und Neumayrs geprägt war, zeugt ein österreichischer Gesandtschaftsbericht vom 4. Oktober, der auch zeigt, wie gut unterrichtet Österreich über Bayerns Probleme war: »Es wird mir aus guter Quelle versichert, daß es Freiherr von der Pfordten, mit seinem Collegen unzufrieden, gelungen sei, vor Allem auch die Unzufriedenheit des Königs auf den Minister des Innern, Herrn von Neumayr zu lenken, der, stets Popularität anstrebend, auch mit den Bewegungsmännern gründlich verdorben und beim Landtage nicht selten eine bedauerliche Rolle gespielt hat. Es ist das Unverläßliche in dem Charakter dieses so begabten und unterrichteten Staatsmannes um so mehr zu beklagen, als schon die neuen Gesetze selbst viel Unsicherheit bieten und lebhafte Klagen namentlich auf dem Gebiete der Administration und Polizei veranlassen.«[378] Vier Tage nach diesem, das Komplott von der Pfordtens gegen Neumayr offenbarenden Bericht, am 8. Oktober, brachen auf der Münchner Festwiese tumultartige Ausschreitungen aus, die zwei Tage dauerten, da von der Polizei kaum eingegriffen worden war. Der Fall »Bierkrawall« wurde Innenminister Neumayr mit der Begründung angelastet, daß seine liberale Regierung zur Verrohung der Sitten geführt habe.[379] Nach dieser neuerlichen Schwächung erwartete man allgemein die Entlassung Neumayrs durch Ludwig II., zumal der König auf den 17. und 18. Oktober, nach Monaten der Abwesenheit, für zwei (!) Tage in München zu Regierungsgesprächen erwartet wurde. Doch wiederum geschah nichts, was Gerüchten in der Öffentlichkeit von neuem Tür und Tor öffnete. Ludwig II. empfing zwar die Minister von der Pfordten, von Pfretschner und von Bomhard zur Erledigung der wichtigsten politischen Geschäfte, wegen der gedrängten Zeit konnte aber keine weitere Unterredung mehr stattfinden. Dafür besuchte Ludwig am Abend eine Aufführung von Schillers »Tell«, um danach München zu verlassen, ohne eine Ministerveränderung zu beschließen.

So wurde in politischen Kreisen weiter über eine Lösung der längst unhaltbaren Situation spekuliert, wie ein Gesandtschaftsbericht Graf Degenfelds nach Stuttgart belegt. Degenfeld berichtet darin am 21. Oktober, der Ministerwechsel werde »vorerst nicht stattfinden«. Er begründet dies mit Erwägungen, die einmal mehr die »utopiebedingte« Schwäche des Königs und das Ringen der politischen Parteien in München spiegeln. Ein Wechsel sei außenpolitisch nicht geraten, so Degenfeld, weil, »man thun möge, was man wolle, es nun einmal als eine reactionäre Maßregel betrachtet werde«, und zudem der König in den nächsten sechs Wochen, die er im Gebirge verbringen wolle, »so wenig als nur möglich mit Geschäften behelligt« werden möchte. Weiter berichtet Degenfeld auch über die Reaktion von der Pfordtens, der über diesen Aufschub »in hohem Masse verstimmt« sei, und fährt fort: »Der Minister von Neumayr müsse nun einmal durchaus entfernt werden und je weiter man diese Maßregel hinausschiebe, desto schwieriger werde es für seinen Nachfolger sein, das verrostete Räderwerk des Ministeriums des Innern wieder ordentlich in Gang zu bringen. Pfordten fürchtet sehr, daß unter diesen Umständen die projektierte Veränderung erst zu Anfang des künftigen Jahres vor sich gehen werde, soll aber, wie man sagt, sich der Hoffnung hingeben, aus dieser Crisis als wirklicher Minister-Präsident hervorzugehen.«[380]

Der Machtkampf zwischen liberal und konservativ, zwischen Neumayr und von der Pfordten, war voll im Gang. Erstaunlicherweise war auch Richard Wagner detailliert darüber unterrichtet, wie er in einer aufschlußreichen Einschätzung der Situation am 26. Oktober an August Röckel vermittelt: »Fürchte nicht, daß der König sich in die Reaction verstricken lassen werde. Von Pressemaßregel weiß ich bis heute noch nichts. ... Dagegen – sieh wie es steht. Die wichtigsten Arbeiten der Sozialgesetzgebung, Gemeindeverfassung u. s. w. dieses Allerwichtigste ist vom liberalen Minister Neumayr so nachlässig u. faul behandelt worden, daß der König – aus diesem Grunde – bös auf ihn war. Die Reaction bemächtigte sich dieser Laune, um den einzigen ›liberalen‹ Minister fortzuschaffen: der König kam dahinter, u. N. blieb. – Gebt ihm Zeit – oder: zeigt den furchtbaren

Ernst. An ihm wird es dann nicht fehlen.«[381] Wagner stellt sich ganz klar auf die Seite Neumayrs, bzw. dessen politische Denkweise. Daneben taxiert er die politische Linie Ludwigs als eindeutig liberal und vermittelt diese Einschätzung Rökkel als Vertreter der liberal-fortschrittlichen Partei. »Gebt ihm Zeit« lautet daher das Fazit, wobei Wagner durch den Gebrauch des Plurals klar macht, daß mehrere Leute oder eine politische Gruppierung gemeint sind. Was Ludwig schließlich nach Wagners Ansicht bewerkstelligen würde, zeigt eine weitere Passage dieses höchst brisanten und bisher in der Wagner-Rezeption unverständlicherweise nicht beachteten Briefes, der uns noch mehrfach beschäftigen wird: »Ich glaube nicht an das, was Du als unvermeidlich bevorstehend ansiehst. Ich glaube an die Reaction, an einen großen Druck, aber nicht daran, daß dieß jetzt schnell bereits zu einem Entscheid führen wird. Ich glaube nicht, daß Preußen u. Österreich zur Verschlingung des übrigen Deutschland vorgehen werden: sie werden die deutschen Staaten so abhängig wie möglich machen, und es wird ihnen dies gelingen. Das Volk, die große Parteimacht, die sie daran verhindern sollte, sehe ich nicht ... Was Du mit Völk siehst und treibst, ist bis jetzt nur Parteigetriebe, Mittel zur Macht zu gelangen innerhalb eines fehlerhaften Kreises, in welchem es ganz gleich ist, wer an der Macht ist. Ich zweifle nicht an Eurer erhabensten Redlichkeit, aber – was Ihr hinter Euch habt, ist nichts werth. Das Volk – das Publikum – ist jetzt degenerierter wie je. Wie Ihr die Armeen aller Groß- und Kleinmächte besiegen wollt, begreife ich nicht. Ein König von Bayern? Diesem konnte ich kürzlich sagen: ›vor 2 Jahren verzweifelte ich am Gedeihen der Kunst; jetzt arbeite ich gläubig dafür; vor 1 Jahr verzweifelte ich an Deutschland, jetzt glaube ich daran.‹ Wenn es aber auf einmal heißt: ›morgen muß es sein‹, so habe ich zu beklagen, daß man von einem 20jährigen Jüngling zu viel verlangt: der könnte sich jetzt nur toll opfern ... Ich glaube nicht, daß der Reichthum an Mitteln für die deutsche Republik so übergroß ist, daß nicht die rechtzeitige Hilfe eines begeisterten jungen Königs, der nicht für seine Dynastie, nicht für seine

Krone, sondern für die deutsche Freiheit Alles wagen würde, recht, recht sehr nöthig und ausschlaggebend werden könnte.«[382]

Wagner erwähnt in seinen politischen Überlegungen »Völk«, den Mitbegründer der »Fortschrittspartei«, mit dem Röckel eng zusammenarbeitete. Völk war liberal-fortschrittlicher Abgeordneter der zweiten Kammer im bayerischen Landtag und hatte sich dort an vorderster Front für die liberalen Ziele des Fortschritts stark gemacht. So übte er im April 1865 in der Kammer scharfe Kritik an von der Pfordtens Regierung, sie entwickle nicht die Kraft, sich der Mediatisierung, die von Preußen drohe, zu entwinden. Völk war seit jeher ein scharfer Gegner von der Pfordtens, war er doch 1859 maßgeblich am Sturz der Regierung Pfordten-Reigersberg beteiligt. Röckel, ebenfalls ein Pfordten-Feind, hatte also zur bayerischen »Fortschrittspartei« bereits enge Verbindungen geknüpft und arbeitete mit dieser zusammen! Erstaunlich an dieser Briefpassage ist aber auch, daß Wagner den momentanen parteipolitischen Weg der »Fortschrittspartei« keineswegs billigte. Er, Wagner, propagierte eine andere Lösung, Liberalismus und Einigung Deutschlands von »oben«, ausgehend vom König von Bayern. Das Ziel war dasselbe, der Weg dahin aber ein anderer.

Doch wollte der König diesen liberal-fortschrittlichen Wagner-Weg auch wirklich beschreiten? Sicher ist, daß Ludwig II. sich im Fall Neumayr versus von der Pfordten trotz dem Drängen seines Außenministers nach wie vor zu keiner Entscheidung durchringen konnte und so zur weiteren innenpolitischen Schwächung Bayerns beitrug. Statt dessen trat er unter dem Eindruck der Aufführung von Schillers Freiheitsopus »Willhelm Tell« am 19. Oktober inkognito eine Reise in die von Wagner in den Tagebuchblättern so gepriesene föderalistische Schweiz an und kehrte erst am 2. November nach Bayern zurück. Am 4. November hatte Wagner die Kühnheit, dem König zu schreiben, er sei von Ludwigs Reise an den Vierwaldstättersee »entzückt«, wo er einst aus den »drei Quellen des Grütli mit Liszt und Herwegh (!) Brüderschaft trank«. Ludwig antwortete mit keinem Wort auf dieses Eingeständnis der Freundschaft mit dem Sozialrevolutionär Herwegh.

Schon vor der ominösen Schweizer-Reise hatte sich Ludwig II. mit Problemen beschäftigt, die einmal mehr Richard Wagner betrafen. Der eine Bereich betraf die Kultur-Politik. Wagner hatte in den Tagebuchblättern explizit auf den »Zusammenhang der Tendenz Unsrer großen Kunstunternehmungen mit dem politischen Leben der Nation« hingewiesen. Kurze Zeit später verfaßte Wagner am 9. Oktober den Brief über die Eröffnung der Musikschule, der in der Zeitung als Dekret des Königs an Wagner erscheinen sollte. Im kulturpolitischen Bereich war es nun das Kabinettsekretariat, das intrigierte und es in diesem Fall – wie bereits gesehen – verstand, diese Publikation zu verhindern. In dieser Zeit wurde auch das Theaterprojekt weiter entwickelt, wobei nun neu das Gelände nördlich des Maximilianeums ins Auge gefaßt wurde. Zugleich wurde die Konzeption um den kühnen städtebaulichen Plan mit einer Prachtstraße, die München beherrschen und an Wagners Domizil vorbeiführen sollte, erweitert. Es waren dies die letzten relevanten Begebenheiten im kulturpolitischen Bereich, der von nun an gegenüber der Politik immer mehr in den Hintergrund trat.

Neben der Affäre um Max von Neumayr und den Intrigen um die Musikschule erschütterte München in dieser Zeit ein weiterer Skandal um Wagner, der eng mit dem Kabinettsekretariat zusammenhing. Am 18. Oktober ließ der König Wagner eine Summe von 40 000 Gulden aus der Kabinettskasse ausbezahlen. Diese großzügige Schenkung hatte ihren Ursprung in einem Brief, in welchem Ludwig II. bereits am 4. August an Wagner signalisiert hatte: »Was mein ist, gehört ja Ihm!« Diese unglaubliche Aussage des Königs, die aber genau die »utopische Urzellen-Einheit« mit Wagner spiegelt, nützte der Komponist sofort aus, erbat er doch in seinem nächsten Brief an Ludwig II. am 8. August mit »utopisch« schlagenden Argumenten 200 000 Gulden als Geschenk! In sehr treffenden Worten hat Ernest Newman Wagners Forderung geschildert: »Ohne die mindeste Bitterkeit, weich, ernst und ruhig begehrte dieser leidgeprüfte Mann gar nichts, nur abermals zweihunderttausend Gulden Bayerischen Geldes!«[383] Von dieser ungeheuren Summe sollten ihm 40000 Gulden sofort in bar ausgehändigt werden. Bedingt durch starke Proteste von Kabinettsekretär Pfistermeister, der immer mehr um den Etat der Kabinettskasse bangte, gestand Ludwig erst am 18. Oktober, nur zehn Tage nach den »Bierkrawallen« und während seines zweitägigen Besuches in München, dem Komponisten die Summe zu. Daß der König damit einen Konflikt heraufbeschwor, mußte er wissen, hatte er doch schon im September an Wagner geschrieben, daß er wegen Geldzahlungen zu »höchster Vorsicht genöthigt« werde, da die Kabinettskasse »ungewöhnlich stark in Anspruch genommen« sei. Durch diese unglaubliche Unbedachtheit waren Konflikte geradezu vorprogrammiert, zumal sich Pfistermeister auf seine Art rächte: Als Cosima von Bülow das Geld im Auftrag Wagners am 20. Oktober abholen wollte, erklärten die Beamten, sie hätten nur Silbergeld und keine Scheine. Nach kurzem Zögern ging sie auf den Geldtransport in Silbermünzen ein, und die Geldsäcke wurden unter Begleitung königlicher Beamter in zwei Droschken zu Wagners Haus gefahren. Der Skandal war perfekt!

Wagner wußte auch schon, was er mit diesen überaus fürstlichen 40000 Gulden machen wollte. An August Röckel schrieb er am 21. Oktober: »Was mir also nöthig ist, ist ein solides, sicheres Banquierhaus, welches mein Capital in Verwaltung nähme, und vor Allem es mir vorzugsweise vortheilhaft anlegt, damit es stark verzinst wäre.«[384] Wagner hatte auch bereits einen Banquier ins Auge gefaßt: »Ich weiß, welch hohe Meinung Du von einem Frankfurter Freunde hast. Sieh zu, was Du mit ihm ausmachen kannst.«[385] Aus einem zweiten Brief an Röckel vom 26. Oktober wird dann ersichtlich, welcher Banquier gemeint war, denn dieser hatte in der Zwischenzeit bereits sondiert. So konnte Wagner seinem Freund schreiben: »Hab' Dank! – Empfiehl mich Deinem Freunde Hohenemser: ich nehme seine Proposition dankbar an.«[386]

Wilhelm Hohenemser war nichts Geringeres als ein enger Parteifreund Röckels, der in Gremien und Ausschüssen des

Nationalvereins häufig mit Röckel zusammen auftrat und agierte. So sollte er etwa die Stellungnahme des Kreises Frankfurt in der »Deutschen Frage« in der Versammlung des Nationalvereins vertreten. Wagner wollte das von Ludwig II. bezogene Geld ausgerechnet bei einem liberal-fortschrittlichen Banquier anlegen, wodurch er Bayerns Geld indirekt in die Dienste dieser Bewegung stellte! Hohenemser und Röckel befanden sich im übrigen zur Zeit von Wagners Anfrage in Frankfurt, wo am 29. Oktober die Generalversammlung des Nationalvereins stattfand. Ursprünglich wollte Wagner persönlich nach Frankfurt fahren, doch mußte er schließlich aus gesundheitlichen Gründen darauf verzichten. Er hielt sich zu dieser Zeit in Wien auf, um mit dem Arzt Dr. Standhartner einen genauen Diät-Plan auszuarbeiten, stellte Röckel aber in Aussicht, ihn gelegentlich zu besuchen, falls Röckel länger bleiben würde. Wagner wußte genau, weshalb Röckel Ende Oktober in Frankfurt weilte.

Röckel als Politiker und die Politik insgesamt beherrschten in dieser Zeit Wagners Denken und Wirken. Davon zeugt nicht nur Wagners abermals im Brief vom 26. Oktober geäußerter Wunsch an Röckel, ihm, dem aktiven Mitglied des Nationalvereins, der auch mit der bayerischen »Fortschrittspartei« zusammenarbeitete, in München »bald einen schönen Wirkungskreis verschaffen zu können«, sondern auch die Röckel gegenüber geäußerte Zuspitzung des Konfliktes mit dem Kabinettsekretariat: »Rette ich den jungen König von seinem niederträchtigen Cabinet, so gelingt eben ein Wunder, auf das man, allen Erfahrungen der Welt nach, nicht zu rechnen berechtigt ist. Du kannst Dir denken, welche Todtfeinde ich dort habe; der König, unerfahren und stolz, seiner sicher, sieht in diesen Leuten nur seine Diener, die er gelegentlich auszankt, denen er droht, die er aber nicht fürchtet. So kennt er nicht das Gift, das ihm täglich gereicht wird. – ... Aus der Beilage siehst Du, wie ich denke und wie ich mich dem König mittheile. Es sind Auszüge aus meinem Tagebuche, welches ich für den König halte. In Folge dessen reiste ich auch nach Wien, um mich mit Froebel, dem ich die gleichen Auszüge mittheilte, zu besprechen.

Natürlich ist der König mit Feuer auf meine Vorschläge eingegangen. Die Wuth Pfistermeister's hierüber ist grenzenlos.«[387]

Zwei Komponenten an diesem Briefausschnitt sind von
großer Tragweite. Erstmals äußerte Wagner den Gedanken,
den König vom »niederträchtigen Kabinette« retten zu wollen, und er liefert auch gleich einen Grund für diesen kühnen Plan: Pfistermeister zeige sich wütend über seine in den
Tagebüchern geäußerten politischen Vorschläge, während
der König mit Feuer darauf eingegangen sei. Beim Seilziehen zwischen Kabinett und Wagner ging es plötzlich nicht
mehr »nur« um Geld – das heißt um die Kabinettskasse –
und um Kulturpolitik, sondern auch um politische Belange.
Dies war wiederum Wagner zuzuschreiben, war er es doch,
der mit den Tagebüchern zu politisieren begann; wie intensiv zeigt sich auch darin, daß er diese Auszüge den Politikern
Röckel und Froebel zur Kenntnisnahme schickte.

Damit spricht Wagner auch das zweite gewichtige Ereignis an, das den Monat Oktober prägte, den Berufungsversuch Froebels als Redakteur des offiziösen bayerischen
Presseorgans. Wie wichtig Wagner eine Einflußnahme in
diesem Organ war, zeigt seine Klage von Anfang Oktober
dem König gegenüber, daß er leider keinen Zugang zur
»Bayerischen Zeitung« habe. »Gott weiß, von woher der
Redacteur seine Ordre erhält: aber gewiß ist, daß ich es hier
mit einer völligen Conspiration zu thun habe«, so Wagner
weiter.[388] Dies wollte er nun ändern, stieß aber – aus naheliegenden Gründen – auf massiven Widerstand, wie der Ablauf der Ereignisse zeigt.

Wagner hatte Julius Froebel im September in den Tagebuchblättern zum Leiter des offiziösen Presseorganes vorgeschlagen, womit sich Ludwig sofort einverstanden erklärte. Wagners Freund Pecht nahm daraufhin unverzüglich
mit Froebel Kontakt auf. Offenbar bereits Anfang Oktober
war dies allgemein bekannt, jedenfalls erhielt Julius Froebel
am 4. Oktober vom österreichischen Korrespondenten des
im Juni eingestellten Wiener »Botschafter« in München,
Philippe Pfister, einen Brief, der darauf Bezug nimmt und

eine erstaunliche Warnung enthält: »Wenn Sie Wien verlassen und nach München übersiedeln wollen, so würde ich das vor allen mit Freuden begrüßen … Hierzu, glaube ich aber, würden Sie sich nie der Verwendung Richard Wagners bedienen, dessen Bleiben in München trotz alledem und alledem nur ein ephemeres sein wird und der mit seinem Sturze alle seine Kreaturen hinabziehen wird. Ich glaube, ein vertrauliches Wort an den Minister von der Pfordten und an Staatsrat von Pfistermeister würde Ihnen für einen solchen Fall nicht allein förderlich sein, sondern Ihnen für jede Zeit eine sichere und über Laune und Parteileidenschaft erhabene Basis geben.«[389] Pfister war, wie wir bereits gesehen haben, ein guter Freund von Kabinettsekretär von Pfistermeister, von dem er wichtige Meldungen für seine Korrespondenzarbeit aus München erhielt. War Pfister demnach von Pfistermeister über einen angeblich bevorstehenden Sturz Wagners informiert worden? Nach seinem Brief zu schließen, war jedenfalls nicht die Berufung Froebels an sich gefährdet, sondern nur eine Berufung in Zusammenhang mit Richard Wagner.

Seltsamerweise äußerte sich aber Pfistermeister selbst in einem Brief vom 10. Oktober an Cosima von Bülow zur Berufung Froebels ganz anders: »Ein Pressorgan zur Aufrechterhaltung … der großartig gedachten u. geistreichen Kunstpläne Ws. wird mit der neuen Kunstschule in's Leben treten. Gut wäre auch, das bayer. Regierungs-Organ in den gleichen Kreis der Wirksamkeit mit hineinzuziehen. Ob Froebels Berufung hiefür möglich seyn wird, will ich vorläufig nicht bezweifeln; ich kenne ihn persönlich u. schätze ihn sehr hoch, deßgleichen thut, wie ich weiß, unser Minister des Äußern. Was jener des Innern, unter dem das Press-Ressort steht, darüber für Anschauungen hat, weiß ich des Augenblicks noch nicht.«[390] Dies ist nun eine etwas seltsame – aber eigentlich raffinierte – Aussage Pfistermeisters zu einem Zeitpunkt, da die Ablösung Neumayrs nach den »Bierkrawallen« so gut wie sicher war. Denn so müßte man aus dem tatsächlichen Scheitern der Berufung schließen, daß Neumayr den Ausschlag dafür gegeben hätte; ausgerechnet derjenige Minister, den Froebel als »Parteifreund« bezeichnet hatte! Tatsächlich haben Pfistermeister selbst und von der Pfordten gegen Froebel votiert, wie der weitere Verlauf der Geschehnisse zeigt. Pfistermeister griff zu einer hinterhältigen Verschleierungstaktik.

Es war wiederum Wagner, der mit Vehemenz und Eile auf die Berufung Froebels pochte und gleichzeitig gegen Pfistermeister zu agieren begann, der seinerseits die Schenkung von 40 000 Gulden verschleppte und hintertrieb. Aber auch gegen von der Pfordten begann sich Wagner abzugrenzen, wie ein Brief vom 16. Oktober an Ludwig zeigt, in dem er nochmals auf seiner Geldforderung besteht und dann fortfährt: »Möchten Sie nun die Güte haben, einfach dem Minister zu eröffnen, was Sie in Betreff der Bayerischen Zeitung wünschen, und durch ihn Froebel zu den nöthigen Besprechungen nach München berufen zu lassen? Ich durfte als Ihr Freund vor Gott – den Gedanken in Ihnen anregen; nicht aber darf die Welt, und namentlich nicht der Minister etwas von mir in solchen Dingen wissen.«[391] Das Mißtrauen von der Pfordten gegenüber ist unverkennbar und beweist, daß Wagner zumindest ahnte, der Minister könnte gegen Froebels Berufung votieren. Einige Tage später reiste Wagner dann, ohne die Antwort auf sein Schreiben abzuwarten, nach Wien, um mit Froebel die Modalitäten der Redaktionstätigkeit eigenmächtig zu besprechen!

Aber auch der Angriff gegen das Kabinettsekretariat wurde von Wagner weiter betrieben, schrieb er doch nur einen Tag später am 17. Oktober – am Tag der langersehnten Ankunft Ludwigs II. in München – einen Brief an den zweiten Kabinettsekretär Freiherr von Lutz, der schlimme Beschuldigungen gegenüber Pfistermeister enthält: »Ich erachte eine Verständigung mit Ihnen für zu wichtig, als daß ich nicht, selbst auf die Gefahr hin Sie zu belästigen, den Versuch hierzu – machen sollte. Es kann mir nicht gleichgiltig sein, in welchem Lichte ich denjenigen erscheine, welche die Ehre haben die Befehle S. M. d. Königs unmittelbar in Empfang zu nehmen. Es hat mir deshalb Mühe gekostet, dem ersten Secretär Vermittlungen meiner Angelegenheiten entziehen zu müssen, welchen er früher im Auftrage Sr. M. seine besondere Sorge widmete. Was mich hierzu bestimmte, war, daß trotz der anhaltenden Beweise von wirklicher Freundschaftlichkeit und unermüdlicher Gefälligkeit, ich schließlich doch inne ward, daß H. v. Pfistermeister meinen Aussagen keine volle Wahrhaftigkeit beimaß.« Wagner beginnt daraufhin die Angriffe und Intrigen aufzuzählen, denen er im Laufe seines Aufenthalts in München ausgesetzt gewesen sei – den Februar-Konflikt und den Schuldschein von Frau Julie Schwabe. Diese habe Pfistermeister genau gekannt und ihm, Wagner, trotzdem keinen Glauben geschenkt, »als ob alle meine Erklärungen und Erläuterungen nicht die mindeste Glaubwürdigkeit verdienten.« Wagner beschuldigte damit indirekt Pfistermeister, daß er stark an den Intrigen gegen seine Person beteiligt gewesen sei und schließt: »Ich beabsichtige hiermit weniger, die nachträgliche Erreichung meiner Wünsche als mir die Überzeugung zu verschaffen, daß im Kabinet S. M. d. Königs sich wenigstens Ein Mann befände, der wahrhaftig über mich zu berichten, ja vielleicht nur zu urtheilen im Stande ist.«[392] Wagner wollte also Lutz für seine Pläne gewinnen und Pfistermeister kaltstellen.

Der Zeitpunkt des »Generalangriffs« Wagners mit der Berufung Froebels und dem Ausbootungsversuch Pfistermeisters war im Hinblick auf die scheinbar bevorstehende Ablösung Neumayrs denkbar ungünstig, gleichzeitig aber für den Standpunkt Wagners logisch gewählt. Er spiegelt das Ringen der konservativen (von der Pfordten und Pfistermeister) und liberalen Kräfte (Neumayr und Wagner) um die Gunst des Königs. Wie sehr die Politik zu dieser Zeit zum zentralen Problem wurde, zeigt auch ein zweiter Brief von Philipp Pfister, den er im Zusammenhang mit der Berufung Froebels am 19. Oktober – unmittelbar nach der Abreise des Königs aus München und damit im Anschluß an die nicht erfolgte Absetzung Neumayrs – an Froebel schrieb: »In der deutschen Frage wächst mir instinktiv mit den Erfolgen Bismarcks die Hoffnung und das Vertrauen auf künftige deutsche Machtstellung. In dieser Beziehung ist mir jede Gabe willkommen, aus wessen Hand sie auch kommen mag.«[393] Froebels Beurteilung dieser Aussage Pfisters, die er in seinen Lebenserinnerungen festhielt, verdeutlicht die Intrigen und Spannungen, die im Zusammenhang mit Wagner und der »Deutschen Frage« herrschten. Er äußert den nicht unbegründeten Verdacht, daß Pfister, welcher bis dahin in den vertraulichsten Briefen an ihn keine Spur eines hier angedeuteten liberal-fortschrittlichen Gedankenganges hatte merken lassen, ihm eine Falle gestellt haben könnte.[394] Sollten Froebel und Wagner während der Abwesenheit Ludwigs zu politischen Unbedachtsamkeiten verlockt werden? Vieles deutet daraufhin. Einerseits war Pfister ein Freund Pfistermeisters und hatte im Herbst 1864 durch Artikel mit dazu beigetragen, daß von der Pfordten neuer Minister wurde. Zudem wurde dem König offenbar das Gerücht von der Zugehörigkeit Froebels zum Fortschritt mitgeteilt, denn er schrieb an Wagner am 2. November nach seiner Rückkehr von der Schweizer Reise besorgt: »Eines flößte mir Bedenken ein: Man versicherte mir, Froebel wolle nur dann nach München kommen, wenn er für die Zwecke des Nationalvereins operieren könne; dieß wäre für mich, als König von Bayern, natürlich sehr gefährlich, ich würde meine Pflichten als Landesvater verletzen.«[395] Aus genau diesem Grund hatte Johann Lutz im Auftrag des Königs Wagner schon am 24. Oktober geschrieben, daß »Seine Majestät nach reiflicher Erwägung aller Verhältnisse und aller Gründe für und wider zu dem Entschlusse gelangt seien, die Berufung Froebels nach München zu unterlassen«.[396] Etwas überraschend an der Aussage des Königs ist, daß er sich klar gegen den Nationalverein stellte.

Zu klären bleibt noch die Frage, ob die Behauptung, Froebel stehe mit dem Nationalverein in Verbindung, aus der Luft gegriffen war, wie Wagner am 4. November dem König versicherte. Lülfing gibt in seiner Dissertation eine interessante Charakteristik von Froebels Denken, die er Froebels Aufsatzsammlung »Kleine theoretische Schriften« entnahm, die im Herbst 1865 pikanterweise dank einem Subventionsbetrag Ludwigs II. gedruckt werden konnte.

Die Kernaussage Froebels ist, daß die Trias zugleich die letzte Rettung des deutschen Föderalismus sein sollte. Deshalb lehnte Froebel auch den Gedanken ab, daß das dritte Deutschland durch die Hegemonie eines der deutschen Mittelstaaten, etwa Bayerns, konstituiert werden sollte, sondern er forderte strenge Durchführung des Föderalismus im Verhältnis der einzelnen Mittelstaaten untereinander. Er wollte im dritten Deutschland eine Keimzelle des Föderalismus schaffen. Dementsprechend dachte er sich die Organisation dieses »engeren Bundes« der Mittelstaaten, die er hier erstmals deutlich im Abriß darstellte: der Bund müßte staats- und völkerrechtlich formell eingegangen werden. Er bräuchte gemeinsame Exekutivgewalt, Volksvertretung, Diplomatie, ebenso gemeinsames Heer. Das Parlament dachte Froebel sich in Fürsten- und Volkshaus, letzteres als Delegiertenversammlung gegliedert. Damit gab Froebel die gesamtdeutsche Einheit im Grund jedoch preis. Denn mit allen jenen Organen ausgestattet, war der engere Bund ein selbständiger Staat deutscher Nationalität, der sich in der Trias als fast unabhängige Macht den beiden Großstaaten zur Seite stellte. Und so postuliert Froebel folgerichtig für das europäische Staatensystem: »Für Österreich wie für jeden europäischen Staat ist die Frage nur die, welche Stellung als ›Kanton‹ in dieser großen europäischen Eidgenossenschaft es einnehmen will.‹«[397]

Praktisch die gleichen politischen Gedanken äußerte Wagner in den Tagebuchblättern, und sie waren zudem identisch mit dem gegenwärtigen Kurs der »Fortschrittspartei«. Auch dort wird der Föderalismus schweizerischer Prägung als Vorbild gebraucht – für von der Pfordten ein unannehmbares Konzept, wird doch die Selbständigkeit Bayerns aufs Spiel gesetzt, ja eigentlich aufgegeben. Die Nähe der Standpunkte zeigt auch das Urteil Froebels über die ihm von Wagner zugesandten Tagebuchblätter: »Ich bin der Ansicht, daß die Entwicklung der Dinge in Deutschland kaum noch nach Jahren zu berechnen sein wird. Das ›trop tard‹ wird bald auch an die deutschen Mittelstaaten kommen. Wenn Ihr Plan irgend einen Fehler hat, so ist es der, daß er viel mehr Zeit in Anspruch nimmt als nach aller Wahrscheinlichkeit gegeben sein wird.«[398]

Im selben Brief, in welchem er die Geschehnisse um seine Berufung rekapituliert, macht Froebel denn auch deutlich, daß er selbst für die bayerische Politik tatsächlich untragbar war: »Sobald meine Berufung als noch schwebende Frage in weiterem Kreise zur Sprache kam, war sie nach jeder gewöhnlichen Wahrscheinlichkeit verloren. Die Personen, deren Meinung dabei hörbar werden mußte, mögen mir nicht feind sein: Schon im Sommer vorigen Jahres, als ich drei Tage in Hohenschwangau war, in der aus höherer Veranlassung hervorgehenden Absicht den König in deutschen Angelegenheiten zu sprechen, schien mir Pfistermeister die Erfüllung dieses Wunsches nicht zu befördern.«[399] Die Vorfälle auf seiner Münchner-Reise vom Juni 1864 holten Froebel hier ein.

Wagner mußte von diesem Zeitpunkt an überzeugt sein, daß es Pfistermeister war, der die Berufung Froebels zum Zeitungsredakteur verhindert hatte. Neben Pfistermeister war im übrigen auch von der Pfordten gegen Froebels Engagement, wie er in späteren Jahren Froebel gegenüber unumwunden zugab. Die Fronten verhärteten sich. Und so war mit der Nichtberufung Julius Froebels zum politischen Redakteur der offiziösen bayerischen Zeitung Wagner im politischen Ringen erstmals ins Hintertreffen geraten; die Waage drohte zu seinen Ungunsten zu kippen. Erschwerend kam hinzu, daß sich Pfistermeister trotz aller Bemühungen Wagners als unangefochtener Kabinettsekretär zu behaupten vermochte, denn auch Johann Lutz ging nicht auf Wagners Pläne ein. Diese für Wagner gefährliche Wende der Geschehnisse wurde durch den Rücktritt Max von Neumayrs noch akuter.

Am 1. November hatten sich die Minister der Regierung – mit Ausnahme Neumayrs natürlich – für eine absolute Stellung von der Pfordtens im Ministerrat ausgesprochen, was indirekt einem Votum gegen Neumayr gleichkam. Sie fühlten alle das Bedürfnis, ja die Notwendigkeit, daß nicht jeder Minister in seinem Ressort schalte und walte, wie er wolle, sondern daß bei wichtigen Angelegenheiten das Ministerium als Ganzes auftrete. [400] Doch es war – bezeichnenderweise für die Schwäche und Unfähigkeit Ludwigs II. – Max von Neumayr selbst, der am 4. November um seine Entlassung bat, die der König nur noch zu bestätigen brauchte. Am 7. November erschien dann eine offizielle Erklärung in der »Bayerischen Zeitung«, wonach Neumayr aus gesundheitlichen Gründen zurücktrete. Von der Pfordten hatte nach Monaten des Kampfes gegen den liberalen Minister gewonnen, er besaß nun im Ministerrat die unumschränkte Kompetenz. Die wagnertreuen »Neuesten Nachrichten« hielten denn auch von der Pfordten für den Schuldigen an Neumayrs Scheitern. Und auch der österreichische Gesandte Graf Blome interpretierte Neumayrs Sturz in derselben Weise, wenn auch mit einem interessanten Zusatz: »Der Rücktritt von Neumayr ist wohl als das Werk des Freiherrn von der Pfordten zu betrachten, wenn auch sehr indirect durch den Canal des Staatsrathes Pfistermeister und mit Hilfe vielfacher Ungeschicklichkeiten des nun entlassenen Ministers des Innern herbeigeführt.«[401] Pfistermeister hatte also sowohl bei der Nicht-Berufung Froebels, als auch beim Sturz Neumayrs die Hände im Spiel.

Das Fazit für Wagner war Anfang November ernüchternd: Froebel wurde nicht nach München berufen, von der Pfordtens Macht war nicht nur konsolidiert, sondern sogar am wachsen, Pfistermeisters Wirken uneingeschränkt und der einzige liberale Minister gestürzt; die für Wagner so gefährliche und ihm verhaßte Reaktion war im Vormarsch. Um sein liberal-utopisch-wagnerisches Konzept zu wahren, mußte er nun dringend handeln.

## Wagner in Hohenschwangau und ein ominöser Zeitungsartikel gegen den konservativen Kabinettsekretär

Die nun folgende Phase dauerte wiederum etwa einen Monat und wurde ausgelöst und geprägt durch die Schwäche Ludwigs II., der es versäumt hatte, eine klare Position zu beziehen und damit über seine politische Linie Gewißheit zu schaffen. Nun erhielt er erstmals die Quittung für sein Lavieren zwischen den Parteien und seinen »utopiebedingten« Rückzug; einerseits durch einen öffentlichen Angriff auf seinen Regierungsstil im liberalen »Nürnberger Anzeiger«, andererseits durch Wagners immer wütendere und unkontrolliertere Agitation, die auch der König – trotz flehentlicher Bitte – nicht mehr zu stoppen vermochte. Diese von der Hilflosigkeit Ludwigs II. geprägte Phase gipfelte schließlich in der Öffentlichmachung des Partei-Ringens durch das Einschalten der Presse: Es war der konservativ-ultramontane »Volksbote«, der mit einem Anti-Wagner-Artikel am 26. November 1865 das Fanal zum Sturm setzte.

Am 7. November wurde die Entlassung von Innenminister Max von Neumayr durch Ludwig II. genehmigt, und noch am selben Tag lud er Wagner auf Schloß Hohenschwangau ein mit der Begründung: »Ich bitte Sie, hierher kommen zu wollen. Aus ganzem Herzen würde ich jeden Tag hoch willkommen heißen, der mir den Theuersten bringt. Nun sind die nöthigsten Arbeiten, den Ministerwechsel betreffend, erledigt, wir haben keine Störung zu befürchten.« Um einen Komponisten in mehrtägigem Aufenthalt bei sich zu empfangen, hatte der König einen denkbar unmöglichen Zeitpunkt gewählt. Ludwig weilte nach seinem geheimen Aufenthalt in der Schweiz ganze fünf Tage wiederum in Hohenschwangau, obwohl die Ministerkrise mit dem Sturz Neumayrs noch lange nicht bewältigt war. Einerseits kursierten nämlich Gerüchte und Spekulationen über die möglichen Hintergründe dieses Rücktrittes, und andererseits war die Nachfolge des Innenministers noch keineswegs geregelt.

Richard Wagner war vom 11. bis 18. November, also nur vier Tage nach der offiziellen Demission Neumayrs und mitten in einer Regierungskrise, Gast bei Ludwig II. in Hohenschwangau und bewohnte die Kronprinzenzimmer! Wagner schwärmte Mathilde Maier gegenüber, daß er dort »einzig mit Ludwig lebte, von ihm vierspännig mit Vorreiter spazieren gefahren und ebenso 2 Stationen zur Eisenbahn gebracht wurde.«[402] Er fühlte sich auf der Höhe seiner Macht über den König – er nennt ihn »Parzival«! –, wie aus einem Brief an Cosima von Bülow vom 13. November hervorgeht, in welchem die »utopische« Einheit beschworen wird: »Parzival hörte mit ungemeinem Ernst zu ... Wahrlich, erst jetzt bin ich der ganzen Erhabenheit und Schönheit seiner Liebe bewußt geworden ... Er ist Ich, in neuer schöner jugendlicher Wiedergeburt: Ganz Ich, und nur soviel Er, um schön und machtvoll zu sein.«[403] Und Ludwig gab hier einmal mehr in einer brisanten politischen Situation Richard Wagner und dessen »Utopie« den Vorrang, wodurch er zwangsläufig den Mißmut gewisser politischer Kreise gegen Wagner noch verschärfte und die Parteien immer mehr gegeneinander aufbrachte. Kabinettsekretär Pfistermeister, der durch den 40 000 Gulden-Skandal nun zum offenen Gegner Wagners geworden war, ließ sich in dieser Zeit vom König in seinem Amt suspendieren. Doch je mehr die innenpolitischen Spannungen wuchsen, desto überschwenglicher schwelgte Ludwig in seiner »Utopie-Welt« mit Wagner, denn die Briefe dieser Tage sind in einem Tonfall gehalten, der alles Bisherige noch übertrifft: Seine »Seele jubelte«, ihm »schwand die Welt« und er war »entrückt in überirdische Sphären«.

Doch das Glück währte nicht lange, die Realität holte Ludwig ein. Am 13. November – Bayern war noch immer ohne Innenminister, und Wagner weilte nach wie vor in Hohenschwangau – erschien im liberalen »Nürnberger Anzeiger« der berühmt gewordene Artikel »Ein freies Wort an Bayerns König und sein Volk über das Cabinetsekretariat«, der bis jetzt in der Rezeption zu eindimensional interpretiert wurde, denn er enthält weit mehr als nur einen vehementen

Angriff gegen die Institution des Kabinettsekretariats, er präsentiert die Summe der verqueren Regierungstätigkeit Ludwigs und muß daher eingehend analysiert werden. Schon der Einstieg zeigt, daß der Angriff nicht nur dem Kabinettsekretariat galt, sondern – damit zusammenhängend – auch der Regierungstätigkeit des Königs insgesamt: »Als nach seines Vaters Tode König Ludwig II. den bayerischen Königsthron bestieg, trug das ganze Land dem jungen Monarchen seine Sympathien entgegen. Ihm war plötzlich auf ungestählte Schultern eine Last gelegt, welche selbst dem erfahrenen, gewiegten Manne oft zu schwer wird. Aber er wollte sie tragen, von der Treue seines Volkes unterstützt und von seinen Ministern, mit denen er in unmittelbaren Verkehr treten wollte, berathen. Man hörte diesen letzteren Entschluß allenthalben mit großer Freude, denn seit des ersten Maximilians Zeiten war dies nicht mehr der Fall gewesen; eine volksfeindliche Camarilla, im Cabinetsekretariat, hatte sich zwischen Bayerns Fürsten, und ihre zuständigen Berather gedrängt und einen unseligen, vom Lande mit Recht beklagten Einfluß geübt.« Der ungehinderte Verkehr zwischen König und Ministern wird hier als oberstes Ziel genannt, ein Ziel, das unter Max II. nicht erreicht worden war. Im Artikel folgt dann ein langer historischer Abriß der Entwicklung des Kabinettsekretariats seit Maximilian I., der in einem massiven Angriff auf von der Pfordten gipfelt: »König Max II. sah sich hiernach veranlaßt, durch Deklaration vom 15. November 1848 das Cabinettsecretariat für alle Staatsangelegenheiten aufzuheben und nur noch für die Hof- und Privatangelegenheiten des Königs, sowie für Bitt- und Gnadengesuche, fortbestehen zu lassen. ... In dieser Art hatte das Ministerium v.d. Pfordten-Ringelmann-Aschenbrenner, das im März 1849 eingetreten war, das Cabinetsecretariat vorgefunden und von ihnen war allerdings nicht zu erwarten, daß sie des Königs Erklärung vom 15. November 1848 zur Wahrheit werden ließen. Es begann die unselige Zeit der Reaction und ihr war es gleichgiltig, daß ein königliches Versprechen nicht erfüllt wurde.« Von der Pfordten wird – ähnlich wie in Röckels Buch über das

Zuchthaus zu Waldheim – der Reaktion beschuldigt, die sich gegen die konstitutionelle Monarchie wende und dadurch König Max in die Hände gearbeitet habe. Wie steht es in dieser Beziehung laut »Nürnbeger Anzeiger« mit Ludwig II.? Genau hier hakt der Artikel subtil mit Vorwürfen über den Regierungsstil Ludwigs ein: »Schon im vorigen Jahre, bald nach dem Antritt seiner Regierung, hat der junge König angefangen, den ganzen Sommer über, bis Ende November fern von der Hauptstadt, dem Centralpunkte der Regierung, auf dem Lande zu verweilen. Und mit Anfang des Sommers dieses Jahres entfernte er sich gleichfalls aus München, zuerst nach Berg am Starnberger See, dann nach Hohenschwangau, in die Vorderriß und weiter – und die Minister sieht er die ganze Zeit seines Landaufenthalts wenig oder gar nicht. Es schien und scheint hiernach, daß der junge König eben doch lieber mit den Herren des von seinem Vater zurückgelassenen Cabinetsekretariats, die er schon früher kannte, konferirt, als mit seinen und der Krone Ministern und darin möchte sowohl das Geheimniß seiner langen Abwesenheit vom Centralsitze der Regierung als auch das mancher andern mißliebigen Erscheinung gefunden sein. Dieses Verhältniß mag auch die Entfernung des Ministers Neumayr aus seiner Stelle veranlaßt haben ... das wenigstens ist eine unläugbare Thatsache, daß er einer Cabinetsintrige zum Opfer fiel.«

Der Grund für Ludwigs lange Landaufenthalte wird einzig in der Institution des Kabinettsekretariats gesucht – Wagner, obwohl im Moment in Hohenschwangau weilend, wird nicht einmal erwähnt. Allerdings wird durch dieses subtile Abwägen erreicht, daß Ludwig nicht als reaktionärer König gebrandmarkt wird, sondern als eigentlich liberaler – er wollte ja mit den Ministern direkt konferieren –, der dem reaktionären und intriganten Kabinett zum Opfer gefallen sei. Dies wird im folgenden Aufruf an den König noch evidenter, in welchem die jugendliche Unerfahrenheit des Monarchen angeführt wird: »Unsere Meinung ... ist die: daß der König, wenn er 7 Monate des Jahres fern von seinen Ministern weilt, nur umgeben von dem gänzlich unconstitutionellen Institut des Kabinettsecretariats, übel berathen ist und dadurch des Volkes gerechte Besorgnisse erwachen. Niemand in ganz Bayern denkt daran, dem jungen König den Genuß der freien Natur mißgönnen oder verkümmern zu wollen, aber dem Wohldenkenden ist es nicht einerlei, ihn unter ganz anderem Einfluß heranreifen zu sehen, als konstitutionellem! ... Zuerst hat ein König vor dem Gesetz, dessen Hüter und Vollstrecker er ist, sich beugen und entsagen zu lernen. Und das lernt man nicht in der Umgebung von dienstfertigen Hofkavalieren, sondern in der Schule des Staatslebens, umgeben von den gesetzlichen Räthen der Krone! ... Jetzt wo nicht Hofmänner in den Anforderungen des Vergnügens, sondern wo Minister in den hochwichtigen Fragen, in der Frage um ›Sein oder Nichtsein‹ Bayerns, jeden Tag mit dem König konferieren sollten, ist ihnen dieser Weg abgeschnitten.« Zu Recht wird hier angeführt, daß die fatale Schwächung Bayerns in dieser außenpolitisch brisanten Zeit durch den Rückzug des Königs mitbedingt sei. Doch die Schlußfolgerung, die daraus gezogen wird, trifft allzu einseitig eine Institution:»Das Budget des Landes hat keinen Etat, das Volk kein Vertrauen für ein Cabinetsekretariat, das sich in Staatsangelegenheiten mischen darf, – vielleicht fällt ein Institut, das trennend zwischen den König und sein Volk geschoben ist, das dem Willen der Nation, dem Geist der Constitution, das dem Recht und dem Glück des Landes zuwiderstrebt! Eine konstitutionelle, keine Cabinetsregierung – das fordert Bayerns Volk!«

Dieser brisante Artikel löste in Bayern einen Sturm aus, zumal mehrere Parteien darin angegriffen wurden, zwei aber verschont blieben oder gar geschützt wurden: Neumayr und Wagner. Es ist deshalb nicht verwunderlich, daß genau diese beiden wechselweise der Urheberschaft des Fehmeartikels beschuldigt wurden. Wagner wurde damit ganz selbstverständlich in die öffentliche Diskussion um ein brisantes politisches Problem einbezogen und dabei klar dem liberalen Lager zugerechnet! Ob er tatsächlich hinter diesem Artikel stand, ist zwar nicht mehr zu eruieren, sicher ist allerdings, daß Wagner auf der Seite Neumayrs stand.

Wichtiger aber als die Urheberschaft ist, daß damit das politische Ringen um die Gunst des Königs öffentlich geworden war. Zudem suchte Wagner, der selbst von der Reaktion bedroht war, die Gunst der Stunde zu nutzen und den liberalen Schwung, der durch den Artikel im »Nürnberger Anzeiger« entstanden war, für seine Zwecke auszunutzen. Er trieb seine politischen Projekte während seines immer noch fortdauernden Aufenthaltes beim König in Hohenschwangau rigoros voran. Zuerst wollte er Ludwig doch noch zur Berufung Froebels nach München bewegen und gab ihm zu diesem Zweck die Briefe Philipp Pfisters vom 4. und 19. Oktober an Froebel sowie den Brief Froebels an Wagner vom 1. November zu lesen. In diesen Briefen wurde nicht nur die Beteiligung des Kabinetts an der Affäre aufgedeckt, sondern auch Froebel vor dem angeblich bevorstehenden Sturz Wagners gewarnt. Wagner handelte also eindeutig in der Überzeugung, daß hinter dem Rücken Ludwigs die reaktionäre Strömung durch Intrigen die Macht zu gewinnen suchte; und zwar mit der Verhinderung der Berufung Froebels, mit der Absetzung Neumayrs und mit seinem eigenen Sturz.

So versuchte er als Gegenmaßnahme, einen Sekretär des Königs »für die Ausführung seiner Verordnungen in Kunstangelegenheiten« ins Kabinettsekretariat einzuschleusen und damit ein ähnliches Amt zu schaffen, wie er es im Sommer Graf von Moy zugedacht hatte. In einem Brief an den befreundeten Dr. Schanzenbach präzisierte Wagner 1866 die damaligen Absichten: Er habe Ludwig in der Zeit vom 11. bis 18. November den Rat gegeben, »sich nach einem besonderen Sekretär für die Ausführung seiner Verordnungen in Kunstangelegenheiten umzusehen«, wofür Riedel in Betracht komme. Ferner habe er ihm »eine gänzliche Erneuerung seines Kabinettsekretariats« empfohlen![404] Wagners Vorstoß war – wie der Artikel im »Nürnberger Anzeiger« – klar gegen Pfistermeister und das gesamte Kabinettsekretariat gerichtet.

Der Vorschlag von Emil Riedel war zudem erneut nicht ohne politische Sprengkraft. Riedel war zu dieser Zeit »Ministerialsecretär des Ministeriums des Innern«, wie Wagner Ludwig gegenüber ausführte, und sollte »als Keil eingeschoben werden«, um in »diesen schleichend-zähen Zusammenhang … gänzlich fremder und entgegengesetzter Interessen« zum »Heil« zu führen, wie er dies an anderer Stelle begründete. Riedel hatte sich beim Ausbau innerer Staatseinrichtungen auf fortschrittlicher Grundlage, etwa bei der Sozialgesetzgebung, verdient gemacht; er war – Wagners eingeschlagene politische Linie spiegelnd – ein liberal-fortschrittlicher Politiker!

Ludwigs Reaktion auf diese erneuten, die aktuelle politische Linie der bayerischen Politik subversiv unterlaufenden Vorschläge Wagners spiegelt einmal mehr seine Unfähigkeit, eine Partei zu unterstützen und damit den Querelen, Unsicherheiten und der Schwächung Bayerns endlich einen Riegel zu schieben. Im Fall von Julius Froebel schreibt er am 15. November, also zwei Tage nach dem Artikel im »Nürnberger Anzeiger«, nach der Durchsicht der Briefe: »Mit vielem Dank sende ich Ihnen beiliegende Briefe (von Pfister und Froebel) zurück. – Alle Hindernisse werden nun überwunden, ich sehe es klar, gegen Uns Beide vermag die Bosheit der Welt nichts. – Die Froebel'sche Angelegenheit will ich mir noch genau überlegen; ich werde in derselben zur Klarheit kommen; trotz aller Schwierigkeiten. – Sie sehen, Geliebter, diese sind groß; nicht leicht wird mir der Einblick in jene Verhältnisse gemacht. – Freilich hätte ich besser gethan, Ihres Namens in der Froebel'schen Sache nicht Erwähnung zu thun; wer hätte aber denken können, daß jene Menschen so falsch, so hinterlistig sind.«

Hatte Ludwig die von Wagner geortete Reaktion erkannt? Jedenfalls mußte Lutz schon am nächsten Tag, am 16. November, im Auftrag des Königs an von der Pfordten schreiben, um Erkundigungen über Froebel einzuholen. Dabei fügte er mit der ausdrücklichen Bitte, diese Indiskretion den König nicht wissen zu lassen, ganz im Vertrauen an, daß es Wagner gewesen sei, der Froebel dem König empfohlen habe. Dann äußerte Lutz seine auch dem König gegenüber gemachten schweren Bedenken, »daß Froebel seiner ganzen Vergangenheit nach kaum anders als für die Einführung eines deutschen Parlaments wirken könnte und es doch näherer Erörterung wert sein möchte, ob es dem Könige zukommt, die Agitation für ein solches Parlament – zumal jetzt – selbst zu betreiben«. Bemerkenswerterweise sind es die gleichen Bedenken, die von der Pfordten im Frühjahr 1866 Froebel als Grund für die unterbliebene Berufung nannte! Lutz schließt seine Ausführungen mit der Bemerkung, daß solche Erwägungen nicht ganz ohne Eindruck beim König geblieben seien, sie hätten aber auch noch nicht durchgeschlagen. »Ich habe deshalb den Befehl erhalten, Eure Exzellenz zu befragen, ob Sie die Berufung Froebels auch nicht für ratsam halten?«[405] Wie nicht anders zu erwarten, war nun auch von der Pfordten offiziell dagegen, worauf der König die Berufung endgültig unterließ. Der Außenminister hatte in diesem Punkt über Wagner gesiegt, und der König hatte – zumindest in den Augen Wagners – der Reaktion den Vorzug gegeben!

Am 20. November schrieb der König einen langen Brief an von der Pfordten, in welchem er in beinahe grotesker Form seine Entschlußlosigkeit und Beeinflußbarkeit ins Gegenteil verkehrt: »Die Tagespresse hat mehrere Vermuthungen aufgestellt über die Ursachen der Enthebung des Ministers von Neumayr von der Verwaltung seines Ministeriums. Der Reihe nach wurden Meine Verwandten, Sie (Pfordten) selbst, einige andere Herren Minister, gewisse gesellschaftliche oder religiöse Coterien und schließlich – nicht ohne Beimischung leidenschaftlicher Angriffe – die Beamten meiner Kanzlei genannt. Darnach bliebe kein Raum für einen freien Entschluß Meinerseits. Selbst die Dauer Meines Landaufenthalts mißt man ungehörigen Einflüsterungen zu. Ich habe aber schon durch manchen Akt, wie z. B. durch die Bewilligung kürzerer Finanzperioden, bewiesen, daß Ich Meine Entschlüsse unabhängig zu halten vermag ohne jeden unzuständigen Einfluß, wenn er auch von Seiten der theuersten Verwandten käme. Ich werde einen solchen Einfluß Niemandem zulassen, von wem er auch versucht werden sollte. Die jüngste Ministerveränderung habe Ich beschlossen, weil Ich nach lange fortgesetzten sorgfältigen Beobachtungen erkannte, daß das Verhalten v. Neumayrs gegen die Volksvertretung in manchen Punkten anders war, als ich es erwartet hatte, und weil ich Mich überzeugt habe, daß er in wichtigen Dingen bindende Erklärungen abgab, ohne Mich um Meine Willensmeinung zu befragen, sowie daß es dem Ministerium in Folge der Stellung des Hrn. v. N. zu einzelnen Parteien an jener Einigkeit fehlte, ohne welche keine Regierung Bestand hat.«[406]

Wiederum laviert der König zwischen den politischen Parteien: Bedeutet die Einheit der Regierung im Sinne von der Pfordtens durch Neumayrs Entlassung ein konservatives Zeichen, so war die erwähnte Bewilligung kürzerer Finanzperioden das Erfüllen eines lange verfolgten Begehrens der »Fortschrittspartei«. Der Nachdruck, mit dem der König auf seine eigenen Entschlüsse pocht, zeigt ferner die Unsicherheit und das vergebliche Ringen um Unabhängigkeit von äußeren Einflüssen. Dies blieb natürlich auch von der Pfordten nicht verborgen.

Nach diesem hilflos wirkenden Statement zog sich der König einmal mehr »utopiegerecht« zurück, was für einen König in dieser krisenhaften politischen Situation eine Ungeheuerlichkeit darstellt. Am 21. November wurde nämlich in Hohenschwangau ein einzigartiger Mummenschanz inszeniert, wovon auch einige Zeitungen berichteten. Nach einem Feuerwerk wurde die Szene der Ankunft des Schwanenritters aus Wagners »Lohengrin« auf dem Alpsee dargestellt. Ein großer, kunstreich nach der Natur gebildeter Schwan zog einen Kahn mit Lohengrin, gespielt von Flügeladjudant Paul von Thurn und Taxis, über den Alpsee, umrahmt von der entsprechenden Musik aus dem Bühnendrama. Am nächstfolgenden Abend wurde die Szene auf Befehl des Königs sogar wiederholt.[407] Ludwig verhielt sich damit weit »utopiegerechter« im Sinne Schopenhauers als Wagner, der sich immer mehr in seine politischen Pläne hineinsteigerte, obwohl er dem König noch am 22. November schrieb, daß »kein irdisches Geschäft, kein menschliches Bemühen mehr irgendwelchen Sinn« für ihn habe. Trotzdem flehte er Ludwig in demselben Brief an: »Theurer Herr, berufen Sie den neuen Secretär!« Der König, der eben noch von der Pfordten gegenüber jede Beeinflußbarkeit bestritten hatte, folgte Wagners Wunsch und erteilte noch am selben Tag die nötigen Aufträge in betreff des liberalen Riedels. Über dieses Ereignis hat Peter Cornelius in einer Tagebucheintragung interessante Informationen aufgezeichnet: »Es trat noch ein anderes Moment hinzu, an welchem Herr Dr. Grandaur einen Anteil hat. Derselbe war seit diesem Sommer durch Bülow und Cosima in das nähere Vertrauen gezogen worden. ... Dieser hatte nun Wagner auf einen seiner Freunde ... aufmerksam gemacht, einen Herrn Riedel, welcher der rechte Mann sei, des Königs intimer Sekretär zu werden und dann in dieser Stellung auf des Königs und Wagners Pläne in jeder Hinsicht eingehend, vortrefflich wirken würde. Diesen Herrn Riedel schlug dann Wagner dem König während seines Aufenthalts in Hohenschwangau vor, der König ging darauf ein, und Wagner kehrte mit der Vollmacht zurück, Herrn Riedel durch Herrn Grandaur auf diese Stellung hin zu befragen. ... Der König aber hatte in seiner Unbefangenheit Herrn Pfistermeister selbst diesen Namen genannt, und nun wußte dieser genau, daß man drauf und dran sei, ihn aus seiner Stellung zu verdrängen, von jetzt an galt es also auch für ihn nur noch den Kampf auf Tod oder Leben.«[408] Riedel machte dann dem Spuk selber ein Ende, indem er das ihm zugedachte Amt ablehnte.

Wagner war wiederum mit seinen Berufungsvorschlägen der Fortschrittler Froebel und Riedel, von denen Pfistermeister und von der Pfordten unterrichtet waren, gescheitert. Dies hinderte ihn aber keineswegs daran, auf dem einmal eingeschlagenen Weg weiterzufahren. Was bisher nicht beachtet wurde ist, daß Wagner absolut unbeirrt an seinen Bemühungen festhielt, die zwei Institutionen – diejenige eines Sekretärs für die Ausführung königlicher Verordnungen in Kunstangelegenheiten und die neue offiziöse politische Zeitung – zu schaffen. Was sich lediglich änderte, waren die Persönlichkeiten. An der Stelle Froebels schlug er Constantin Frantz vor, und an diejenige Riedels trat Gideon von Rudhart. Der genaue Verlauf der Ereignisse zeigt, daß es Wagner vor allem um das Besiegen des »unwürdigen inneren Feindes« ging, wie er sich selbst ausdrückte, um das Besiegen der Reaktion also und damit um die Durchsetzung seiner eigenen fortschrittlich-utopischen Ideen.

Bereits am 22. November, im selben Brief, in welchem Wagner nochmals auf der Berufung Riedels insistierte, verzichtete er auf diejenige Froebels mit der Begründung: »Nicht die Meinung Ihres Kabinets hat mich schließlich gegen Froebel entschieden, sondern die eigene Erwägung der Möglichkeit, daß selbst nur der Name dieses Mannes meinem Könige einige Verlegenheit bereiten könnte.« Gleichzeitig teilte er dem König mit, er hätte einen Brief erhalten, der ihn »einen neuen Menschen entdecken läßt, wie Wir ihn brauchen.« Er forsche nun sorgfältig nach, um »genaueste Auskunft über ihn zu erhalten.« Schon drei Tage später gab er Ludwig den Namen dieses »neuen Menschen« preis: Constantin Frantz – wiederum ein Vorschlag von raffiniertem politischem Kalkül. Frantz war nämlich politischer Schriftsteller und hatte in den späten 50er Jahren die Bekanntschaft Froebels gemacht. Froebel hatte Frantz' »Untersuchungen zum europäischen Gleichgewicht« 1859 zustimmend rezensiert, hatte ein Jahr später mittels einer öffentlichen Flugschrift Annäherung an Frantz gesucht und traf ihn 1863 beim Frankfurter Fürstentag wieder. Die Parallelen der beiden politischen Denker ist eindrücklich: Wie Froebel unterhielt auch Frantz in der Ära Maximilians II. gute Beziehungen zum bayerischen Königshof, und wie bei Froebel verhinderte auch bei Frantz die Bürokratie eine angestrebte Berufung nach München, die nach Max' Tod hinfällig wurde. Auch im politischen Credo von Frantz und Froebel lassen sich erstaunliche Ähnlichkeiten feststellen, denn sowohl im Trias-Gedanken als auch im Föderativprinzip stimmten beide fast durchweg überein: Frantz galt als der bedeutendste Widersacher der preußisch-deutschen Machtpolitik Bismarcks, ein konsequenter Verfechter einer föderalistischen Politik, die einen föderalen Reichsgedanken für Deutschland suchte, der zugleich europäische Funktionen haben sollte. Richard Wagner hielt also mit einer Konsequenz sondergleichen an seinen politischen Plänen fest. Die Person wurde zwar ausgewechselt, die politische Idee aber blieb. So zeigte er sich begeistert von Frantz' 1865 erschienener Publikation »Die Wiederherstellung Deutschlands«, in welcher Frantz die Rettung Deutschlands durch den Zusammenschluß der Mittelstaaten unter Führung Bayerns herbeiführen wollte.

Am 23. November, unmittelbar nachdem Riedel seine Wahl zum Kultursekretär abgelehnt hatte, schlug Wagner sogleich die Wahl Gideon von Rudharts vor. Wagner argumentierte bei seinen Vorschlägen konsequent mit »utopischen« Begriffen, um seine Anliegen durchzusetzen, und Ludwig nahm diese auch sofort auf. So meinte Wagner, wenn der König den neuen Sekretär berufen würde, dann werde er seinen »Ludwig, den ›Kampfholden‹, auf Siegfrieds Pfade wissen, dem Pfade, der Ihm des Lebens Weisheit und Kraft dort oben auf jenem Götterfelsen zuführen wird. Alles wird Er wissen, Alles vollbringen, und der Wanderer darf ruhig und selig der Götterdämmerung entgegenschauen«! Und Ludwig II. folgte Wagners Argumentation in seiner Antwort vom 24. November: »Theuerster Freund! Mit Jubel hat mich Ihr letzter Brief erfüllt! – … Seien Sie überzeugt, daß ich Ihren Rath in Betreff des neuen Sekretärs wohl beherzigen werde. – Ich lasse mich durch nichts beirren, ich werde nie wanken! … Siegfried hält Stand, dessen seien Sie versichert; er will dem Wanderer stets treu zur Seite stehen, die Früchte des Werkes, das Beide schaffen, sollen den späteren Geschlechtern zum Heil und Segen reifen; doch mit dem Wanderer will und muß er der Götterdämmerung entgegen gehen.« Daß Wagner durch solche Bezeugungen des Königs, seine Ideen konsequent auszuführen, zu weiteren Vorschlägen geradezu angestachelt wurde, ist kaum verwunderlich. So schrieb er am 25. November dem König einen Antwort-Brief, in welchem er Ludwig abermals durch Parallelen zu Bühnenfiguren zu einer Entscheidung bringen wollte, die nun seiner liberalen Richtung endgültig zum Durchbruch verhelfen sollten: »O, mein König, mein Ludwig! Wie schön, wie begeisternd war wieder Ihr Brief! – Soeben hatte ich mich an die Arbeit gesetzt, um die Stelle Siegfried's zu instrumentieren ›der dumme Knab', der das Fürchten nicht kennt, mein Vöglein, der bin ja ich!‹ Unwillkürlich lachte ich muthig auf – da kam der Brief, und lag ›Fafner‹ (Mime und Fafner waren zu dieser Zeit Decknamen für Kabinettsekretär Pfistermeister und Kabinettskassier Hofmann) schön überwunden vor mir ausgebreitet. – Wer soll da nicht Muth haben, Hoffnung fassen? O, Sie lieber, herrlicher ›Siegfried‹! Nun denn! auch ich – bin ›guter Laune‹. Und in dieser rufe ich meinem Siegfried zu, daß ich mich nun in Nichts mehr mische, Nichts mehr rathe, nichts mehr sage, sondern ruhig lächelnd von meinem Pulte aus dem Theuren zuschaue, wie er im Walde mit Fafner und Mime fertig wird. Mein Vertrauen ist voller Begeisterung! ›Neue Ära‹, ›Neues Princip‹ heißt – ›neue Menschen‹. Sie finden sich, sobald nur die ›Alten‹ verjagt sind.«[409] Wagner wollte personelle Umbesetzungen, damit Siegfried-Ludwig endlich Brünnhilde-Deutschland erwecken konnte. Und Ludwig II. antwortete: »Jubelnd und muthentbrannt will ich dem tückischen Mime und Fafner entgegeneilen, unter Jauchzen will ich sie besiegen … Ich spotte der Ohnmacht Mime's und Fafner's, der Wurm wird sich aufbäumen und winselnd zu Grunde gehen.«

Der König signalisierte sein bedingungsloses Einverständnis! War die Waage, die sich so gefährlich zu Ungunsten Wagners zu neigen drohte, auf Gegenkurs? Es schien so, und dies wußten auch Pfistermeister und von der Pfordten, denn zumindest vom erneuten Berufungsversuch Froebels sowie Riedels bzw. Rudharts waren sie unterrichtet. Doch Pfistermeister, Hofmann und von der Pfordten waren eben nicht »Mime« und »Fafner«, sondern Realpolitiker, auf welche Ludwig gerade wegen seiner »utopiegerechten« Lebensweise und wegen der schwierigen politischen Lage dringend angewiesen war – »Utopie« und Realität trafen nun unmittelbar aufeinander.

Ein Artikel des konservativ-ultramontanen »Volksboten« machte dann die Intrigen, die sich hinter den Kulissen abspielten, öffentlich und deckte einen Teil der Absichten Wagners auf. In seinem Artikel wetterte er: »Pfistermeister und Hofmann ... sollen beseitigt werden, damit gewisse Gelüste auf Ausbeutung der königlichen Kabinettskasse leichter Befriedigung erlangen ... Hat doch Richard Wagner in kaum Jahresfrist nicht weniger als 190000 Gulden gekostet und vor etlichen Wochen neuerdings nicht weniger als 40000 Gulden für seinen Luxus begehrt. Der ›Volksbote‹ kann weiter berichten, daß Pfistermeister, wie es denn doch vermöge seiner Stellung wohl sicherlich ihm als Pflicht erscheinen mußte, dem jugendlichen Monarchen von der Bewilligung dieses überschwenglichen neuen Begehrens abgerathen hat ... daß aber Herr Wagner seinen Zweck ... zu erreichen verstanden hat ... Nach all diesem muß noch hervorgehoben werden, daß der Sturmartikel im ›Nürnb. Anz.‹ gerade zu der Zeit erschien, wo Wagner in Hohenschwangau eingetroffen war ... Der ›Volksbote‹ will hiermit weder behaupten noch andeuten, daß jener Artikel von Herrn Wagner selbst geschrieben worden, aber sicher liegt unter den Umständen die Vermuthung nahe, daß dieser demselben nicht fremd sei. Es liegt aber auch noch die weitere Vermuthung (um es gelinde auszudrücken) sehr nahe, daß man die Persönlichkeiten des gegenwärtigen Kabinettsekretariats und dieses überhaupt wegschaffen möchte, nicht etwa, damit, wie vorgespiegelt, die Minister bei dem unerfahrenen jugendlichen Monarchen ganz ›konstitutionell‹ freie Hand hätten, sondern damit Günstlinge sich im Stillen völligen Einfluß sichern und denselben eines Theils finanziell andern Theils für die Zwecke der Demokratie verwerthen könnten.«

Von wem hatte der Redakteur des »Volksboten«, Ernst Zander, der von diesem Zeitpunkt an zum Bannerträger des Widerstandes gegen Wagner wurde, seine Informationen erhalten? Sicher ist, daß Kabinettsekretär Pfistermeister in einem Brief an Cosima von Bülow im September 1865 geschrieben hatte, daß sich die Ausgaben für die Musik-Sparte auf 190000 Gulden belaufen; er nennt also die gleiche Summe wie Zander. Zudem hätte er, der sich einerseits

gegen Wagner für eine ausgeglichene Kabinettskasse einsetzte und andererseits der Hauptangegriffene im auch von
Zander erwähnten Artikel des »Nürnberger Anzeigers« war,
allen Grund dazu gehabt. Aber auch von der Pfordten, der
durch Wagners Agitation genauso gefährdet war, unterhielt
seit der Revolutionszeit gute Beziehungen zum »Volksboten«. Am 24. August 1849 hatte der damalige neue bayerische Außenminister Ludwig Freiherr von der Pfordten
König Max mitgeteilt, daß sich der Redakteur des »Volksboten«, Ernst Zander, in großen Geldschwierigkeiten befinde. Er bedauere, daß die Ministerialkasse zu helfen au-
ßerstande sei, und er befürchte nun, daß die demokratische
Partei einen Schuldprozeß gegen den ultramontanen Redakteur zu ihren Gunsten ausschlachten werde. Er bat daher um
einen königlichen Gunstbeweis Zander gegenüber mit dem
Hinweis, daß es ratsam sei, sich die Freundschaft Zanders zu
erhalten, denn »er könnte ein ebenso gefährlicher Gegner
werden, als er jetzt ein eifriger Kämpfer für die Regierung
ist«. Ob es dieser Brief von der Pfordtens an König Max II.
war, der den gewünschten Erfolg brachte, ist nicht bekannt[410], doch erhielt Zander von diesem Zeitpunkt an für
längere Zeit jährlich 500 Gulden aus Regierungsmitteln.[411]
Zander könnte die Informationen also durchaus auch von
von der Pfordten erhalten haben. Kommt hinzu, daß im
Herbst 1865 in München Gerüchte um ein Zusammengehen
des »Volksboten« mit von der Pfordten kursierten. So berichteten die wagnertreuen »Münchner Neuesten Nachrichten« in einem brisanten Artikel am 14. Oktober, in verschiedenen Münchener Gesellschaftskreisen, und zwar »nicht in
gewöhnlichen Klatschzirkeln«, gehe das Gerücht um, von
der Pfordten habe im Ministerrat den Vorschlag gemacht,
den »Volksboten« finanziell zu unterstützen. Innenminister
Max von Neumayr sei strikt gegen diesen Plan gewesen und
trete deshalb sogar zurück! Von der Pfordten wird ausgerechnet mit dem »Volksboten« zusammen eines Konflikts
mit dem kurz darauf entlassenen liberalen Minister Neumayr
bezichtigt. Der »Volksbote« versicherte zwar schon am folgenden Tag, das Gerücht sei aus der Luft gegriffen, doch

das Gerede wollte nicht verstummen. Erst als der Außenminister in der offiziösen »Bayerischen Zeitung« einen Artikel publizieren ließ, daß weder im Ministerrat noch sonstwo von einer staatlichen Subvention des »Volksboten« je die Rede gewesen sei[412], schwiegen die liberalen Blätter.

Wer hatte nun also Zander die nötigen Informationen zugespielt, Pfistermeister oder von der Pfordten oder gar beide zusammen? Gründe und die Möglichkeit hätten beide gehabt, und tatsächlich spiegelt der Artikel die Parteienkonstellation »liberal-wagnerisch« versus »konservativ-pfistermeister-pfordtnerisch« durch das Offenlegen gewisser Fakten. Wie im Artikel angeführt, sollten Pfistermeister und Hofmann nach Wagners Wunsch abgesetzt werden, und Wagner befand sich bei Erscheinen des Artikels im »Nürnberger Anzeiger« als Gast bei Ludwig in Hohenschwangau. Im Kern zutreffend ist auch die Aussage des »Volksboten«, daß Wagner sich »im Stillen völligen Einfluß sichern und denselben eines Theils finanziell andern Theils für die Zwecke der Demokratie verwerthen« wolle. Wagners politische Agitation, die von der Pfordten und Pfistermeister bekannt war und die der König in seiner »utopischen« Abhängigkeit nicht unterbunden, sondern noch geschürt hatte, war öffentlich geworden. Die Lage präsentierte sich damit nach dem »Volksbote«-Artikel in ihrer ganzen Tragweite: auf der einen Seite das liberale Lager mit Neumayr, der eben erst vom König von seinem Amt suspendiert worden war, und Wagner; auf der anderen Seite das konservative Lager mit von der Pfordten, der erst vor kurzer Zeit vom König in sein Amt berufen worden war, und Pfistermeister. Beide Parteien bekämpften sich, vertreten durch Zeitungen der entsprechenden Parteicouleur, in der Öffentlichkeit. Die »Affäre Wagner« wurde immer mehr zu einer Grundsatzdiskussion um die politische Richtung der bayerischen Politik in der angebrochenen Ära Ludwig, wobei die Zeitungen als einziges Medium, mit dem damals Politik betrieben werden konnte, auch im Fall Wagner klar im Zeichen der politischen Parteipresse funktionierten. Die fortschrittliche Parteipresse stand für Wagner und seine national-fortschrittlichen Ideen ein, während die konservative Presse dies ebenso vehement bekämpfte. Es war eine unhaltbare Situation, die nur ein Machtwort des Königs hätte lösen können. Da sich der »utopiegerecht« lebende Ludwig dazu als unfähig erwies und am gegenwärtigen Stand der Dinge große Mitschuld trug, mußte er von einer der beiden Parteien dazu gebracht werden, endlich Farbe zu bekennen.

## Die Ausweisung Richard Wagners auf Druck der Konservativen

Die letzte Phase bis zum Sturz Wagners dauerte nur noch zehn Tage, die Ereignisse folgten Schlag auf Schlag. Diese Rasanz der Entscheidung gegen Wagner mag wohl niemanden mehr erstaunt haben als ihn selbst. Er wähnte sich auf der Höhe seiner Macht über den König und mit uneingeschränktem Einfluß auf ihn ausgestattet, denn nur so ist die unbedachte, ja naive Handlungsweise des Komponisten zu erklären. Diese Phase bildet aber auch den logischen und konsequenten Schlußpunkt nach zwei Jahren instabiler, die bayerische Politik stark gefährdender und bedrohender Regierungstätigkeit Ludwigs, in denen keine klare politische Linie zu erkennen war. Die Schwäche Bayerns mußte behoben werden, um außenpolitisch im sich zuspitzenden Konflikt um die »Deutsche Frage« überleben zu können. Die Frage war nur, welchem Standpunkt der König den Vorzug geben würde: demjenigen seines regierenden konservativen Ministerpräsidenten und Außenministers Ludwig von der Pfordten oder demjenigen des ohne eine offizielle Amtsbefugnis in Bayern weilenden liberalen Komponisten Richard Wagner, von dessen Meinung er so stark abhängig war. Nicht vergessen werden darf dabei, daß eine eventuelle Entscheidung Ludwigs für den »Fortschritt« das Ende der bayerischen Unabhängigkeit bedeuten könnte.

Wagner hatte sich zu diesem Zeitpunkt mit den Tagebuchblättern und den Wahlvorschlägen von Froebel, Frantz und Riedel bereits derart stark in die politische Diskussion eingelassen, daß es kein Zurück mehr gab. Er ergriff nun mit einem Brief an den König vom 26. November unmittelbar nach dem Artikel im »Volksboten« vollends die Offensive. Der Brief bildet ein Kernstück von Wagners Münchner Zeit und ist erst durch die neu gewonnenen Erkenntnisse in seiner ganzen Tragweite erfaßbar. Im ersten Teil legt er die Kontroverse zwischen Liberalen und Konservativen offen: »Mit der Entfernung des Ministers von Neumayr ist Ihnen ein übler Dienst erwiesen worden. Er war der einzige liberale Mann in Ihrem Ministerium, welcher, so lange er verblieb, auch die extremsten Partheien zum Maßhalten vermochte. Sie zu seiner Entfernung zu bestimmen, hatte man zwei Gründe: einen rein persönlichen, weil der gewissenhafte Minister sich den Zumuthungen Pfistermeisters zur Anstellung von dessen Creaturen ungefügig zeigte; dann einen politischen, – weil von Preußen neuerdings die Parole zur blinden Reaction gegeben ist. Daß Ihr Kabinet, im Verein namentlich mit Herrn von der Pfordten den Wünschen Bismarck's willig nachzugeben gesonnen ist, habe ich den offenen Aussagen des Herrn Lutz entnommen ... Das Land bezeugt offen, welche Bedeutung der durchgesetzten Maßregel innewohnt: während nur die schmutzigste Parthei, welche ohngefähr in dem scheußlichen Blatte, von dem ich Ihnen eine Nummer hier beilege (gemeint ist der ›Volksbote‹ vom 26. November), sich befriedigt zeigt, hält die große allgemeine Parthei der Hoffnung das Gedeihen Ihrer Regierung für bedroht. Der Sturm hat sich gegen die mit richtigem Gefühle erkannten eigentlichen Übelthäter gewandt: Sie erfuhren während meines Besuches in Hohenschwangau, bis zu welch scharfer Kritik die Entrüstung der liberalen Meinung sich anläßt. (gemeint ist der Artikel vom 13. November des ›Nürnberger Anzeigers‹).«

Wagner spricht dem König gegenüber erstmals von den Liberalen als der »großen allgemeinen Parthei der Hoffnung« und bekennt sich offiziell zu dieser Richtung. Frappant sind die Parallelen in der Meinung zum Artikel des »Nürnberger Anzeigers«, den er hier auch als Beweismittel anführt: Wie dieser bezichtigt er von der Pfordten und Pfistermeister der »blinden Reaction«, deren Opfer der einzige »liberale Minister Neumayr« geworden sei, und glaubt, daß dadurch »das Gedeihen« der Regierung Ludwigs »bedroht« sei. Damit impliziert Wagner, genau wie der »Nürnberger Anzeiger«, daß Ludwig eigentlich liberal eingestellt sei.

Daraufhin beschuldigt Wagner Pfistermeister, er habe, um die Entrüstung der »liberalen Meinung« von sich abzuleiten, den Ausweg gewählt, »durch Preisgebung Ihres Freundes Wagner, ja durch Verunglimpfung Ihrer eigenen königlichen Neigungen und Handlungen, sich zu retten, indem er mich dem Volksunwillen zur Beute vorwirft«, denn der Artikel im »Volksboten« sei von Pfistermeister inspiriert. Gleichzeitig beteuert Wagner, er habe – entgegen der Behauptung im »Volksboten« – »nie einen Zeitungsartikel veranlaßt«, also auch den im »Nürnberger« nicht; eine Aussage, die uns noch beschäftigen wird. Nach einer weiteren Schimpftirade gegen die »unverschämte Verrätherei« der königlichen Diener formuliert Wagner seinen Vorschlag, mit dem alle Schwierigkeiten behoben seien: »Ich rathe Ihnen daher mit allem Ernste meines Gewissens und meiner Liebe, sofort durch ein, Ihren Secretären unbekannt bleibendes Handschreiben den abgetretenen Minister von Neumayr zu sich zu berufen, und ihm die Bildung eines neuen Kabinetes aufzutragen.« Die Ersetzung Pfistermeisters durch Georg Klindworth hatte Wagner im Februar noch strikt abgelehnt, nun betrieb er den Sturz des mißliebigen konservativen Kabinettsekretärs durch einen liberalen Politiker selbst; ein klar politisch motivierter Vorschlag.

»Hiermit erreichen Sie alles«, fügte Wagner zur Bekräftigung seines ungemein raffinierten Vorschlages an. Tatsächlich hätte dieser Schritt den Umsturz der amtierenden Regierung ausgelöst. Seit dem Amtsantritt von der Pfordtens im Dezember 1864 war es ein offenes Geheimnis, daß er ein vehementer Gegner Max von Neumayrs und schließlich maßgeblich an dessen Absetzung beteiligt gewesen war. Mit der von Wagner gewünschten Berufung Neumayrs wäre somit nicht nur Kabinettsekretär Pfistermeister gestürzt worden, sondern konsequenterweise auch Außenminister von der Pfordten. Und da Neumayr zudem ein Parteifreund Froebels war, hätte somit wohl auch dessen Berufung nach München nichts mehr im Weg gestanden. Mit der Wahl Neumayrs erhoffte sich Wagner freie Bahn für all seine Pläne, sei es die offiziöse Zeitung, die »neudeutschen« kulturellen Pläne oder die liberal-wagnerischen Reformen gemäß den Tagebuchblättern. Für den König wäre diese Wahl aber nicht nur einem Bekenntnis zum Fortschritt gleichgekommen, sondern auch mit dem Eingeständnis der Beeinflußbarkeit verbunden gewesen, hatte er doch in einem Brief vom 20. November ausgerechnet von der Pfordten gegenüber im Fall von Neumayrs Entlassung darauf gepocht, daß dies allein seine Entscheidung gewesen sei!

Am selben Tag wurde der König also von zwei Seiten bestürmt. Einerseits griff der »Volksbote« Wagner, den »Ideal-Freund« Ludwigs, an und beschuldigte ihn der politischen Agitation. Andererseits attackierte Wagner in seinem Brief die politisch maßgebenden Beamten, allen voran Kabinett-sekretär Pfistermeister. Die »Affäre Wagner« war zu einer Machtprobe zwischen Konservativ und Liberal, zwischen Regierung, Kabinettsekretariat und öffentlicher Meinung auf der einen Seite und Richard Wagner auf der anderen Seite geworden. Mittendrin, zwischen beiden Parteien, stand – wie es Wagner einst in »Über Staat und Religion« als Schicksal jedes Monarchen verkündet hatte – Ludwig II. Nun war der König plötzlich und durch sein eigenes Verschulden die zentrale Figur geworden, er hätte sich nun zu einer Entscheidung durchringen müssen, um den staatspolitischen Konflikt zu lösen. Doch zu diesem Zeitpunkt befand er sich in einer Situation, in der er dies gar nicht mehr tun konnte. Richard Wagner war in der Zwischenzeit genauso zur Existenzgrundlage Ludwigs geworden, wie es auch die politischen Gremien naturgemäß in einer konstitutionellen Monarchie sind. Und genau diese beiden Parteien, von denen der König so sehr abhängig war, standen sich nun als unversöhnliche Kontrahenten gegenüber. König Ludwig II. war entscheidungsunfähig, denn das Kabinett zu einem Zeitpunkt zu entlassen, wo sich die Frage um Schleswig-Holstein immer mehr zuspitzte und zu einem gesamteuropäischen Konflikt auszuarten drohte, war unmöglich. Als Marionette Wagners, unfähig, eine eigene Position einzunehmen, versuchte er, eine »utopiegerechte« Lösung zu finden, wie sie in »Über Staat und Religion« vorgezeichnet war, die aber keine Entscheidung herbeiführen konnte: Rückzug als leidender Parsifal, um die Ruhe für den Freund zu erhalten. An Cosima von Bülow schrieb er im November aus Hohenschwangau: »Geloben wir Uns … Alles zu thun, um Ihm die gewonnene Ruhe zu erhalten, jede Sorge von Ihm zu scheuchen, jeden Schmerz, wenn möglich, lieber auf Uns zu lenken … Er ist göttlich, göttlich! – Mein Beruf ist, für Ihn zu leben, zu kämpfen, zu leiden, wenn Er es zu Seiner völligen Erlösung bedarf.«[413] Aus dieser Position heraus versuchte der König, auch Wagner an sein »utopisches« Gelübde zu erinnern und schrieb am 27. November: »Reiflich habe ich Ihren Rath erwogen; seien Sie fest überzeugt, mein Geliebter, was ich Ihnen jetzt antworte, stammt nicht etwa aus einem rasch auflodernden, oberflächlichen Gefühl, das mich, wie Sie glauben könnten, gleich nach Empfang Ihres Briefes erfaßt hat, nein ich antworte ruhig und besonnen. – Ich hatte vollen Grund Neumayr zu entlassen und ihm das (eine Zeit lang) geschenkte Vertrauen und meine Königliche Gnade zu entziehen; wie inconsequent wäre es nun von mir, denselben Mann, dem gegenüber ich (ich wiederhole es) ›vollen Grund zur Unzufriedenheit‹ habe, mit der Neubildung eines Cabinettes zu beauftragen! Pfistermeister ist ein unbedeutender und geistloser Mensch, dieß ist kein Zweifel, lang werde ich ihn nicht im Cabinette lassen, doch jetzt ihn und die übrigen Herren des Cabinettes zu entlassen, scheint mir nicht angezeigt. – Ich erkläre dieß mit Bestimmtheit; ich habe meine guten Gründe, glauben Sie mir! – Schändlich ist der Artikel geschrieben, den Sie mir sandten. O böse, verdorbene Welt! – Sie werden erstaunen, wenn ich Ihnen sage: der Artikel stammt nicht aus meinem Cabinett ... Wir lieben Uns, die Macht der Finsterniß prallt ab an Unsrem festen Panzer. So ist es mein theurer Freund; Neumayr's Entlassung hatte ihren guten Grund, gegenwärtig das Cabinett zu entlassen ist unmöglich. Und nun suchen Sie meine Gedanken in Siegfried's seliger Welt! Im wonnigen Weben des Waldes! – Entrückt der tückischen Tagessonne, sie hat ja in der That keine Gewalt über Uns!« Die Botschaft des Königs war klar, er kehrte zurück in die »Utopie«, allerdings nicht, ohne vorher Lutz den Auftrag zu geben, von der Pfordten nach den Qualifikationen Gideon von Rudharts zu befragen, da er beabsichtige, »einen jungen und fähigen Mann in allerhöchst seiner Nähe im Kabinettsekretariat zu placieren, welcher hauptsächlich die Aufgabe haben soll, die Vermittlung der allerhöchsten Aufträge an Richard Wagner zu besorgen«, wie Lutz an von der Pfordten übermittelte.[414] Wagner aber wollte sich nicht aus der Welt zurückziehen, er wollte – entgegen der in der Literatur immer wieder geäußerten Meinung – ganz unschopenhauerisch agieren und handeln. So insistierte er nach Erhalt des königlichen Schreibens noch am selben Tag: »Mein energischer Rath heißt unverändert: Sofortige Entlassung Pfistermeisters, und gleichzeitige Berufung Neumayr's zur Berathung wegen Bildung eines neuen Cabinets. Das Erstere schreckt und lähmt die Gegner, das zweite zeigt dem Lande, was es sich von Ihnen zu erwarten hat.« Doch der König schwieg. Dafür wurde nun von Wagners Gegnern der erweiterte Theaterbauplan mit der dazu vorgesehenen »Prachtstraße« am 28. November öffentlich gemacht.

Der berühmte Funke, der das seit langem schwelende Feuer endgültig entzündete, war der berühmte anonyme Artikel in den liberalen »Neusten Nachrichten« vom 29. November, in dem behauptet wird, die Abneigung der Bevölkerung gegen Wagner sei künstlich erregt und es handle sich um eine Verschwörung. Weiter nimmt der Artikel Bezug auf das Festspielhausprojekt, worüber festgestellt wird, Wagner selbst hätte vom König nichts anderes gewünscht als ein ruhiges »Häuschen mit Garten und die nöthigen Mittel, die ihn vom Arbeiten für's Geld dispensieren sollten«, und erst der kostspielige Theaterbauplan habe dem feindseligen Kabinett den ersehnten Anlaß geboten, auf Wagners Entfernung aus München hinzuarbeiten: »Dieser Wendepunkt begann von dem Tage, an welchem der König Semper empfing, um ihm Aufträge zu Plänen für ein großes Muster-Theater zu geben. Die Wahrheit ist, daß man sich immer mehr zu überzeugen hatte, daß die Vorliebe des Königs nicht eine vorübergehende jugendliche Laune war, welcher geschmeidig nachzugehen man sich gefügig gezeigt hatte. Von nun an, wo man die Interessen der k. Civilliste durch diese ernste Neigung des von seiner Umgebung gänzlich unbegriffenen Monarchen gefährdet glaubte, legte man es darauf an, nachdem ein freches Lügengewebe eine schnelle Entfernung herbeizuführen nicht vermocht hatte, durch allerhand Besorgnisse, welche man sowohl dem König, als Wagner zu erwecken suchte, das zwischen Beiden bestehende Verhältniß auf einen möglichst nichtssagenden Verkehr zu beschränken.« Der Artikel gipfelt im Schlußvotum: »Ich wage, Sie zu versichern, daß mit der Entfernung zweier oder dreier Personen, welche nicht die mindeste Achtung im bayerischen Volke genießen, der König und das bayerische Volk mit einem Male von diesen lästigen Beunruhigungen befreit wären.«

Dieser tolldreiste Artikel war, wie auch in München bald bekannt wurde, von Richard Wagner persönlich verfaßt. Er hatte sich wiederum – wie beim Februar-Konflikt – mit den »Neusten Nachrichten« verbündet und Redakteur Knorr dazu gebracht, diesen Artikel, der nichts weniger als die Entfernung einiger Regierungspersonen forderte, abzudrucken. Raffiniert ist, wie Wagner sich im Artikel jeglicher politischen Argumentation enthält und gar behauptet, er »stehe jeder politischen Partei« fern, werde nun aber ungerechtfertigterweise »mit den Haaren auf das nackte Feld der politischen Tagesintrige gezogen«. Gleichzeitig aber steht in dem Artikel, daß man die Wagner verleumdenden Leute nicht »zu nennen brauche, weil sie zur Zeit der Gegenstand einer allgemeinen verachtungsvollen Entrüstung in Bayern sind«. Damit wurde auf den Artikel im »Nürnberger Anzeiger« vom 13. November angespielt und eine Parallele zu diesem hergestellt, welche die Spekulation über das liberal-politische Intrigantentum Wagners durch dessen eigenes Verschulden noch verschärfte. War es Naivität oder Berechnung, daß Wagner selbst die liberal-fortschrittliche Polemik um das Kabinettsekretariat zur eigenen machte und das politische Feuer entfachte?

Daß Wagner selbst diese politische Intrige schürte, geht aus der Datierung des Artikels der »Neuesten Nachrichten« hervor, denn das sich im Wagner-Archiv in Bayreuth befindliche Originalmanuskript trägt das Schlußdatum 25. November. Wagner hatte den Artikel verfaßt, bevor der »Volksbote« am 26. November mit seiner Hetzkampagne begann – er war nicht Reaktion auf diesen Fehmeartikel, wie in der Rezeption bisher angenommen wurde – und er war auch geschrieben, bevor Wagner dem König Vorhaltungen wegen der ungerechtfertigten Absetzung des liberalen Neumayr machte. Somit hatte Wagner Ludwig am 27. November nicht die Wahrheit gesagt, als er zur Rechtfertigung gegen die »Volksbote«-Angriffe behauptete, er hätte noch nie einen Zeitungsartikel veranlaßt, denn die berühmte Nummer 333 der »Neuesten Nachrichten« war längst geschrieben! Wagners raffinierte Strategie wird so klar: Er wollte zuerst seinen direkten Einfluß auf den König einsetzen, um den liberal-wagnerischen Umsturzplan durchzuführen, und er griff erst zum drastischen Mittel der Artikel-Publikation, als dies mißlang.

Allerdings erwies sich diese Wagner-Offensive als Boomerang, denn nun gab er seinen Gegnern die Handhabe zur offenen Reaktion. Noch am selben Tag schrieb Außenminister von der Pfordten an den zweiten Kabinettsekretär Lutz in einem Antwort-Brief auf die Anfrage wegen Rudhart: »Bei dieser Gelegenheit halte ich es für die Pflicht, die Ansicht auszusprechen, daß S. M. gut tun werden, Änderungen im Kabinette nicht vorzunehmen, ohne vorher persönlich sich vom Stande der Dinge zu überzeugen und die Minister zu hören. Eine Rekonstruktion des Kabinettes im

Sinne Rich. Wagners würde meiner festen Überzeugung nach eine Krisis herbeiführen, in welche ich wenigstens S. M. nicht ungewarnt hineingeraten lassen möchte. Die heutigen ›Neuesten Nachrichten‹ verkünden mit unerhörter Frechheit dem Lande, daß S. M. Wagners unerschütterlicher Freund ist, und enthüllen Tendenzen, die jeden Patrioten tief ergreifen müssen. Bayern wird es, wenn auch mißmutig, in alter Treue ertragen, wenn S. M. Vergnügen daran findet, die Gelder, welche Tränen der Armut trocknen könnten, durch Wagner und Genossen verschwelgen lassen, aber ich fürchte, Bayern wird die ›Freundschaft‹ seines Königs für einen Richard Wagner nicht ertragen. Bitten Sie daher S. M. in meinem Namen nichts zu beschließen, vor der Rückkehr nach München und ohne mich wenigstens gehört zu haben.«[415]

Die erste Reaktion auf den Artikel in den »Neuesten Nachrichten« kam nicht von dem am direktesten betroffenen Pfistermeister, sondern von Staatsminister von der Pfordten; und zwar nicht öffentlich, sondern diskret auf internem Verwaltungsweg! Ludwig II. versuchte zwar sofort, in einem Antwortschreiben seinen Ministerpräsidenten zu beruhigen und jeglichen politischen Einfluß Wagners zu dementieren, aber die Lawine war nicht mehr aufzuhalten, zumal der König von der Pfordten zu verstehen gab, wie dringend er ihn in dieser staatspolitisch schwierigen Zeit benötige. Die konservative Presse trieb nun die Kampagne gegen Wagner unaufhaltsam voran. In dem Maß, wie Wagner in den liberalen »Neusten Nachrichten« öffentlich seine politische Agitation negiert hatte, versuchte nun die Gegenseite, diese öffentlich darzulegen und zu beweisen. Der wiederum bestens informierte »Volksbote« war darin federführend und wegweisend für die anderen konservativen Zeitungen.

Den Anfang der Erwiderungen machte am 1. Dezember der »Bayerische Kurier«, der zwar keine neuen Fakten in die Kontroverse einbrachte, aber näher auf die zu entfernenden »zwei oder drei Personen« einging: »Welche diese zwei oder drei Personen sind, liegt auf flacher Hand; es sind dieselben, gegen welche man den Ruf-Scandal in Scene gesetzt, gegen welche unter konstitutionellem Aushängeschild im ›Nürnberger Anzeiger‹ und den ›Neuesten‹ zu Felde gezogen wurde, die Beamten des Kabinettsekretariats und der Kabinettskassa. Weg mit ihnen, damit Hr. Richard Wagner die Bahn frei hat – und die Ruhe ist hergestellt. Bayern ist glücklich!« Der Kurier führt hier den Inhalt der Artikel des »Nürnberger Anzeigers« und der »Neuesten Nachrichten« sowie die Affäre vom vergangenen Juli um den Künstler Ruf, der gegen das Kabinett intrigiert hatte, zusammen. Wagner wurde zu Recht dem liberalen Lager zugeordnet. Der »Volksbote« seinerseits steuerte in seinen Ausgaben vom 1. und 2. Dezember neue Fakten bei und brachte nun erstmals auch die politische Vergangenheit Wagners und seiner Freunde in die Diskussion ein. So wetterte er am 1. Dezember: »Wer ist denn dieser Hr. Semper, der den ›Neid‹ und die ›persönlichen Interessen‹ der Herren des Kabinets in so ungebührliche – oder was? – Hitze gebracht haben soll? Antwort: Der Architekt Semper ist der Kamerad des Hrn. Richard Wagner, der als Erzdemokrat mit ihm 1849 in Dresden auf den Barrikaden gestanden und hinterher auch in die Schweiz durchgebrannt ist. Da darf man denn doch wohl fragen, ob Hr. v. Pfistermeister und die andern Glieder des Kabinetssekretariats sich nicht schwer gegen die geschworne Treue für den König, gegen den Thron und das Vaterland versündigt haben würden, wenn sie gegen die Herbeiziehung solcher Kameradschaft nicht noch mehr als ernste Bedenken geltend gemacht hätten?« Daneben führte der »Volksbote« am 1. und 2. Dezember aus, daß sich Wagner mit Dingen beschäftige, die mit Musik wenig zu tun hätten, und gab Tatsachen bekannt, die er nur von Pfistermeister oder von von der Pfordten erhalten haben konnte. So meldete er, daß Julius Froebel von Wagner als Chefredakteur der »Bayerischen Zeitung« vorgeschlagen worden war, daß Wagner dem König in Hohenschwangau Pläne unterbreitet habe, welche »nichts weniger als die Abschaffung des stehenden Heeres« verlangten – eine Information aus den Tagebuchaufzeichnungen –, und daß Wagner gegen Pfistermeister intrigiert habe. Wagners Plan sei von der »Fortschrittspartei« unterstützt worden, da diese Pfistermeister ja auch entfernt haben wollte – ein Verweis auf den Artikel des »Nürnberger Anzeigers«. Als nächster Schritt nach der Besetzung des Kabinettsekretariates mit einem »Fortschrittsmann« – gemeint ist natürlich Max von Neumayr – sei dann der Sturz des Ministeriums von der Pfordten und seine Ersetzung durch ein »Fortschrittsministerium« vorgesehen gewesen. Zum Schluß kommt der »Volksbote« auch auf Wagners Verschwendungssucht zu sprechen, führt er doch an, daß sich der Komponist durch diese Maßnahmen auch erhoffte, zu den Geldern zu kommen, die ihm weiterhin seine kulturellen Bestrebungen und seinen luxuriösen Lebensstil ermöglichen würden.

Die Vorschläge Wagners, von König Ludwig II. übernommen und zum Teil bereits realisiert, brachten in Bayern, das außenpolitisch stark bedroht und innenpolitisch von Krisen geschüttelt war, eine Lawine ins Rollen. Die Katastrophe war nicht mehr aufzuhalten. Große Teile der Öffentlichkeit Münchens nahmen nun Stellung gegen Wagner und dadurch eigentlich auch indirekt gegen den König und seine Ideologie. Dies bestätigt auch ein Zeitzeuge, der in sein Tagebuch notierte, daß sich nun »die Stimmung, die Anfangs gegen das Kabinettsekretariat war«, umwandelte.[416] Tatsächlich druckte der »Bayerische Kurier« am 5. Dezember und »Der Volksbote« eine von angesehenen Münchner Bürgern aufgesetzte Loyalitätserklärung für Pfistermeister ab und forderte gleichzeitig zur Mitunterzeichnung auf. Prompt bezeichnen die »Neuesten Nachrichten« die Unterzeichner als »Ultramontane, Hoflieferanten und Münchner Nativisten«. Der Parteienkampf wogte hin und her.

In dieser Zeit holte der im Moment für Ludwig politisch unentbehrliche Außenminister von der Pfordten in seinem Antwortbrief auf die Beschwichtigungen des Königs am 1. Dezember zum entscheidenden Schlag aus: »Das eigenhändige Schreiben Eurer Majestät vom 29. November verpflichtet den treu gehorsamst Unterzeichneten zum tief gefühlten Danke für die gnädigen Gesinnungen, welche darin ausgesprochen sind. Derselbe glaubt dieses Dankesgefühl nicht besser betätigen zu können als durch offene Darlegung in den von Eurer Majestät angeregten Punkten. Was Rich. Wagner betrifft, so ist hier allerdings die Stimmung sehr erregt, zumal seit dem offenbar von Wagner selbst ausgegangenen Artikel in Num. 333 der »Neuesten Nachrichten«, in welchem in einer von niemand gewagten Weise die ›unerschütterliche Freundschaft‹ Eurer Majestät in Anspruch genommen und die Entfernung der Umgebung Allerhöchstderselben gefordert wird. Daß dabei manche Übertreibungen und Unrichtigkeiten unterlaufen mögen, will der treu gehorsamst Unterzeichnete nicht bezweifeln. Aber unbestreitbare Tatsachen sind der Aufenthalt Wagners in Hohenschwangau, die Erhebung ganz ungewöhnlicher Summen aus der Kabinettskassa, zuletzt von 40 000 fl. durch Frau v. Bülow, und die beispiellose Anmaßung und offen kundgegebene Einmischung Wagners in andere als künstlerische Gebiete. Diesen Tatsachen gegenüber würde es ganz vergeblich sein, der allgemeinen Stimmung über Wagner hier entgegenzuarbeiten und der treu gehorsamst Unterzeichnete muß bekennen, daß er nach seinem eigenen Gefühle sich hiezu außer stande sieht.«[417]

Pfordten zeigt hier sehr sachlich die tatsächlichen Übergriffe Wagners auf und verweist auch dezent auf die politische Agitation, wobei eine erstaunliche Parallele zur Argumentation im »Volksboten« festzustellen ist. Dann kommt er auf die Ereignisse im Februar zu sprechen, wo er sich »gedrungen gefühlt« habe, Ludwig »auf die Gefahren aufmerksam zu machen, welche er in den Beziehungen zu Wagner erkannte«. Er habe dann auf Befehl des Königs, er solle »dieses Verhältnis nicht weiter berühren«, geschwiegen, obwohl er »wiederholt von verschiedener Seite aufgefordert« worden sei, Ludwig deswegen »Vorstellungen« zu machen. Nun aber könne er nicht mehr länger schweigen: »Eure Majestät stehen an einem verhängnisvollen Scheidewege und haben zu wählen zwischen der Liebe und Verehrung Ihres treuen Volkes und der ›Freundschaft‹ Richard Wagners. Dieser Mann, der es wagt zu behaupten, die in

Treue erprobten Männer im Kgl. Kabinette genössen nicht die mindeste Achtung im bayerischen Volke, ist vielmehr seinerseits verachtet von allen den Schichten des Volkes, in denen der Thron seine Stütze suchen muß und allein finden kann. ... Nicht bloß der Adel und der Klerus denkt so sondern auch der ehrenwerte Bürgerstand und die Arbeiter ... Der t. g. Unterzeichnete ... fühlt sich gedrungen hervorzuheben, daß Pflege der Kunst und der Ideale zwar eine edle Blüte gesunden Staatslebens und fürstlichen Sinnes ist, nicht aber die erste und einzige Aufgabe, zumal in Zeiten, wie die unsrigen, welche den Bestand der Staaten und Throne vielfach und ernst bedrohen und daher vielmehr ein Handeln in der realen Welt erfordern als ein Schwärmen in der idealen.«

Hier kommt von der Pfordten nun auf den Punkt, er war Realpolitiker und forderte nun seinen König energisch um Unterstützung in dieser staatspolitisch entscheidenden Zeit auf. Daß er in seiner Argumentation aber die »Utopie« und damit einen großen Teil der Ideologie Ludwigs tangierte, mußte für den König eine Katastrophe bedeuten, zumal von der Pfordten das Ultimatum stellte, Ludwig habe zu wählen zwischen der Liebe des bayerischen Volkes und derjenigen Richard Wagners. Die »Urzellen-Einheit« mit dem »Ideal-Freund« war akut bedroht. Noch zögerte Ludwig II., noch ließ er, zurückgezogen von der Welt, nichts aus Hohenschwangau verlauten. Was man einzig und notabene aus Zeitungen vom König erfahren konnte, betraf nicht etwa den erwarteten politischen Entscheid, sondern den kulturpolitischen Beschluß des Königs, im Glaspalast ein neues Operntheater einzurichten, das ausschließlich für die Aufführung der »Nibelungen« von Richard Wagner bestimmt sei! Die erziehungspolitische Aufgabe der Kunst und insbesondere des »Ringes« war für Ludwig nach wie vor von zentraler Bedeutung.

Am gleichen Tag meldete sich auch Pfistermeister zu Wort, und zwar mittels eines öffentlichen Communiqués in der »Bayerischen Zeitung«, das große Resonanz fand. Dies zeigt, wie wichtig gerade in dieser Zeit der Zugang zum offiziösen Regierungsorgan war, den Wagner nicht besaß.

Die konservativen Blätter druckten die Verlautbarung am 4. Dezember nach. Pfistermeister schreibt: »In N. 333 der ›Neuesten Nachrichten‹ wird auf einige Personen in der Umgebung Sr. Maj. des Königs neuerdings Sturm gelaufen. Styl und Gedankenfolge lassen den Autor sicher erkennen. Wenn jene Personen auch nicht einzeln genau bezeichnet sind, so steht doch fest, daß ich zu denselben zähle. Vorläufig werde ich auf diesen Angriff in der Presse ebensowenig als auf andere vorausgegangene antworten, weil die zahlreichen Vertheidigungsbefehle, welche mir zur Seite stehen, untrennbar sind von meinen Beziehungen zu Persönlichkeiten, deren Verhältnisse öffentlich zu besprechen mir aus Rücksichten der strengsten Discretion ebenso sehr wie in Folge meiner Dienstpflicht versagt sind. ... Einstweilen enthält der oben bezeichnete Artikel schon manchen werthvollen Wink in den Worten, daß der Wendepunkt, d. h. die angebliche Opposition gegen R. Wagner, von dem Tage an begonnen habe, an welchem die Pläne für ein großes Mustertheater auftauchten und die Interessen der Civilliste gefährdet schienen, (also nicht zu der Zeit, in welcher es sich um ein Paar tausend Gulden mehr oder weniger zu Gunsten einer Person handelte, sondern erst da, wo ein Bau zur Sprache kam, dessen Ausführung nebst der dazu vorgeschlagenen neuen Straße viele Millionen kosten würde), in den Worten, daß es für die Pläne R. Wagners eines gründlichen Eingreifens in das Musik- und Theaterwesens und der durchgreifendsten Reformen auf diesem Gebiete bedürfe.« Pfistermeister tritt in der Öffentlichkeit als Angegriffener allein auf und übernimmt damit auch die Verteidigung; von der Pfordten bleibt im Hintergrund. Zu dieser Strategie paßt, daß Wagner hier wegen seiner durchgreifenden künstlerischen Reformen und seiner Geldverschwendung angegriffen wird, nicht aber wegen seiner politischen Übergriffe. Ob dafür von der Pfordten im Ministerrat die politische Dimension von Wagners Münchner Wirken aufgegriffen hat, kann leider nicht mehr eruiert werden, denn die Ministerrats-Protokolle zwischen 1862 und 1886 im Bayerischen Hauptstaatsarchiv in München sind nicht erhalten.

Die politische Dimension in der Affäre schlachten dafür die Zeitungen ausgiebig aus. Einen interessanten Aspekt bringt der »Bayerische Kurier« am 4. Dezember zur Debatte, wenn er nach einer ausführlichen »Würdigung« von Wagners Verschwendungssucht fortfährt: »Wie es nun mit der Bescheidenheit der Forderungen des Hrn. Wagner sich verhält, gerade so verhält es sich mit seinem Vorgehen, daß er jeder politischen Partei fern stehe. Schon die Art und Weise wie er sich mit den ›Neuesten‹ verbündete, straft diese Behauptung Lüge, noch mehr die Erklärung in demselben Blatte, welche die Entfernung der Männer fordert, gegen die eine revolutionäre Propaganda mit aller Macht zu gleicher Zeit Sturm läuft. Noch mehr erhellt dies, wenn man die Männer betrachtet, welche Wagner protegiert: Hr. Semper ... Hrn. Julius Froebel. Daß aber das Bestreben solche Gesinnungsverwandte in Bayern und an mehr oder weniger einflußreiche Stellen einzuschmuggeln, kein politisches sei, das wird selbst Hr. Richard Wagner ... im Ernste nicht behaupten wollen.«

Während so die konservativen Blätter Wagners Wirken in Bayern Punkt für Punkt zerpflücken und die liberalen Zeitungen den Komponisten in Schutz nehmen – allen voran die »Neuesten Nachrichten« in einem langen Artikel am 2. Dezember –, schweigt der König in Hohenschwangau weiterhin. Lediglich Wagner gegenüber läßt er am 3. Dezember in einem kurzen Brief verlauten: »Jener Artikel in den Neuesten Nachrichten ...; leider hat er Ihnen geschadet statt genützt. O mein Freund, wie fürchterlich schwer macht man es Uns; ... ziehen wir uns zurück von der Außenwelt, sie versteht Uns nicht! – ... Vergessen Sie die rauhe Umgebung, die mit Nacht und Blindheit geschlagen ist; Unsre Liebe leuchtet hell und lauter. ... nie lasse ich von dem Einzigen.« Doch Ludwig II. war Regent, er konnte sich nicht einfach nach dem Vorbild Schopenhauers und der »Utopie« zurückziehen, er mußte sich nun der Entscheidung stellen. Obwohl die Rückkehr Ludwigs aus Hohenschwangau schon lange erwartet wurde, kehrte er zum letztmöglichen Zeitpunkt – nach fünf Tagen des Schweigens – in der Nacht vom 5. auf den 6. Dezember, nach München zurück. Am Morgen des 6. Dezembers holte sich der König in der »Angelegenheit Wagner« bei verschiedenen Personen Rat. Alle vom König Befragten, Königin-Mutter Marie, Ludwigs Großonkel Prinz Karl, der Erzbischof von München und Freising, Gregor von Scherr, und der Leibarzt Doktor Gietl, alle waren sie für die Entfernung Wagners, da man verhindern wolle, so Gietl, daß sich »tiefe Schatten zwischen König und Volk« legen. Ignaz von Döllinger, der ehemalige Religionslehrer Ludwigs, klagte ebenfalls, daß sich eine Kluft zwischen dem jungen König und dem Volk auftue! Auffallend ist, daß alle Berater, genau wie von der Pfordten, damit argumentierten, daß Ludwig durch Wagner von seinem Volk getrennt werde, womit dem Ultimatum des Außenministers nachhaltigere Wirkung verschafft wurde.

Doch auch von einer andern Seite wurde König Ludwig massiv unter Druck gesetzt, denn am gleichen Morgen verlangte der gesamte Ministerrat vom König den Bruch mit Wagner und drohte widrigenfalls mit dem geschlossenen Rücktritt. Von der Pfordten hatte nun nach dem Sturz von Max von Neumayr tatsächlich die von ihm angestrebte Einigkeit des Ministerrats erreicht. Da der König keinen geeigneten Ersatz hatte, um einen gesamthaft neuen Ministerrat zu berufen und eine politische Krise solchen Ausmaßes nicht bewältigen konnte, mußte jetzt der einzig mögliche Entscheid fallen. Doch konnte er diesen Entscheid mit seiner Ideologie überhaupt vereinbaren? Handelte Ludwig, wenn er Wagner aus München auswies und sich damit gemäß von der Pfordtens Ultimatum für sein Volk entschied, noch immer im Sinne seiner »utopischen« Ziele?

Der Kernpunkt der Tagebuchblätter sowie der Gedanken des Briefwechsels zielte auf die Führung Deutschlands durch Bayerns König und lautete: »Hier gilt es zur That zu schreiten ein grenzenlos geliebter Fürst, ein Vorbild des Deutschen Volkes zu sein, dies ist die That, die der Deutsche von seinem Erlöser erwartet.« In einer anderen Passage heißt es sogar, »daß Einer dieser Fürsten von seinem Volke grenzenlos geliebt wird« sei erste Bedingung dieses Unterfangens. Somit fordern auch die theoretischen Schriften Wagners genau wie die politischen Gremien in Bayern als oberstes Primat die Liebe des Volkes zu seinem König! Ironischerweise nehmen damit auch die theoretischen Schriften in der Frage »Volk oder Wagner« indirekt Stellung gegen Wagner.

Bestätigt von den theoretischen Schriften Wagners und gedrängt von den politischen Gremien, faßte Ludwig II. endlich den längst fälligen Entschluß und übersandte ihn in Form eines Briefes an Minister von der Pfordten mit dem Auftrag, diesen zu veröffentlichen: »Mein Entschluß steht fest. – R. Wagner muß Bayern verlassen. Ich will meinem theuren Volke zeigen, daß sein Vertrauen, seine Liebe mir über Alles geht. – Sie werden ermessen, daß es mir nicht ganz leicht wurde; doch ich habe überwunden.«[418] Die Worte, mit denen Ludwig in diesem Brief von der Pfordten gegenüber seinen Entschluß begründet, weisen eine Ähnlichkeit mit Wagners eben zitierter theoretischer Schrift auf, die wohl kaum Zufall ist. An Wagner selbst aber schrieb der König keinen eigenen Brief, sondern ließ dem Komponisten lediglich durch Oberapellationsgerichtsrat von Lutz ausrichten, daß er München für einige Monate verlassen müsse. Daraufhin begab Ludwig sich ins Münchner Theater, um einer Vorstellung der »Iphigenie in Aulis« von Goethe beizuwohnen. In den folgenden Tagen druckten verschiedene Zeitungen den Brief des Königs an von der Pfordten ab, wobei auf Wunsch Ludwigs das Gewicht auf die Freiheit des Entschlusses Se. Maj. gelegt wurde. So schrieb der »Volksbote«: »Se. Maj. der König hat aus allerhöchst eigenem Antriebe gestern Abend beschlossen, daß Richard Wagner München verlassen muß.« Der »Landbote«, der am 9. Dezember von den verhängnisvollen Beratungen des 6. Dezembers berichtet hatte, brachte sogar ein Dementi, wonach dem Entschluß des Königs, Wagner auszuweisen, keine Beratungen vorangegangen seien. In allen Zeitungen wurde auch der Grund für diesen Entschluß des Königs in Sperrdruck und großen Lettern geschrieben und lobend gewürdigt: Ich will meinem Volke zeigen, daß sein Vertrauen, seine Liebe mir über Alles geht!


## Erste Reaktionen auf Wagners Ausweisung


Als Richard Wagner am 10. Dezember München verließ, um nie mehr zurückzukehren, befand sich die Stadt in großem Aufruhr, und die konservativen Zeitungen gebärdeten sich als Sieger in einer brisanten politischen Auseinandersetzung. So berichtete der »Bayerische Kurier«, daß »die Maßregel, welche Se. Majestät gegen Hrn. Richard Wagner ergriffen, in den weitesten Kreisen der Residenz und gewiß auch im ganzen Lande den entschiedensten Beifall« gefunden habe. Begründet wird dies damit, daß »die Sprache, welche Hr. Wagner öffentlich gegen die Männer des königlichen Vertrauens geführt«, keinen Zweifel darüber aufkommen lasse, daß »denselben eine energische Genugthuung werden mußte, wenn sie auf ihren Posten beharren sollten«. Ludwig habe die Sachlage mit »klarem Blicke erkannt« und »nach Recht und Gerechtigkeit entschieden«. Mit Genugtuung meldete dieselbe Zeitung am 12. Dezember, daß der König beim Besuch einer Aufführung der »Maria Stuart« mit »wahrhaft stürmischem Jubel« empfangen worden war, was dem »hochherzigen Entschlusse« zuzuschreiben sei, Wagner auszuweisen. Am gleichen Tag wurde Staatsrat Pfistermeister die öffentlich publizierte Loyalitätserklärung mit der imposanten Zahl von 810 Unterschriften hervorragender Bürger Münchens überreicht, die für den Kabinettsekretär »von größter Bedeutung« sei, wie Pfistermeister in seiner Dankadresse ausführte.

Die konservative Presse wertete die Maßnahme Ludwigs eindeutig als Zeichen seiner konservativen Gesinnung. Sie triumphierte, beschimpfte Wagner aufs übelste – besonders der »Volksbote« – und deckte weitere Einzelheiten von

Wagners Beeinflussung auf: Wagner habe dem König vor-
gegaukelt, dieser werde die höchste Stufe in Deutschland
erklimmen und über allen Mitfürsten stehen, so daß ihm die
Würde des deutschen Kaisers zugesprochen werde – eine
Anspielung auf die Tagebuchblätter. Daneben habe Wagner
ein Volksheer gewünscht – genau wie der fortschrittliche
Abgeordnete Kolb sogar in der Kammer den förmlichen
Antrag auf ein Volksheer gestellt habe. Der »Volksbote«
zeigt damit die klare Übereinstimmung in der politischen
Argumentation der »Fortschrittspartei« und Wagners. Dann
deckt der »Volksbote« auch »die Unterhandlungen mit Hrn.
Ri..el und Hrn Ru...rt« auf, die er ebenfalls zu Recht als
politische Tat brandmarkt. Wie sehr Wagners Ausweisung
als politische Handlung gewertet wurde, zeigt auch das
sofort einsetzende und postwendend wieder dementierte
Gerücht, (ausgerechnet) Willhelm von Doenniges werde
nun als politischer Berater in die Nähe Ludwigs kommen![419]
Auch die liberal-fortschrittliche Presse publizierte ihre
Stellungnahmen nach der Ausweisung, worauf der »Volksbote« höhnte: »die Herren Fortschreiter: ihr Lärm, ja ihr
Wuthgeschrei gegen ›Ultramontane‹ ist immer noch am steigen … und gerade ihr Gebahren seit der Entfernung ihres
Zukunfts-Hoffnungsmannes dient dazu, Alle, die es redlich
mit dem Thron und dem Vaterland meinen, fester aneinander zu schließen«. Tatsächlich publizierten die »Neuesten
Nachrichten« nach Wagners Sturz vom 8. bis 12. Dezember
eine Artikel-Serie mit heftigen Angriffen gegen das verhaßte
Kabinettsekretariat. Sie versuchten, sich darin von Wagner
zu distanzieren und gleichzeitig zu argumentieren, sie seien
prinzipiell gegen das Kabinettsekretariat als Institution,
nicht gegen die derzeitigen Amtsinhaber. Interessant in diesem Zusammenhang ist auch eine vom »Kurier« zitierte
Bemerkung der »Pfälzischen Zeitung«, daß ihrer Meinung
nach das Kabinett als Institution sicher unangefochten
wäre, wenn der »Sekretär Völk heißen würde« – also derjenige fortschrittliche Abgeordnete wäre, mit dem August
Röckel schon länger Kontakte pflegte![420]

Auch die politischen Gremien und Parteien nahmen an der Kontroverse teil, wobei sich die Diskussion – genau wie in den Zeitungen – ausschließlich um Wagner und das Kabinett drehte; von der Pfordten, der Hauptbeteiligte am Sturz Wagners, blieb gänzlich ausgeklammert. Der Ministerrat trat unmittelbar nach der Ausweisung Wagners zusammen, um über die Institution des Kabinettsekretariats zu konferieren[421], worauf am 23. Dezember in der offiziösen »Bayerischen Zeitung« eine lange Stellungnahme abgedruckt wurde, in welcher sich der Rat geschlossen hinter diese Institution und hinter von der Pfordten stellte.[422] Die 1849er Regierung von der Pfordtens, die durch den Artikel im »Nürnberger Anzeiger« vom 13. November sowie durch Röckels Buch-Veröffentlichung der Reaktion beschuldigt wurde und damit stark unter Beschuß geraten war, wird im selben Artikel klar in Schutz genommen. Ebenso wird festgehalten, daß der schriftliche Verkehr zwischen dem König und dem Ministerium via Kabinettsekretariat »keineswegs entbehrt werden kann« und daß »mündliche Besprechungen« mit dem König deswegen nicht fehlten. Bereits am 9. Dezember war auch publiziert worden, daß die täglichen Ministerbesuche beim König jetzt, wo er wieder in der Residenz wohne, wieder aufgenommen worden seien![423]

Die Liberalen und die »Fortschrittspartei« hatten nach dem Sturz Max von Neumayrs innerhalb nur eines Monats eine zweite bittere Niederlage einstecken müssen. Sie suchten nun einen Ausweg aus dieser schwierigen Situation, indem sie sich von Richard Wagner distanzierten. Neben den »Neuesten Nachrichten« sagte sich nun auch die »Fortschrittspartei« von Wagner los. An einer außerordentlichen Parteiversammlung am 17. Dezember in Nördlingen wurde ein Pressecommuniqué beschlossen, das in sämtlichen Bayerischen Zeitungen publiziert wurde: »Die Person Richard Wagners hat mit den öffentlichen Angelegenheiten des Landes und mit den Bestrebungen der Fortschrittspartei nicht das mindeste gemein.« Wagner war nicht nur von der Regierung aus München abgeschoben worden, sondern er wurde nun auch noch von seinen politischen Verbündeten verstoßen, denn die Behauptung der »Fortschrittspartei« stimmte eindeutig nicht. Ein entlarvender Brief an August Röckel, der bisher unverständlicherweise ebenfalls keine Beachtung in der Literatur gefunden hat, gibt uns Aufschluß über die tatsächlichen Begebenheiten. Das Schreiben[424] ist am 12. Dezember kurz nach der Abreise aus München in größter Hast und, deutlich gezeichnet von den Ereignissen, in emotionalem Aufruhr in Bern verfaßt. Zuerst gibt Wagner eine kurze Beschreibung der momentanen Situation: »Ich lasse es mir angelegen sein, den König möglichst noch in der öffentlichen Meinung zu retten. Sonderbarerweise versteht das Volk von der ganzen Sache, die mich betroffen hat, nur den Wankelmuth des Freundes gegen den Freund, und die Entrüstung ist stark. Er ist nun bei jeder Partei discreditirt, und ich fühle mich gedrungen, was nur möglich ist zu seiner Rettung zu thun. Ich halte deshalb noch jede Rechtfertigung zurück, weil sie einzig den König bloßstellen müßte.« Wagner gibt hier klar dem König die Schuld am Gang der Ereignisse, doch rafft er sich sogleich wieder auf und postuliert: »Mir kommt nun Alles darauf an, den Glauben an ihn bei den Liberalen nicht zu schwächen. Noch ist ihm zu verzeihen … Nun möchte ich der liberalen Partei zu verstehen gegeben wissen, daß meine Entfernung bereits von mir dem König als mein Wunsch an das Herz gelegt worden sei.« Wagner stufte den König abermals eindeutig als liberal ein – genau wie der liberale »Nürnberger Anzeiger« bei seinem Kabinettsturm am 13. November – und wollte diese Beurteilung durch die Liberalen erhalten! Tatsächlich schrieb Wagner am 15. Dezember an Froebel: »Nun war ich fertig und gab dem König zu verstehen, daß, wenn ich ihm noch meine Werke schaffen und vollenden sollte, er mich entlassen und von München fortziehen lassen müßte.«[425] Bemerkenswert ist hier zweierlei: Erstens beurteilte Wagner die Fortweisung genau wie die Zeitungen als politischen Akt, und zweitens schätzte er Froebel als liberal ein, weshalb er ihn über die wahren Gründe täuschen wollte, um dessen liberalen Glauben an den König zu erhalten.

Darauf folgt im Brief an Röckel eine brisante Passage, welche an der Konspiration Wagners mit der »Fortschrittspartei« und den »Neuesten Nachrichten« keinen Zweifel mehr läßt: »Das Meisterstück der Intrige, immer die lächerliche Geldwirtschaft hineinzubringen, kann ich nicht ohne den König sofort vernichten: ich habe von ihm eine bestimmte Erklärung seines Secretariats verlangt; er hat mir sie zugesagt: muß *ich* erklären, so ist die Discreditierung des K.'s unwiderherstellbar. Daher fasse ich mich noch in Geduld ... Liebster August! Das sind andere Kerle als unsre gutmüthigen Democraten: die sind thätig und haben selbst Feuer. Dagegen nun so ein Rubner, Knorr, u. selbst Völk! Gott, was bin ich über diese Leute, mit denen ich mich schließlich in das Vernehmen setzte, erschrocken. So dumm findet man gar nichts wieder auf der Welt. Ich muß Dir gestehen, daß, wenn es mir hierbei an Etwas liegt, so ist es rein nur, den König unter *ehrlichen* Leuten zu wissen: an etwas Anderes denke ich schon gar nicht. Die Esel glauben wirklich, meine Sache mit Pf. sei eine rein persönliche Privatsache gewesen! – Nun, mir zu Gefalle!«

Wagner hatte, wie er selbst zugibt, mit Knorr, dem Redakteur der »Neuesten Nachrichten« und Sympathisanten der »Fortschrittspartei« und des »Nationalvereins«, sowie mit Völk, dem fortschrittlichen Abgeordneten und führenden Kopf der »Fortschrittspartei« in Bayern, konspiriert und damit aktive politische Agitation betrieben. Zudem bezeichnet er die Kontroverse mit Pf. (Pfistermeister) als *keine* reine Privatsache, und den Einbezug der Geldangelegenheiten wertet er gar als »Meisterstück der Intrige« – sie war also nie der Hauptstreitpunkt in der »Affäre Wagner«, sondern die Politik.

Verschärft werden diese politischen Machenschaften Wagners noch dadurch, daß die Regierungen Österreichs und Preußens über die Agitation und deren spezifisch politische Dimension sehr gut unterrichtet waren. So schreibt der preußische Gesandte in Wien, Graf Werther, in einem vertraulichen Brief an Bismarck über eine Unterredung mit Mensdorff: »Diese Betrachtungen führten Graf Mensdorff auch auf die Wagnersche Episode, in welcher der König von Bayern eine traurige Rolle spiele und den Beweis liefere, wie beklagenswert es wäre, wenn ein Kind auf den Thron gelange. Hier scheint man mit Zuversicht zu wissen, daß der Kompositeur Wagner es beim jungen König in demokratischen Bestrebungen schon ziemlich weit gebracht hatte, und es die höchste Zeit war, seinen politischen Intrigen in München ein Ziel zu setzen.«[426]

Mit der Ausweisung waren vorerst alle liberalen Ambitionen zerschlagen, und so fürchtete Wagner, daß es nun »mit aller Hoffnung auf irgend einen Fürsten aus« sei, wie er im Brief an Röckel fortfährt. Er wisse, daß sich Ludwig »bereits aufgerafft hat und sehr vermuthlich zu etwas sehr Kühnem zu schreiten im Begriff stand«, doch das »Schweigen des Königs« lasse ihn nun fürchten, »daß sie ihn geknebelt haben, und er in ohnmächtiger Wuth sich nun verzehrt und – zu Grunde geht«. Er selbst gab allerdings die Hoffnung und das Vertrauen in die »Fortschrittspartei« nicht auf, wie aus einem weiteren Brief an Ludwig vom 1. Juni 1866 ersichtlich ist, in welchem er seine enge Beziehung zur »Fortschrittspartei« dem König gegenüber offenlegt: »O Theurer! Vernehmen Sie und trauen Sie dem liebenden, ernsten Freunde, der von aller Welt sich losgelöst hat, um Ihnen einzig noch treu und traut dienen zu können. Die Erklärungen, welche nach meiner Entfernung im vorigen Winter auf dem Wege außerordentlicher Abordnungen an Sie gelangen sollten, und welche Sie, von treulosem Rathe beirrt, nicht empfingen, – diese Erklärungen, welche Ihnen sagen, daß das Volk auf Sie all seine Hoffnungen setzt, und daß Sie zahllose Freunde haben, welche den Trug, der Ihnen gespielt wurde, durchschauen, welche wissen, daß meine Entfernung nicht im Interesse des Landes, wohl aber in dem einer nichtswürdigen Verrätherrotte lag, – dieselben Erklärungen – so hoffe ich! – werden Ihnen jetzt, trotz der neuesten, alle Welt irreleitenden Verleumdungen der Elenden, auf das Vertrauungsvollste nochmals zugestellt werden, und zwar diesmal auf dem streng verfassungsmäßigen Wege der Adresse der Abgeordnetenkammer des Landes. Die große Partei, welche diesen redlichen Muth haben wird, Ihnen zu sagen, daß sie nicht den Verleumdungen Unsrer Feinde glaubt, nennt sich die Fortschritts-Partei! Letztes, grenzenloses Unglück, wenn es den Schlangen gelungen sein sollte, Ihnen ein unbesiegliches Vorurtheil gegen diesen Namen zu erwecken! Verhüte dieß der Gott Unsrer Liebe! Wir gehören – Wir können nicht anders! – dem ›Fortschritt‹ an. Möge unter der großen, fast das ganze Volk umfassenden Partei, welche dieses Wort auf ihre Fahne geschrieben hat, viel Unklarheit, Thorheit, Kleinlichkeit herrschen, lassen Wir Uns nichts destoweniger nicht abhalten, gerade ihre Fahne zu ergreifen; was in ihren Händen oft zur unverständligen Gaukelei ausarten kann, wird in der königlichen Rechten ein Symbol der Erlösung des Jahrhunderts, alles Edlen und großen werden.« Tatsächlich war Ludwig II., der sich nach Wagners Abreise abermals mit einer schweren Bronchitis als leidender Parzival von der Welt zurückzog, durch die Preisgabe Wagners gebrochen, wie der weitere Verlauf seiner Regierungstätigkeit zeigt.

## Die weiterhin »fortschrittliche« Politik Ludwigs II. im Sinne Richard Wagners

Betrachtet man den weiteren Verlauf der bayerischen Geschichte, so wird schnell klar, welch grundlegende Bedeutung den ersten beiden Regierungsjahren Ludwigs II. zukommt. Sie haben sowohl das weitere Leben des Königs als auch Wagners geprägt und auch die bayerische Politik weiter mitbestimmt. Mit dem Sturz Wagners hatten die politisch verantwortlichen Gremien zwar den Aufenthalt Wagners in München verunmöglicht, doch die Hauptursache der königlichen Schwäche vermochten sie nicht zu beseitigen. Ludwig II. strebte ganz im Gegenteil sein Leben lang nach den »unerreichbaren utopischen« Zielen, die ihm Wagner vorgegeben hatte. 1866, als der Deutsch-Deutsche Krieg bereits vor der Türe stand, siedelte Ludwig II. von München nach Berg über, obwohl gerade in dieser Zeit seine Anwesenheit in München absolut notwendig gewesen wäre. Tagelang weilte er auf der Roseninsel und spielte zusammen mit seinem Adjudanten Paul von Taxis Szenen aus »Lohengrin« und »Tannhäuser«: Er flüchtete sich in die Kunst, die – wie in »Staat und Religion« und in Analogie dazu bei Schopenhauer – dem »wahren Menschen« Ludwig die »Wirklichkeit wohltätig in den erlösenden Wahn auflöst«. Dringende Vorlagen sowie die Telegramme des Ministerpräsidenten blieben unbeantwortet, und als von der Pfordten selbst nach Berg kam, fand er alle seine Depeschen ungeöffnet vor![427]

Die wichtigsten politischen Ziele des Königs waren nach wie vor – wiederum wie von Wagners »Utopie« und Schopenhauers Philosophie vorgegeben – die Bauprojekte der Schlösser und des Theaters und die Erziehung des Menschen durch die Kunst. Am 16. Juli 1867 wurde das nach Wagners »Bericht« umgestaltete neue Konservatorium unter der Leitung von Hans von Bülow feierlich eröffnet, Peter Cornelius war als Theorielehrer angestellt.[428] Auch die Dramen konnten dank Ludwigs Hilfe vollendet und aufgeführt werden. Die Uraufführung der »Meistersinger von Nürnberg« erfolgte am 21. Juni 1868 im Münchner Hoftheater wiederum unter der Leitung von Hans von Bülow, und am 22. September 1869 – Wagner hatte gerade mit der Partitur des dritten Siegfried-Aktes begonnen – wurde auf Anordnung Ludwigs »Das Rheingold« in München uraufgeführt. Die musikalische Leitung hatte diesmal Franz Wüllner. Wagner, der sein Nibelungen-Werk nur als Ganzes aufführen lassen wollte, blieb der Vorstellung demonstrativ fern, da der König seinen Wunsch, von einer frühzeitigen Präsentation des »Rheingold« abzusehen, nicht erfüllt hatte. Ein Jahr später, am 26. Juni 1870, wurde in München auch die »Walküre« unter Leitung Wüllners aufgeführt.

Ohne die Protektion und das finanzielle Engagement des Königs wären auch die Bayreuther Festspiele nicht möglich gewesen, die im August 1876 mit der erstmaligen Präsenta-

tion des gesamten »Ringes« eröffnet wurden. Ein tragisches
Licht auf Ludwigs Schicksal wirft dabei die Tatsache, daß
sich Wagner für die Eröffnung der Bayreuther Festspiele intensiv um die Schirmherrschaft durch Bismarck und Kaiser
Wilhelm, und nicht durch Ludwig II., bemüht hatte – das
Deutsche Reich war eben nicht durch Bayern, sondern
durch Preußen zustande gekommen. [429] In die gleiche Kate-
gorie gehört, daß Wagner einen »Kaisermarsch« komponierte, den er am 5. Mai 1871 in Anwesenheit Kaiser Wilhelms I.
in Berlin dirigierte – ein bitteres Ereignis für Ludwig II., der
nach Wagners ursprünglichem Szenario an der Spitze
Deutschlands hätte stehen sollen. Anstoß zu diesem Werk
hatte bereits im Juni 1866 Karl Graf Enzenberg in einem pa-
thetischen, die Gründe für die Komposition offenlegenden
Brief gegeben: »Wir Deutschen haben eine Fahne, welche,
als der sichtbare Ausdruck einer Idee früh verfolgt, schnell
Wurzeln schlug … Wenn sie sänge, die deutsche Fahne, wie
würde sie werben? … Die Macht des Tones, warum ent-
behrst du sie, du heilige deutsche Tricolore? … Der Helden-
tod auf dem Schlachtfelde, mit dem Rufe ›Hoch Deutschland‹ auf der sterbenden Lippe, dessen Requiem 1000 Kano-
nen brüllen, … Das sind Motive – wenngleich schwer in ein
Tonstück zusammen zu fassen – zu einem Sphärenklang
von so elementarer Wucht, wie nur Sie ihn zu zeugen vermögen. O dichten Sie die deutsche National-Hymne, die
unsere große Fahne noch entbehrt und geben Sie ihr damit
jene demosthenische Beredsamkeit, welche das Härteste
selbst, den Ehrgeiz, der Heimathliebe zurückgewinnt.« [430]
»Auch mir schwebt der ernste Deutsche Hymnus vor«, lautete die lapidare Antwort Wagners. [431]
　Mit dem Engagement für Wagner einhergehend nahmen
die Angst und Abscheu Ludwigs vor den Menschen immer
mehr zu. So schrieb er etwa in einem Brief an Cosima: »Wie
nichtsagend und fad kommen mir nun alle Menschen vor im
Vergleich zu Ihnen und zu Ihm. Welche erbärmlichen niederen Insektenseelen. Mittelmäßigkeit und Borniertheit fast
überall, wohin ich blicke. Das Volk ist gut, sein innerster
Kern gesund, aber urteilslos und leicht lenkbar.« [432] Die hier

manifest werdende Einschätzung der Welt und der damit gekoppelte Rückzug kann nun unschwer im Kontext der »Utopie« Wagners und der Philosophie Schopenhauers gedeutet werden. Der Rückzug von der Welt, das Wirkenlassen der Kunstwerke und die Umfunktionierung der Welt zum Theater ist logische Konsequenz einer wörtlichen Adaptation dieses philosophischen Gedankengebäudes. Die nicht mehr aktiv prägende Regierungstätigkeit Ludwigs, ja im Endeffekt sogar die Selbstvernichtung des Königs, findet so ihre plausible Erklärung: die Selbstaufgabe eines aus feudaler Zeit stammenden, nicht mehr »utopiegerechten« Königreiches zugunsten der »großen deutschen Nation«. Ludwig-Parsifal hat seine Mission perfekt erfüllt, er erlöste Deutschland aus seinen (feudalen) Fesseln, opferte sich und sein nicht nationales Königreich Bayern zugunsten des großen Ganzen und erlöste so – wie von Wagner gefordert – die »Deutsche Nation aus den Fesseln der Schmach und Not«. Ludwig II. war tatsächlich liberal-fortschrittlich eingestellt, wie Wagner dies immer wieder verkündete und wie seine nun folgende Regierungstätigkeit zeigt, mußte aber als Konsequenz, wie von Froebel schon 1865 formuliert, das Königreich Bayern aufgeben. Das utopisch-absolutistisch überhöhte, perfekte »Ich« wagnerscher Prägung konnte Ludwig daher nur noch in seiner Scheinwelt leben. Wagner hat den König eigentlich von Anfang an mit seiner für Ludwig postulierten »utopischen« Idealität überfordert, hat ihm damit aber gleichzeitig *den* Halt für sein Leben gegeben, das geprägt war durch den »notwendigen Untergang« seines eigenen Königreiches.[433]

Die Tragik des Königs bestand darin, daß er die ihm von der »Utopie« gesteckten Ziele nur erreichen konnte, wenn er einerseits sich selbst aufgab, um die anderen zu erlösen, andererseits, wenn er die »Utopie-Einheit« mit Wagner lebte. Und gerade hier begann Ende 1865 für Ludwig II. seine Lebens-Katastrophe, denn diese Utopie-Einheit mit Wagner war für immer zerstört, was er kaum verkraften konnte. So besuchte der verzweifelte König am 22. Mai 1866 Wagner anläßlich seines Geburtstags inkognito in Tribschen. Der

Krieg war im Anzug, die Mobilmachung verkündet und der junge Monarch trug sich zermürbt mit Abdankungsplänen, die er Wagner und Cosima in verzweifelten Briefen mitteilte.[434] Der Zusammenhang von »Utopie« und Lebenshaltung Ludwigs wird in einem Brief an Cosima, den er am 2. Januar 1866 schrieb, nochmals deutlich: »Lange halte ich es nicht aus, von Ihm getrennt zu leben, dieß sage ich Ihnen; ich leide fürchterlich! – Könnte ich Ihm die Last des Daseins in ungastlicher Ferne ertragen helfen, Ihm, dem Inbegriff der Wonne, in irgend etwas nützen durch meine Gegenwart Ihm, mit Freuden verließe ich jetzt Land u. Leute u. folgte Ihm! – Denn die Stimme in meinem Innern ruft laut u. mächtig: ›Deine erste u. heiligste Pflicht ist, Ihn, für den du geboren auf ewig erkoren bist, zu lieben, Ihm zu helfen, wie du kannst, Ihm zugethan zu sein in unverbrüchlicher Treue!‹ – … O theure Freundin, ich leide, leide unsäglich viel. – Allein fühle ich mich nun, allein auf dem Königsthrone, umstrahlt von fürstlichem Glanze, dessen Feuer nicht erwärmt, unbegriffen von meinen Unterthanen, gänzlich verkannt in meiner glühenden Begeisterung u. Freundestreue zu Ihm! Ihm! … zu Ihm will ich, wenn ich Ihm im fernen Lande etwas sein kann (o, ich bitte, theilen Sie mir es mit!), ja zu Ihm, oder – sterben! Ja – sterben. – O schaudern Sie nicht vor dem Gedanken daran zurück, thun Sie dieß nicht. – Mit Ihm u. bei Ihm leben – doch ohne Ihn ist des Lebens Werth u. Inhalt für mich verschwunden – dann hinüber, hinüber.«[435]

Mit der Zerstörung der »Utopie-Einheit« war natürlich auch das Motto der beiden ersten Regierungs-Jahre, »Wir vereint vermögen alles«, ad absurdum geführt. Dazu kommt, daß Wagner, der Ludwig als »meinen Kunstwerk-Vollender« bezeichnet hatte, dem König den »Ring« entziehen wollte – er wollte entgegen dem königlichen Willen keine Aufführung der einzelnen Teile des »Ringes« gestatten, die Ludwig schließlich gegen Wagners Willen durchsetzte. Auch der »Prachtbau der Zukunft«, in welchem in München die »heiligen Kunstfeste« hätten stattfinden sollen, wurde nun nach Wagners Wille in Bayreuth gebaut und damit dem König entzogen. Es muß daher für Ludwig ein unerträg-

liches Ereignis gewesen sein, als »sein« Drama Parsifal am
26. Juli 1882 in Bayreuth uraufgeführt wurde. Jedenfalls
nahm Ludwig, der sich als die Inkarnation Parsifals verstand, nicht daran teil![436]

Wagner seinerseits hingegen war keineswegs besiegt, wie
es im ersten Moment den Anschein machte. Er zog sich
nicht in die philosophische Kunst-Welt Schopenhauers
zurück, er agierte weiterhin auch politisch und vermochte
sein in den ersten beiden Münchner-Jahren kreiertes Programm dank Ludwigs Hörigkeit durchgehend zu verwirklichen. So suspendierte der König nach mehrmonatigem
Drängen von Wagners Seite im Herbst 1866 Kabinettsekretär von Pfistermeister und ernannte den liberalen Max
von Neumayr zu dessen Nachfolger. Die Unterhandlungen
mit Neumayr führte, auf Initiative Wagners, niemand anderer als August Röckel![437] Ein Jahr später gelang es Wagner,
Froebel nach München zu bringen, wo er an Stelle der offiziösen »Bayerischen Zeitung« die »Süddeutsche Zeitung« als
»Organ der Regierung und Wagners einzurichten und die
neue, nationale, auf den Anschluß an Preußen gegründete
Politik zu vertreten« begann, wie Pecht in seinen Erinnerungen festhält.[438] Das Zusammenwirken von Politik und
Kunst bei Wagner zeigt zudem, daß Porges, der glühende
Wagner-Anhänger und langjährige Redakteur der »Neuen
Zeitschrift für Musik«, ab 1867 unter Froebels Ägide Redak-
teur bei der »Süddeutschen Zeitung« wurde![439]

Wie bei der Berufung Froebels standen am Anfang von
Wagners Tun immer die »nationalen Bestrebungen«. Dies
wird auch aus einem Brief an Constantin Frantz deutlich,
mit dem sich Wagner Anfang 1866 näher befreundete: »Daß
ich diesen König, durch seine begeisterte Liebe zu mir zu
den großartigsten und weitreichendsten Entschlüssen und
Handlungen zu treiben hoffen darf, – dieß muß in erhabener Stimmung mich fast mit bedeutungsvoller Ahnung davon erfüllen, in welchem Sinne, und auf welche Weise ich
auf Deutschland selbst zu wirken berufen sein möchte. Ich
bin zu erfahren, um hierüber mich etwa einer eitel-behag-
lichen Täuschung hingeben zu wollen. Immerhin wird mir

doch dieß Eine nun ganz klar: mit dem Heil Deutschlands steht und fällt auch mein Kunstideal; ohne Deutschlands Größe war meine Kunst ein Traum: soll dieser Traum in Erfüllung gehen, so muß nothwendig Deutschland auch zu seiner vorbestimmten Größe gelangen.«[440] Praktisch in der gleichen Formulierung schreibt Wagner diese weitreichenden Gedanken am 14. April 1866 auch an Froebel[441], am 29. April an den König (!)[442] und am 15. Juni an Graf Enzenberger[443]. Besonders interessant ist die Formulierung im Froebel-Brief: »Daß Sie mit der Anerkennung Ihrer geistigen Wirksamkeit zufrieden sind, ist für mich ein ermuthigend schönes Zeichen. Auch mich stimmt dieß hoffnungsvoll, denn dies eine wird mir immer klarer – mit Deutschlands Wiedergeburt und Gedeihen steht und fällt das Ideal meiner Kunst. Nur in jenem kann dieses gedeihen! – So wirken wir denn vereint, und hoffen wir ernstlich, uns bald auf einem würdigen Schauplatze gemeinsamer Wirksamkeit dauernd begrüßen zu können.« Das »utopiegerechte« Zusammenwirken von Kunst und Politik ist auch jetzt in Wagners Denken keineswegs aufgegeben und gipfelt in der Hoffnung, doch noch mit Froebel zusammen wirken zu können.

Anfang Juni 1866 schrieb Wagner dann in einem Essay sein »Politisches Programm« auf, das – in Anlehnung an Constantin Frantz' Ideen in dessen Aufsatz »Deutschlands Größe« – durch den Zusammenschluß der Mittelstaaten unter der Führung Bayerns die angestrebte nationale Größe Deutschlands bringen sollte.[444] Auch hier wird die Weiterführung der Ideen vom Herbst 1865 spürbar. Dies gilt auch für das von Wagner gewünschte »Volksheer«, brachte doch die bayerische Militärreform von 1868 die Reorganisation des Heeres, wie sie Wagner bereits in den Tagebuchblättern 1865 dargelegt hatte![445]

Ein weiterer Wunsch Wagners ging im Herbst 1866 in Erfüllung, wurde doch Außenminister von der Pfordten seines Amtes enthoben und durch den liberalen Fürsten Chlodwig von Hohenlohe-Schillingfürst ersetzt. Entscheidenden Anteil daran hatte Wagner selbst, wie aus einem Brief an Röckel hervorgeht: »Heute schrieb ich wörtlich dem K. – mein politischer Plan, der dazu geeignet wäre, aus Bayern das Bollwerk Deutschlands gegen Preußen zu machen, verschweige ich, da zu seiner Verwirklichung ein so geistvoller und bedeutender Staatsmann gehörte, wie das Schicksal den Völkern und Fürsten nur höchst selten schenkt, und wie er gegenwärtig nicht vorhanden ist. – Dagegen habe ich ihn in seiner Absicht bestärkt, Hohenlohe für Pfordten eintreten zu lassen, weil durch einen selbständigen, vornehm sicheren Mann die üblen Consequenzen der begangenen Fehler u. Schwächen wenigstens in dem Sinne gemildert werden können, daß die Rücksichten gegen Preußen in einer Weise beobachtet werden würden, daß auch Preußen eine achtungsvolle Rücksicht gegen Bayern auferlegt werde, wogegen der jetzigen Vertreter der bayerischen Politik der völligen Verhöhnung des Auslands, und namentlich Preußens ausgesetzt sei.«[446] Diese Tatsache wird übrigens auch von Hohenlohe in seinen persönlichen Aufzeichnungen bestätigt. Wagner, der persönliche und politische Feind von der Pfordtens, hat an dessen Entlassung und der Berufung Hohenlohes stark mitgewirkt![447]

Das von Ludwig akzeptierte politische Programm Hohenlohes, das den Ausbau der inneren Staatseinrichtungen auf fortschrittlicher Grundlage vorsah, nannte an erster Stelle die Durchführung der Sozialgesetze und war aufs engste mit dem liberalen Emil Riedel verbunden, demselben Riedel, den Wagner 1865 zum Kabinettsekretär machen wollte.[448] Außenpolitisch bedeutete das Ministerium Hohenlohe eine Ausrichtung auf eine *nationale* Politik bei Erhaltung der Souveränität Bayerns[449] – also auch hier ganz im Sinne Wagners. In diesem Kontext ist auch zu sehen, daß Ludwig II. aus seiner von Wagner geförderten nationalen Gesinnung heraus 1867 ein süddeutsches Bündnis (gegen Preußen) ablehnte. Auch im künstlerischen Bereich konnte Wagner – wie gesehen – seine Pläne verwirklichen. Wagner hat die Geschicke Bayerns auch nach seinem Weggang von München für mehrere Jahre mit Hilfe des ihm gänzlich ergebenen Königs in vielen Bereichen mitbestimmt und zeitweise gar geprägt. Ludwig II. erfüllte alle liberalen Forderungen Wagners, die Eigenständigkeit Bayerns aber konnte – entgegen den Absichen des liberalen Ministerpräsidenten Hohenlohe, aber ganz gemäß der Einschätzung Froebels von 1865 – nicht gehalten werden. Doch einige Jahre nach der Reichsgründung von 1871 kam auch für Wagner die Ernüchterung über die Regierungstätigkeit Bismarcks und Wilhelms I., die ihn resignieren ließ und ihn dem Standpunkt Ludwigs II. wieder stark annäherte. Schieder hat diese Entwicklung in seinem Aufsatz »Richard Wagner – Das Reich und die Deutschen« anhand der Tagebuchaufzeichnungen von Cosima festgehalten: »Die Ernüchterung Wagners über das wahre Wesen des Reichs, wie er es zu erkennen glaubte, machte seit 1874 immer größere Fortschritte. Der entscheidende Vorwurf wird beinahe von Tag zu Tag schärfer formuliert: dem Reiche fehle die Idealität. Bismarck, der pommersche Junker, verstünde nicht die Kultur Deutschlands. Er sei eine Kraft, von welcher man angenommen hat, sie sei im Dienste des deutschen Geistes, aber nun wäre der deutsche Geist ausgeblieben. Der deutsche Staat habe nicht zum deutschen Geist gefunden.«[450]

Die Parallelen zu den Tagebuchblättern, in denen er Ludwig II. dieses Programm »verschrieb«, sind unverkennbar. Doch Bismarck hatte im Gegensatz zum Bayernkönig kein Interesse daran, so daß sich Wagner dann – genau wie Ludwig – resigniert in die Kunst zurückzog. Schieder hält dazu fest: »Wagner glaubte noch an die Möglichkeit, Staat und Kunst zu versöhnen, mußte aber dann den totalen Widerspruch zwischen den Forderungen des politischen Staats und den Ansprüchen der reinen Kunst erleben. Seine Antwort darauf war nicht lauter Protest, geschweige denn die Forderung nach revolutionärem Umsturz, sondern verzweiflungsvolle Resignation; eine innere Distanzierung und Rückzug in die ›Gralsburg der Kunst‹.«[451] Dieser Rückzug in die Kunst erfolgte aber – entgegen der bisherigen Meinung – nicht in den 50er Jahren unter dem Eindruck von Schopenhauers resignativer Philosophie, sondern erst Mitte der siebziger Jahre.

Anhang

# Anmerkungen

1 Siehe zu diesem Thema ausführlich bei Spindler, Doeberl III. und Schäfer, S. 50 ff.
2 Dirrigl, S. 498
3 Mein Leben, S. 388
4 ebenda, S. 392
5 Kunst und Revolution, S. 40
6 Gregor-Dellin-Lexikon, S. 102
7 Das Kunstwerk der Zukunft, S. 133
8 Eine Mittheilung an meine Freunde, S. 343 f.
9 siehe dazu ausführlich Craigh
10 Das kleine Wagner-Buch, S. 58
11 Cornelius-Briefe, S. 294
12 vgl. dazu Störig, S. 515 und 520
13 Liszt-Briefe
14 Bauer, S. 439
15 Schopenhauer hat eine ganze Kritik an der Kantischen Philosophie geschrieben, doch beschränken wir uns hier nur auf den Hauptkritikpunkt. Vgl. dazu Störig, S. 521
16 »Die Welt als Wille und Vorstellung«, Bd. 1, S. 119
17 vgl. dazu ausführlich Störig, S. 522 f.
18 Zu diesem ganzen Abschnitt vgl. Decher, S. 37 f.
19 »Die Welt als Wille und Vorstellung«, Bd. 1, S. 240
20 vgl. dazu ebenda, S. 31
21 ebenda, S. 425
22 ebenda
23 Störig, S. 527
24 ebenda, S. 528
25 »Die Welt als Wille und Vorstellung«, Bd. 1, S. 278
26 Rowohlt, S. 519
27 »Die Welt als Wille und Vorstellung«, Bd. 1, S. 514 ff.
28 Rowohlt, S. 519
29 Decher, S. 38
30 Borges, S. 92
31 ebenda, S. 82 f.
32 Bauer, S. 242 f.
33 MGG, Bd. 8, S. 969
34 Ambros, S. 137 f.

35 Hanslick, S. 32
36 Musik zur Sprache gebracht, S. 300
37 Du Moulin-Bülow, z. B. S. 269f, S. 285, S. 287 ff.
38 Weissheimer, S. 120
39 vgl. dazu die Standartwerke von Böhm, Richter, Blunt und Hüttl
40 z. B. Bericht von Luise von Kobell in: Hacker, S. 31 f.
41 Herzfeld, S. 22
42 Steinberg, S. 25
43 zit. nach Hacker, S. 26
44 zit. nach Hacker, S. 27
45 vgl. dazu Doeberl III, S. 362 f.
46 zit. nach Hacker, S. 212
47 ebenda, S. 21
48 Hüttl, S. 41
49 Bismarck-Erinnerungen, S. 268
50 Dirrigl, S. 800
51 zit. nach Hacker, S. 26
52 Dirrigl, S. 800
53 zit. nach Hüttl, S. 10
54 ebenda
55 Blome an Rechberg, 17. März 1864, zit. nach Hüttl, S. 10
56 ebenda
57 Zu diesem Problem ausführlich bei Hirschfelder
58 Schieder äußert sich in seiner Dissertation umfassend zur Entwicklung der »Fortschrittspartei« in Bayern.
59 ebenda, S. 58
60 zit. nach Hüttl, S. 15
61 von Böhm, S. 42 f.
62 Strobel I, S. 44
63 Kunstwerk der Zukunft, S. 47
64 ebenda, S. 48
65 ebenda, S. 68
66 ebenda, S. 69
67 ebenda, S. 68
68 ebenda, S. 69
69 ebenda, S. 70
70 ebenda, S. 133
71 ebenda, S. 48
72 ebenda, S. 50
73 Kunstwerk der Zukunft, S. 134
74 ebenda, S. 54 f.
75 ebenda, S. 96
76 ebenda, S. 67
77 ebenda, S. 69
78 ebenda, S. 70
79 ebenda, S. 73

80 ebenda, S. 74
81 ebenda
82 ebenda, S. 85
83 ebenda, S. 95
84 ebenda, S. 97
85 ebenda, S. 96
86 ebenda
87 ebenda, S. 96 f.
88 ebenda, S. 82
89 ebenda, S. 81 f.
90 ebenda, S. 82
91 ebenda, S. 117
92 ebenda, S. 76
93 ebenda, S. 66
94 ebenda, S. 67
95 ebenda, S. 54
96 ebenda, S. 162
97 ebenda, S. 156
98 ebenda, S. 155 f.
99 ebenda, S. 61
100 Kunst und Revolution, S. 26
101 ebenda, S. 27
102 ebenda, S. 10; vgl. ebenda, S. 124: »Apollo gab den Inhalt und die
    Form seines Wesens als Gesetz schönen menschlichen Lebens
    kund.«
103 ebenda, S. 134
104 Kunst und Revolution, S. 11
105 Kunstwerk der Zukunft, S. 131
106 ebenda, S. 132
107 Kunst und Revolution, S. 11
108 ebenda, S. 27
109 Kunstwerk der Zukunft, S. 76
110 Kunstwerk der Zukunft, S. 48
111 ebenda, S. 49
112 ebenda, S. 129
113 ebenda, S. 22
114 Kunst und Revolution, S. 21
115 ebenda, S. 20
116 ebenda
117 Kunstwerk der Zukunft, S. 119
118 ebenda, S. 121
119 Kunst und Revolution, S. 23 f.
120 ebenda, S. 30, ähnlich im Kunstwerk der Zukunft, S. 52
121 ebenda, S. 249 f.
122 ebenda, z. B. S. 238 oder 250
123 ebenda, S. 254

124 Oper und Drama, 1. Teil, S. 250
125 ebenda, S. 260 ff.
126 ebenda, S. 267
127 ebenda, S. 44 f.
128 ebenda, S. 72
129 ebenda
130 Mittheilung, S. 239
131 ebenda, S. 240
132 ebenda, S. 265
133 ebenda, S. 320
134 Mittheilung, S. 231
135 Strobel 1, S. XVI
136 ebenda, S. 11
137 Strobel 1, S. 12
138 ebenda, S. 13 ff.
139 ebenda, S. XIX
140 Strobel 1, S. 187
141 ebenda, S. 189
142 Brief vom 21. Juni 1865; vgl. dazu: »Siegfried«, 3. Aufzug, 3. Szene,
    Schlußworte der Brünnhilde.
143 ebenda, S. 42
144 ebenda, S. 165
145 ebenda, S. 79
146 ebenda, S. 186
147 ebenda, S. 27
148 ebenda, S. 136. Es handelt sich um ein Zitat aus der »Götterdämme-
    rung«, III. Akt, 3. Szene.
149 ebenda, S. 54
150 ebenda, S. 41
151 ebenda, S. 101
152 ebenda, S. 182
153 ebenda, S. 98
154 ebenda, S. 161
155 ebenda, S. 93
156 Strobel 1, S. 54
157 ebenda, S. 187
158 Wagner schrieb denn auch explizit in einem Brief an Ludwig:
    »Apollo regiert allein.« ebenda, S. 203
159 Ingenschay-Goch, S. 17
160 ebenda, S. 19
161 ebenda, S. 20
162 Strobel 1, S. 221
163 ebenda, S. 107
164 ebenda, S. 110
165 Ursprüngliche Schreibweise »Parzival«, erst später »Parsifal«.
166 Strobel 1, S. 161

167 Kunst, S. 45
168 Strobel 1, S. 168
169 ebenda, S. 185
170 ebenda, S. 186
171 ebenda, S. 170
172 ebenda, S. 70
173 zit. nach Herzfeld, S. 130
174 Strobel 1, S. 110
175 ebenda, S. 209
176 Prosaentwurf, S. 53
177 ebenda, S. 70
178 Strobel 1, S. 181
179 Tagebuch I, Blatt 7, S. 23
180 ebenda, Blatt 1, S. 3
181 ebenda, Blatt 5, S. 13
182 Gutman, S. 280
183 Strobel 4, S. 133 f.
184 Hacker, S. 257
185 vgl. dazu ausführlich »Kunst« und Petzet
186 Eulenburg, S. 21
187 Hacker, S. 142
188 Böhm, S. 427 und 439
189 Hacker, S. 248
190 Strobel 1, S. 243
191 Bülow-Briefe, S. 217
192 Wille, S. 82
193 Cosima-Tagebuch 2, S. 355; vgl. dazu auch TB1, S. 770
194 Cosima-Tagebuch 1, S. 167
195 Froebel, Lebenserinnerungen 2, S. 331
196 Freunde, S. 404
197 Cornelius-Briefe, S. 322
198 Bülow-Briefe, S. 218
199 Freunde, S. 228
200 ebenda, S. 160
201 Freunde, S. 452
202 Bülow, S. 211
203 Maier, S. 203
204 ebenda, S. 216
205 Weissheimer, S. 270
206 Bülow-Schriften, S. 15
207 Freunde, S. 401
208 Wesendonk, S. 445
209 Maier, S. 158
210 Maier, S. 160
211 Bülow, S. 210
212 ebenda, S. 212

213 Freunde, S. 390
214 Strobel 1, S. 14
215 Freunde, S. 430
216 Maier, S. 195
217 ebenda, S. 198
218 Bülow, S. 211
219 z. B. Freunde, S. 400/ Wesendonk, S. 446
220 Tagebücher 1, S. 347
221 ebenda, S. 512
222 Weissheimer, S. 267
223 Maier, S. 208
224 vgl. dazu Westernhagen, S. 314
225 Baumgartner, S. 19
226 Herre, S. 88
227 Tagebuchblätter, S. 5
228 Der Brief ist bei Strobel IV, S. 134 abgedruckt.
229 Strobel IV, S. 96
230 Neben Röckel auch Froebel und Frantz. Darauf wird in späteren Kapiteln ausführlich eingegangen.
231 So gibt es zahlreiche Stellen über Voltaire in Cosimas Tagebüchern.
232 Maier-Briefe, S. 149
233 Strobel I, S. 72
234 Wagner spricht hier auf den von ihm beschriebenen dreißigjährigen Krieg an, wo Friedrich II. seine Leute zusammenrief.
235 Damit schließt sich der Kreis zur schon besprochenen »Ahnenreihe« der Deutschen, den Wagner später, wie Cosima in ihren Tagebüchern schreibt, nicht mit Ludwig II., sondern mit Bismarck schließen läßt, der die nationaldeutsche Einigung realiter zustande brachte. Verifiziert wird dies auch durch spätere Aussagen Wagners über den Staatsmann Bismarck: »Dieser Glaube an das wahre Wesen des deutschen Geistes war es, der einen deutschen Staatsmann unserer Tage mit dem ungeheuren Muthe beseelte, das von ihm erkannte Geheimniß der politischen Kraft der Nation durch kühne Thaten aller Welt aufzudecken.« (Gesammelte Schriften, Bd. 9, S. 381) Gleichzeitig wollte Wagner Bismarck auch für seine kulturellen Pläne in Bayreuth und den Kaiser selbst als Schirmherrn der Bayreuther Festspiele gewinnen, und nicht mehr Ludwig, der immer noch lebte! (vgl. Bauer, S. 75 f.)
236 Der Herausgeber der Tagebuchaufzeichnungen, Otto Strobel, »verbesserte« das Verb auf »erscheinen« mit der Bemerkung, daß Wagner irrtümlicherweise »erschienen« geschrieben habe. Wagner hatte allerdings recht, denn der »Botschafter« war im Juni des Jahres 1865 eingestellt worden!
237 Koch, S. X
238 Nach Rainer Koch ist der historische Quellenwert von Froebels Aufzeichnungen heute unbestritten.

239 ebenda, Anm. 3
240 ebenda, S. 91
241 ebenda, S. 110
242 vgl. bei Lülfing, S. 78
243 Hacker, S. 45
244 ebenda, S. 22
245 ebenda, S. 56 f.
246 Schieder, S. 64
247 Doeberl III., S. 399
248 zit. nach Doeberl III., S. 410
249 Strobel 1, S. 173 f.
250 ebenda, S. 127 f.
251 ebenda, S. 130
252 Spindler 1, S. 245/ Spindler 2, S. 1150
253 Spindler 2, S. 1149 / Roeder äußert sich in seiner Dissertation aus-
    führlich zu dieser Zeitung.
254 Irmen, Rheinberger, S. 35
255 ebenda, S. 32
256 ebenda, S. 30
257 Hacker, S. 88
258 ebenda, S. 83
259 ebenda, S. 191 und S. 198
260 ebenda, S. 125 ff.
261 Bülow-Schriften, Bd.4, S. 61
262 Strobel 1, S. 138
263 ebenda, S. 159
264 Strobel 4, S. 84
265 Bülow-Schriften Bd. 4, S. 38
266 ebenda, S. 194
267 ebenda, S. 196 f.
268 Strobel 4, S. 88 f.
269 Manfred Semper, S. 1 ff.
270 Strobel 1, S. 43
271 Manfred Semper, S. 7 ff.
272 Maier-Briefe, S. 198
273 Manfred Semper, S. 18 f.
274 Manfred Semper, S. 20 f.
275 Kunstwerk der Zukunft, S. 151
276 Pecht, S. 290 f.
277 Wagner an Roeckel, 21 Oktober 1865. in: Strobel 4, S. 95 f.
278 Röckel-Text, S. 4
279 ebenda, S. 10 ff.
280 ebenda, S. 135
281 Strobel 4, S. 96
282 ebenda, S. 150
283 Habel, S. 28

284 Bülow-Schriften, S. 36 ff.
285 Uhl, S. 57. Wagner erzählt diese Begebenheit in »Mein Leben« auch, dreht sie jedoch um und schreibt, Uhl hätte ihn unbedingt den Demokraten vorstellen wollen. »Mein Leben«, S. 281 f.
286 ebenda, S. 61 f.
287 Freunde, S. 402
288 ebenda
289 ebenda, S. 399
290 ebenda, S. 398
291 ebenda, S. 408
292 Freunde, S. 421
293 Cornelius-Briefe, S. 328
294 Cornelius an Bruder Carl, ebenda, S. 327 f.
295 Bülow-Schriften, S. 8
296 ebenda, S. 13
297 Geheimes Hausarchiv München, abgedruckt bei Hacker, S. 298
298 Maier-Briefe, S. 208 f.
299 Gregor-Dellin, S. 528
300 Wöbking, S. 19
301 ebenda
302 Strobel 1, S. 97 Anm. 1
303 Bayerischer Kurier, Nr. 173, 27. Juni 1865
304 Bayerischer Kurier, Nr. 170, 24. Juni 1865
305 »Bayerische Zeitung« am 8.5.1864, »Augsburger Allgemeine Zeitung« am 9.5.1864, ebenso der »Bayerische Landbote« und der »Volksbote für den Bürger und Landmann«.
306 Hacker, S. 66
307 Wille, S. 79
308 Pecht II, S. 134 f.
309 Hacker, S. 84
310 Maier, S. 173 f.
311 Wille, S. 86
312 Weisheimer, S. 270
313 Maier, S. 174
314 Sietz, S. 55
315 Froebel, S. 319 f.
316 Strobel 4, S. 100
317 ÖStA Wien P. A. IV. IV/33 Bayern Varia. zit. nach Hofmann, S. 139 Anm. 337
318 ebenda
319 zit. nach Bleul, S. 225
320 ebenda, S. 291
321 Maier, S. 177
322 Wille, S. 86
323 Wagner schreibt an Eliza, daß Lassalle »gerade 14 Tage vor seinem Tod« bei ihm gewesen sei. Da Lassalle am 31. August in Genf starb,

würde dieser Besuch auf den 17. August fallen. Den Brief an Bülow, in welchem er sich zu Wagners vorgesehener Intervention äußert, hat Lassalle unmittelbar vor seiner Abreise nach Genf geschrieben. Diese Abreise muß um den 23. August erfolgt sein, denn am 25. August sprach Lassalle in Genf bei Dönniges vor. Demnach wurde der Brief Lassalles an Bülow nach seiner von Wagner so abqualifizierten Zusammenkunft mit diesem geschrieben.

324 Lassalle-Briefe, S. 63 ff.
325 Hübscher, S. 601
326 Franz, S. 376
327 ebenda, S. 79 f.
328 zit. nach Hofmann, S. 84
329 Evangelium Lukas, Kap.23, 34
330 Gemeint ist hier natürlich der »Punsch«.
331 Strobel 1, S. 60
332 Weissheimer, S. 335
333 Bülow an Weissheimer am 12. Februar, in: Weissheimer, S. 335
334 Weissheimer, S. 335
335 So im »Bayerischen Kurier«, Nr. 40, 10. Februar 1865
336 Strobel 4, S. 60
337 Bülow-Schriften, S. 8 und 13
338 Eine im Wagner-Archiv verwahrte Abschrift des gleichen Briefes von Cosimas Hand weist am Schluß den Vermerk auf; »17 Février (après l'audience royale). Strobel IV, S. 45, Anm. 1
339 ebenda, S. 46
340 Die Entschuldigung datiert vom 18. August, der berühmte Artikel »Richard Wagner und die öffentliche Meinung« vom 19. August, mußte also spätestens am vorangehenden Morgen bei der Zeitung in die Verarbeitung gehen, die damals sicher einiges länger dauerte als heute.
341 Srbik, S. 564. Es ist dies die einzige Erwähnung von Wagner in der Sammlung von Srbik.
342 Wagner an Constantin Frantz, 19. März 1866, Strobel IV, S. 132
343 Ludwig schrieb: »Sie glauben gar nicht, wie groß meine Freude darüber ist, daß Sie den Wunsch hegen: ›Bayer zu werden‹ – Fest überzeugt bin ich, daß ich Sie zu meinen allertreusten Unterthanen zählen kann.« zit. nach Strobel 1, S. 17
344 Gemeint ist natürlich seine Entgegnung in der »Allgemeinen Zeitung«, welche er offensichtlich Mathilde Maier mit diesem Brief schickte.
345 Gemeint ist wiederum die Entgegnung in der »Allgemeinen Zeitung«
346 Mit dem »Onkel« ist Georg Klindworth gemeint. Der Neffe von Georg Klindworth, auf den Bülow hier indirekt anspielt, ist Karl Klindworth, Musiker und Schüler Franz Liszt's und später Kopist von Wagner. Er begleitete Wagner oft bei Vorträgen seines »Ringes« im familiären Kreis am Flügel und war später der Adoptivvater von Winifred Wagner. (Bauer, S. 223 f.)

347  Weissheimer, S. 336
348  Strobel IV, S. 117
349  Mein Leben, S. 626
350  Der Landbote, Nr. 42, 11. Februar 1865
351  Froebel II, S. 404 f.
352  Strobel IV, S. 116
353  Wagner spricht hier auch auf Liszts Empfang der »niederen Weihen«
     im April und Juli 1865 in Rom an.
354  ebenda, S. 113
355  ebenda, S. 117
356  Maier, 30. März, S. 208 f.
357  ebenda, S. 94
358  Bülow-Schriften, S. 37. Interessant ist ja auch, daß damit Bülow dem
     Theaterpublikum dieselbe Nichtachtung und Herabwürdigung ent-
     gegenbringt, wie Wagner in den theoretischen Schriften und den
     Briefen.
359  vgl. dazu Doeberl III, S. 396 f.
360  ebenda, S. 23 ff.
361  Sebastian Röckel, Monatshefte, S. 536
362  ebenda
363  zit. nach Hommel, S. 96
364  Moulin-Eckart, S. 361
365  zit. nach Hüttl, S. 22
366  So im »Bayerischen Kurier, Nr. 158, 19. Juni 1865
367  Blunt, S. 49 f.
368  zit. nach Hofmann, S. 73
369  Strobel IV, S. 68 f.
370  Hübscher, S. 607
371  Bülow-Briefe, Bd. 4, S. 53
372  Cornelius-Briefe, S. 389
373  ebenda
374  Strobel I, S. 133
375  Hacker, Franz, Staat, S. 59
376  Strobel IV, S. 77 f.
377  Doeberl III, S. 406
378  zit. nach Hofmann, S. 90
379  Hofmann, S. 91
380  zit. nach Hofmann, S. 92 f.
381  Strobel IV, S. 99
382  ebenda, S. 98 f.
383  zit. nach Blunt, S. 48
384  Strobel IV, S. 95
385  ebenda
386  ebenda, S. 97
387  ebenda, S. 98
388  Wagner an Ludwig, 8. Oktober 1865, Strobel I, S. 193

389  abgedruckt in Froebels »Lebenslauf«, Bd. II, S. 396 f.
390  Strobel IV, S. 84
391  Strobel I, S. 200
392  Strobel IV, S. 90 ff.
393  zit. nach Froebel, Lebenslauf II, S. 397
394  ebenda
395  Strobel I, S. 204
396  Strobel IV, S. 97
397  ebenda, S. 107
398  Strobel IV, S. 102
399  ebenda, S. 100
400  Hofmann, S. 93
401  zit. nach Hofmann, S. 145, Anm. 421. Hofmann teilt im übrigen in
     seiner Analyse diese Auffassung, vgl. ebenda, S. 97
402  Maier-Briefe, S. 223 f.
403  Das Braune Buch, S. 97 f.
404  abgedruckt bei Stemplinger, S. 615
405  Röckel, Aufsatz, S. 537
406  zit. nach Hofmann, S. 95
407  Hacker, S. 96
408  Cornelius-Briefe, S. 396
409  ebenda, S. 224
410  vgl. dazu Roeder, S. 49
411  ebenda, S. 50
412  Bayerische Zeitung, Nr. 285, 16. Oktober 1865
413  Herzfeld, S. 129 f.
414  Röckel, S. 538
415  Röckel-Aufsatz, S. 538
416  Hacker, S. 100 f.
417  Röckel-Aufsatz, S. 539 f.
418  Röckel-Aufsatz, S. 541
419  Der Bayerische Kurier, Nr. 339, 10. Dezember 1865
420  zitiert im Bayerischen Kurier, Nr. 337, 8. Dezember 1865
421  veröffentlicht im »Bayerischen Kurier«, Nr. 339, 10. Dezember 1865
422  nachgedruckt in den Volksboten vom 24. und 25. Dezember, Nr. 295
     und 296
423  Der Bayerische Kurier, Nr. 339, 10. Dezember 1865
424  abgedruckt bei Strobel IV, S. 112 ff.
425  ebenda, S. 112, Anm. 5
426  Auswärtige Politik Preußens, Nr. 393, S. 497. In dieser Quellensamm-
     lung ist dies die einzige Erwähnung des Namens Wagner, die für un-
     seren Zeitraum relevant ist.
427  vgl. dazu Steinberg, S. 61
428  Irmen-Studien, S. 47 ff.
429  Wagner spricht davon ausführlich in seinem Aufsatz »Ein Rückblick
     auf die Bühnenfestspiele des Jahres 1876«. in: GSD Bd. 10.

430 Strobel IV, S. 151 f.
431 ebenda, S. 153
432 Du Moulin, S. 319
433 Es wäre durchaus einer psychologischen Studie wert, herauszufin-
den, wie stark Wagners »Utopie« das psychische Befinden des Königs geprägt hat und wie sehr Ludwig »Dank« dem Raster der
wagnerschen »Utopie« sein Leben meisterte, ohne wie Bruder Otto
in geistige Umnachtung zu verfallen.
434 vgl. dazu z. B. Hofmann, S. 100 usw.
435 Strobel I, S. 253
436 Gregor-Dellin-Lexikon, S. 169
437 vgl. zu dieser Ernennung sehr ausführlich und genau, Hofmann,
S. 100 ff.
438 Pecht II., S. 156f, siehe dazu auch ausführlich Lülfing, S. 146 und
Froebel in seinen Lebenserinnerungen, II, S. 465 ff.
439 Dellin-Lexikon, S. 173
440 Strobel IV, S. 135
441 Freundes-Briefe, S. 461
442 Strobel II, S. 27
443 Freundes-Briefe, S. 462 f.
444 Das Programm ist abgedruckt bei Strobel IV, S. 147 ff.
445 Doeberl III, S. 477
446 Strobel IV, S. 165
447 Doeberl III, S. 454
448 ebenda, S. 466
449 ebenda, S. 475 f.
450 Schieder-Aufsatz, S. 588 ff.
451 ebenda, S. 590

# Bibliographie

*Quellen – Selbstzeugnisse, Briefe*

Bismarck, Otto von: Gedanken und Erinnerungen. Hrsg. Lothar Gall, Berlin 1990.

Bülow, Hans von: Briefe und Schriften. Hrsg. Marie von Bülow. Bd. 4, Leipzig 1898.

Cornelius, Peter: Ausgewählte Briefe und Tagebuchaufzeichnungen. 2 Bände, Leipzig 1904 und 1905.

Fröbel, Julius: Ein Lebenslauf. Aufzeichnungen, Erinnerungen und Bekenntnisse. 2 Bände, Stuttgart 1891.

Lassalle, Ferdinand: Briefe an Hans von Bülow (1862–1864), Dresden 1893.

König Ludwig II. und Richard Wagner, Briefwechsel. Bearbeitet von Otto Strobel, hrsg. vom Wittelsbacher Ausgleichs-Fond und von Winifred Wagner. Bd. 1–4. Karlsruhe 1936.

    Bd. 1: Briefe vom 3. Mai 1864–31. März 1866. (zit. Strobel 1)

    Bd. 4: Ergänzende Urkunden (zit. Strobel 4)

Ludwig II., König von Bayern: Tagebuchaufzeichnungen. Hrsg. von Edir Grein, Schaan 1925.

Nohl, Ludwig: Neues Skizzenbuch. Zur Kenntniß der deutschen, namentlich der Münchner Musik- und Opernzustände der Gegenwart, München 1869.

Pecht, Friedrich: Aus meiner Zeit. Lebenserinnerungen. 2 Bände, München 1894.

Politik, die auswärtige, Preußens, 1858–1871. Diplomat. Aktenstücke hrsg. von der Historischen Reichskommission. Abt. 2, Bd. 6: Vom Amtsantritt Bismarcks bis zum Prager Frieden, Oldenburg. i. O. 1933–39.

Röckel, August: Entlassung des maiverurteilten August Röckel aus dem königlich sächsischen Zuchthause, Weimar 1862.

derselbe: Sachsens Erhebung und das Zuchthaus zu Waldheim, Frankfurt a. Main 1865.

Srbik, Heinrich von: Quellen zur deutschen Politik Österreichs, 1859–1866, unter Mitwirkung von Oskar Schmid. Bd. 4, Berlin, Stalling 1934–38.

401

Uhl, Friedrich: Aus meinem Leben, Stuttgart, Berlin 1908.

Wagner, Richard: Das Kunstwerk der Zukunft. In: Gesammelte Schriften und Dichtungen in 12 Bänden, Bd. 3, Leipzig 1887. S. 42–177.

derselbe: Die Kunst und die Revolution. In: Gesammelte Schriften und Dichtungen in 12 Bänden, Bd. 3, Leipzig 1887. S. 8–41

derselbe: Eine Mittheilung an meine Freunde. In: Gesammelte Schriften und Dichtungen in 12 Bänden, Bd. 4, Leipzig 1888. S. 230–344.

derselbe: Oper und Drama. In: Gesammelte Schriften und Dichtungen, Erster Theil Bd. 3, Leipzig 1887. S. 222–320. Zweiter und Dritter Theil Bd. 4, Leipzig 1888. S. 1–230.

derselbe: Vorwort zur Herausgabe der Dichtung des Bühnenfestspieles »Der Ring des Nibelungen«. In: Gesammelte Schriften und Dichtungen, Bd. 6, Leipzig 1889. S. 272–281.

derselbe: Staat und Religion. In: Gesammelte Schriften und Dichtungen, Bd. 7, Leipzig 1889.

derselbe: Bericht an Seine Majestät den König Ludwig II. von Bayern über eine in München zu errichtende deutsche Musikschule. In: Gesammelte Schriften und Dichtungen, Bd. 8, Leipzig 1889. S. 125–176.

derselbe: Was ist deutsch? Tagebuchaufzeichnungen für Ludwig II. In: Strobel, Otto: Richard Wagner und Ludwig II. Briefwechsel.

Bd. 4 Ergänzende Urkunden, Karlsruhe 1936. S. 5–37.

derselbe: Das Braune Buch. Hrsg. von Joachim Bergfeld, Zürich 1975. (zit. Prosaentwurf)

derselbe: Mein Leben. Autobiographie. Hrsg. Martin Gregor-Dellin, Lizenzausgabe für den Buchklub Ex Libris, Zürich 1977.

derselbe: Briefe an Freunde und Zeitgenossen. Hrsg. Erich Kloss, Berlin und Leipzig 1909.

derselbe: Briefe an Mathilde Maier. 1862–1878. Hrsg. Hans Scholz, Leipzig 1930.

derselbe: Briefe an August Röckel, Leipzig 1912.

derselbe: Briefe an Mathilde und Otto Wesendonk. Hrsg. Julius Kapp, Leipzig o. J.

derselbe: Briefe an Hans von Bülow, Jena 1916.

derselbe: Briefe. Die Sammlung Burell. Hrsg. John N. Burk, Frankfurt a. Main 1953.

Wagner, Cosima: Die Tagebücher. Hrsg. Martin Gregor-Dellin und Dieter Mack. 2 Bände, München 1976.

Weissheimer, Wendelin: Erlebnisse mit Richard Wagner, Frantz Liszt und vielen anderen Zeitgenossen nebst deren Briefen, Stuttgart und Leipzig 1898.

Wille, Eliza: Erinnerungen an Richard Wagner. Fünfzehn Briefe mit Erinnerungen und Erläuterungen, München, Berlin, Zürich, 1935.

## Zeitungen

Augsburger Allgemeine Zeitung, Augsburg 5. Jg (1864) und 6. Jg (1865).

Der Bayerische Kurier, München Jg. 8 (1864) und Jg. 9 (1865).

Der Bayerische Landbote, München Jg. 40 (1864) und Jg. 41 (1865).

Der Botschafter, Wien Jg. 3 (1864) und Jg. 4 (1865).

Neueste Nachrichten (auf dem Gebiete der Politik), München, Jg. 17 (1864) und Jg. 18 (1865).

Nürnberger Anzeiger, Nürnberg, Jg. 8 (1865).

Der Punsch. Satirische Zeitschrift, München 17. Jg. (1864) und 18. Jg (1865).

Der Volksbote (für den Bürger und Landmann), München, Jg. 17 (1864) und Jg. 18 (1865).


## Darstellungen

Adalbert, Prinz von Bayern: Die Wittelsbacher. Geschichte unserer Familie, München 1979.

Ambros, August Wilhelm: Culturhistorische Bilder aus dem Musikleben der Gegenwart, Leipzig 1860.

Bainville, Jacques: Louis II de Bavière, Paris 1927.

Bauer, Hans-Joachim: Richard Wagner Lexikon, Bergisch Gladbach 1988.

Baumgartner, Georg: Königliche Träume. Ludwig II. und seine Bauten, München 1981.

Bleuel, Hans Peter: Ferdinand Lassalle, oder der Kampf wider die verdammte Bedürfnislosigkeit, München 1979.

Bertram, Werner: Der einsame König. Erinnerungen an Ludwig II. von Bayern, München 1954.

Blunt, Wilfried: König Ludwig II. von Bayern, München 1970.

Böhm, Gottfried von: Ludwig II. König von Bayern. Sein Leben und seine Zeit, Berlin 1922

Borchmeyer, Dieter: Das Theater Richard Wagners. Ideen, Dichtung, Wirkung, Stuttgart 1982.

Buerkel, Luigi von: Vom Rindermarkt zur Leopoldstrasse. Jugenderinnerungen aus dem München König Ludwigs II. Aus dem Nachlaß hrsg. von Marie Romeis, München o. J.

Cornelius, Carl Maria: Peter Cornelius. 2 Bde. In: Deutsche Musikbücherei Bd. 46, Regensburg 1925.

Dahlhaus, Carl: Über die musikgeschichtliche Bedeutung der Revolution von 1848. in: Melos, neue Zeitschrift für Musik, hrsg. Dahlhaus, Carl, Ösch, Hans, Thomas, Ernst und Tomek, Otto, Mainz 1878. S. 15–19

Decher, Friedhelm: Wille zum Leben – Wille zur Macht. Eine Untersuchung zu Schopenhauer und Nietzsche. In: Elementa, Schriften zur Philosophie und ihrer Problemgeschichten. Bd. XXXI, Würzburg, Amsterdam 1984.

Dettmering, Peter: Psychoanalyse. Thomas Mann, Rainer Maria Rilke, Richard Wagner, München 1969.

Doeberl, Michael: Entwicklungsgeschichte Bayerns. Bde 1–3.
  Bd. 3: Vom Regierungsantritt König Ludwigs I. bis zum Tode König Ludwigs II. Mit einem Ausblick auf die innere Entwicklung Bayerns unter dem Prinzregenten Luitpold. Hrsg. von Max Spindler, München 1931.

Einstein, Alfred: Die Romantik in der Musik, Vaduz 1950.

Eulenberg, Herbert: Die letzten Wittelsbacher, Wien 1929.

Eulenburg-Hertefeld, Philipp: Das Ende König Ludwigs II. und andere Erlebnisse, Leipzig 1934.

Fey, Gisela: Bayern als größter deutscher Mittelstaat im Kalkül der französischen Diplomatie und im Urteil der französischen Journalistik 1859–1866. In: Miscellanea Bavarica Monacensia
  Bd. 65, München 1976.

Franke, Rainer: Richard Wagners Zürcher Kunstschriften. In: Hamburger Beiträge zur Musikwissenschaft. Bd. 26, Hamburg 1983.

Franz, Eugen: Der Entscheidungskampf um die wirtschaftspolitische Führung Deutschlands. In: Schriftenreihe zur bayerischen Landesgeschichte. Bd. 12, Aachen 1973.

Glasenapp, Carl Friedrich: Das Leben Richard Wagners in sechs Büchern.
  Bd. 4: Die Jahre 1864–1872, Leipzig 1908.

Grandauer, Franz: Chronik des Königlichen Hof- und Nationaltheaters in München zur Feier seines hundertjährigen Bestehens, München 1878.

Grasser, Walter: Johann Freiherr von Lutz (eine politische Biographie) 1826–1890. In: Miscellanea Bavarica Monacensia Bd. 1, München 1967.

Gregor-Dellin, Martin: Richard Wagner. Sein Leben, sein Werk, seine Zeit, München 1980.

derselbe: Das kleine Wagnerbuch, Salzburg 1969.

derselbe und Soden, Michael von: Richard Wagner Lexikon. Leben, Werk, Wirkung, Düsseldorf 1983.

Gutman, Robert: Richard Wagner. Der Mensch, sein Werk, seine Zeit, München 1968.

Habel, Heinrich: Sempers Städtebauliche Planungen im Zusammenhang mit dem Richard-Wagner-Festspielhaus in München. In: Gottfried Semper und die Mitte des 19. Jahrhunderts, Schriftenreihe des Instituts für Geschichte und Theorie der Architektur an der ETH-Zürich, Basel und Stuttgart 1976. (zit. Habel-Aufsatz) derselbe: Festspielhaus und Wahnfried. Geplante und ausgeführte Bauten Richard Wagners, München 1985.

Hacker, Rupert (Hrsg.): Ludwig II. von Bayern in Augenzeugenberichten, München 1980.

Hanslick, Eduard u. Wagner, Jürgen: Ludwig II. von Bayern (1845–1886). Internationale Bibliographie zu Leben und Wirkung, Frankfurt a. Main, Bern 1986.

Hanslick, Eduard: Vom Musikalisch-Schönen. Ein Beitrag zur Revision der Ästhetik der Tonkunst. Neuausgabe Darmstadt 1976.

Haufinger, Paul von: Ludwig II. von Bayern. Ein Beitrag zu seiner Lebensgeschichte. Stuttgart 1893.

Heigel, Karl von: König Ludwig II. von Bayern. Ein Beitrag zu seiner Lebensgeschichte, Stuttgart 1893.

Herre, Franz: Ludwig II. von Bayern. Sein Leben, sein Land, seine Zeit, Stuttgart 1986.

Herzfeld, Friedrich: Königsfreundschaft. König Ludwig II. und Richard Wagner, Leipzig 1940.

Hirschfelder, Heinrich: Die bayerische Sozialdemokratie 1864–1914. Teil 1. In: Erlanger Studien Bd. 22, Erlangen 1979.

Hofmann, Rainer: Max von Neumayr (1808–1881). Diss. phil. I Univ. Erlangen–Nürnberg 1972. In: Miscellanea Bavarica Monacensia, Bd. 57, München 1974.

Hommel, Kurt: Die Separatvorstellungen vor König Ludwig II. von Bayern. Schauspiel, Oper, Ballett, München 1963.

derselbe: Der Theaterkönig. Ludwig II. von Bayern. Eine Würdigung, München 1980.

Honegger, Marc; Massenkeil, Günther: Das Große Lexikon der Musik, Freiburg 1987. (Herder Musiklexikon)

Hübscher, Arthur: Neues aus den beiden Wagnerjahren. Unbekanntes von Ludwig II. In: Süddeutsche Monatshefte Jg. 29, Nr. 9, München 1932. S. 600–609.

Hüttl, Ludwig: Ludwig II. König von Bayern. Eine Biographie, München 1986.

Illie, Jochen: Der Märchenkönig und sein Schloß. In: Notabene medici, Nr. 8, 1985. S. 600–609

Ingenschai-Goch, Dagmar: Richard Wagners neu erfundener Mythos. Diss. phil. I Bochum 1970, überarbeitete Version In: Abhandlungen zur Kunst-, Musik-, und Literaturwissenschaft, Nr. 311, Bonn 1980.

Irmen, Hans Joseph: Richard Wagner und die öffentliche Meinung in München bis zur Uraufführung des Tristan, München, Bayreuth 1976.

derselbe: Gabriel Joseph Rheinberger als Antipode des Cäcilianismus. In: Studien zur Musikgeschichte des 19. Jahrhunderts, Bd. 22, Regensburg 1970.

König Ludwig II. und die Kunst. Katalog der Ausstellung im Festsaalbau der Münchner Residenz vom 20. Juni bis 18. Oktober 1968, München 1968. (zit. Kunst)

Koch, Rainer: Demokratie und Staat bei Julius Froebel 1845–1893. Liberales Denken zwischen Naturrecht und Sozialdarwinismus. Diss. phil I., Wiesbaden 1978.

Koszyk, Kurt: Deutsche Presse im 19. Jahrhundert. Geschichte der Deutschen Presse Teil II, Berlin 1966.

Kuby, Erich: Oh Ludwig! Ihnen Majestät, anläßlich der hundertsten Wiederkehr Ihres Mord- und Selbstmordtages in Zuneigung gewidmet. In: Leader (Monatsmagazin der Weltwoche), Zürich Mai/Juni 1986. S. 75–99

Kunze, Stefan: Der Kunstbegriff Richard Wagners. In: Arbeitsgemeinschaft 100 Jahre Bayreuther Festspiele, Nr. 1, Regensburg 1983.

Lülfing, Hans: Die Entwicklung von Julius Froebels politischen Anschauungen in den Jahren 1863–71 mit besonderer Berücksichtigung seiner Stellung zur deutschen Frage. Diss. phil. I. Leipzig 1931.

Mack, Dieter u. Voss, Egon (Hrsg): Richard Wagner. Sein Leben und Werk in Daten und Bildern, Frankfurt a.Main 1878.

Mayer, Hans: Richard Wagner in Selbstzeugnissen und Bilddokumenten, Hamburg 1959.

Du Moulin-Eckart, Richard Graf: Cosima Wagner. Ein Lebens- und Charakterbild. Bde 1–2. Bd. 1, München, Berlin 1929.

derselbe: Hans von Bülow, München/Berlin 1921.

Musik in Geschichte und Gegenwart (MGG) 17 Bde, Taschenbuchausgabe Kassel, Basel, London 1989.

Münster, Robert: König Ludwig II. und die Musik, München 1980.

derselbe: König Ludwig II. und das Ballet. In: Literatur und Kunst (Wochenbeilage der Neuen Zürcher Zeitung), Nr. 260, 8./9. November 1886. S. 68

derselbe: Josef Gabriel Rheinberger, Leben und Werk. Katalog zur Ausstellung im Rathaussaal Vaduz vom 4. September–29. Oktober 1989, Liechtenstein 1989.

Na'aman, Shlomo: Der deutsche Nationalverein. Die politische Konstituierung des deutschen Bürgertums (1859.1867). In: Beiträge zur Geschichte des Parlamentarismus und der politischen Parteien Bd. 18, Düsseldorf 1987.

derselbe: Lassalle, Hannover 1970.

Naujoks, Eberhard: Bismarcks auswärtige Pressepolitik und die Reichsgründung (1865–1871), Wiesbaden 1968.

Oncken, Hermann: Lassalle zwischen Marx und Bismarck, Stuttgart 1966.

Petzet, Detta und Petzet, Michael: Die Richard Wagner-Bühne Ludwigs II., München, Bayreuth 1970.

Redwitz, Oskar von: Ausgewählte Gedichte mit Biographie. Meyer's Groschen-Bibliothek, Bd. 260. Bibliogr. Institut, Hilburghausen, New York o. J.

Richter, Werner: Ludwig II. König von Bayern, München 1975.

Riemann-Musiklexikon, Sachteil, Mainz 1967.

Röckl, Sebastian: Ludwig II. und Richard Wagner 1864–1865, München 1903.

derselbe: Von der Pfordten und Richard Wagner. In: Süddeutsche Monatshefte Bd. 25 1927/28. S. 536–541. (zit. Röckl-Aufsatz)

Roeder, Elmar: Der konservative Journalist Ernst Zander und die politischen Kämpfe seines »Volksboten«. Diss. phil. I. In: Miscellanea Bavarica Monacensia, Bd. 41, München 1972.

Rosenberg, Wolf: Versuch über einen Janusgeist. In: Musik-Konzepte 5, Juli 1978, Richard Wagner. Wie antisemitisch darf ein Künstler sein? Hrsg. v. Heinz-Klaus Metzger. S. 40–49.

Sacheverell, Sitwell: Franz Liszt, Zürich 1958.

Sailer, Anton: Bayerns Märchenkönig. Das Leben Ludwigs II. in Bildern, München 1961.

Schäfer, Martin: Maximilian II. König von Bayern, München 1989.

Schmidbauer, Wolfgang u. Kemper, Johannes: Ein ewiges Rätsel will ich bleiben mir und anderen. Wie krank war Ludwig II. wirklich, München 1986.

Schieder, Theodor: Die deutsche Fortschrittspartei in Bayern und die deutsche Frage 1863–1871. Diss. phil. I, München 1936.

derselbe: Richard Wagner. Das Reich und die Deutschen, nach den Tagebüchern von Cosima Wagner. In: Historische Zeitschrift Bd. 227, Oldenburg, München 1978. (S. 571–598)

derselbe (Hrsg.): Handbuch der europäischen Geschichte. Bd. 5: Europa von der Französischen Revolution zu den nationalstaatlichen Bewegungen des 19. Jahrhunderts. Stuttgart 1981. S. 560–568. (zit. Handbuch der europäischen Geschichte).

Schirmacher, Wolfgang: Schopenhauer. Insel-Almanach auf das Jahr 1985, Frankfurt a. Main 1985. (zit: Borges)

Schmidt, Heinrich: Philosophisches Wörterbuch. Neu bearbeitet von Georgi Schischkoff, Stuttgart 1982. (zit. Philosophisches Wörterbuch).

Semper, Gottfried 1803–1879. Baumeister zwischen Revolution und Historismus. Hrsg: Staatliche Kunstsammlung Dresden und Institut für Denkmalpflege Dresden zur Ausstellung »Gottfried Semper zum 100. Todestag« (1980 an der ETH-Zürich gezeigt), Dresden 1979.

Semper, Manfred: Das Münchner Festspielhaus – Gottfried Semper und Richard Wagner, Hamburg 1906.

Simmel, Georg: Schopenhauer und Nietzsche, Leipzig 1907.

Spierling: Volker (Hrsg.): Materialien zu Schopenhauers Die Welt als Wille und Vorstellung, Frankfurt a. Main 1984.

Spindler, Max: Handbuch der Bayerischen Geschichte Bd. 4: Das Neue Bayern 1800–1970. Teilband 1 u. 2, München 1974.

Stamm, Eugen: Ein berühmter Unberühmter. Neue Studien über Konstantin Frantz und den Föderalismus, Konstanz 1948.

Steinberg, Hans: Ludwig II. von Bayern. Der Romantiker auf dem Königsthron, München 1906.

Stemplinger, Eduard: Die Wagnerlegende. Unbekanntes von Ludwig II. In: Süddeutsche Monatshefte, Jg. 29, Nr. 9, München 1932. S. 610 bis 632.

Störig, Hans-Joachim: Weltgeschichte der Philosophie, Stuttgart 1981.

Tschudi, Klara. König Ludwig II. von Bayern. Autorisierte Übersetzung aus dem Norwegischen von Carl Kühner, Leipzig 1942.

Ursel, Ernst: Die Bayerischen Herrscher von Ludwig I. bis Ludwig III. im Urteil der Presse nach ihrem Tode. In: Beiträge zu einer historischen Strukturanalyse Bayerns im Industriezeitalter. Bd. 11, Berlin 1974.

Westernhagen, Curt von: Vom Holländer zum Parsifal. Neue Wagner-Studien, Zürich 1962.

derselbe: Wagner, Zürich 1968. (zit. Westernhagen)

Weyers, Raymund: Arthur Schopenhauers Philosophie der Musik. In: Kölner Beiträge zur Musikforschung Bd. 88, Regensburg 1976.

Wöbking, Wilhelm. Der Tod König Ludwigs II. von Bayern, Rosenheim 1986.

Würz, Anton: Münchner Opern- und Konzertleben im 19. Jahrhundert vor Ludwig II. In: Musik in Bayern I. Bayerische Musikgeschichte, Überblick und Einzeldarstellungen. Hrsg. Münster, Robert und Schmid, Hans, Tutzing 1972.

Zimmermann, Werner G. (Hrsg): Richard Wagner in Zürich, 2 Folgen. In: Neujahrsblätter der Allgemeinen Musikgesellschaft Zürich, Nr. 170 und 171, Zürich 1986 und 1987.

Zitzelsberger, Hans: Die Presse des bayerischen Partikularismus von 1848–1900. Diss. Phil. I., Birkeneck 1937.

Zoege von Manteuffel, Claus: Schinkel und Semper – Idee und Ratio als Grundlage der Stilbildung. In: Gottfried Semper und die Mitte des 19. Jahrhunderts. Schriftenreihe des Instituts für Geschichte und Theorie der Architektur an der ETH-Zürich, Basel und Stuttgart 1976.

# Bildnachweis

Bildarchiv Preußischer Kulturbesitz, Berlin; König-Ludwig-Museum, München; Ludwig-II-Museum, München; The Metropolitan Museum of Art, New York; Nationalarchiv der Richard-Wagner-Stiftung/Richard-Wagner-Gedenkstätte, Bayreuth; Theatermuseum, München

# Personenregister

(die Namen Richard Wagner und Ludwig II. sind wegen ihres häufigen Vorkommens nicht aufgeführt)

Friedelind Wagner
# Nacht über Bayreuth

**Die Geschichte der Enkelin
Richard Wagners**

ISBN 3-920862-04-X
368 Seiten,
16 Abbildungen, Gebunden
Preis: DM 42,80
ÖS 334  sFr. 45,50

„In diesem Frühjahr wurde die erbitterte Abrechnung Friedelinds mit der braunen Ära Bayreuths wieder aufgelegt."
**DER STERN**

„Dem Buch, das die 25jährige, das schwarze Schaf der Familie, 1944 in der Emigration schrieb, tut die scharfe Zunge gut, die Friedelind bis zu ihrem Tode 1991 führte; es ist respektlos, witzig, leidenschaftlich, manchmal verzweifelt, voller Atmosphäre und Humor."
**DIE ZEIT**

„Der Geist Hitlers schwebte in Friedelinds Kindertagen nicht nur über Bayreuth, auch über der Familie."
**Rudolf Augstein, DER SPIEGEL**

„Da erhält man aus erster Hand Einblick in eine Familiendynastie, deren Handlungen ... verzweifelt den Machenschaften des Denver-Clans ähneln, ... ."
**LUZERNER ZEITUNG**

„Es sind die Memoiren eines gewissermaßen bis heute ungeliebten, unerkannten Kindes. ... Nicht nur wie politisch das Private ist, sondern auch wie privat das Politische, läßt sich an dem Buch studieren."
**DIE TAGESZEITUNG**

„Durch Friedelind lernt man die Leitfiguren des ‚Dritten Reiches' und der Bayreuther Festspiele aus einer ungewohnten fast intimen Frosch-Perspektive kennen, ..."
**WDR (WESTDEUTSCHER RUND-
FUNK)**

„Das wieder aufgelegte Buch bleibt ein wichtiger Beitrag zur Geschichte der Wagner-Sippe im schlimmsten Dunkel deutscher Geschichte, ..."
**DEUTSCHLANDFUNK**

In ihrem 1944 in New York und 1945 in der Schweiz auf deutsch erschienenen Buch beschreibt die Tochter Siegfried und Winifred Wagners ihr Leben bis zu ihrer Emigration 1940 und ihre Begegnungen mit Adolf Hitler in Bayreuth, München und Berlin.

## Eugenie Schumann
# Claras Kinder

**Mit einem Nachwort von
Eva Weissweiler und
Gedichten von
Felix Schumann**

**ISBN 3-920862-05-8,
376 Seiten,
16 Abbildungen, Gebunden,
Preis: DM 49,00
ÖS 380 sFr. 49,00**

Eugenie Schumann (1851-1938), die jüngste und begabteste Tochter von Clara und Robert Schumann, schreibt über das Drama ihrer Kindheit und Jugend, die sie in Pensionen und Internaten verbrachte. Von ihrer Mutter, der berühmten Pianistin, sah sie fast nichts außer ermahnenden Briefen.

Felix Schumann, das mit Fünfundzwanzig an Tuberkulose gestorbene „Schmerzenskind", kommt mit Gedichten und Briefen zu Wort, deren Publikation Mutter Clara verhindert hat. Eine Fundgrube nicht nur für Schumann-Liebhaber.

„Faszinierendes Familienporträt"     Dresdner Morgenpost

„... ein wichtiges und lesenswertes Buch, ... Besonders die Passagen über Brahms' Klavierspiel und die Porträts der Freunde und Kollegen machen „Claras Kinder" zu einer erstrangigen Quelle."     Kölner Stadtanzeiger

Die eigentliche Abrechnung kommt erst nach Ende der Autobiographie: von der arrivierten Clara-Schumann-Expertin Eva Weissweiler, die in einem fast hundertseitigen, sehr kompetenten Nachwort das Gesicht der Familie Schumann ohne Schminke zeigt, manchmal in ziemlich grellem Licht sogar. Für das Verständnis und die historische Einordnung von Eugenie Schumanns „Erinnerungen" ... sind diese Erläuterungen schlichtweg unentbehrlich."     Kölnische Rundschau

Eugenie gibt sehr schöne Hinweise auf das Schumann-Spiel der Mutter, wie Clara Robert interpretierte. ... Ein hochinteressantes Buch, das Einblick gibt in ein paar wichtige, und keineswege periphere Kapitel der deutschen Kulturgeschichte des 19. Jahrhunderts, aber auch Einblick gibt in eine durch und durch neurotische Familie.     WDR, Mosaik